LORE TOMAN

DIE ANDERE HÄLFTE DES HIMMELS

Von der Entmachtung des Weiblichen in Mythos und Realität

EDITION S

Titelbild: Athene hilft Herakles beim Tragen
des Himmels; rechts Atlas mit den Hesperidenäpfeln.
Metope von der Cella-Ostseite des Zeustempels
von Olympia. Um 460 v. Chr. Unten: Indigniertes
Mutteridol aus Çatal Hüyük, ca. 6000 v. Chr.

Edition S
Verlag der Österreichischen Staatsdruckerei

1. Auflage 1987

Umschlaggestaltung: Multi Art
Druck und Bindearbeit: Österreichische Staatsdruckerei
ISBN 3-7046-0083-0

VORWORT

Nach chinesischen Vorstellungen sind es die Frauen, die die andere Seite des Himmels tragen — aber lassen wir sie das?

Dieses Buch soll ein Versuch sein, unter Heranziehung von Mythen, Verhaltensforschung, Archäologie, Paläanthropologie, Psychologie, Völkerkunde, Literatur und Hausverstand zu zeigen, an welchen Stellen der Geschichte oder Vorgeschichte den Frauen die Möglichkeit abhanden kam oder „zu ihrem Besten" entzogen wurde, diese andere Hälfte des Himmels zu tragen, und wie die Welt dadurch zu einem nicht mehr ganz so schönen Ort geworden ist. Wenn man einmal darauf aufmerksam geworden ist, läßt sich das vielleicht auch heute noch ändern, können Frauen ihren alten Platz wieder einnehmen, nachdem die Männer den Himmel nun schon so lange allein getragen haben — mit zweifelhaften Folgen für uns alle.

Dazu muß man jedenfalls wissen, wie alles gekommen ist. Prähistorische Ausflüge und Exkursionen in die Mythologie und Mythengeschichte liefern erstaunliches Material und geben sehr zu denken. Wenn man die Hoffnung auf eine Verbesserung unserer Lage noch nicht ganz aufgegeben hat, sollte man solche Eskapaden wagen, denn heutzutage muß jedes Mittel recht sein, um aus der Sackgasse und Krise herauszufinden, in die geraten zu sein wir alle spüren. Wenn einmal der Stall brennt, bindet man gewöhnlich sogar die Pferde los, damit sie sich selber retten. Lassen wir zur Abwechslung auch einmal weibliche Gedanken laufen und sehen wir, wohin sie uns führen.

Warum Mythen? Aber anders gefragt: Welche anderen direkten Selbstzeugnisse haben wir sonst aus diesen ganz frühen Zeiten, in denen sich schon so viel abspielte und festgelegt — wenn nicht sogar abgekartet — wurde? Natürlich sind Mythen keine Realitäten, sondern Phantasien, aber kollektive, auf die sich gewöhnlich große Menschengruppen einigen oder auf die sie eingeschworen werden. Und Phantasien sagen immer auch etwas über ihre Schöpfer aus. Dabei handelt es sich zwar meist nicht um handgreifliche Fakten, aber doch um deutliche Tendenzen, die man überlegen sollte. Einmal etabliert, werden sie rasch verpflichtend, zum Vorurteil einer Zeit.

Genauer kann man wahrscheinlich nicht angeben, was in der Patriarchatsmühle geschah, in der sich vor drei- oder viertausend Jahren die Dinge vor allem für die abendländische Frau so grundlegend wandelten. Ernest Borneman meint, daß die damals Einwandernden sich sozusagen klassenspaltend durch die eroberten Länder hindurchvergewaltigten. Vielleicht genügte es aber auch, daß die Frauen die wahrscheinlich von ihnen entdeckten Samengräser, die sich in ihrer Obhut schon zu Getreide gewandelt hatten, unter dem Druck ihrer hungrigen Familienangehörigen, viele Leben lang über den Reibstein gebückt, geduldig zu Mehl zerrieben, um die Achtung vor ihnen zu mindern? Jedenfalls ließen die Götter es sich gefallen, um die sich auch die Frauen bei all ihrer Arbeit kaum mehr kümmern konnten — und als sie die Gesichter wieder von ihren Mahlsteinen hoben, merkten sie erst, wer jetzt über die Menschen gebot: ein diebischer Hermes, ein brandschatzender Ares, ein narzißtischer Apoll, ein verkrüppelter, zorniger Hephaistos, ein gewalttätiger, rachsüchtiger, verlogener Zeus und ein exaltierter Dionysos, neben denen ihre vielen alten guten Muttergottheiten in Nebenrollen gedrängt waren: Hera, Hestia, Demeter, Aphrodite, Artemis und selbst die kluge Athene.

Das alles wirkt heute noch nach, mehr als wir ahnen, als eine Art geistigen Geflechts in uns; daher der Versuch, diese Textur zu entwirren, in die wir selbst verwoben sind und die man ohne den Kunstgriff distanzierter Außenbeobachtung nicht erkennen kann. Daß die einzelnen Kapitel von unterschiedlicher Struktur und Qualität sind, beruht auf der Verschiedenheit der verwendeten Evidenzen. Als Quellen wurden nicht nur schriftliche Unterlagen, sondern auch Material von Ausstellungen, Vorträgen und Präsentationen großer Museen herangezogen. Mit ihren Katalogen, die gewöhnlich das Werk eines ganzen Teams von Fachleuten sind, haben sie heute oft mindestens den dokumentarischen Wert von Büchern, erschließen aber noch andere Dimensionen.

Was immer an der Darstellung unklar und widerspruchsvoll erscheint, kann seinen Grund auch in der Chaotik unbewußter menschlicher Strebungen und im Wunschdenken von der Geschichtsschwelle bis heute haben. Möge also der Mangel an System, bzw. der spiralige Aufbau in der Behandlung der Menschheitsthemen vergeben werden, ähnelt er doch den urzeitlichen Mäandern der ewigen Wiederkehr und insgesamt dem kreisenden, zyklischen Denken jener Zeiten, das uns Rationalen von heute zwar weitgehend verlorengegangen ist, aber bereits wieder deutlich rehabilitiert scheint und vielleicht noch die besten unserer Überlebenschancen entwickeln helfen wird! Wenn der Leser also nicht zu rasch aufgibt, wird er sich der Materialfülle und Vielfalt, in der die vermuteten Zusammenhänge auftreten, allmählich — wie ich selber — nicht mehr entziehen können.

Wo alle anderen Quellen versagen, wurde auch Zuflucht zu Einfühlung und kalkulierter Intuition genommen, um aus der Welt der spärlichen Daten und

Spuren das herauszuholen, was an Deutungen vielleicht näher an die Realität heranrückt oder einen besseren, deutlicheren Zusammenhang mit ihr herstellen könnte. Mit dieser Form von versuchtem emotionalem Eindringen in Primaten- oder Steinzeitgesellschaften, in griechische oder gründerzeitliche (die in mancher Hinsicht gar nicht so weit voneinander entfernt scheinen!), komme ich mir zwar mitunter abwechselnd wie eine Träumerin, Seherin und denkende Person vor, glaube aber, den Gegebenheiten auch mit logischer Klarheit einigermaßen gerecht werden zu können. Ich vermute, daß ich die Beziehungszusammenhänge stärker sehe, als sie der Skeptiker akzeptieren würde, daß aber ihr Wahrheitsgehalt mit größerer oder geringerer Wahrscheinlichkeit angenommen werden kann — wie in allen Bereichen, mit denen wir es im Leben sonst zu tun haben. Auf absolute Wahrheit kann kein Anspruch erhoben werden.

ETWAS „NATURGESCHICHTE" DES MENSCHEN

Obwohl wir es so lange nicht wahrhaben wollten, besteht ein Großteil unserer Ausstattung als „Krone der Schöpfung" aus in Jahrmillionen evoluiertem Tiererbe, das unser wucherndes Extremorgan Gehirn nur mühsam überdekken und im Zaum halten zu können scheint. Es ist aber bezeichnend, was davon eine Gesellschaft jeweils mit ihren unhinterfragten Grundannahmen, Geschichtchen und eben Mythen unterdrückt. Denn wir sind zwar das instinktreichste, aber auch anpassungsfähigste aller Lebewesen. [1] Einreden kann man uns alles, und in unseren Phantasien, Utopien, selbst in den positivistischsten Weltentwürfen sowie in Mythen, Glaubensartikeln und modernen Ideologien vermögen wir uns auch alles auszudenken — es bleiben im besten Fall immer nur Teilwahrheiten.

Wäre es immer gut gegangen mit unserer Entwicklung zum „Höheren" oder zum Gewinner einer Simultanschachpartie gegen den Rest der Natur, wäre darüber nichts zu sagen. Aber es ist uns nicht bekommen. Unser überschießender rationaler Verstand und unser selten oder kaum mehr durchschauendes Denken haben uns dabei nicht gut oder nur unzureichend beraten. Wenn etwas schiefläuft, kann man zumindest nachforschen, bis wann das pluralistische Programm Leben noch klappte, im Gleichgewicht war.

Vermutlich bis zu unseren sprach-, besitz- und ehelosen nächsten Verwandten, den Primaten oder Menschenaffen. Wenn diese aussterben, tun sie es ohne den Aufwand Großterritorien zerstörender Atomwaffen und nur als Spätfolge unseres Wirkens! Ihr System funktionierte, trotz ihres überspitzten Freund-Feind-Verhaltens, das so kontrastreich ist wie unser eigenes. Die sozialen Interaktionen etwa der Schimpansen beruhen unter anderem auf den gegenläufigen Kräften männlichen Rang- und Dominanz- und weiblichen Sexualverhaltens, mit dem die beiden Geschlechter sich präsentieren. Zuzeiten kann dabei weiblicher Rang sogar den höheren männlichen aussetzen. [2] Etwas davon überträgt sich nach Lawick-Goodalls Beobachtungen [3] auch auf die Zeiten außerhalb des Oestrus, doch ist alles in Balance. Wem schadet es, wenn weibliche Tiere, auch ohne empfängnisfähig zu sein, für sich und ihre Kinder gewisse Vergünstigungen erwerben, indem sie den jagenden Männchen, die ein zur Strecke gebrachtes kleines Tier verzehren, nicht nur ebenso unwiderstehlich wie alle anderen bettelnd die offene Pfote hinstrecken, sondern auch ihre attraktive Kehrseite? Robert Ardrey [4]) machte sie damit zu „Sex-Spezialistinnen", die durch Erzeugung und Verwendung von männlichen Triebkonflikten zwischen Rang und Sex, im Nahrungswettbewerb oft durch Nachwuchs behindert, sich und ihre Jungen sättigen möchten, was ansonsten den Zorn ranghöherer Männchen erregen würde, „deren Selbstaufopferungstrieb (für die Gruppe) sich selten auf Weibchen (oder deren Kinder) erstreckt". Tatsächlich wurde, wie wir sehen werden, dieser Weg von ihnen später wirkungsvoll weiterverfolgt. Er führte sie sogar aus einer alten Sackgasse heraus, über die Verhaltensforscher sich in letzter Zeit vermehrt den Kopf zerbrechen, während Soziobiologen über diese Bestätigung ihrer Annahmen frohlocken: die nun schon bei einigen Affenarten entdeckte und belegte Tendenz zum Säuglingsmord, wenn Paschas einen neuen Harem übernehmen. Abgestillte Nachkommen des Vorgängers werden am Leben gelassen, noch saugende Kleinkinder hingegen getötet, oft untermischt mit Zärtlichkeiten, was für eine Verwirrung der sehr heterogenen Handlungsantriebe spricht. Dadurch wird rasch neue Konzeptionsfähigkeit der Mütter und damit eigener Nachwuchs gewährleistet. Mit Sicherheit findet sich dieses vermutlich genetisch angelegte Verhalten nur bei erwachsenen Männern in dieser bestimmten Situation, nie bei den Müttern, die über ihren Jungen oft trauern, bis diese verfaulen. Kein Kindchenschema vermochte sie zu schützen, und nicht einmal die Tötungsart ist, wie bei Beutetieren sonst, von vornherein festgelegt — sie schwankt zwischen Zerbeißen und Zerreißen —, so daß man spekulieren kann, ob das oft kannibalistische Tun überhaupt zwischenartlich und nicht schon innerartlich entwickelt wurde.

Sicher sind Rangordnungen und Wettbewerbsauseinandersetzungen das stammesgeschichtlich Frühere, älter sogar als die Geschlechterdifferenzierung. Sie werden ja selbst beim Menschen von beiden Geschlechtern rekapituliert, auch beim weiblichen zumindest bis zur Pubertät — von da ab beschränkt sich das kämpferische Dominanzverhalten beim weiblichen Geschlecht in der Regel auf das Erstellen eines Rangplatzes innerhalb der eigenen Geschlechtsgruppe. [5])

Aber Rang- und Revierkämpfe nehmen auch außerordentlich her: 40 % der als Grenzwächter „peripheralisierten" männlichen Jungschimpansen überleben sie nach Tiger und Fox gar nicht, [6]) d. h. ihr Kontingent wird noch vor Erreichen der Fortpflanzungsfähigkeit auf 60 % reduziert. Nach den auf die Territoriumsverteidigung gerichteten Kämpfen folgen dann auch noch die anstrengenden Ausscheidungskämpfe, in denen jedes männliche Individuum von seinem schon errungenen Rangplatz in der eigenen Altersgruppe (die

Startposition wird übrigens stets vom Rang der Mutter bestimmt!) sich noch in Einzelauseinandersetzungen jedem anderen erwachsenen männlichen Gruppenmitglied stellen muß, um an den begehrten inneren Kreis der Mütter und weiblichen Jungtiere heranzukommen, der natürlich von den Dominanzmännchen gehütet wird. Weibliche Junge hingegen werden nie an den Rand der Gruppe „peripheralisiert", sondern bleiben immer im Zentrum und lernen dort von den Müttern die Betreuung der Babies.

Aber die Primaten betreiben dabei schon ihre „Schimpansenpolitik" [7]): Rang läßt sich ohne weiteres durch Bluff erhöhen. Eines der von Jane Goodall am Gombestrom beobachteten, niederrangigen Männchen entdeckte leere Blechbüchsen, mit denen es einen Höllenlärm bewerkstelligte — das hob seinen Rang bei den nervösen und zartbesaiteten anderen um viele Stufen! Und wenn einem nichts einfällt, kann man sich, um die Spitze weiter zu halten, immer noch mit einem zweiten verbünden; das schreckt Nummer drei und vier ab und hindert die anderen an einer Koalition.

Die Entscheidungen fallen nämlich auf diesem Niveau keineswegs, wie noch Freud glaubte, in einer blutigen Beschädigungsschlacht, sondern hängen von vornherein von der Unterstützung des einzelnen durch das „Volk" ab, d. h. von den Frauen mit ihren Kindern. Es sind also die Frauen, die auch hier wählen, so wie sie bei den meisten brutpflegenden Fischen und Vögeln die letzte Wahl unter den werbenden Männchen treffen — auch wenn es nicht so aussieht, weil sie viel unscheinbarer sind, und die patriarchalisch orientierte Naturwissenschaft lange die Augen davor verschloß.

Und diese Schimpansenfrauen begünstigen nur selten die Stärksten, wie man in der Freilandkolonie im Arnheimer Zoo feststellen konnte, sondern am ehesten die Großzügigsten, Freundlichsten, Sympathischsten — fast wie Menschen! (Eine nur von Frauen ausgeübte Form der Dominanz ist übrigens das Wegschubsen hochrangiger Männchen von begehrten Plätzen; auch das Wegnehmen von Steinen oder Stöcken wird von diesen ruhig geduldet — vielleicht, weil diese Toleranz statusbildend ist, oder weil manches am männlichen Aggressionsverhalten, schon auf dem Wege der Ritualisierung, dieser Eingriffe als Antwort bedarf?)

Der Ausgang der Schaukämpfe ist oft sogar schon vor ihrem Beginn an der Haltung der Tiere erkennbar, die wieder eine Folge ihres Rückhaltes in der Gruppe ist: Siegesbewußtsein oder Niedergeschlagenheit in Körpersprache umgesetzt. Mitunter sind Auseinandersetzungen aber ernster und lange unentschieden. Die Kontrahenten ermüden sich dabei bis zu einer Erschöpfung, die sie zwingt, voneinander abzulassen, aber sie bleiben zu aufgeregt, um sich zurückzuziehen oder abends schlafen gehen zu können; so sitzen sie

11

sich nur zitternd und agitiert in sicherer Entfernung gegenüber. Dann sind es wieder die Schimpansinnen, die vermitteln müssen, indem sie sich unauffällig nähern und jenes Fellputzen und zärtliche Kraulen anbieten, das eine große soziale Rolle spielt und auch Aggressionen und Spannungen abbauen hilft. Dabei locken sie die Gegner langsam immer näher aneinander und verschwinden schließlich, so daß die Kämpfer sich zuletzt friedlich und im normalen Sozialverhalten des „social grooming" versöhnt nebeneinander finden. Diese Versöhnung scheint ihnen noch viel wichtiger zu sein als uns. Oder dissimulieren wir vielleicht nur, wenn wir ohne sie auskommen zu können glauben, um dann vielleicht davon auf die Dauer psychosomatisch zu erkranken?

Es sind oft ältere Mütter, die diesen Sozialfrieden stiften. Sie schlichten auch Streitfälle, und ihr Eingreifen hat dabei beträchtliches Gewicht. Selbst die ranghöchsten Männer werden gegenüber ihren eigenen Müttern ganz unterwürfig wie Kinder. Diese Mütter sind auch von der während ihrer Brunftperiode sonst immer promisken Sexualität ausgenommen. Wahrscheinlich ist es auch ihre Präsenz, die schon in dieser Zeit eine Inzestschranke zwischen Geschwistern aufrechterhält. Jedenfalls werden unter normalen, also nicht Zoobedingungen, nach der Pubertät keine sexuellen Kontakte zwischen den Kindern einer Mutter mehr beobachtet.

Das Wohlwollen dieser Autorität muß von anderen Mitgliedern des Verbandes gewonnen und erhalten werden. Marie E. P. König [8] stellt die Frage, ob dies nicht auch noch in der steinzeitlichen Jägergesellschaft der Fall gewesen sei und als Ursache der unzähligen Mutteridole und -statuetten in Frage käme, ja die Grundlage eines Bedürfnisses nach Opfergaben und Verehrung weiblicher Gottheiten sei.

Aber noch sind wir nicht beim Menschen. Die ersten Schritte zur Menschwerdung taten wohl jene Primaten und Protohominiden, welche lernten (vielleicht auch über Mütter), die von den zur Nahrungssuche ausschwärmenden Trupps aufgetriebenen Lebensmittel an einem Ort zusammenzutragen und mit anderen zu teilen, was kein Tier fertigbringt. [9] Das schuf einen klaren Überlebensvorteil beim Durchbringen von Kindern und Älteren. Diesem Verhalten kamen jene Schimpansen am nächsten, die notgedrungen von ihrer, wie sonst üblich, triumphierend verzehrten Beute kleine Fetzen an die körpersprachlich ausdrucksvoll bettelnden anderen abgeben, oder jene, die auf erntebereite Fruchtbäume in abgestufter Lautstärke aufmerksam machen (nicht zu laut, wenn der Baum nicht besonders groß ist, damit ihnen selbst genügend übrigbleibt!) [10]

Aber das war noch nicht alles. (Das berühmte Kriterium von der Werkzeugverwendung als Kennzeichen des Übergangs vom Tier zum Menschen ist längst überholt: Alle Menschenaffen können es — und um Feuer zu gebrauchen, mußte der Homo erectus schon ganz schön lange Mensch sein!) Etwas anderes kam hinzu: Helen E. Fisher [11]) sieht es in einer entscheidenden, erst zur Sprache führenden Entwicklung, die sich auf folgende Weise angebahnt haben könnte: Als vor acht oder neun Millionen Jahren durch den klimabedingten Rückgang der Vegetation und die schwindenden Wälder manche Gruppen das Baumleben aufgaben, waren es eben die Protohominiden, die sich in die Savanne wagten oder dorthin zurückgedrängt wurden. Zur ständigen Wachsamkeit und Fluchtbereitschaft in schützendes Buschwerk gezwungen, lernten sie ebenso stärkeres Aufrichten wie bodenangepaßtes Laufen. Das beschleunigte ihre Bipedalität und aufgrund von Überhitzung (unzureichende Kühlung über die Nasenmuscheln) den Verlust ihres Haarkleides. Durch das beim aufrechten Gang gekippte weibliche Becken verengte sich der Geburtskanal; daher war es von entscheidender Bedeutung, daß, genetisch gestreut, einige Individuen gerade noch lebensfähige Frühgeburten hervorbringen konnten, die bei ausgetragener Schwangerschaft aufgrund ihrer Größe das Muttertier getötet hätten.

Daß wir, aufgrund von Hirn- und damit Schädelgröße, um etwa zehn Monate zu früh geboren werden, wissen wir seit A. Portmanns „extrauterinem Jahr" längst, [12]) nur sind die Wechselbeziehungen dieser Wachstumsvorgänge komplizierter, als unser monokausales Denken erfassen kann. In der Entstehungsperiode dieses Phänomens ist jedenfalls ein Engpaß in der menschlichen Entwicklung zu sehen, denn die übriggebliebenen Mütter hatten nun auch noch besonders viel Zeit und Mühe auf das Durchbringen der Frühgeborenen zu wenden, die sich auch nicht mehr an ihr Brust- oder Rückenfell anklammern konnten, sondern getragen werden mußten. Um so überlebensnotwendiger war jetzt ihr „Sex-Spezialistentum", mit dem sie sich durch Präsentieren von „Charme" einen Anteil an der eiweißreichen, für ihre Behinderung aber nun viel zu schnellen Beute sicherten. Dabei kam manchen zu Hilfe, daß sich die Periode ihrer sexuellen Responsivität auch in die Zeit ihrer Unansprechbarkeit zwischen den vierwöchigen Zyklen hinein verlängerte (die aber gewöhnlich sehr bald von Schwangerschaften abgelöst wurden), oder sich nach den Geburten nicht erst nach vier oder fünf Jahren, sondern früher wieder herstellte — eine für ihre Trägerinnen wertvolle Eigenschaft, die sie vermehrt weitergaben. Das diente beiden Geschlechtern: die Männchen kamen häufiger zum Zug und die Weibchen konnten ihre vermehrte Attraktivität zur besseren Nahrungsversorgung in der kargen Zeit nutzen, auch wenn sie durch die umständlich zu betreuenden Frühgeburten gehandicapt waren. Dabei entstanden aber in einer Gruppe, die bisher nur die Mutter-

Kind-Beziehung und die lose Beziehung der Mütter untereinander gekannt hatte, nun auch temporäre, aber längerdauernde sexuelle Partnerbindungen, was eben den „Sex-Contract" [13]) ausmacht — mit weitreichenden zwischenmenschlichen Folgen.

Die sich langsam entwickelnde menschliche Dauersexualität beider Geschlechter, in Gebieten mit ausgeprägten Jahreszeiten wahrscheinlich auch saisonal überlagert, ist vielleicht das zweite große Unterscheidungsmerkmal zwischen Tier und Mensch. Ihre Konsequenzen sind: Ansätze zur Paar- und Familienbindung, Beginn einer männlich-weiblichen Arbeitsteilung, Wechsel der signalsetzenden sekundären Geschlechtsmerkmale der Frau von den Schwellkörpern der Kehrseite zur physiologisch nutzlosen Fettgewebeausstattung der Brust (Anlage dazu schon bei der ständig auf dem Boden kauernden Geladalinie, ihre weitere Enthaarung fördernd), gesteigerte Fruchtbarkeit und Belastung der Frau durch die Aufzucht der Frühgeburten und Eingliederung des Mannes in die mutterzentrierte Kernfamilie. Sie wird ihn später dazu bewegen, völlig von ihr Besitz zu ergreifen (auch mittels sehr einseitig gewichteter Ehen), ohne an ihren Bürden übermäßig Anteil zu nehmen.

Wahrscheinlich bestanden jene Matriarchate, mit denen das vorige Jahrhundert auch seinen patriarchalen Stil zu rechtfertigen suchte, nie, denn Frauen herrschten nicht in vergleichbarer Weise wie Männer, wohl aber gab es mutterzentrierte und matrilokale Gesellschaften, [14]) wie sie den Anthropologen noch heute in allen Abstufungen bekannt sind. Allerdings hat es vermutlich in allen Gegenden Zeiten gegeben, in denen die Verfügbarkeit der Frauen über sich selbst und auch über ihre Nachkommenschafts- und Partnerwahl schon größer war als heute.

Vielleicht aufgrund saisonaler Fruchtbarkeits- und Sexualitätshöhepunkte oder, wie L. Trallori [15])meint, überhaupt mondphasensynchroner, zyklischer Empfängnisfähigkeit entzogen die Frauen sich als Gruppe gelegentlich, je nach Nahrungsangebot und „wirtschaftlicher" Lage. Das mußte ihre Fruchtbarkeit statistisch drosseln und in Grenzen halten. Die dafür nötige Solidarität, die ihnen von männlichen Wissenschaftlern oder Schriftstellern immer wieder gern abgesprochen wird, kann man aber, besonders beim doch recht ephemeren Aus- und Ein„heiraten" der Männer in die mütterlichen Linien (wie später etwa bei den Irokesen) als gegeben annehmen.

Und sicher müssen sie schon vor dem Mann ein zumindest beiläufiges Wissen um Geburt und Empfängnis oder Zeugung gehabt haben. Insofern reichte tatsächlich Eva Adam den Apfel und wußte zuerst, daß sie „einander nackend erkannten". Aber er war es, der mit der Zeugungseinsicht dann vielerlei anfing, auch erzwang und, wieder nach Trallori, sogar Populationsex-

14

plosionen vom Zaun brechen konnte, die besonders *ihr* gerade erst notdürftig ins Lot gekommenes Leben neuerdings in Unordnung brachten.

Für den steinzeitlichen Wildbeuter jedenfalls, im Zustand der „Unschuld vor dem Sündenfall", waren Geburten noch eines der größten Wunder, das auf rätselhafte Weise auch bei Jagdtieren immer wieder Nachschub herbeischaffte, ein mit ehrfürchtigem Schrecken begrüßter, aber kaum anders als magisch kontrollierbarer Vorgang. Was für einen Reim sollte er sich bei seinem begrenzten Wissen um die Weltzusammenhänge darauf machen?

Hans Peter Duerr hat in seinem zweiten Buch [16]) massiv belegt, was immer schon zu vermuten war: daß auch rezente Jägervölker (und um wieviel mehr erst steinzeitliche, bei denen Ähnliches erschlossen werden kann) oft auch gegen besseres Wissen an der alten Überzeugung festhalten, zu der sie vorzeiten gekommen sein müssen: daß sie nämlich ihr Leben und das ihres Subsistenzwilds einer mütterlichen, vielleicht willkürlich, aber doch schenkenden, gebärenden Instanz verdanken, die über den Nachwuchs neuen Lebens, auch der jagdbaren Nahrung, auf ihre Weise disponiert und die man der eigenen Kleingruppe gegenüber günstig zu stimmen vermag. Man muß es tun, um zu überleben, weil sie sonst aufhören könnte, etwas aus dem Nichts zu produzieren.

Wahrscheinlich war eben schon das urmenschliche Kausaldenken durch Fehlschlüsse gekennzeichnet. Man neigte zur Manipulation dieses Wesens und zur Dankbarkeit, zog auch den Analogieschluß zu Sonnen- und Mondauf- und -untergängen und nahm vermutlich an (wie in den Zigeunermythen lange erhalten), daß es auch nur *ein* Kontinuum, bzw. eine begrenzte Menge von Leben gebe, das zwar ständig durch den Tod abgehe, aber durch angemessenes Verhalten zur Wiedergeburt angehalten werden könne. Eine tröstliche Vorstellung zyklischer Wiederkehr, die das Sterben dem Schlafen vergleichbar und angstlos machte.

Man bestreute die Toten mit der Lebens- und Geburtsblutfarbe Ocker und bettete sie wie zum Schlafen oder in embryonaler Wiedergeburtshaltung. Man schnitzte Mutterfigürchen aus Horn, Stein oder Gagat oder ritzte sie in den Fels der großen Kulthöhlen der Eiszeit, die nichts anderes als Sanktuarien waren, heilige Orte der Wiedergeburt oder etwas wie die Gebärmutter der Erde. [17]) Diese betrat man wohl nur zu besonderen Anlässen, bei denen wahrscheinlich in Initiationsriten und von Schamanen Glaube und „Wissen" um die Wiederkehr weitergegeben wurden. Man steigerte sich weiter in die Vorstellungen und in die Überzeugung, diese Abläufe durch Zeremonien positiv beeinflussen zu können. Dazu bemalte man die Wände mit den heute noch lebensecht wirkenden farbigen Bisons, bewegten Rinderzügen, galoppieren-

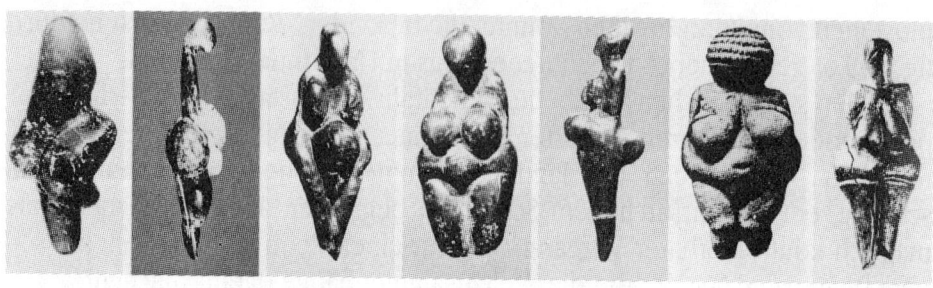

Westliche Tageszeitungen, so hat man ausgerechnet, sind im Durchschnitt zu 95% mit Männerporträts illustriert. Diese Folge von Bildern aus einer fernen, medienlosen Zeit soll darauf hinweisen, wie viele und wie verschiedene Aussagen damals durch weibliche Figuranten gemacht wurden. Das muß zweifellos Essentielles bedeutet haben. Ebenso entindividualisiert wie die auflagensteigernd und dekorativ eingestreuten Charmebomben von heute, sind die Darstellungen von früher allerdings selten durch Schönheit oder sexuelle Attraktivität ausgezeichnet, häufiger beängstigend, abstoßend: ein erster Männerversuch, mit dem bedrohlichen, wahrscheinlich als magisch erlebten Reproduktionswunder Frau auf künstlerische Art fertig zu werden.
Oben: Eiszeitliche Fruchtbarkeitsstatuetten aus der Dordogne, den Basses-Pyrenées, Ventimiglia, Willendorf (sog. „Venus von Willendorf") und aus Mähren, alle um ca.25000 v. Chr. Unten: Steinzeitliche Reliefs aus der Dordogne, links die sog. „Venus von Lausselle" („Frau mit Horn"), rechts „Frau mit einem Gegenstand"; 20000 v. Chr.

16

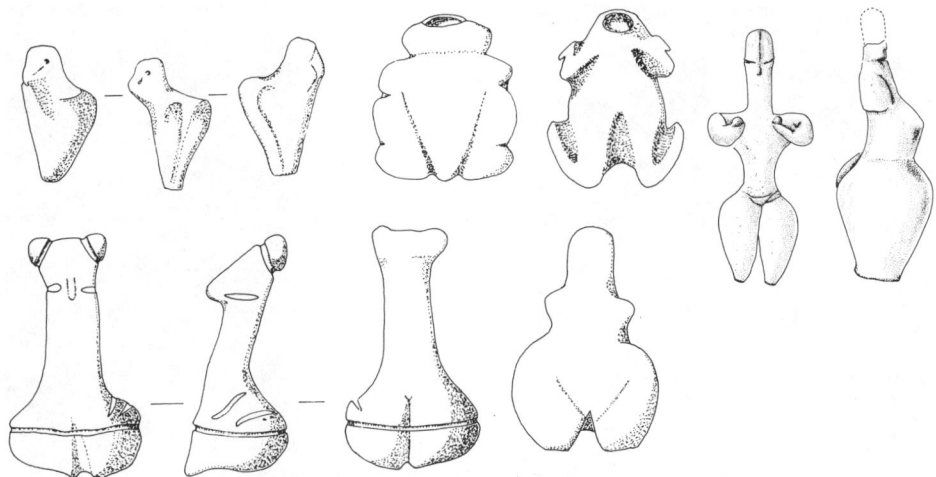

Statuetten und Figurinen aus Mazedonien und Bulgarien, Ende des 6. Jahrtausends v. Chr.

Links: Weibliches Marmoridol, wahrscheinlich griechisch, 4. Jahrtausend v. Chr., neolithischen Idolen aus Ägina und Sparta ähnlich. Rechts: Weibliches Idol aus Rumänien, 4. Jahrtausend v. Chr. Die „Tätowierung" enthält die gegenläufigen Spiralsymbole von Wiedergeburt und Fruchtbarkeit durch den Mutterschoß.

17

Links: Weibliches Idol aus Mesopotamien, 5. Jahrtausend v. Chr. Rechts: Sumerisches Idol, um 3000 v. Chr.

den Pferden und weidenden Rentieren: Sie erzeugten die Illusion der Gegenwart all dieser Geschöpfe auch in Hungerzeiten. Die hallenden Wände und flackernden Tranlämpchen unterstützten die Vorstellung, daß sie sich unterdessen in diesen unterirdischen Geburtshöhlen aufhielten und ihre Wiederkunft unmittelbar bevorstehen konnte.

Und überall fanden sich seit gut 30.000 Jahren die unzähligen weiblichen Steinplastiken mit der oft übertriebenen Fortpflanzungsaufmachung, in Herdstellen, Wohnstätten und Höhlen von Frankreich bis Sibirien. Manchmal hielten sie in Felsenzeichnungen auch das hochgehobene Kuhhorn (das uns zum Füllhorn wurde) über sich, um Tierreichtum und damit Wohlstand aus Sonnen- und Mondzyklen auf die Erde herabzubeschwören. Der Himmel schien weltweit noch fest auch in weiblichen Händen; das Weibliche war das Tor zum Jenseits, Quelle alles Nützlichen und der Regeneration des Lebens. Die Unterstände ähnelten einander auch, ihre Rotockerbemalung hielt sich aber vielleicht in Brasilien besser als in unseren Klimaten (32.000 bis 6.000 Jahre am Rio Piani) [18]).

Das gleiche Abbild der Erd- oder Muttergöttin tauchte überall auf, als ockerrote, wunscherfüllende, fettleibige Venus von Willendorf vor drei Jahrzehn-

18

tausenden, steinern oder aus Lehm geformt als graziöse Kuhtänzerin mit erhobenen Armen in Ägypten vor sechstausend Jahren, als Umarmende und Gebärende in den ältesten Kulturschichten Anatoliens und Kleinasiens, viele Male als winzige steatopyge (fettsteißige) Amulettfigur im paläolithischen Gönnersdorf, tönern plump und schwanger hockend oder elegant in weißem

Marmoridole aus Anatolien, 3. Jahrtausend v. Chr.

Marmor, stilisiert bis hin zu den abgeschliffenen Violinidolen aus den Kykladen, denen sich dort bei den größeren Grabbeigaben mitunter auch ein aulus- oder lyraspielender Seelenführer oder ins Jenseits lockender „Orpheus" zugesellt. [19]) Die weibliche Darstellung prägte in ihren verschiedenen Lebensaltern die Altäre der frühesten Großsiedlung von Çatal Hüyük [20]) mit ihren 8500 Jahre alten Sgraffiti, wie die dicken schlafenden Priesterinnen der maltesischen Hypogäen [21]) 4.000 v. Chr. und in der ältesten, kupfersteinzeitlichen rumänischen Zivilisation Europas findet sie sich beinern oder aus Gold gehämmert, [22]) ebenso in den untersten Schichten von Troja. [23])

19

Terrakotta-Statue einer Priesterin in Trance aus dem Kammergrab von Hal Saflieni (Malta), 2300—1900 v. Chr. Die überquellenden Phantasieformen der Steinzeit sind zwar noch nicht verschwunden, wohl aber die sakrale Nacktheit. Aus den Kulthöhlen eiszeitlicher Erneuerung sind labyrinthische Totenhöhlen geworden, aber der Wunsch nach Wiedergeburt oder Heilung (in rituellem Schlaf) ist geblieben.

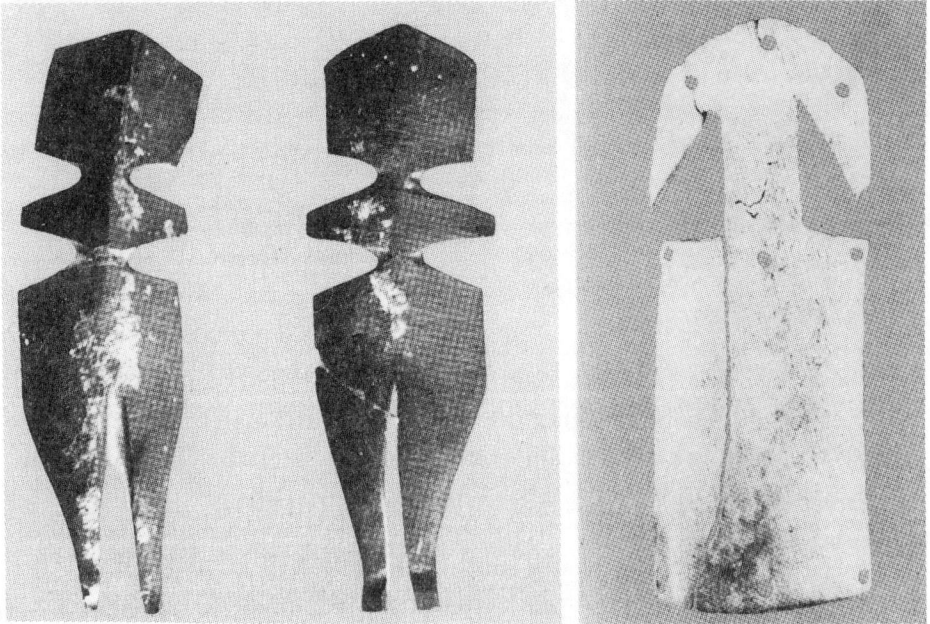

Weibliche Bein-Idole aus Bulgarien, 2800 v. Chr., wie in Varna oder spanischen Gräbern.

20

Vielleicht kommt in den weiblichen Idolen, von denen unsere Illustrationen die verschiedensten wiedergeben, auch zum Ausdruck, daß der Mann als Schöpfer dieser Gegenwelt zu den schon in der Prähistorie zugleich bewun-

Weibliche Terrakotta-Idole aus Aleppo und Bagdad, ca. 3000 v. Chr.

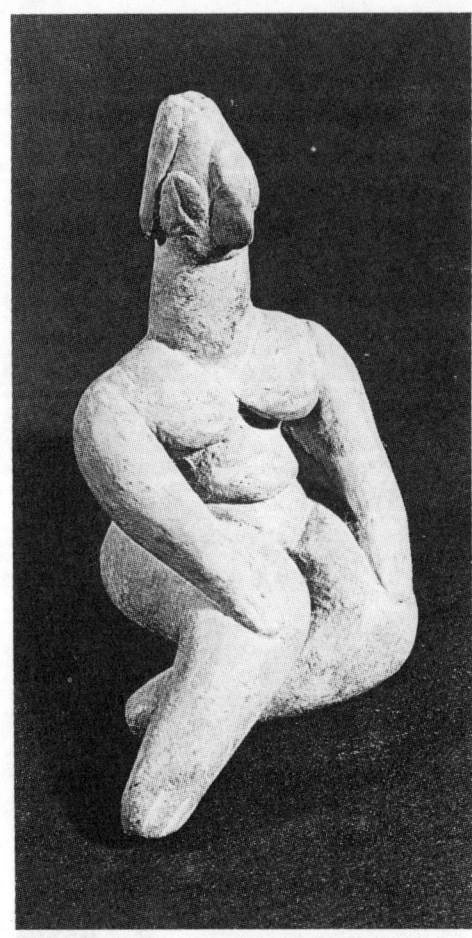

Links: Weibliche Tonstatuette aus Thessalien,
5. Jahrtausend v. Chr.
Rechts: Schlangen- oder reptilköpfige Frau aus
Ur, ca. 3500 v. Chr.

derten und gefürchteten Frauen sie mit ihren Haupteigenschaften, künstlerisch gestaltet, sozusagen auf eine Formel brachte und damit durch Ausgrenzung bewältigte. Manche dieser Idole sind ja furchterregend, obwohl die meisten (eben vielleicht aus Abwehr) gesichtslos sind, wenn nicht vogel- oder schlangenköpfig, vielleicht maskiert. Später treten sie oft in Löwen- oder Stierbegleitung auf, auch als Herrin der Tiere, schwanger oder voller sprießender Pflanzen, also von zentraler Weltwichtigkeit. Dennoch sind sie häufig auch kopflos, meist beinahe fußlos und nicht selten ohne Arme oder mit verkümmerten Stummeln, brüstepressend und unattraktiv, ganz Leib, aber kein verführerisches Wunschbild, sondern magisch gebannte Antithese und Angstobjekt des Mannes. Diese Frauen können alles, bis zum Wunder der Weitergabe des Lebens; sie können aber nicht, was der Mann zu allen Zeiten konnte: denken, zupacken und laufen, sie haben also nicht wie er die Gewalt, über Kopf,

22

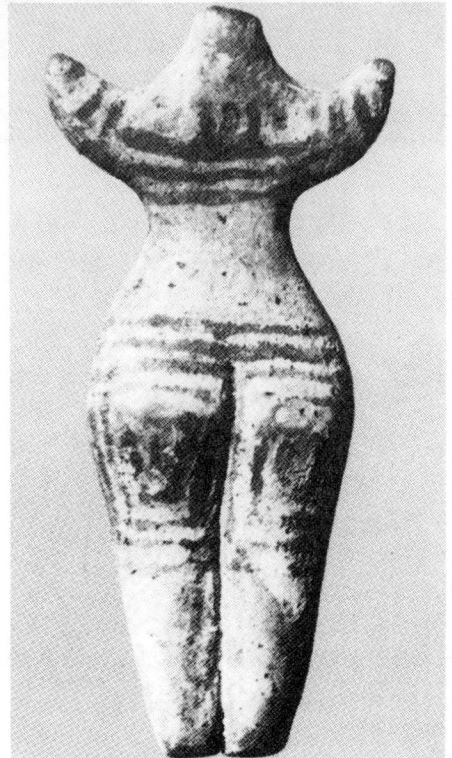

Oben links: (Maskiertes?) Idol aus Aleppo,
3. Jahrtausend v. Chr. Oben Mitte: Weibliches
Idol in Krugform aus Rumänien, 4. Jahrtausend
v. Chr., der Bemaltkeramik aus Schicht I und II
von Haçilar, 6. Jahrtausend v. Chr., sehr ähnlich. Oben rechts: Sandstein-Menhir mit einge-
ritzter weiblicher Figur aus Saint-Sernin-sur-
Rance, Frankreich, Megalithkultur der frühen
europäischen Kupferzeit des 4. Jahrtausends v.
Chr. Ambivalente, machtvolle Ahnenfigur oder
Totengöttin, deren Schmuckketten und Stein-
schleuder auch auf Reichtum und Durchset-
zungsvermögen deuten. Unten: Tonfigürchen
in Adorationshaltung aus Ostbulgarien, Früh-
neolithikum.

23

Hand und Fuß zu verfügen. Sicher hat er sich später in Besitzmacht, Ehe, Privilegien und Pragmatisierung von ihrer anfänglichen Unterdrückung befreit und Kontrolle über sie zu verschaffen gewußt, es ist zu schrittweisen Kompromissen gekommen, die auch den Frauen dienlich gewesen sein müssen und die sie akzeptieren konnten. Sie sind heute ein großes Hindernis, wieder zu einem kosmisch eingeordneten, naturverträglichen Leben zurückzukehren. Aber sie erlaubten ihm später, sie auch wieder angstlos realistisch, oder sogar ästhetisiert, wiederzugeben.

Kein Wunder, daß nach Hans Peter Duerr auch indianische Schamanen, Eskimos und fischfangende „Primitive" bis in die Gegenwart durch herdnahe

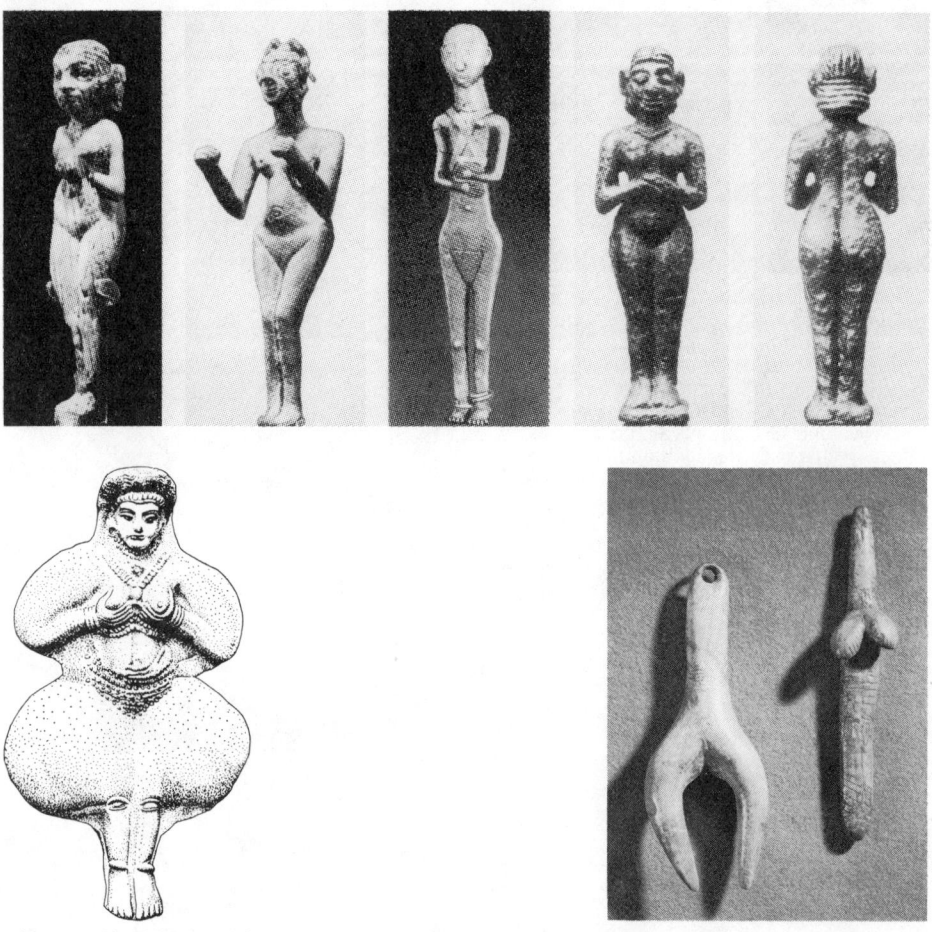

Oben: Weibliche Figuren (Göttinnen und Beterinnen) aus Syrien, 3. Jahrtausend v. Chr. Unten links: Weibliches Ton-Idol aus Susa, 2. Jahrtausend v. Chr., brüstepressend, d. h. ethologisch in Beschwichtigungshaltung. Unten rechts: Amulette aus Mammutelfenbein, Mähren, mit aufs äußerste reduzierten weiblichen Formen, 15000 v. Chr.

24

Löcher im Erdboden mit der manchmal säumig oder träge-gütig gedachten Existenz einer Erdmutter zu kommunizieren und sie sich ihren Wünschen nach Jagdsegen geneigt zu machen streben, gleichgültig, ob sie noch daran „glauben" oder nicht. Auch wir, wie frühere Völker und Zeiten, sind nicht immer völlig von überkommenen religiösen Vorstellungen überzeugt und begehen dennoch Feste, weil wir uns sonst seelisch verarmt oder „schlecht" vorkämen.

In den archaischen Anfängen bettelte man wohl zu gewissen Jahreszeiten um das schöne Rinder- oder Rentierrudel, die Robben- oder Fischschwärme, über deren wiederkehrende Wanderungen man sich kaum klar sein konnte, von denen man aber passiv abhängig war, weil sie den Lebensunterhalt sicherten. Mit einer vagen Ahnung um die Lebenszusammenhänge versprach sich der Schamane viel von der kosmischen Vermählung mit der Exponentin der Tierheit, der göttlichen Tierfrau. [24] Selber in Tierverkleidung, wie wir auf den Felsbildern noch sehen können, bat er um Beischlaf mit ihr oder glaubte sich von der Herrin der Tiere dazu gebeten, und vollzog ihn in Trance oder in ekstatischen Einweihungserlebnissen, um die Wiedererweckung des Lebens doch irgendwie magisch in seine Hände zu bringen. Später versuchte man es dann schon energischer, nicht mehr so demütig, sondern viel aggressiver. Man näherte sich nicht mehr schüchtern in Traum oder Schamanenphantasie, mit sakraler Geste oder im „mental quest" jener allmächtigen Spenderin von

Halskette mit „Herrin der Tiere", 7. Jahrhundert v. Chr. Bilder der Wandlung von der eiszeitlichen Muttergöttin zur Artemis.

25

und Herrin über Leben und Tod, der Dame der Fülle oder Frau im Berg, Sedna, der Lady of the Lake oder Göttin der Gefilde, der man einst die begehrten Tiere zu verdanken wähnte, der man sie winzigklein aus den Haaren gekämmt, aus den Achselhöhlen gelockt oder wie Ungeziefer vom Leib geklaubt hatte, die man durch Zärtlichkeiten veranlaßt hatte, ihre Fischzüge und Wildrudel immer wieder freizugeben. Nun forderte man dies wie ein zustehendes Recht. Aus der liebenden Begegnung wurde eine ranganweisende Vergewaltigung.

Woher plötzlich dieser neue Ton? Vielleicht hing es weniger mit neueren Einsichten in die Natur der Zeugung zusammen als mit der Erfindung von weiter reichenden und besser zielenden Schußwaffen, wie Speerschleuder oder Pfeil und Bogen. Letztere entstanden in Afrika und in Mitteleuropa, angeblich um 12.000 v. Chr. [25] [26] Effizienteres Töten hatte das Lieben als lebensschaffenden Vorgang abgelöst; in manchen Kulturen bekam männliche Erotik die Konnotation von Angriff und Erlegen von Wild. Die Objekte dieser Erotik wurden entwertet wie die Große Mutter selbst; die wurde zur lästigen Alten, mit der man auch für alle ihre Zuwendung nur widerwillig schlief, bis zu des Teufels Großmutter unserer Kinder- und Hausmärchen, die einem wenigstens noch verhelfen konnte, die wunscherfüllenden drei goldenen Haare des Teufels zu rauben.

Noch bei den australischen Aborigines gehört es zu den Vorbereitungen der Jagd, daß der Medizinmann seiner Frau beiwohnt und neues Leben zeugt, bevor er die Fährte des Wildes aufnehmen darf, das von ihm getötet werden will und kann, weil es ihm von der Weltordnung zugedacht ist. [27] All das mündete auch in die Hochkulturen Ägyptens oder Mesopotamiens, in jene Heiligen Hochzeiten auf den Nilbarken oder zwischen entfernten Städten, auf den Spitzen der Zigurrats oder auf kretischen Frühlingsfluren. Sie sollten den weiteren Wohlstand und die Fruchtbarkeit des Landes sichern, auch wenn man von der Jagd längst zum Ackerbau übergegangen war. Jener jahreszeitliche Austausch der Geschlechter miteinander und mit der Natur in uralten Orgien geschah in Anerkennung der eigenen Kreatürlichkeit und ist viel älter als die späteren Pflanzermythen vom sterbenden Vegetationsgott sommerlich austrocknender Landstriche, deren Bebauer die Idee auf ihre Art abwandelten.

In Ägypten war dies die Osirismythe der fruchtbaren zyklischen Nilüberflutungen, in Mesopotamien die bewässernden Zeugungsakte des zwischendurch immer wieder versickernden Wassergottes Enki, deren letzte Ausläufer dann der immer wieder von Ebern zerrissene Adonis oder die schwindenden Lichtgötter des Nordens sind.

In Çatal Hüyük, dessen rasch abnehmende Jagd den männlichen (Mythen-)-Anteil in der Darstellung eine Zeitlang fast bis zur Unsichtbarkeit reduzierte, finden sich in den kultischen Wandbildern wiederkehrende Geburtsszenen von Zicklein oder Kälbchen, wie ein letzter Nachhall steinzeitlichen Wissensstandes; die Fortpflanzung geschieht dort noch ohne männlichen Anteil. Man setzte auf Viehzucht, die man entwickelte oder übernahm, aber zum Zeitpunkt der von Mellaart [28]) ergrabenen Altäre offenbar noch ohne Wissen um die Zusammenhänge von Zeugung und Geburt. Vielleicht hatten die Frauen erst begonnen, domestizierbare Jungtiere aufzuziehen, in die sich dann immer wieder die von außen den Anbauflächen folgenden Wildtiere einkreuzten, ohne daß man bereits Kontrolle über diese Art von „Züchtung" gehabt hätte. War hier eines der Zentren des Übergangs zur Rinderdomestikation?

Die Vorstellung des Gebärens von Kulturnotwendigem geht jedenfalls noch weiter in den Osten. Die Verbindung mit den indischen Zivilisationen von Mohendjodaro und Harappa kann auch aus anderem erschlossen werden (Rollsiegel und Ähnlichkeit der Bauweise). Eine Muttergottheit Aditi gebiert dort sogar die Reispflanzen noch ebenso physisch, [29]) wie an den Ufern von Euphrat und Tigris der Flachs und die verschiedenen Farbpflanzen bis hin zu den Heilkräutern von Generationsketten von ihren Töchtern und Enkelinnen alljährlich etappenweise hervorgebracht werden. [30])

So gut und nützlich schien das weibliche Prinzip dieses repetitiv und zyklisch gedachten Vorgangs, daß es sehr lange beibehalten wurde. Weit entfernt von einem Matriarchat, gebot also am ehesten eine freigebige, alle gleichberechtigende Magna Mater, die zugleich Totengöttin war, sanft aus höheren konzeptuellen Sphären — zumindest, solange der Vorgang der Zeugung noch

Ausschnitt aus einem Steatit-Siegel aus Harappa: die Göttin Sak-Ambari gebiert eine Reispflanze. Nicht nur Tiergeburten wie in Çatal Hüyük, sondern die Kreation alles Lebendigen, auch der Pflanzen, war einst Ressort vergöttlichter Mutterfiguren.

im Dunkel war. Im Osten wurde dieser merkwürdigerweise viel weniger aggressiv uminterpretiert, mehr als Lebensursprung gleichwertiger Partner gefeiert; der Tod war noch ohne Schärfe und nicht aufdringlich aktiv. Man war sein verstehender Zeuge, und man tötete aus guten Gründen, um zu überleben, und holte sich dazu oft bei der mütterlichen Instanz die Erlaubnis oder entschuldigte sich dafür, wie noch bei der „Schlächterin und Hegerin des Wilds", Artemis, einer Endform der Urmutter, von der dann nur noch die mißverstandene „Keuschheit" übrigblieb.

Aber dieses gütige Wohlwollen einer Ernährerin aller, ohne Ansehen persönlicher Verdienste, war vielleicht das einzige echte demokratische Verhalten, das Menschen sich je auszudenken imstande waren. Bevor man dieser Ernährerin aber in den Hochkulturen Lippenbekenntnisse ablegte oder ihr Produktionsüberschüsse „opferte", hatte man um sie einmal als Schamane in Stier-, Bären- oder Rentierfellen geworben, sie zur „Mitarbeit" am Wohlstand des Stammes verpflichtet, sie später, mit perfekteren Jagdgeräten, dazu gezwungen und sie zuletzt zu einer wetterwendischen Glücksgöttin Fortuna entarten lassen, die man zu bestechen und materiell zu manipulieren versuchte, wie in Praeneste-Palästrina mit seinem berghohen Glückstempel.

Aber die prähistorischen Frauen verfügten möglicherweise doch auch über ein ungenaues, wohlgehütetes Geheimwissen um die Geburtsfunktionen und die Funktionen des eigenen Körpers — und damit über gewisse Freiräume. Vielleicht gab es sogar eine Art von Geburtenkontrolle in festlicher Form einer noch solidarischen Frauengruppe (neben der ebenso selbständigen und ebenso verschworenen Gruppe der Jäger). Das wurde respektiert und hielt die Bevölkerungszahl relativ konstant oder angepaßt, beließ sie unter weiblicher Kontrolle.

Aber nachdem der Vorgang der Zeugung durchschaut worden war, war der Apfel der Erkenntnis gepflückt. Da jedoch die Männer auch danach das geheimnisvolle Gebären nicht allein bewerkstelligen konnten, mußte zur Sicherung persönlicher eigener Kinder oder anonymer Massenproduktion von Sklaven für Krieg, Ackerbau oder Gewerbe die Einzelverfügbarkeit gebärfähiger Frauen erzwungen werden. [31]) In Patriarchaten nahm das dann die Form einer einseitigen festen Paarbindung zugunsten der Männer an, der Ehe, die ihr Anrecht auf eine bestimmte Frau (ohne wahre Gegenseitigkeit!) darstellte.

Daß der Brautpreis der (auch dadurch) wohlhabender Gewordenen, der meist nur vom ganzen Stamm erbracht werden konnte (dieser sicherte sich dadurch eine Mitsprache an der Wahl) und sich dann auch im anderen Stamm fächerförmig verteilte, nichts mit simplem Frauenkauf oder Sicherung ihres

Vermögens zu tun hatte, wird spätestens dann klar, wenn man sich über seine Rückerstattung im Falle einer Scheidung Gedanken macht [32]): Wenn einmal Kinder da waren, unterblieb sie! Der Brautpreis stellte also nichts anderes dar als ein Entgelt für die zu erwartenden Kinder bzw. Arbeitskräfte, auf die der verkaufende Stamm verzichten mußte, während sie dem anderen zugutekamen. Nicht die Frau, die Kinder waren das Wichtige. Ein uns schon fast fremder Gedanke.

Damit konnte aber der männliche Rangstreit um Frauen wirkungsvoll ausgeschaltet, durch Bezifferung zumindest eingedämmt werden, und auch die Frauen schienen davon zu profitieren. Ihre vermeintliche Eigenständigkeit war aber teuer erkauft und erwies sich eher als Falle. Schon in Mesopotamien rät die mythische Repräsentanz der Muttergottheit in der Umstellungsphase zur Hochzivilisation, die leicht mit Patriarchalisierung einhergeht, den ständig von Enki geschwängerten Töchtern und Enkelinnen, sich doch nur mehr auf eine Ehe einzulassen (anscheinend begann das Aufziehen vaterloser Kinder mit der Verstädterung und Vereinzelung der Mütter deutlich mühseliger zu werden als früher) und doch Brautgeschenke von ihm zu verlangen! Es war schwer zu durchschauen, daß gerade die Ehe ihren entrechteten Zustand nur noch mehr zementieren würde und daß es sich bei diesem Rat schon um die Instruktion männlicher, eben zur Macht gelangter ordnungsliebender Stammesfürsten, Könige oder Priester handelte, die man der Muttergottheit in den Mund legte.

Was immer die Frau vorher auch gemacht, für einen ganzen Stamm erworben hatte, kam nun diesem nicht mehr voll zu, aber auch nicht ihr selber. Sie wirkte auch nicht mehr, wie in funktionierenden Primatengruppen, aggressionsbremsend und schlichtend, wie sie sollte, sondern blieb auf einen einzigen Partner beschränkt, der seinerseits weiterhin sowohl im Dialog mit seinem Männerverband als auch mit dem gesamten System blieb. Dessen angeborenes männliches Dominanz- und Machtstreben konnte sich im Gegensatz zu früher erst jetzt richtig und ungehindert durch ihr Beschwichtigungspotential hemmungslos entfalten. Ihre einseitige, aber von der Gesellschaft sanktionierte Loyalität setzte ihn nun frei, seine kühnsten Ideenverwirklichungen und Ideologien ziemlich ungeprüft und nach Gutdünken auf die Welt loszulassen, die damit eine weitgehend männliche geworden ist. Sie duldete seinen kometenhaften Erfolgsaufstieg, weil Brosamen — die sie allerdings nicht als solche wahrnahm — dabei immer auch für sie abfielen. Er störte zwar ihre alten Zyklen und Kreise, aber sie konnte nicht wissen, und hätte es auch nicht beweisen können, daß diese stabilisierende Kräfte gewesen waren, den konservativen Prinzipien der Natur selbst ähnlich, die bei ihren Evolutionsexperimenten nie das schon Gewonnene aufs Spiel setzt, sondern überall die Regression zu Mittelwerten, Mittelwegen und Gleichgewichtszuständen favorisiert. Aber man hätte ihr auch nicht geglaubt, daß seine Erfolgsrezepte der kurzsichtigen, positiven Rückkopplung von Wachstum und Fortschritt und des ständigen Maximierens und Hasardierens eigentlich tödlich sind und zu Destabilisation und Katastrophen führen, wenn sie es hätte formulieren können. Sie konnten nur deshalb so lange unauffällig bleiben, weil sein freischweifender Geist ständig neue Systeme eröffnete. Deren Kurzzeit- und punktuelle Erfolge täuschen darüber hinweg, daß das Gesamtsystem Erde längst in Gefahr ist und die eigentlichen vernetzten Langzeitwirkungen sich inzwischen erbarmungslos summieren oder potenzieren, bis es dann wie ein Naturereignis scheinbar plötzlich umzukippen droht. Vor dieser Situation stehen wir im Augenblick an vielen Stellen unserer Welt.

Mit der Ausnutzung des „Sündenfalls", der Zeugung und Mord zugleich in den Kosmos einführte, wie die Bibel auf ihre Art richtig rekonstruierte, wurde ein Geschlecht praktisch zum Vehikel des anderen. Die vorher geheimen, trost- und segensreich von Frauen allein gehandhabten Ahnungen um Zusammenhänge der Entstehung und Auflösung des Lebens, um Zeugung, Geburt, Krankheit und Tod, wurden in Männerhänden zu Erkenntnissen, ebenso mißbräuchlich angeeignet wie ihre Familien, in die die Männer nun endlich eingebunden waren, oder die vielen Naturreserven. (Es ist kein Zufall, daß neurologische und hirnphysiologische Untersuchungen bei Frauen eine weniger vollständige Trennung in eine rational-abstrahierende, dominante linke und eine ganzheitlich-intuitiv-schöpferische rechte Gehirnhemisphäre ergaben. [33]) Bei ihnen sind auch beide Gehirnhälften gleich oder ähnlich gut verwendbar, was besonders bei unfallbedingten Ausfällen deutlich wird, und anders „verschaltet" als beim Mann.) [34]

Daß diese zweifelhaften Besitzergreifungen und ihr prometheischer geistiger Aufschwung von einem ebenso prometheischen Fall aus den gestürmten Himmeln oder einem Absturz des Ikarus gefolgt sein könnten, vielleicht sogar von einem Zusammenbruch des Atlas, der das Firmament doch nicht für immer allein tragen kann oder mag, müssen die Männer geahnt haben, sonst wären all diese Mythen nie formuliert worden. Ihre Bedrohlichkeit ist nur inzwischen aus dem Reich der Träume und unbewußten Phantasien heute fast schon in greifbare Realitätsnähe gerückt. Das Erwachen dürfte für den Mann noch schrecklicher sein als für die in weniger schwindelnde Höhen gerissene Frau, die das Bewußtsein ihrer Kreatürlichkeit immer behielt oder nicht so sehr zu verdrängen brauchte wie ihr Partner, dem sie so lange ergeben oder unwillig als Grundausstattung, eben als Erfolgsvehikel, diente. Manche dieser zu Mitteln zum Zweck Deformierten haben sich inzwischen selber befreit und zum Staunen vieler in Menschen mit eigenen Talenten und Bedürfnissen verwandelt, andere lassen sich weiterhin als Werkzeuge manipulieren; echte Partnerschaften sind außerordentlich rar, aber doch schon vorhanden. Sie könnten sich einmal als Überlebensnotwendigkeit für das ganze System herausstellen. Das müßte dann seinen riskanten, unsere Fähigkeiten ständig überrollenden, rasanten Fortschritt verlangsamen und könnte vielleicht zu seiner alten Stabilität zurückführen, die noch nicht auf der stillschweigenden Mißachtung des einen Geschlechts und seiner Prioritäten durch das andere beruhte.

Da aber Frauen laut Verhaltensforschung eher untereinander als allgemein nach Rang und Position drängen, [35]) können sie im Alltag, der von männlichem Dominanzstreben beherrscht wird, an dem sie nur über ihre Gatten teilzunehmen bereit sind, leicht übersehen werden. Von Natur aus besäßen sie aber die Möglichkeit ihres Charme-Werbens und -Dominierens, ihres sexuell getönten Appellierens auch an die friedliche Vernunft der Männer, deren Droh- und Aggressionszwang zu beschwichtigen ihre Aufgabe auf der Primatenstufe gewesen zu sein scheint, und ihren argwöhnischen Hausverstand. All das wurde systematisch ausgeschaltet und beschnitten. Die erste, angeborene, Verhaltensweise wurde überdies auf „Sex-Appeal" eingeengt und mißinterpretierend abgewertet — sie könnte und sollte ganz anderen Zwecken — denen der Besänftigung — dienen. Aber weil besonders „Erfolgsmenschen" bei ihrem Aufstieg eine Art von Panzerung dagegen entwickeln (wie auch noch an prägenden Mythenbeispielen zu belegen ist), bleibt sie im Großen wirkungslos und im Einzelfall zu vernachlässigen.

Für den prekären Zustand unserer mißbrauchten Erde ist es bedauerlich, daß Frauen so wenig mildernden Einfluß auf weitere Entwicklungen haben, zumindest nicht an den entscheidenden Stellen — eigener Rang wird ihnen nur schwer zugesprochen. Wenn sie überhaupt zählen, dann immer eher wegen ihres Aussehens als wegen ihrer frauenspezifischen oder persönlichen Eigenart. Eigentlich müßte alles, was über sie jemals von Männern erreicht oder erworben wurde, ihnen auf irgendeine Art wiedergegeben werden, um das alte Gleichgewicht zwischen den Geschlechtern wiederherzustellen, und sei es nur durch angemessene Wertschätzung — obwohl diese sich, in der Gegenwart zumindest, auch materiell äußern müßte, um das Ungleichgewicht nicht noch weiter zu vergrößern, das aus der Orientierung an vorwiegend männlichen Wünschen entstanden ist. Aber wie in anderen Wechselwirkungskreisläufen geschieht eher das Gegenteil. Auch das auf Kosten der Natur Erwirtschaftete wird ja nicht in diese zurück-, sondern ständig sehr unhaushälterisch und kurzsichtig, aber stürmisch, in die Vervielfachung einmal erreichter Erfolge investiert — in verhängnisvoller positiver Rückkoppelung, also etwa Kraftfahrzeugsteuern in weitere Autobahnen statt in die Wiederherstellung der dadurch zerstörten Natur. Aber während machtkämpferische männliche Verhaltensweisen, die letztlich auch nur zu sexuellen Imponierzwecken evoluiert wurden, sich in allen Bereichen menschlichen Verhaltens generalisiert haben, wurde ihr weibliches Gegenstück, Machtübung durch Attraktivität, in der gleichen Zeit aus allen seinen sonstigen Einsatzgebieten herausgedrängt und zur irritierenden Verführung verteufelt sowie auf rein sexuelles Zweckverhalten reduziert, wie zu zeigen sein wird.

Eine entscheidende Weichenstellung bei dieser Entwicklung dürfte der Schritt von den relativ ausgewogenen, mythengläubigen, oft schon hochkultivierten Stammesgesellschaften (wie in Kreta) zur Zentralisierung und Staatenbildung gewesen sein. Noch heute weiß niemand, unter welchen Bedingungen er vor sich ging, und kaum jemand beschäftigt sich damit. Mitunter ist es wahrscheinlich auch eine leidvolle, blutige Phase, die rasch verdrängt wird. Bodenschätze oder andere Reichtümer helfen dabei, aber strikte Hierarchisierung ist dazu unumgänglich notwendig. Dazu waren Männer in allen Zeiten nur zu bereit. Das ist Teil unseres biologischen Erbes als Sozialwesen, älter als die Zweigeschlechtlichkeit, die nur der besseren Durchmischung der Genbestände dient.

Aber wann und wo es jeweils geschieht, daß eine hochkomplexe Stammeskultur zum Staatsgebilde wie zu einem Kristall zusammenschießt, entzieht sich noch unserer Kenntnis. Klar ist nur, daß dieser Vorgang immer auf Kosten einer Vielzahl von Einzelinteressen, besonders aber derjenigen der Frauen geht, die dabei fast verschwinden und sich mit „Schattenarbeit" plötzlich in den Untergrund gedrängt finden. Sie lassen es sich auch nur begrenzt gefallen, wofür viele ihrer geschichtlichen Versuche sprechen, später wieder aufzutauchen. Allerdings nur, um gleichermaßen als Amazonen oder besessene Bacchantinnen, Hexen, Blaustrümpfe oder Emanzen zu scheitern, weil etablierte Macht nun einmal nicht so leicht wieder aufgegeben wird.

Wahrscheinlich ist es kein Zufall, daß staatenbildende Tiere wie die Ameisen oder Bienen in ihren tragenden Anteilen immer auf ein Geschlecht beschränkt sind — im übrigen ist es das weibliche. Geschlecht ist also gegenüber Rang entbehrlich. Die Lebensproduktion geht dann allerdings dort wie am Fließband, wenn auch nicht klonierend, vor sich. Es ist nur mehr der Gesamtorganismus adaptierfähig, das Einzelwesen hat viel davon eingebüßt. Das kann man sich aber nur leisten, wenn man sich seiner Sache, seiner ökologischen Nische in der Welt, sehr sicher ist. Das waren die evolutionär sehr erfolgreichen Insekten, zumindest bis zum Eingreifen des Menschen. Wir selber sind uns unseres Platzes im Kosmos, sieht man von religiösen Konzepten ab, keineswegs so gewiß (und selbst diese religiösen Konzepte verfügen über die entsprechenden Gegenszenarien zur Erwähltheit, von Sintflut und Götterdämmerung bis zu Kalpa-Weltbrand und Apokalypse). Um aber weiter an der genetischen und kulturellen Evolution teilzuhaben, ist unsere Flexibilität unverzichtbar.

Vielleicht ist in einer Zeit, die nach Bürgerinitiativen und „Graswurzel-Demokratie", nach mehr Privatinitiativen und weniger Staat verlangt, vieles von den verkrusteten Hierarchien nicht mehr nötig. Zu lange haben die männlichen Dominanz- und Machtkämpfe ohne kleine Korrekturen von Seiten der Frauen nun schon gedauert — dafür liefern nicht nur die kaiserliche oder päpstliche Geschichte, sondern auch die moderne Politik genügend Beweise. Das lärmende Bluffen wurde inzwischen so perfektioniert wie die Drohgesten und Scheingefechte der Primaten, und ebenso wirkungsvoll, aber darüber hinaus bekam das alles noch als Machtübung, Prestige, Status, Rang, Kampf um Positionen (auch wenn keine mehr da sind) einen guten Namen.

Männliches Aggressionsverhalten war auch zu allen Zeiten verkäuflich, wurde als Tapferkeit und Verteidigung immer gut bezahlt, nicht nur bei Mördern, Wächtern oder Söldnerheeren. Sein weibliches Gegenstück, die entwaffnende Liebesbereitschaft und Vermittlerbegabung, konnte zwar — wenn nicht in der Ehe vereinnahmt — ebenfalls vermarktet werden, doch geschah das kaum jemals unter ehrenhaften Titeln, sondern wurde von fast allen Gesellschaften als der Prostitution nahe negativ bewertet, wenngleich geduldet. Selten ernährte diese Fähigkeit die Besitzerin allein, häufiger wurde sie von Stammesfürsten oder Herrschern zum Abbau von Feindschaften zwischen Gruppen oder zum Zementieren ihrer Macht durch Heiratsverbindungen eingesetzt, sofern nicht Institutionen oder einzelne Zuhälter sich ihrer aus finanziellen Gründen bedienten. Im Mittelalter profitierten die Städte von der Besteuerung jener käuflichen „Liebe", die sie zur Rettung ihrer Frauen und Töchter und für die Erhaltung der Sozialordnung für ähnlich nützlich hielten wie etwa Kanalisation oder Müllabfuhr heute sind; zugleich wurde diese käufliche Liebe jedoch herzlich verachtet. Aber die christlichen Könige von Sizilien betrieben unter dem Deckmantel von Seidenmanufakturen Harems wie in der Türkei, [36]) und selbst Klöster unterhielten neben ihren Pilgerherbergen Freudenhäuser, um sich an deren Gewinnen zu beteiligen — in aller Unschuld.

Ist der Grad von aggressiver Ellbogentechnik, der sich im christlichen Abendland als Heldentum und Aufstiegsmentalität entwickelt hat, eigentlich noch notwendig und zielführend? Vielleicht genügte auch weniger davon, ließe dieses Verhalten sich ebenso auf ein angebrachteres Maß einbremsen, wie das korrespondierende weibliche des Charme-Werbens in den letzten drei Jahrtausenden erfolgreich unterdrückt werden konnte? Immerhin sind wir das anpassungfähigste aller Lebewesen! Vielleicht könnten wir dem Lächeln und Bösesein, dem emotionalen Zu- und Abwenden, dem weiblichen Repertoire des Kontrollierens durch friedliches Überzeugen, des Gewinnens durch Zureden, wieder mehr Platz einräumen.

Wenn auch Indianer, Kelten oder die schon hierarchisierte Wessexgruppe es nie zu einer Hochkultur gebracht haben, und Etrusker und Kreter zu keinem Staat, so muß es heute doch schon denkbare bessere Kompromisse zwischen zu viel und zu wenig Staat geben. Dem mündigen Bürger einer echten Demokratie, die nicht nur eine Elite von Privilegierten umfaßt, sondern auch die Frauen, dürfte eigentlich ihre griechische Vor- oder Pseudoform, die mit der Versklavung eines großen Teils der Bevölkerung und einem sklavenähnlichen Status der macht- und rechtlosen Frauen verbunden war, trotz aller Tugend- und Humanitätsideale nicht mehr ganz so tiefen Eindruck machen.

Links: Sardonyx-Siegel mit Herrin der Tiere, zwischen zwei Greifen stehend, kretisch, 15.—14. Jahrhundert v. Chr. Rechts: Wasserspendende Göttin, Mari, 1800 v. Chr.

Wenn der Mensch, d. h. der Mann, das Maß aller Dinge wird, geht es uns nach wenigen tausend Jahren schon nicht mehr sehr gut. Was die uralten Göttinnen von Maß und Weisheit dafür hielten, war überraschenderweise, wie wir heute sehen, keineswegs ihr eigenes weibliches Maß, sondern nichts als Einfühlung in die kybernetischen Regelkreise der Natur, die sie in sich selbst wiederfanden, weil die Frau durch ihre Körperlichkeit kreatürlich stärker in sie verstrickt ist. Diese ließen sie konservativ unzerstört und unberührt über längste Zeiträume, in welche Mythenform Naturvölker das auch immer kleideten. Wenn wir nicht sachter vorgehen, zerstört unser falsches Maß uns selber.

Frauen hatten wenig damit zu tun. Und sie sind auch weniger in die unerbittlichen Revier- und Rangkämpfe der Männer verstrickt, die weit älter sein sollen, als das angebliche Rivalisieren um das Weibchen, das alle Forscher von ihrem maskulinen Standpunkt aus nach Darwin (und außer ihm selbst!) als Basis für die natürliche Auslese gesehen haben wollen. Dabei sind es fast überall im Tierreich die Weibchen, die die letzte Auslese unter den farbenprächtigen und brutplatzverteidigenden Partnern treffen; [37]) eben das war den männlichen Forschern damals sozusagen denkunmöglich (und ist es zum Teil noch heute!).

Aber auch solche unblutigen und sehr effizienten territorialen Auseinandersetzungen beginnen bereits bei den höheren Affen mitunter zu entgleisen. So etwa, wenn auf Santiago bei fünf kaum voneinander zu unterscheidenden Rhesusaffen-Populationen, die ihre Gebiete gewohnheitsmäßig durch kleine Geplänkel voneinander abgrenzten, plötzlich eine davon in anderes Gebiet einzufallen begann und (was normalerweise nie vorkommt, da die Verteidigung über gewisse „Heimvorteile" verfügt) nicht vertrieben werden konnte, sondern siegreich blieb und sich zuletzt alles aneignete! Als man das „Supermännchen", das sie anführte und über einen etwa zehnfach gesteigerten Rangwert verfügte, von der Gruppe trennte, hörten die Eroberungszüge zwar auf, setzten aber sofort wieder ein, wenn man ihr diesen „Alexander den Großen" wieder beigesellte! Überfälle und Angriffskriege sind also auch ohne priesterlich-philosophischen Überbau bereits bei Tieren möglich, aber solche Gebietserweiterungen und Übergriffe bleiben dort immer nur von kurzer Dauer, weil sie mit Altern oder Ausscheiden des „Überaffen" durch fortlaufende Herausforderung wieder zusammenbrechen, Rang und Risiko noch unlösbar miteinander verbunden sind. Nur der Mensch krallt sich erfolgreich an einmal errungene Macht und vererbt sie noch, da bei ihm höchster Rang rasch mit geringstem Risiko gekoppelt wird — das distanzierte Kriegführen eines Herrschers ist eben viel einfacher als der persönliche Kampf. Auch ist die Unterordnungsbereitschaft des Mannes so groß, daß er einmal etablierte Macht nicht mehr gern in Frage stellt, wie jedes Tier es täte. Aber das wäre schon wieder ein anderes Buch. Frauen jedenfalls streben weniger nach Macht, und schon gar nicht nach Unterordnung, werden aber weder in Krisen- noch in normalen Zeiten gefragt, sondern nur vergattert.

Und als Nietzsche uns erst den Übermenschen servierte, Wagner den unsterblichen Germanenhelden und schließlich Karl May (alles Sachsen mit religiösem Hintergrund) den verdächtig edlen, gewaltdelegierenden Old Shatterhand, war es um uns geschehen: Zumindest das deutschsprachige Gebiet war auf die bürgerlich-ritterliche Erscheinung eines „Führers" vorbereitet wie auf einen Messias. Sogar Frauen erwarteten ihre Emanzipation just von ihm und überhörten teilweise (schon als Schülerinnen!) die ebenfalls angebotene Naturverbundenheit Winnetous, Old Shatterhands Ergänzung, im Grunde Karl Mays große Liebe, die in Männergestalt auftreten mußte, weil in seinem Kosmos ewiger Adoleszenz kein angemessener Platz für das andere Geschlecht und postpubertäre Liebe war. Aber der menschliche Übermann tritt nicht mehr von selbst ab, und welches Aufgebot an Gewalt Hitler (auch zu seiner Beseitigung!) dann entfesselte, ist vielen von uns noch in hinreichender Erinnerung.

Wahrscheinlich gibt es tatsächlich einen Verhaltensdimorphismus der Geschlechter, sind Frauen in ihrer über lange Zeit herausselektierten Aufmachung genetisch weniger für Revierverteidigung und Feindbekämpfung und mehr für vermittelndes, aggressionshemmendes Charme- und Bindungsverhalten eingerichtet, das ebenso überlebensnotwendig und keineswegs immer sexuell ist, auch wenn es oft so aussieht. Man hat nur diese ihre Fähigkeiten, die bei Naturvölkern und Primaten noch deutlich sind, bald ignoriert oder ausgebeutet und alles mit Gewalt zu lösen versucht, alle die wirkungsvollen weiblichen Signale demütigen „Präsentierens" mit ihrer Eigenberechtigung einfach überrollt (obwohl noch die Karthager und Montezuma den beschwichtigenden Effekt milchverspritzender Mütter als Beweis ihrer Friedlichkeit gegen ihre siegenden Gegner einzusetzen versuchten!). Die Griechen waren gegen die Körpersprache der „Amazonen" bereits unempfindlich, und wenn die machtvolle Inanna auf der Mauerkrone von Uruk ihren Mantel zurückschlägt, um ihren Rang oder ihre Wünsche auszeichnend geltend zu machen, fällt der „Held" ihr nicht mehr zu Füßen, weil er längst andere, rein männliche Sorgen und Sachzwänge zu haben glaubt. Nur mehr Dichter, etwa Edward Albee in „Tiny Alice", verwenden noch diese Art weiblicher Macht, die er dort einen Kardinal blenden und damit den Ereignissen eine andere Wendung geben läßt, wie in jenen archaischen Zeiten, in denen sich Frauen noch ihre eigene Art von „Geltung" zu verschaffen wußten, und was es an Familie gab, kinderzentriert und liebesgeordnet sein konnte, weil die Aggressionen nur nach außen gerichtet sein mußten.

Im Stile vergewaltigender griechischer Verwirklichung eines einzigen Geschlechts und der Entmachtung des anderen und zugleich der Natur, eingemauert in ihre neuen Wissenschaften und unter Berufung auf deren später in viel zu engen Experimenten erhärteten Gesetze, die doch nur die einfältigen physikalischen waren und nicht die kosmischen, nur kleinste Ausschnitte aus dem Repertoire ihrer Kreisläufe und Vernetzungen, leben wir noch heute und ruinieren Wald und Luft und Wasser und Erde samt ihren großen Zyklen, auf die es eigentlich ankommt. Gerade die aber hatten schon die naiven Steinzeitmythen viel richtiger erahnt und, wenn auch aus Mangel anderer Möglichkeiten, immer beachtet.

ÇATAL HÜYÜK — WO DIE STEINZEIT IN DIE ZIVILISATION MÜNDET

Die Bedeutung, welche die kleinasiatische „Stadt aus der Steinzeit" Çatal Hüyük gerade für Europa hatte, ist noch lange nicht erkannt. Sie wurde erst in den sechziger Jahren unseres Jahrhunderts von James Mellaart ausgegraben. Die Geschichte dieser Einflüsse ist kompliziert, weil vielerlei aus ihrem Kulturkreis über die mobilen Hurriter und aus ihren Überlieferungen an die Hethiter bis zu den alles umwertenden Griechen gelangte, welche das Abendland mehr als alle anderen teils gewaltsam prägten, teils verführten.

Das achteinhalbtausend Jahre alte Çatal Hüyük [1] [2] [3] [4] liegt im südlichen Teil der anatolischen Hochebene, in einer Gegend, in der noch etwa zweihundert kleine jungsteinzeitliche Siedlungen nachweisbar sind. Es ist neben Jericho die älteste Stadt der Welt, überbietet dieses aber drei- oder vierfach an Größe; es besitzt die frühesten Wandmalereien, gewebte Stoffe und Landschaftsgemälde der Menschheit. Außerdem aber ist es einer der frühesten Orte der schon übernommenen Rinderdomestikation, der man auch in Thessalien, Südrußland oder Südostasien nachspürt.

Die Stadt, deren alten Namen man nicht kennt, so daß man sie mit dem der Grabungsstätte bezeichnet, bedeckte schon um 6.250 v. Chr. eine Fläche von zwölf Hektar, bestand achthundert Jahre lang und wurde 5.700 v. Chr. verlassen. Sie hatte etwa sechstausend Einwohner in enggeschachtelten Schlammziegel-Fachwerkhäusern und kam in dreizehn Schichten (17—19 Meter stark) zu Tage, deren Ende jeweils ein (konservierender) Brand und Wiederaufbau bildete. Da die untersten Schichten noch keine Keramik kannten, muß man sie wohl anläßlich eines der Brände erfunden haben. Vorher behalf man sich wie überall mit Naturformen oder luxuriösen Steingefäßen, für deren Bearbeitung der nahe Vulkan Obsidian lieferte. Die Tüncheschichten an den Wänden bieten mit ihren Jahresringen exakte Datierungshilfen.

Die Häuser, deren Holzgerüste in der baumlosen Konya-Ebene auf eine Vergangenheit ihrer Erbauer in waldreicheren Gegenden hinzuweisen scheinen, waren geschickt ineinander verschränkt und vermutlich nur von oben mit einer stufengekerbten Balkenleiter zugänglich. (Auch die kretischen Paläste bewahrten lange das System einer nutzlos gewordenen Holzkonstruktion im Stein, ebenso wie Sumer die Schilfelemente.) Das „Stadtbild" ähnelte also

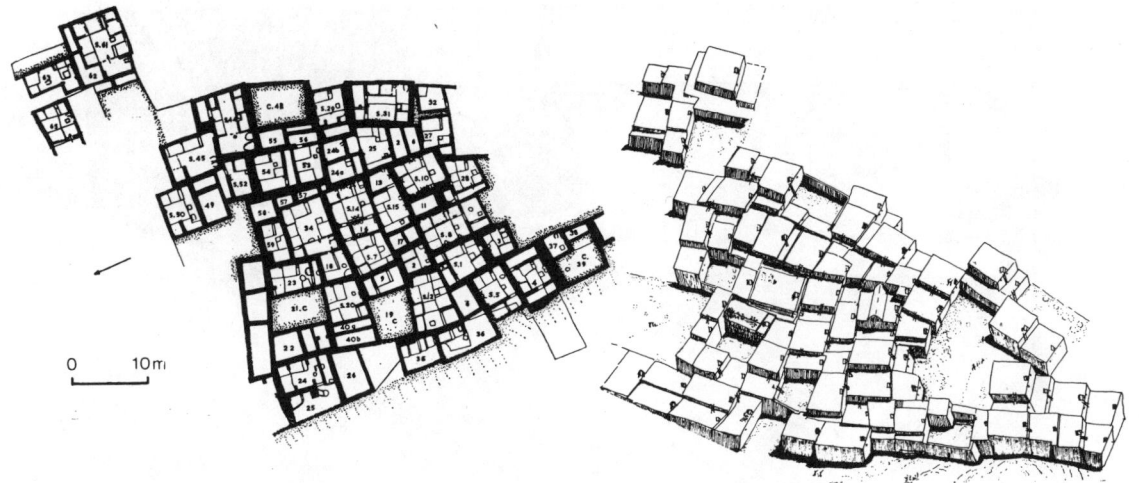

Rekonstruktion der Südostecke des Hügels von Çatal Hüyük.

am ehesten den straßenlosen Waben indianischer Pueblos und muß eine
wunderbare und sehr moderne Dachlandschaft gezeigt haben. Die strohge-
magerten, luftgetrockneten Lehmziegel, mit denen das Holzskelett aufgefüllt
wurde, hielten durch ihre alljährliche Weißelung im Süden viel länger als man
annimmt (ein „Zählbefund" der Schichtlinien: 120 Jahre).

Die „neolithische Revolution", bei der zunächst noch wandernde Erntevöl-
ker durch geschickte Saatgutkreuzung im Verein mit der nachsteinzeitlichen
Klimaverbesserung mit einemmal genügend Frucht aus dem Boden wirtschaf-
teten, um nicht mehr ständig den Ort wechseln zu müssen, hatte diese Seßhaftigkeit ermöglicht.

Die Häuser umfaßten jeweils einen großen Wohnraum von 30—50 Qua-
dratmetern mit einem Küchenteil und angeschlossenen Vorratsräumen. In der
„Küche" gab es einen erhöhten offenen Herd und einen Ofen, der in die
Wand eingebaut war, und an zwei Wänden des Hauptraumes L-förmige Platt-
formen mit Einfassungen, Urbilder türkischer Diwans, die, mit Matten und
Fellen belegt, zum Sitzen, Arbeiten oder Schlafen dienten; an den anderen
Wänden manchmal Wandgemälde und immer einen Altar. Querliegende Fensteröffnungen in Deckennähe boten Licht und Lüftung, aber auch Sichtschutz
und wenig Aussicht; sie gingen auf das Dach des jeweils nächsten Terassen-
hauses.

Da die Verstorbenen, wie in steinzeitlichen Kulturen üblich, im Haus, und
hier nach Geschlechtern getrennt, unter den Ruhelagern bestattet wurden,
nimmt man an, daß die Frau immer auf dem küchennäheren größeren Diwan
schlief, der Mann auf dem kleineren.

39

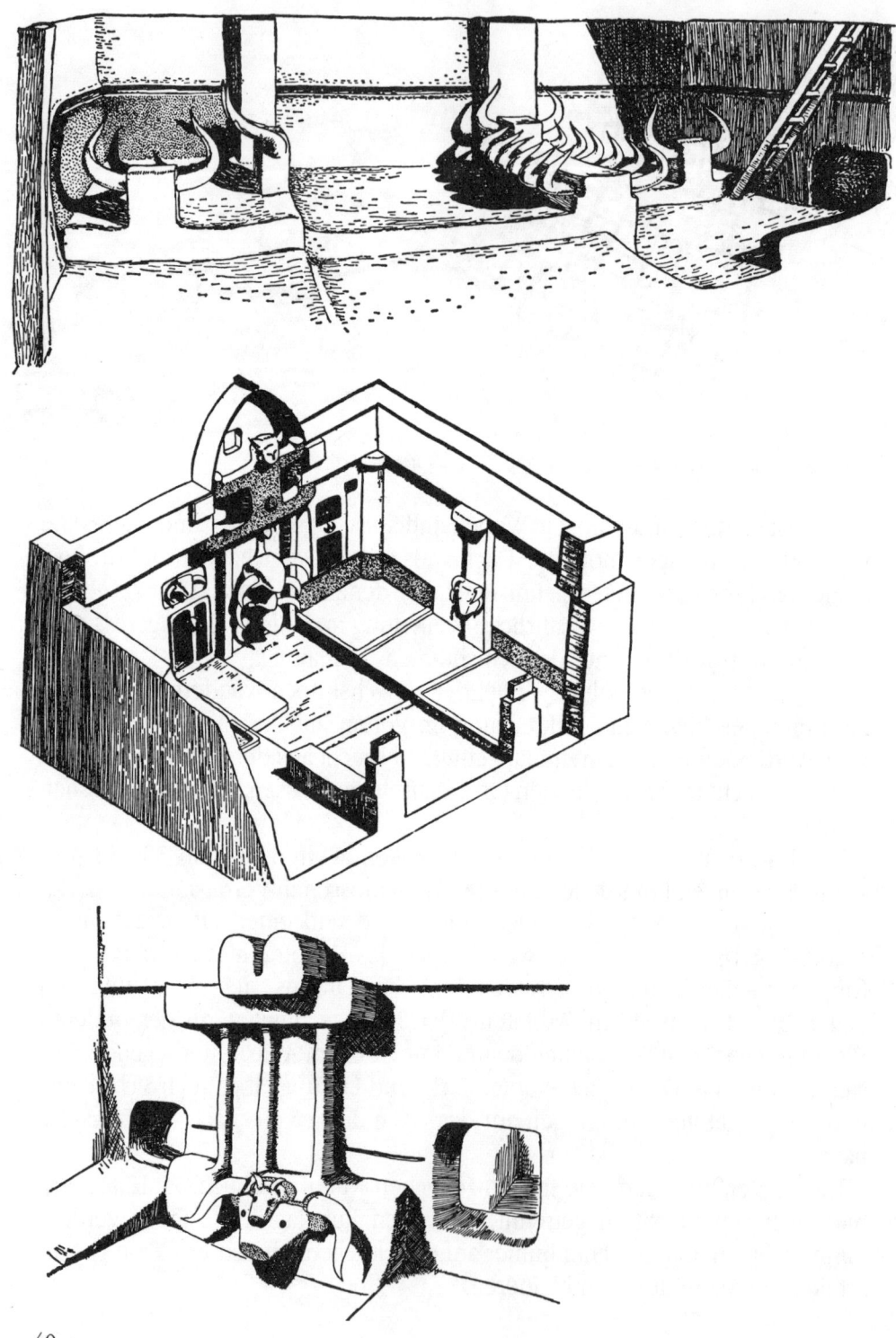

Man kannte damals bereits vierzehn kultivierte Nahrungspflanzen, darunter die Speltweizenarten Einkorn und Emmer, ab 6000 v. Chr. auch Saatweizen und Nacktgerste; daneben Feld- und Purpurerbsen, zwei Wickenarten und einige salzliebende Kräuter, aus denen man z. T. auch Fett gewann, sowie Mandeln, Eicheln, Äpfel, Wacholder und eine Rauschtrankfrucht (Zürgelbaum). Neben Beeren und Eiern gehörten zur Ernährung auch das Fleisch gezähmter Ziegen, Schafe und zunächst wilder Rinder, Rothirsche, Gazellen, Füchse, Wölfe, Wildschweine, Esel und Leoparden.

Die gefundenen Bekleidungsstoffe reichten von Sackleinen bis zu feinsten Wollgeweben, wiesen Fransen und Kordeln auf und waren verschiedenfarbig, sehr oft rot (alle Färbepflanzen kommen hier wild vor!); Gewandsäume sind manchmal mit Kupferröllchen beschwert. Man muß daher hier bald von Kupfersteinzeit sprechen, in der man sich schon aufs Ausschmelzen verstand, wenn man auch noch keine Waffen herstellte. Aus erhaltenen Druckstempeln ist erkennbar, daß man mit der Technik des Stoffdrucks vertraut war. Auch Lederverarbeitung war bekannt, sowie kunstvolle Webmuster, die noch heute in Südanatolien verwendet werden. Sie sind vom Korb- und Mattenflechten abgeleitet, laufen teilweise diagonal zum Teppichrand und haben sich im Kelim erhalten, bei dem die gleichen charakteristischen Webschlitze das Muster umrahmen. Man konnte Holzkästchen und Eierbecher drechseln, erzeugte alle Arten von Steingeräten und brannte Perlen, Anhänger und Siegel aus Ton. Die steinernen Schmuckperlen haben so schmale Bohrungen, daß unsere Stahlnadeln nicht hindurchgehen! Die Bewohner von Çatal Hüyük besaßen eine Vielzahl von Dingen, die es in ihrer Gegend überhaupt nicht gab, die also eingehandelt worden sein mußten. Daß sie ihr Kupfer und Blei mehrere tausend Jahre, bevor anderswo irgendeine Bronzezeit begann, bereits verhütteten, geht aus den in frühen Schichten gefundenen Erzschlakken hervor. Aber man verwendete es offenbar seiner Seltenheit wegen sozusagen andächtig und nur für Schmuck. In Frauengräbern fand man „Spiegel" aus Obsidian, die bis zu gläserner Glätte poliert worden waren.

Die vollkommenste Überraschung aber waren die Altäre. Durch Zufall war bei der Grabung das Viertel der Heiligtümer angeschnitten worden — oder hatte der Kult auch in Privathäusern diese Formen angenommen, waren die Bauten vielleicht schon eher Grablegen als bewohnt? Bei den etwa vierzig aufgedeckten Schreinen zeigte sich immer wieder die „Große Mutter" in ihrer Dreifaltigkeit als junges Mädchen, gebärfähige oder alte Frau, oft mit dem steinzeitlich leuchtenden Ockerrot, das sie als Trägerin des Lebens und Herrin

Linke Seite: Drei Altäre aus Çatal Hüyük: mit Stierhörnern auf einer Bank, mit dem Relief der ein Lämmchen gebärenden Göttin, mit dem Schrein einer Zwillingsgöttin.

des Todes in vielen, auch rezenteren Kulturen ausweist. Mitunter war sie in Bewegung, mit wehenden Haaren und Kleidern dargestellt, manchmal statisch, als Gebärende, aus der jedoch Widder- und Rinderschädel hervortreten.

Stierkulte waren länger als alle anderen, über siebentausend Jahre, von Indien bis in den Norden Europas verbreitet, von den Hörnerhelmen der Germanen über Knossos und die *Sol Invictus*-Anbetung des Iran mit der Tötung des Stiers durch Mithras bis zum Goldenen Kalb, doch treffen wir hier vermutlich zum ersten Mal auf einen solchen Kult. Es scheint fast, als hätte sich die Verehrung für die Tiere, die einst wie ein Wunder zwischen den Eiszeiten aus den Wäldern aufgetaucht waren und als wandelnde Fleischtöpfe die kümmernden Menschen so sehr ihrer Nahrungssorgen enthoben und erfreuten, daß sie sie in all ihrer Heiligkeit begeistert an die Wände ihrer Kulthöhlen malten, zusammen mit den Eurasiern aus den baumreicheren Gegenden auf die Wanderschaft hierher begeben. Der Jagdzauber aber war mit der abnehmenden Jagd verschwunden; man hatte andere Möglichkeiten gefunden, sich die neue Segnung zu sichern. Noch züchtete man nicht, aber man hatte vielleicht ein zurückgelassenes *bos primigenius*-Kälbchen bis zur Kuh aufziehen können (das zum Unterschied zum Wildrind Domestikationschancen aufwies) oder die Rasse eingehandelt und einer Geburt beigewohnt. Jedenfalls könnte sich in den Bildern schon die Idee ausdrücken, eine Quelle von Wohltaten angeschlagen zu haben oder ihr auf der Spur zu sein, die man eine Steinzeit lang vermutet hatte, aber nie ganz unter Kontrolle hatte bringen können, so sehr man auch die große Göttin des Nachschubs aus den unermeßlichen Jagdgründen mit Fruchtbarkeitsstatuetten samt mondenen Füllhörnern zu erpressen und zu manipulieren versucht hatte.

Vielleicht bekam auch hier schon der Gedanke von der nützlichen Tätigkeit der wildgebliebenen Stiere oder Auerochsenexemplare langsam Raum und Bedeutung, welche die Koppel übersprangen und sich einkreuzten, so wie einst Zeus seine Kuh-Geliebte schwängern würde. In den respektvoll aufgereihten Hörnerpaaren unter den Altären stellte sich die Präsenz des notwendigen, aber unsichtbaren Gottes dar; sie erinnern schon an die minoischen Mondsichelarchitekturen, und immer noch an die steinzeitlichen Höhlenzeichen des auf- und abnehmenden Mondgehörns mit seiner Untergangs- und Auferstehungsbedeutung für alle Menschen und Jagdtiere, für Jahreszeiten und Rudelwiederkehr. [5])

Traum und Wirklichkeit spielen noch ineinander, wie in vielen späteren urtümlichen Kulturen, wahrscheinlich auch in den sorgfältig modellierten Frauenbrüsten, in die die Schädel von Aasfressern eingebettet sind, von Geiern, Füchsen und Wieseln, die sicher auch die Einheit von Leben und Tod im

weiblichen Prinzip zum Inhalt haben. Auch die Wanddarstellung von Toten-
vögeln mit menschlichen Zehen sind solche Vermischungen: reale Raubvögel
oder bloß Priesterinnen in Verkleidung, die für ihren Bestattungsritus die Verstorbenen zur Exkarnation (Entfleischung) durch das Raubwild und die Geier
aussetzen, vielleicht auch wie in Jericho oder Lepenski Vir die entfleischten
Schädel wieder in ihre Körbe einsammeln und in Nestern, mit Rotocker
bestreut, getrennt von den übrigen Gerippen beisetzen, zärtlich — und uns
schon ganz fremd. Bei diesem vermutlich jährlich gemeinsam kultisch abge-
wickelten Vorgang der Bestattung aller Toten des abgelaufenen Jahres in den
häuslichen Gräbern dürfte auch der „Hausputz" des Kalkens vorgenommen
worden sein. Dafür spräche der sehr verschiedene Exkarnationszustand der
Skelette unter den Lagerstätten.

Links: „Niederkommende Göttin" aus Çatal Hüyük zwischen zwei sie beschützenden Raubkatzen
oder auf Löwenthron. Rechts: Figur der kriegerischen akkadischen Ischtar mit ihrem Emblemtier,
dem Löwen.

Die Große Göttin, in Schicht II gebärend auf einem Thron zwischen zwei
wachehaltenden Raubkatzen nachgebildet, wird ebenfalls manchmal nur
noch von zwei Leoparden repräsentiert, sowie ihr Gefährte in Stier- oder auch
nur Hörnergestalt, beide gleich verteidigungsfähig und nicht ungefährlich,
wie jedes noch undomestizierte höhere Tier. Beides sind Erscheinungsformen, die ihnen getreulich durch weitere Kulturen folgen: Die hurritische

Die nackte akkadische Göttin des
Gewitters und Regens,
den sie aus ihren Händen fallen
läßt, während ihr geflügel-
tes Reittier, die Raubkatze,
Blitze speit.

Schauschka und die hethitische Hebat sind meist von zwei Löwen begleitet, ebenso die „Ischtar der Gefilde", während der Wettergott Teschub, ihr Gemahl, entweder, auf einem Stier stehend, von den beiden Stieren Scheri und Hurri gefolgt oder im Wagen gezogen abgebildet ist. Die kananäische Astarte und die Dea Syria Atargatis sind von Löwen flankiert, die ägyptische Sekmet hat Löwengestalt, der heilige Apis-Stier mit dem mondsichelförmigen Fleck brachte Memphis Fruchtbarkeit, der Wolkenreiter Baal ist der „Wildstier" von Himmel und Erde, ebenfalls oft auf einem Stier abgebildet.

Die Gegenüberstellung von Leben und Tod verkörpert sich auch in weiblichen Zwillingsgestalten, von denen eine gebiert, oder im Kontrast von Geburtsszenen mit solchen, in denen ein Stierschädel über einer rotausgemalten Nische aus der Wand bricht, oder Hörner und Brüste in Reihen.

Schon mit Schicht III (5.800 v. Chr.) hören die Jagdabbildungen (in denen übrigens der erste abgerichtete Hund vorkommt) auf; zugleich nimmt die Darstellung von Männern, schon bisher selten, weiter ab. Sie treten aus der „Öffentlichkeit" gegenüber weiblichen Gemälden und Plastiken noch weiter zurück. Im etwas späteren Haçilar, das in 200 Kilometer Entfernung auf die Kultur von Çatal Hüyük zeitlich folgt, sind sie schon fast ganz verschwunden, höchstens noch als Kinder oder kinderkleine Geliebte der Großen Mutter präsent. Ihre Bedeutung muß zu dieser Zeit, vielleicht durch die abgekommene Jagd, sehr zurückgegangen sein. Eine günstige Periode für Frauen brach an.

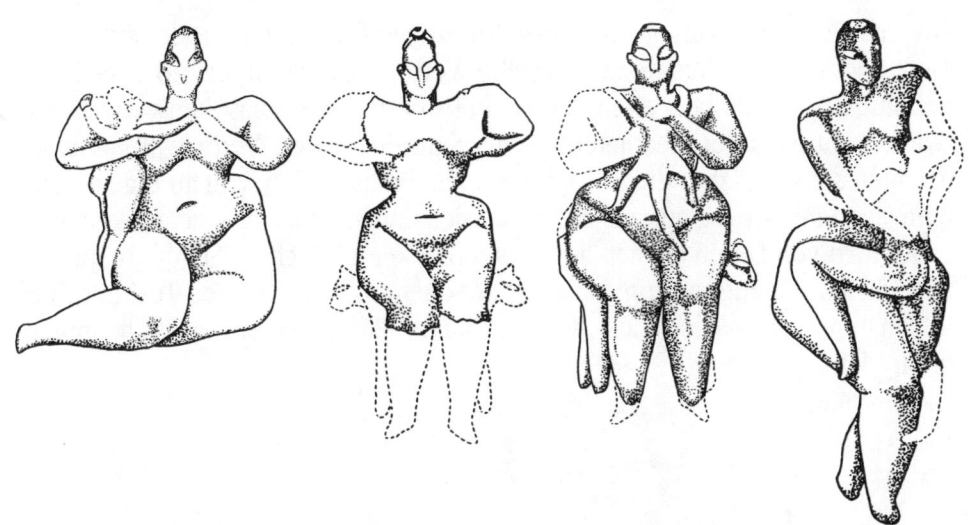

Tonstatuetten der Großen Mutter aus Haçilar VI, 5600 v. Chr., in denen der Mann nur in der Nebenrolle von Kind oder Geliebtem aufscheint — nicht einmal immer mit Sicherheit unterscheidbar; einmal sogar als Leopardenjunges!

In Çatal Hüyük, dieser Steinzeitstadt der Frauen, galten die Stierheiligtümer keineswegs dem Überwältigen von Mithrasstieren wie im benachbarten Iran, der seine Männlichkeit schon etwas früher beim Ziegenzüchten an den Bergflanken gelernt hatte. (Der dort sehr frühe Ausschluß der Frauen vom Ziegenmelken wird mythologisch begründet: Die gottgeschenkten Tiere gehen verloren, nachdem ein Mann den Schatten eines Ziegenohres abgeschnitten hat. Er erhält aber trotzdem — oder deswegen — das symbolisch beschädigte Tier zur Zucht, sofern keine Frau es je berührt!) Dort entstand später aus dem Blut des sterbenden Tieres neues Leben auf Männerfasson, Blut, das später auch über die Saaten und in einer Geburtszeremonie über die Initianden des Mithraskults fließen mußte, um reich, kampfestüchtig und glückhaft zu machen.

In Çatal Hüyük dagegen werden überall an den Wänden inmitten des strahlenden Ockerrots der Steinzeit, das immer noch, oder neuerdings, Wiedergeburtsblut zu symbolisieren scheint, Stiere und auch Ziegen geboren, und zwar von den alten paläolithischen Bekannten, den Mutter- und Fruchtbarkeitsgöttinnen, wohl in einem zyklischen Wiedergeburtsakt der Großen Mutter. Vielleicht auch drückt sich so die geglückte Domestikation aus, hier in weibliche, mütterliche Sprache übersetzt, als die Geburt aus dem eigenen Leib, wie im Harappa des 3. vorchristlichen Jahrtausends die „Vegetationsmutter" noch den Reis „gebiert". [6])

James Mellaart, der die Ausgrabungen in Çatal Hüyük vor zwanzig Jahren durchgeführt hat, hatte wenig Zweifel daran, daß die Altäre das Werk von

Frauen seien, wie großteils die ganze Kultur. Sie malten und modellierten die Tiere über echten Schädeln auf dieselbe Weise, wie auch in Jericho Verstorbenen ihre Züge zurückgegeben und sie in früheste Porträtplastiken verwandelt worden waren, oder sie ritzten sie als Sgraffiti in den Verputz. Irgendwie machten sie sich dabei die Kälber und Zicklein auch liebevoll zu eigen, nahmen sie in ihre Kreise auf, als hätten sie sich damals noch aussuchen können, welche Art von Leben sie gebären wollten, wie im Märchen. Sie übernahmen so vielleicht Verantwortung für alles im Leben, auch für seinen Tod und die Rücknahme seines Fleisches, wie die Mutter Erde, mit der sie sich immer mehr identifizierten.

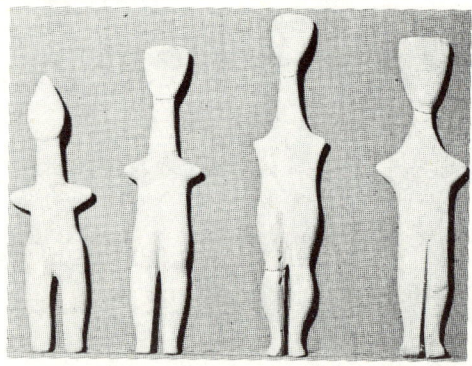

Marmorfiguren aus Naxos, ca. 2500 v. Chr., sog. Kykladen-Idole.

Damals dachte man ganz anders, viel umfassender als heute, und noch die Große Mutter der Kykladen verspricht mit ihren Muschelpfannen und Violinidolen aus weißem Marmor Wiedergeburt durch ihren Schoß: [7]) in den ägyptischen Steinsarkophagen wird der Verstorbene treuherzig der eingemalten oder eingemeißelten Himmels- und Totengöttin Nut, später Isis, buchstäblich in die offenen Arme gelegt, sie umschließt ihn in ihrer Liebesumarmung, macht ihn selbst zum verewigten Osiris, was der Auftakt zu seiner Auferstehung ist. (Der ursprüngliche Liebestod war immer auch Hoffnung auf Neubeginn, nicht das, was Wagner und die Fin-de-siècle-Schwüle daraus gemacht haben.) Auf unteritalischen Goldplättchen, die den Toten in die Hand gegeben wurden, stand oft der Mysterienspruch: „Ich bin eingegangen in den Schoß der Unterirdischen Königin", und noch die Griechen nannten ihre Verstorbenen einst *Demetrioi*, zur Demeter Zurückgekehrte.

In den brustförmigen Hügeln sind immer wieder die Knochen zehrender oder nagender Tiere verborgen, der Sanitätspolizei der Gänsegeier, Füchse oder Wildschweine, die einst die Leichen entfleischt hatten (bevor man diese zur ewigen Wiederkehr, oft embryonal zusammengekrümmt, bestattete) und die in der Natur die Abfälle verwerten und rezirkulieren. Oft wird die Zwil-

Marmor-Idole aus einem Grab in Amorgos, Kykladen, ca. 2800 v. Chr. Als Grabbeigaben fast immer weiblich, mit diskreter Betonung des Schamdreiecks als Hinweis auf ihre reproduzierende Funktion; Totenbegleitung mit Wiedergeburtsverheißung?

lingsmutter, die zugleich Leben spendet und fordert, abgebildet, wie später die Schweinegöttin Demeter, Gott-Mutter, die ihre eigenen Jungen frißt, was ihr ganz andere, entfremdete Zeiten einst vorwerfen würden, aber damals noch inbrünstig erhofft wurde, als Schweine noch nicht Schweine waren, sondern Muttersymbole, und auf diese Art der Wiedergeburt teilhaftig wurden, die man für sich selbst wünschte. Auf anderen Bildern ist auch die Doppelgängerin der Göttin nicht Hekate, die nicht mehr, sondern Persephone, die noch nicht Gebärende, die Auferstandene, die sich selbst erneuert. (Auch der Harfe oder Flöte spielende Amorgos, der hie und da den Kykladenidolen zugesellte, hingegebene Musikant in den Gräbern von Keros und Melos, ist vermutlich ein seliger Gott der Auferstehungshoffnung, dem späteren Dionysos verwandt und leicht mit Orpheus identifizierbar.) Erst viel später wurde auch die Auferstehung Männersache. Alle Mysterienkulte antiker Gegenkulturen, eleusinische, orphische und dionysische, übernahmen einst solche Vorstellungen: der Myste hatte z. B. eine Nachbildung des Mutterschoßes zu berühren, um zu neuem Leben geboren zu werden, und sowohl die Kaaba in Mekka als auch der Omphalos in Delphi und anderswo waren pikanterweise einst Repräsentationen von Mutteridolsteinen. (Die Kaaba übrigens, ein Meteorit aus vulkanischem Basalt, soll ursprünglich durchsichtig gewesen und erst durch die Berührung einer „unreinen" Frau schwarz geworden sein — Überlieferung aus einer Zeit, in der man begonnen hatte, die Frauen zu diskreditieren.)

Çatal Hüyük war eine Kultur von Frauen für Frauen, die wenig Identifikationsmöglichkeiten für Männer bot. Diese hielten sich damals im Hintergrund oder standen im Schatten, und obwohl es kaum weniger von ihnen gegeben haben kann, wurden sie anscheinend sogar auch seltener begraben.

Die Frauen, die nun eine Überzahl von Arbeiten erledigten und teilweise auch erfunden haben müssen, darunter den gezielten Anbau von Fruchtgräsern, mit denen sie als die Sammler mehr in Kontakt kamen, oder das Aufziehen verlassener Jungtiere, taten das mehr aus emotionalem als aus kommerziellem Interesse. Es war zunächst eine wohltuende Phase der Menschheit, in der ein gewisser Reichtum kumulierte, obwohl alles in den Händen der heute wirtschaftlich so schwachen Frauen lag — sie gewannen ihn durch handwerklichen Fleiß, pflegerische Behandlung von Pflanzen und Tieren und vielleicht durch etwas Tauschhandel. *) Bevorteilt durch die beginnende Seßhaftwer-

*) „Es spricht manches dafür, daß die neolithischen Kulturerscheinungen sich [. . .] unter solchen Gruppen herausbildeten, bei denen die sammlerische, d. h. mehr

dung, die durch das Anlegen von „Feldern" möglich geworden war, konnten sie sich nun mit ihren Begabungen besser entfalten als beim ständigen Herumzigeunern hinter den Wanderzügen des Wildes. Die wegen Bodenerschöpfung aufgegebenen Feldrodungen boten dem immer noch heiligen Großvieh Nahrung, es wurde magisch von den im Gefolge der Siedlungen entstandenen Grasweiden angezogen und brauchte nicht mehr verfolgt zu werden. Es stand zur Verfügung; das Leben war erstmals gesichert und durch weibliche Initiativen, die nun überall hervorbrachen, hoffnungsvoll geworden. (Übrigens sind auch in Primatengruppen die weiblichen Tiere die erfinderischeren, die Verhaltensweisen wie das „Waschen" von Nahrung, das Ameisenangeln mit Grashalmen oder das Aufsaugen von Wasser aus Baumritzen mit Pflanzenfaserquasten — meist für ihre Jungen — anwenden.)

Alle fraulichen „Haushaltskünste" des Heilens, Spinnens, Flechtens, Färbens, Knüpfens, Töpferns, Webens bis hin zu Haus- und Bootsbau an manchen Orten wurden nun von ihnen entwickelt und durch lange Zeit unbehindert ausgeführt. Sie bildeten den Humus an technischem Können und freiwilligem Fleiß, auf dem sich in günstiger Lage Hochkulturen entwickeln.

Ein solches Speichern diverser Talente und Interaktionen setzt eine bestimmte Gesellschaftsgröße, diese wieder Ordnungsprinzipien voraus, die Frauen in ihrem ausgeprägten Familien-Individualismus und in ihrer Einfühlung in jedermanns Lage nur schwer aufbringen. Nach Eibl-Eibesfeldt [9]) wurzelt unsere Ordnungsbereitschaft in Fluchtmotivation und Sicherheitsstreben durch Orientierung in Raum und Zeit. Dies ist bei den das Territorium weiter durchstreifenden, jagenden Männern naturgemäß entwickelter, weshalb sie auch stärker dazu neigen, solche für sie lebenswichtigen Strukturen gegebenenfalls ihrer Gesamtumgebung aufzuprägen. Stagniert die Entwicklung dann nicht auf einer vorstaatlichen Stufe, sind es meist priesterliche oder feudale Männerhierarchien, die sich etablieren und mit spielerischen und einfallsreichen Großleistungen auf der sicheren Basis weiblicher Emsigkeit hervortreten.

Männer hatten ohne Kinderbetreuung und Spezialaufgaben immer mehr Muße, Bewegungsfreiheit und Überblick. Sie entwickelten nun Fernhandel mit den „gratis" anfallenden Gütern, deren Produktion sie jetzt kanalisierten, ohne sie selbst auszuführen oder wesentlich zu honorieren. Von den Hausindustrien kann man Frauen ohnehin kaum abhalten; nur betrieben sie sie eben

weibliche Komponente annähernd gleich stark vertreten war. Vor allem [. . .], daß die frühe Töpferei und der frühe Ackerbau zur weiblichen Sphäre gehörten." [8])

nicht mehr um der Sache selbst willen, sondern für sie, die Männer. In keinem Fall hatten — oder haben — sie einen bezifferbaren Wert.

Sofern Männer durch technisches Geschick oder besondere Begabungen selbst in Handwerke eindringen konnten, ließen sie sich ihre Arbeit freilich bezahlen, und die Frauen, verführt von Geborgenheitswünschen oder verwirrt von Liebe, gingen auf all das ein. Sie ließen sich auch zu einem Sozialverhalten nötigen, dessen Niveau weit über dem der Männer lag (denen diese Delegation des Menschlichen Gelegenheit zu theoretischen Humanitätserwägungen und Selbstbeweihräucherung, aber auch zur Absentierung von sozialen Aufgaben gab!). Und sie erlaubten ihnen stets, den Rahm ihrer Tätigkeit abzuschöpfen, zunächst als Luxus, den sie bewunderten, später in Kriegen, die sie fürchteten. Aber sie nahmen alles hin, als wäre nichts anderes mehr denkbar. Das ist ihre alte Schuld; vielleicht auch der Preis für das ruhige, sichere Leben, das sie zu lieben begonnen hatten.

Die Phase erster Seßhaftigkeit, die einzige, die Frauen eindeutig begünstigte, war für Männer, die sich nun auch immer weniger durch Jagen hervortun konnten, weil das Jagdwild ausgerottet, vertrieben oder unnötig geworden war, begreiflicherweise eine unergiebige, in der ihr Selbstgefühl mit ihrer Bedeutung absank. Sie kamen sich überflüssig vor aber sie ließen sich rasch einiges einfallen, das sie im Rang hob und unentbehrlich machte.

Vielleicht kam ihnen in Çatal Hüyük auch ein Vulkanausbruch zu Hilfe, der auf einem ganz frühen Wandgemälde dargestellt ist: der aktive doppelgipfelige Hasan Dag, der den Obsidian lieferte. Auch mit irrationaler und „ununterdrückbarer" Wildheit konnte man sich umgeben (maskiert wie die afrikanischen geheimen Männerbünde, die in Notzeiten die Dörfer plündern, aus denen sie Frauen und Kinder verscheucht haben). Oder man konnte sich geschmeichelt mit den wilden Stieren identifizieren und hinter ihnen verschanzen, um seine Forderungen nach mehr Würdigung durchzusetzen. Oder mit mehr Leistung.

Zunächst sah die Sache ungeheuer harmlos aus. In den Produktionsprozeß wurden Männer als Händler aufgenommen und eingebaut, die den Überschuß der schönen Dinge in der Fremde gegen anderes eintauschen konnten, gegen Metalle, Holz, Grünstein oder Lapislazuli, die man alle brauchte, um weitere kleine Kunstwerke zu schaffen. Dann tauchten Materialien auf, die schwerer zu bearbeiten waren, zunächst vielleicht unter weiblicher Anleitung. Durch zweitausend Jahre wurden ja aus Metall nur Perlen, Anhänger und Schmuckstücke gegossen, was sicher nicht nur dem männlichen Geschmack entsprach, der dann erst mit Werkzeugen und Waffen die wahren Möglichkeiten des Stoffes erkundete.

50

Auch die berühmten und vielbewunderten Rollsiegel, [10] [11] über deren Herkunft nichts bekannt ist und die im mesopotamisch-indischen Bereich zum Stempeln und Versiegeln von Waren und als Signatur verwendet wurden und (männliches?) Eigentum bekundeten, lassen sich ziemlich eindeutig auf die primitiven bis ornamentalen Stoffmustermodel von Çatal Hüyük zurückführen, welche die Frauen zum Bedrucken ihrer Gewebe brauchten. Es waren gebrannte Tonsiegel, später auch aus Stein geschnitten, mit textilen, Blumen-, mäandrischen oder ornamentalen Mustern. Da Flachs nicht angebaut wurde, dienten sie für Wolle oder zur Wandmusterung — manche Göttinnen zeigten Reste von Wollröcken. Mit Krapp, Färberwaid und Färberwau ließen sich die schönsten und intensivsten Rot-, Blau- und Gelbtöne auch späterer Kelims herstellen. (Aber noch im heutigen Basar von Istanbul ist nur das Flicken schadhaft gewordener Teppiche, keineswegs das Teppichweben, das Frauen und Kinder gratis durchführen, ein bezahltes Handwerk — und natürlich Männersache, genau wie das Feilbieten auf dem Markt.) Kunstvolle Gewebebindungen waren auch längst erfunden — die ersten Muster waren bezeichnenderweise Nachahmungen von Korbflechtwerk.

Daß diese Stempel aus verschiedenen Materialien sich dann auch im Handel als Identifikationsmittel und Petschaft nützlich und praktisch erwiesen, entdeckten wahrscheinlich wieder die Männer, und sicher profitierten sie davon, schufen sich Vermögen, und daraus ergab sich die Grundlage des Besitzes, die so einleuchtend ist, aber besonders für Frauen verheerende Folgen hatte.

Harmlos war auch, daß die Männer bei der Tierbetreuung halfen, aber sie entdeckten sofort, daß man auch Rinder nicht nur liebevoll aufziehen, sondern auch effizient züchten und als Goldgrube (lat. *pecunia*= Geld, von *pecus*=Vieh; auch Sanskrit: *rupa*=Vieh) verwenden kann. [12] Und schon kam die Züchtereinsicht, daß die Arbeitsochsen, die sonst nicht handhabbar waren, eben kastriert werden mußten und so unfruchtbar blieben. Damit war also der männliche Anteil an Zeugung und Geburt in den Testikeln lokalisierbar. Diese Erkenntnis muß wie ein geistiger Blitzschlag gewirkt haben. Damit gewannen Männer nun plötzlich in Analogie Kontrolle über ihre eigene Nachkommenschaft, ja, jetzt erst hatten sie eigene persönliche Nachkommen! Vorher galten sie alle bloß als Kinder der Großen Mutter, weil eben die einzelnen, real gebärenden Mütter (als ihre Repräsentantinnen) sich nicht soviel darauf zugute taten und kein Aufhebens machten oder darauf bestanden, daß nur diejenigen, die sie selbst geboren hatten, Anrecht auf Schutz, Aufzucht und Fürsorge besäßen. Sie anerkannten auch die Kinder anderer Mütter, in der Tat nicht nur diese, sondern sogar die Zicklein und Kälbchen. Zumindest rechneten sie sie im Kultbild mit dazu, aus ihrem eigenen Schoß geboren und herangepflegt ins Dasein.

Männer, die sich eher selten um Alltagsarbeit und Brutpflege kümmern, denken da oft anders. Ihre Anstrengungen bei der Geburt sind zwar in jedem Fall minimal, aber zumindest auf ihre Beteiligung an der Zeugung pochten sie jetzt, da sie klar war, ganz unüberhörbar: Nur die eigenen Kinder sollten erben dürfen, was (oft auch ohne viel eigenes Zutun!) an Besitz da war — nicht für fremde „Bastarde" wollten sie sich abrackern, wie die Frauen es von jeher und für alle, auch für sie, getan hatten. Andere als die eigenen Kinder und Mitglieder des eigenen Stammes galten nun oft nicht einmal sicher als Menschen, und nur für die Nachkommen des eigenen Samens lohnte sich die soziale Anstrengung! Wenn man es überlegt, im Grunde eine entsetzlich egoistische Einstellung, aber sie setzte sich rasch und universell durch, weil ja Gewalt aus Primaten- und langen Jägerzeiten dahinterstand. Endlich eine Möglichkeit, sich wieder frei und wichtig zu fühlen wie einst, als man zwar auch nicht die Hauptnahrung, wohl aber den krönenden Jagdschmaus herbeischaffte: Auch Frauen und Kinder konnten nun als Beute betrachtet und von Zeit zu Zeit zusammengestaucht werden, um mit desto besserem Gewissen die Früchte ihrer Mühen zu ernten, wie die Wind- und Glücksfälle der einstigen Jagd, die man auch nicht zäh zu erarbeiten brauchte, sondern nur durch Glück, Risikoverhalten und kurze, wohlgezielte Anstrengungen im rechten Augenblick zu sichern wußte.

Genau das entspricht der ausspezialisierten Raubtier-Jäger-Natur des Mannes, der zu enormen, aber immer nur zeitbegrenzten physischen Anstrengungen fähig ist, nicht aber zu kontinuierlichen. „Echte" Männer müssen zwischendurch immer wieder in müßige Lethargie und Beschaulichkeit versinken, in denen ihnen die schönsten spekulativen Einfälle kommen können, oft fern aller Realität, aber kühn und mit dem einfachen Einsatz von kurzzeitiger Gewalt auch meist durchsetzbar — wenn auch um so schlimmer für die Alltagsrealität, in die ja ohnehin meist nur die Frauen wirklich verstrickt sind. Frauen, die vermutlich auch schon damals durch ihre Muskulatur physiologisch zum normalen Dauereinsatz und fortlaufender zäher Arbeitsfähigkeit prädestiniert waren und tagaus, tagein unablässig dahinwerkeln konnten, ohne sich dabei im geringsten gedemütigt, sondern eher freudig befriedigt zu fühlen, sind ihre vollkommenste Ergänzung. So etwas braucht man, damit „kann man arbeiten", darüber muß man bloß Kontrolle gewinnen, wie auch darüber, daß die Nachkommen auch wirklich die eigenen sind — und das tut der sich damals emanzipierende Mann großteils auch noch heute. Allerdings ohne die spezifisch weiblichen Leistungen als solche anzuerkennen, ja oft

52

nicht einmal als Leistung überhaupt, eher als „hausfrauliches Getue", „hirnrissige Liebhaberei" von unverständlichen Wesen mit „physiologischer Minderwertigkeit" bis „Schwachsinn", die eben in jeder Weise nur mehr halbe Portionen sind, seit die Griechen ihre analytische Ratio fanden und fast alles andere dafür verloren.

Andere Methoden, den Schock tatenloser Seßhaftigkeit männlich zu überwinden, erforderten große Körperkraft: das Schmiedehandwerk, wenn man einmal mit der Keramikbrennerei experimentiert hatte, um auch wesentlich höhere Temperaturen zum Metallschmelzen erzeugen zu können, oder, wie in Sumer, die Damm- und Bewässerungsanlagen, die das fruchtbarkeitsspendende Wasser auf die Felder leiteten oder von versumpften Stellen abhalten sollten. Alle diese Dinge führten allerdings zu Sachzwängen und nahmen den Frauen immer mehr Platz. Auch ihr bescheidener Hackstockbau war nun überholt; das männliche Tiefpflügen machte den Anbau wesentlich dauerhafter und ertragreicher. Vorbei die Zeiten, als die Frauen, beim Sammeln auf eßbare Grassamen aufmerksam geworden, sich deren üppiges Wuchern auf Abfallhaufen oder Humus klug zunutze machten, beim Ausstreuen die Erde lockerten und beobachten konnten, wie aus vereinzelt ausgestreuten Körnern die gleichen oder oft größere Ernten entstanden, als wenn die Samen einfach abgefallen wären und gedrängt gekeimt hätten. Man konnte also getrost den größten Teil verzehren und hatte immer noch genügend Saatgut für stets reichere Erträge. Aber das genügte nun der männlichen Maßlosigkeit nicht mehr. Nicht nur in die Lebenskreisläufe der Pflanzen begann sich der Mensch einzudrängen, auch in jene von Tieren, die als Ernteräuber schmarotzend den Menschen folgten. Kühe konnte man mit Salz ködern und als Locktiere auf den Weiden lassen, bis sie immer wieder von Wildstieren gedeckt wurden und man nach dem großen Geburtsereignis ihre Jungen aufziehen konnte — die anfängliche Entdeckung, sozusagen die bahnbrechende Erfindung, machten vermutlich auch hier die Frauen, die versprengte oder verwaiste Jungtiere nicht gleich töteten, sondern zuerst aufzogen.

Frauen waren nämlich genauso intelligente Sammler, wie die Männer intelligente Jäger waren, nur erforderte ihre Art von Arbeit isoliertes Vorgehen, um das Territorium voll auszunützen, während die der Männer auf die Gruppeninteraktion angewiesen war, die das Wild einkreiste und umringte, um es zur Strecke zu bringen. Etwas von Korpsgeist und Bündischem, von Kooperation und Vergatterbarkeit steckt noch ebenso in den Männern wie der familienbezogene Individualismus in der Frau. (Mit großer Wahrscheinlichkeit „erfanden" die Frauen ja auch die Sprache, [13]) hatten also nicht nur das letzte, sondern auch das erste Wort: Es erfüllte für sie die vitale Funktion eines

Stimmfühlungslautes für das Neugeborene, das sich nicht mehr wie ein Primatenjunges an ihr abhanden gekommenes Haarkleid anklammern konnte, sondern nun im Lalldialog an sie gebunden wurde. Den Männern genügte bei der Jagd weiterhin die stumme Zeichensprache, und weil akustische Signale ihnen das Wild vertrieben hätten, blieben sie länger wortkarg — bis sie die machtübende demagogische Rede und die Literatur entdeckten!)

Jedenfalls aber nahmen die auch damals weniger durch Arbeit belasteten und spielerischer gebliebenen Männer sich nun all dieser weiblichen Erfindungen an, die einen klaren Überlebensvorteil erbrachten; sie züchteten und brannten und pflügten und schmiedeten, wendeten die von den Frauen gefundenen Prinzipien der Pflanzenselektion auch auf die Tierzucht an und benutzen dabei ihre überlegene Körperkraft beim Handhaben von Pflug, Blasebalg und Hammer, beim Schlachten und Kastrieren. Sofort schienen aller Fleiß und alle Erfindungskraft der Frauen nicht mehr so wichtig und nur Muskelkraft das allein Entscheidende. Wenn man schon Tiere domestizieren konnte, dann konnte man auch Menschen versklaven (eine weitere männliche Erfindung), nicht nur Frauen, sondern auch Männer. Aber irgendwann rächt sich dieses Ungleichgewicht, sicher beim Menschen, vermutlich aber auch bald bei der Kreatur. *)

Wahrscheinlich dachten sich die Männer aber überhaupt nichts dabei, ihre Frauen so zu versklaven wie ihre Tiere. Denn sie selber waren, ebenfalls von der einst lebenserhaltenden Jagd her, so sehr auf Kooperation und einen Anführer ausgerichtet, daß sie sich gar nicht vorstellen konnten, jemand wolle nicht wie ein Wolf dem Rudelführer oder wie ein Pferd dem Leithengst folgen. Der Mann sah es als Glück und hohe Befriedigung an, geführt zu werden

*) *Auch bei heutigen teilseßhaften Völkern im Übergang, etwa bei den Angola benachbarten Himba-Rinderhirten,* [14] *sind es übrigens die weiblichen Mitglieder, die für die regelmäßige Arbeitsnotwendigkeit viel leichter einzuspannen sind als die Männer: Schon sechs-, siebenjährige Mädchen hüten dort Kleinvieh wie Schafe, Ziegen und Kälber, anderswo auch Jungschweine, und ziehen in aller Frühe mit ihnen auf die Weiden, während die Jungen dieses Alters und bis ungefähr zur Reife sich weiterhin zusammenrotten und spielen können. Die Mädchen sind es auch, die bei heutigen neusteinzeitlich agierenden Pflanzenvölkern, wie den Yanomami in Venezuela oder den Eipo in Neuguinea, ihren Müttern verantwortungsbewußt und fleißig beim Gärtnern und Ernten helfen, während die Knaben unermüdlich mit Kriegs- und Regelspielen, zu denen dem weiblichen Geschlecht gar keine Zeit bleibt, jene riskante, raumgebundene Intelligenz schulen, die unsere Tests so gut zu messen gelernt haben — als gäbe es gar keine abwägende, menschlich-soziale Intelligenz des Harmonierens, Ökonomisierens und Hauswirtschaftens oder der Pflegegeschicklichkeiten, bei denen die Mädchen sich auszeichnen würden.*

(mit der ständigen Möglichkeit vor Augen, im Rang aufzusteigen!), die nur dadurch übertroffen wurde, selbst zu führen. Diese Rolle reservierten Männer zwar für sich selber, offerierten aber den fast genauso großen „Genuß" der Unterordnung und des Gehorsams ihren Frauen, die sich dadurch um nichts mehr zu kümmern brauchten und der gleichen Muße teilhaftig würden, die Männer selbst für das höchste Gut hielten.

Die Frauen aber, auch wenn es ihnen gar nicht entsprach, akzeptierten das gleichmütig oder verbindlich und harmonisierend, wie es eben ihre Art ist, tun das bis heute und spielen Untergebene, wie sie von den ständig wogenden hierarchischen Auseinandersetzungen in der Männergruppe ja dauernd geschaffen und mit geringen Schwankungen als eine Art „Kurswert" laufend festgelegt werden. Im Falle der Frauen allerdings sehr zu Unrecht. Die sind nämlich, komplementär von der gleichen Geschichte her geprägt, keineswegs auf eingleisige Rangordnungen erpicht und auch keine arbeitsteiligen und auswechselbaren Geschöpfe, sondern eher auf quasi-demokratisches Nebeneinander eingespielt, das sie auch ihren Kindern angedeihen lassen: Ohne sie in Verdienstordnungen zu staffeln, lieben sie sie alle verhältnismäßig gleich. Die männerbündische Kooperation und unbedingte Loyalität ist ja gerade bei „funktionierenden" Frauen so schwer zu erzielen, weil sie sehr individuelle, selbst zentrumbildende Kräfte darstellen und eigentlich ihre Arbeiten am liebsten allein oder als Gruppe nicht so sehr kooperativ, sondern eher als „accompanied work" [15] auf ihre eigene Fasson gemeinsam machen, vom Anfang bis zum Ende, wie Weben, Knüpfen, Kinderbetreuen und Gärtnern, geduldig und kontinuierlich, fokus- und familienbildend. Sobald sie aber einmal die Arbeit für ihre Familien erledigt oder gar nicht erst angefangen haben, können sie genauso gruppenbildend und mindestens so loyal sein, wie Männer es allein von sich annehmen. (Und für jede Frau, die sich — ein anderes zähes Vorurteil — mit einer anderen über einen Mann zerstreitet, ist mancher Mann, viel gruppenzerstörender, bei Mord und Totschlag gelandet!)

Im Grunde bedürfen Frauen der Männer viel weniger als diese ihrer verschworenen Männergruppe, von Arbeitskameraderie über Truppen- und Korpsgeist bis zum Stammtischgefasel. Frauen haben ihre fortlaufenden Arbeiten und ihre Kinder, und nur eine verfahrene Welt, die sie gefangensetzte, und gezielte Propaganda konnten diese ihre selbstgenügsame, aber selbständige Einstellung so pervertieren, daß sie sich hilflos und entpersönlicht vorkamen, wenn „der Mann" sie verließ. (Vielleicht ist überhaupt jedes Geschlecht sich selbst das Wichtigste und macht nur der Bildungsstand den Unterschied. Der Bedarf an unausgebildeten und dummen Männern wäre wahrscheinlich auch gering!)

Männer haben Frauen immer verlassen, zumindest temporär, um oft nur im Falle von eigener Verletzung, Alter, Leid oder Krankheit verläßlich wieder zurückzukehren. Dem freischweifenden Jäger lag das Familienleben nicht. *) Der Beitrag der Männer ist eben die Revierverteidigung nach außen; in Auseinandersetzungen mit familien- und lebensbedrohenden angreifenden Gegnern ist der Mann normalerweise ebenso bereit, sein Leben hinzugeben wie die Frau, es beim lebensschaffenden Prozeß der Geburt zu verlieren. Es hat lange Perioden der Zivilisation gegeben, etwa während der Industrialisierung im 19. Jahrhundert oder im athenischen Griechenland, in denen es völlig nutzlos gewesen wäre, die Polygamie einzuführen, weil sie sich für die Männer im Laufe der Zeit ohnehin zwanglos ergab: Die Frauen, die ihnen im Kindbett wegstarben, konnten sie jederzeit durch neue ersetzen. Im Laufe des Lebens heiratete sich so ein Mann sukzessive durch einen ganzen Harem hindurch, immer im Brustton des Gerechten, der die ganze Gesellschaft hinter sich weiß, wenn er seinen verwaisten Kindern neue Mütter gibt und staatserhaltend für völkische Expansion sorgt! Kein Zufall, daß die beiden Perioden mit solchen männlichen Überaktivitäten an Selbstverwirklichung zusammenfielen!

Um Optimales zu produzieren, sind Männer auf die Anerkennung und Konformität der Männergruppe angewiesen, und um sich glücklich zu fühlen, auf weibliche Bewunderung dazu. Frauen brauchen weder das eine noch das andere mit gleicher Intensität, sonst hätten sie die Jahrhunderte, in denen ihnen beides vorenthalten wurde, nicht so unverdrossen und ohne viel Auf-

---

*) *Im ganzen Tierreich gibt es kaum ein männliches Wesen, mit Ausnahme des Klammeräffchens, das sich mit der Aufzucht und individuellen Betreuung seines Nachwuchses so weit auseinandersetzt, daß es seine eigenen Kinder auch nur individuell erkennt — und selbst bei dieser Ausnahme dürfte es sich um einen stammesgeschichtlichen Irrtum handeln: Die Futtersuche der Affenmutter wird nämlich dadurch erleichtert, daß sie die Jungen — mit ihren starken Klammerreflexen — mittlerweile an einen Baum hängt, noch mehr allerdings, wenn sie dazu den Vater anstelle des unbeweglichen Baumes benutzt — der kann mitwandern! Die Natur selbst aber scheint dieses ihr sozusagen unterlaufene Versehen bei der weiteren Evolution sofort wieder korrigiert und ausgemerzt zu haben, anstatt es, wie etwas wirklich Gelungenes, weiter auszubauen. Aber das heißt noch lange nicht, daß die Menschen mit ihrem Verstand es nicht anders machen und sich die Arbeit bei der Kinderbetreuung teilen könnten. Das allerdings ginge wahrscheinlich nur, wenn die Frauen andernfalls den Nachwuchs verweigerten. Inzwischen versuchen viele, von gelungenen Arrangements mancher junger Paare abgesehen, ihre Kinder mehr oder weniger allein aufzuziehen, wie schon in grauer Vorzeit, was aber in unserer komplizierten Kultur ungleich schwerer ist als in allen früheren.*

56

begehren überstanden. Ja, sie fühlten sich mitunter von der hemmungslosen Zuwendung des anderen Geschlechts geradezu gestört, besonders bei Männern, die ein Nein als Antwort nicht akzeptieren konnten. Ihr Arbeitseinsatz bot ihnen zwar wenig Gelegenheit für Beschaulichkeit, dafür aber mehr Lebenssinn.

Aus der Psychiatrie weiß man, daß jeder Mensch verunsichert werden kann, wenn man allen seinen Handlungen und Äußerungen den Nutzen abspricht oder sie ignoriert. Dreitausend Jahre Verunsicherung der Frauen haben alles dazu getan, sie sich selbst zu entfremden und den Mann in eine Sicherheit zu wiegen, die er gar nicht hat (wie an Einzelbeispielen von geschiedenen oder arbeitslosen Männern jederzeit zu demonstrieren wäre). Er war es, der von der Substanz lebte, die nicht er, sondern seine abgewerteten Partnerinnen geschaffen haben, und dieser Zustand hat am Ende der Steinzeit — auch in Çatal Hüyük — seinen erkennbaren Anfang genommen.

EIN KRITISCHER BLICK ÜBER DIE MYTHENLANDSCHAFT

Wenn man zum erstenmal im Britischen Museum, diesem vollständigsten mehrdimensionalen Bilderbuch vergangener Kulturen, durch alle Säle gegangen ist, muß einem auffallen, daß die Frauen, deren Abbilder in den frühesten Zeiten (oder Ausgrabungsschichten) so reichlich und fast ausschließlich vertreten waren, nach einer Phase schöner Gleichstellung mit männlichen Partnern langsam an Bedeutung verlieren, in der bildenden Kunst Ägyptens

Ägyptische Grabstelen. Links: Memy-sabu und seine Frau; rechts: Der Aufseher der Getreidespeicher, Iruka-Ptah, mit Frau und Kind. Nun wird die Frau in den Darstellungen immer kleiner, an Größe dem daumenlutschenden Sohn ähnlich.

etwa auf ein immer kleineres Format schrumpfen oder anderswo überhaupt verschwinden. Manchmal erfährt man nur aus den Knochenfunden, daß es auch Frauen gab. Bei den Griechen werden sie als Amazonen bald zu Feindinnen, die in unzähligen Friesen besiegt werden, oder zur gefällig-passiven Dekoration der Tempel. Der Eindruck entsteht, als seien sie, als die Metallbearbeitung erfunden war, nicht nur bei den Seevölkern auf ihre Mutterrolle (von Kleinkindern oder toten Kriegern) festgelegt worden, sofern sie überhaupt dargestellt wurden.

Das sind merkwürdige Zusammenhänge, aber sie decken sich mit dem, was wir in der Schule an Geschichte gelernt haben, die eigentlich noch immer eine von Männern für Männer ist, in der Frauen wenig auszurichten haben. Männer bewegen das Weltgeschehen historischer Zeiten, aber Frauen helfen ihnen dabei, springen vorübergehend auch einmal als Ersatz für sie ein, manchmal sogar mit bemerkenswertem Erfolg. Im übrigen aber beschränkt sich der Geschichtsunterricht oft auf gedankliche Spiele des Beutemachens, des Länder-und-Reiche-Eroberns, bei dem grundsätzlich der Eroberer recht hat, groß schön ist und Einheitlichkeit verlangt wird. Für Individualität oder Frauen war da freilich wenig Platz; ihre Aufgabe erschöpfte sich im Gebären und Aufziehen der Kinder, im Aufrechterhalten einer gewissen Lebensqualität auch in schlechten Zeiten (und das waren für die Mehrheit die meisten) und im unspektakulären Sorgen für jene, deren Abenteuer und Höhenflüge militärischer und geistiger Art schlecht ausgegangen waren. Davor aber gab es noch andere, prähistorische Zeiten, in denen der Mensch, in Gestalt von zwei einander ergänzenden Geschlechtern, als *ein* Lebewesen unter anderen, das Lebensnotwendige aus einer im Gleichgewicht befindlichen Erde herausfilterte, die noch nicht von ihm allein übervölkert war. Er war damals in nicht mehr Kämpfe verwickelt, als seine Weiterexistenz in Balance mit anderen Arten erforderte, und konnte noch keine Löcher in die zarten Netze der ökologischen Systeme reißen wie heute — nicht bedrohlicher und bedrohter als jede andere Kreatur, ein wenig unserem Kinderideal jenes edlen Indianers ähnlich, der die Natur nicht befehlsgemäß und nach höherem Auftrag unterwirft, sondern im Einklang mit ihr lebt.

Offenbar taugte diese unschuldige Lebensform aber nicht für unsere ausschweifende Intelligenz und Phantasie, denn wir haben sie bald aufgegeben — weniger schuldhaft, als wir uns in Religionen manchmal weismachen wollen, sondern aus Notwendigkeit: Anders als die in Umweltharmonie verharrenden Indianer fanden wir nämlich plötzlich das wie ein Wunder auftauchende, zähmbare Rind, besonders zum unkontrollierten Schmarotzen geeignet, und unter unseren Wildpflanzen gewisse Arten, aus denen durch Anlagenverdoppelungen Nahrungsmittelüberschüsse entstehen konnten, welche dann wiederum Bevölkerungsexplosionen zur Folge hatten. Die Indianer hatten nichts dergleichen. Allerdings blieb ihnen damit auch erspart, von der so erlangten satten Seßhaftigkeit in großem Stil wieder zum ursprünglichen Nomadismus zurückkehren zu müssen, sobald an manchen Stellen einmal alles kahlgefressen war, und sich dabei, besondere Feinheit unserer Vorfahren, einfach gleich auf das Berauben anderer, noch funktionierender Ackerbaukulturen zu verlegen (mit entsprechendem geistigem Überbau, versteht sich). Solche, sagen wir, in der Not des Existenzkampfes, patriarchalisch gewordenen Gesellschaften sind natürlich oft auch mit einem schlechten Gewissen geschlagen. Wenn einem die eben erworbene Existenzgrundlage auf rätselhafte Weise unter den Händen verschwindet (und sei es durch das Austrocknen einst fruchtbarer Landstriche), so neigt man als Mensch dazu, die Schuld bei sich zu suchen, Sündenfallmythologien zu entwerfen oder von anderen zu übernehmen (der sumerischen Flutlegende fehlt übrigens noch der Schuldmythos!), die andere, immer am Existenzminimum dahinvegetierende Völker nicht nötig haben. Wenn man plötzlich vom Wohlstand ausgeschlossen scheint, wächst der Neid auf die Paradiese anderer, und beim Überlebensversuch auch die Gier, sich ihrer zu bemächtigen, und damit wieder das schlechte Gewissen.

Die statischen, friedlichen Ackerbaukulturen der Fülle, die es an vielen Orten zur gleichen Zeit gab, müssen in besserem Gleichgewicht ökologischer wie seelischer Art gewesen sein und waren sich daher des Wohlwollens ihrer nährenden Allmuttergottheit immer viel sicherer. Die straff organisierten Patriarchate der Sekundärnomaden bedurften einer strengeren Männerhierarchie, bei der das Wohlwollen der Anführer und allwaltenden Vatergötter ständig neu und aktiv erworben werden mußte, da es sonst verloren ging. Und das konnte leicht zu Mord und Totschlag führen. Dadurch wurde allerdings auch die Führernachfolge automatisch geregelt; in allen patriarchalischen Kulturen steht denn auch der Brudermord nahe am Anfang, ob es nun Kain und Abel oder Romulus und Remus sind, die iranischen Brüder Salm, Toz und Erij, sogar Seth und Osiris oder die Kroniden und Titanen, die einander umbringen, wie auch Atreus und Thyest in ihrem unendlich komplizierten, indirekten Prozeß.

Der Mensch, dessen Aufzucht im Familienverband so viel länger dauert als bei jedem anderen Lebewesen (allerdings auch mit außergewöhnlichen Resultaten!), will nun einmal jenes elterliche Wohlwollen, an das er sich im lange dauernden Zustand der Abhängigkeit gewöhnt hat, nicht missen und schafft sich offenbar überall seine idealisierten Ahnen und Götterbilder. Vielleicht werden überhaupt nur Tiere wirklich erwachsen und unabhängig von ihren Eltern, die ihre kurze Kindheit betreuten, und braucht der Mensch zeitlebens, in der Regel zumindest, abstrakte Abhängigkeiten, die ihn für den Verlust oder die Mangelhaftigkeit eigener Eltern entschädigen. Je diktatorischunerträglicher reale Väter werden, desto wichtiger ist ein „menschlicher" Vater über allem. In dieser Hinsicht sind die Griechen noch am wenigsten festgelegt, wahrscheinlich weil sie, ihren Müttern früh entzogen und im Männerverband aufwachsend (wir werden noch sehen, warum), Züge von Verwahrlosung tragen, die sie auch befähigen, eine hochbegabte Raubzivilisation zu gründen und zu erhalten.

Aber nicht Griechenland, sondern Anatolien, aus dem in vorchristlichen Jahrhunderten Sirenen, Sphingen, Chimären und stymphalische Vögel nach Europa geflattert sind, hilft uns, unsere Vergangenheit zu enträtseln. Sehr alte Kulturtraditionen sickerten bis an seine Küste, von der Steinzeit Eurasiens bis zu den indisch-drawidischen Verbindungen des geheimnisvollen Hochlands von Elam. Alle die fremden Einflüsse mischten sich dort relativ friedlich mit den weniger heterogenen Vorstellungen Ägyptens. Aber sie wurden zu einem explosiven Gemisch, das über Kreta und Zypern nach Europa übersprang und sich entzündete, sobald die Immigration indogermanischer Steppenvölker damit in Berührung kam. Unter ihnen waren auch die Protogriechen, die Achäer und Danaer Homers, die den ganz harmlos von den Hurritern gezüchteten Pferden und dem vielleicht als Töpferscheibe und Ewigkeitssymbol erfundenen Rad ihre eigentliche Bestimmung ansahen und mit der Erfindung des Streitwagens ihren unwiderstehlichen Siegeszug antraten (vielleicht sogar als Hyksos bis nach Ägypten), [1]) alles rasch aufnehmend, was reichgesättigte Kulturen zu bieten hatten.

Natürlich waren auch die sekundärnomadischen Steppenvölker kein unbeschriebenes Blatt. Hochbegabt und immer in Bewegung, hatten sie kaum noch Muße gehabt, sich ihren eigenen, wenig bodenverbundenen und mehr den Stürmen des Himmels zugewandten Phantasien hinzugeben und neben dem Selbsterhaltungskampf über ihr Woher und Wohin zu grübeln. Das taten sie erst, als sie irgendwo zum Stillstand kamen, und auf ihre Weise: die Hethiter in ihren Felsheiligtümern, die Griechen in ihren Liedern, Sagen und Mythen. Sie sortierten die sie umdrängenden Bilder und Inhalte nicht einmal besonders, sie übernahmen sie alle und bogen sie sich entsprechend zurecht — die Griechen etwa zu einem distanzierten, einmaligen, ein wenig schlampigen und doch inspirierenden Olymp.

Die griechische Mythologie an der Grenze zur Geschichte geht uns auch heute noch viel mehr an, als wir wissen, sie sitzt uns in den Knochen und wird von jedem einzelnen osmotisch aus der Kultur aufgenommen. Die uns schon unbewußten Antriebe, die sie so genial zu bebildern vermochte, lassen sich damit am schönsten maskieren, finden in ihnen Tür und Tor geöffnet und können ungehindert ihr Wesen treiben. Man erkennt nämlich gerade noch zur Not, und wenn man sich Mühe gibt, eigene Projektionen als solche, nicht aber, was ein archaisches Volk sich durch seine Seher und Begabten und durch seine Priester ausarbeiten ließ. Zuerst blieb es kurze Zeit im Erprobungsstadium des Erzählens flexibel, als Wunschphantasie deutlich, durch bewußte oder unbewußte Anpassung an Gegebenheiten noch veränderbar. Sobald es aber einmal dargestellt war, in Ton geformt, in Fels geritzt, auf Wände gemalt oder in Stein gehauen, gewann es ein Eigenleben sogar für die Erfinder selbst, wurde Realität, Gesetz und Kanon, erst recht für fremde Völker, die oft einzig mit den Darstellungen konfrontiert waren; oder die Frauen der Unterworfenen gaben dieses Erzählgut dann ganz selbstverständlich an neue Generationen weiter. Niemand konnte oder wollte die verlassenen Heiligtümer oder Gräber mehr rational erklären, oder die zugehörigen Menschen waren schon vernichtet oder ausgestorben, bevor man die Kultstätten und Sanktuarien zu Gesicht bekam. Das Vorgefundene nahm man dann samt seiner Lebensauffassung für einen Teil der Wirklichkeit und verleibte es sich nach Bedarf und Brauchbarkeit ein. Wir Heutigen addieren das alles nur mehr kopfschüttelnd zu den unzähligen uns schon bekannten Göttern aus aller Welt, miteinander vergleichbar nach den verschiedensten Kriterien, mit einer einzigen Gemeinsamkeit: dem Wunsch nach einer Hierarchie höchster, idealer, dem Menschen entrückter Wesen, die sich der religiösen Verehrung, deren der Mensch zu bedürfen scheint, zur Verfügung stellen, maßgeschneidert nach seinen jeweiligen Lebensumständen, Ängsten und Wünschen.

Wenn nun ein so gescheites, scheinbar rationales Volk wie die Griechen unter einem so willkürlich blitzeschleudernden, gewalttätigen und unverantwortlichen Ehebrecher wie Zeus ins Licht der Geschichte tritt, dann sieht das ein wenig wie Manipulation des anderen Geschlechts aus. Noch dazu ist die einzige weibliche Figur mit Eigenleben und Handlungsspielraum, Athene, just aus dem Haupt dieses gewalttätigen Besiegers des eigenen, kinderverschlingenden Vaters entsprungen und nicht nur durch Schönheit, sexuelle Faszination und Vereinnehmbarkeit gekennzeichnet wie die anderen Frauen um ihn. Aber Athenes Mutter blieb deshalb doch Metis, die Göttin von Maß und Klugheit, die ursprüngliche Gattin des Zeus, die er verschlingt, nachdem ihm prophezeit worden ist, sie werde den künftigen Weltherrscher gebären. Dagegen sind alle Könige und Götter übrigens äußerst empfindlich und wehren sich auf die raffiniertesten Weisen gegen das Entmachtetwerden. Zeus jedenfalls frißt seine schwangere Frau einfach auf und gebiert seine Tochter Athene mit der tatkäftigen Hilfe des Schmiedes Hephaistos, der ihm dabei fast den Schädel spaltet. Vielleicht ist dieser Mythos auch ein Zeichen dafür, daß man das Weibliche als zu gefährlich empfindet und seinen Anteil — etwa an der Geburt eines Kindes — herunterzuspielen trachtet, wie auch später Maria zum bloßen Gefäß der Gottesempfängnis gemacht wird. Durch viele Jahrtausende Eis- und Steinzeit hatten Frauen Geburten allein abgewickelt, so daß man von der Urzeugung der Muttergottheit und ihrer Fähigkeit, aus eigener Willkür und nach Gutdünken Leben in die Welt zu setzen, genügend überzeugt war, um sie in Fruchtbarkeitsstatuetten von Frankreich bis Sibirien und Çatal Hüyük zu feiern. Die Idee, daß es zweier Personen bedürfe, um Leben zu produzieren, war damals noch nicht gefaßt. Als man sie dann über die Züchtung gewann, ging man sehr bald daran, nun die Zeugung überzubewerten und auch die Welterschaffung auf männliche Schöpferkraft allein zurückzuführen. Das findet sich in allen mir bekannten Mythen und ist ebenso sinnlos, wie die harmlosen Muttergottheiten der Fruchtbarkeit, nur nicht so unge-

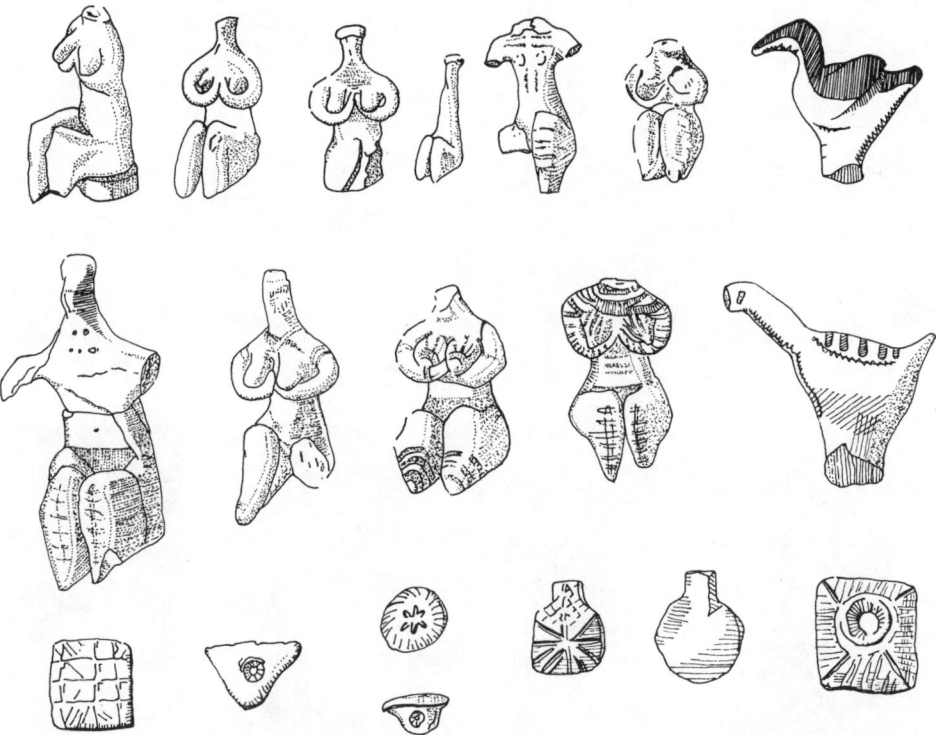

Weibliche Tonfiguren vom Halaf-Typ: sitzend, gestreift und gesichtslos, Steinsiegel und -amulette aus Chagar Bazur in der Region Khabur, ca. 4900—4500 v. Chr.

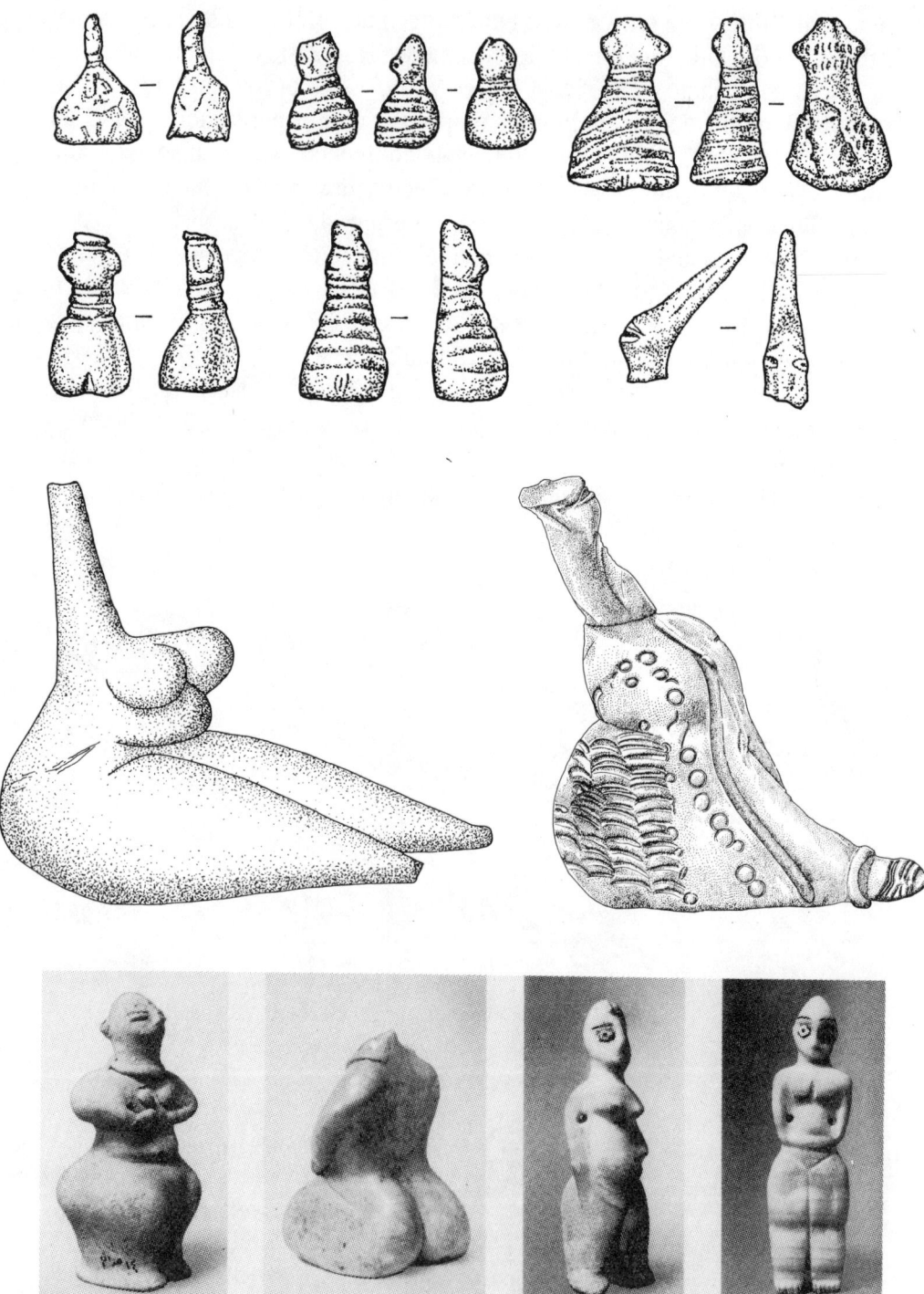

Linke Seite oben: Tonfigurinen der
Hassuna-Kultur aus Yarim-Tepe I,
5500 v. Chr., mit Volantröcken.
Mitte: Zwei weibliche Figurinen aus
Tepe Sarab bei Kermanshah, sog.
„Schuh-Idole", um 6000 v. Chr.
Unten: Weibliche Kiesel-Idole und
Alabaster-Statuetten mit Bitumen-
Augen aus Tell-es-Sawwan, um 5800
v. Chr. Rechts: Ton-Idol aus Zypern,
ca. 3000 v. Chr.

fährlich, denn es führte zu dem männlichen Vermehrungswahn und Überwer-
tigkeitsgefühl, die unsere Kultur prägten und den Frauen auf so mannigfache
Art das Leben schwer machten. Wenn wir die Bruchstellen des damaligen
Umschwungs aufsuchen, der zu dem bedenklichen Übergewicht der Männer
führte, finden wir vielleicht eher zu jenem Gleichgewicht zurück, das auch
Frauen ein echtes Mitgestaltungsrecht gibt und dabei ihr weitgehend unge-
nütztes Potential heranzieht, das sehr wohl helfen könnte, die Welt wieder ins
Lot zu bringen.

So wie Jesus ein Mann mit vielen guten weiblichen Eigenschaften, aber
ohne störende Sexualität ist, so stellt Pallas Athene eine eigentlich sexlose
Frau mit lauter auch von Männern durchaus zu bejahenden, eher männlichen

Qualitäten dar („Why can't a woman be more like a man?" fragt der in sich verliebte Higgins in „My Fair Lady", weil auch er glaubt, daß das seine und die Probleme der Menschheit lösen könnte!) Athene steht außer Streit.

Im Zeichen solcher Artefakte menschlichen Wunschdenkens läßt sich das reale Leben schwer angemessen meistern. (Die synthetische Künstlichkeit der römischen Götter war übrigens noch größer, aber immer klar: Man benutzte sie vor allem dazu, das eigene Machtstreben zu rechtfertigen und zu verzieren.) Aber wenn solche Göttervorstellungen personifizierter Sachgebiete sich lang genug entwickeln können, werden sie einigende Überzeugung, dem Wohlstand, Wachstum und der Ausbreitung eines Volkes nützliches Dogma. Korrekturen sind nicht mehr notwendig, die Formen erstarren zur Ikonographie. In ausgereiften Fällen wird die weitere Wandlung ganz unterbunden und, wie bei den semitischen und anderen Steppenvölkern, die Herstellung bildhafter Ansichten des Allerhöchsten überhaupt verboten. Solche extremen Abstraktionsstufen finden sich vor allem bei den freischweifenden Hirten wüstenähnlicher Landstriche, in denen das Überleben der Gruppe nur durch Trennung der (männlichen) Schafhüter von ihren ortsgebundenen Familien möglich ist. Die müssen mit ihren Herden jeden noch so kleinen und entlegenen Weidegrund nützen und können, wie Schiffsbesatzungen, nur in großen Zeitabständen nach Hause kommen, um die Kinder zu zählen und neue zu zeugen. Sie werden automatisch männerbündisch und familienentfremdet.

Für solche marginalen Mangelgesellschaften, wie sie einst wohl auch aus der vertrocknenden arabischen Halbinsel herausfluteten, ist die materielle Seite des Lebens zwar begrenzt, die spirituelle dafür ausschweifend. Ihre Götter sind oft unanschaulich, unökologisch, unsichtbar und nur der Gestaltarmut der Wüste und vielleicht der Majestät ihrer Stürme vergleichbar. [2] Sofern sie sich Paradiese ausmalen, sind sie voller Freudenmädchen, Fruchtbäume, und Wasserquellen. Fehlen solche Vorstellungen aber, dann sind sie mit ihrer eingeengten narzißtischen Männergruppenexistenz meist so zufrieden, daß sie nur deren Hierarchien beibehalten wollen.

Daß sie dabei auch Probleme haben mußten, und wie sie sie zu lösen versuchten, verraten die alttestamentarisch-strengen Gesetze gegen homosexuelle Neigungen und Selbstbefriedigung (weil dadurch der lebensspendende Samen vergeudet wurde). Vielleicht auch graute ihnen nach den reinen, ungestörten, klaren Wüstentagen mit Gott manchmal vor dem Leben in den Familienzelten, dem Lärm und Schmutz der Oasen, oder vor ihren Frauen mit den Schrecknissen von Menstruation und Kindbett. Wahrscheinlich kamen sie sich selbst um so vieles besser vor und blieben lieber unter sich. Ihre Tabus sprechen eine beredte Sprache. Priesterlich und selbstgerecht, machten sie aus ihren Abneigungen und Ängsten Gesetze, die ihre Selbstachtung wahren soll-ten, distanzierten sich von den blutigen Lebensprozessen und stellten sich an die Spitze einer Rangordnung, an deren unterem Ende die Frauen standen. Im Grunde waren sie nicht mehr ganz von dieser Welt, hatten den Kontakt zur Realität schon auf Erden manchmal ein wenig verloren, flohen zurück in ihre Abstraktionen, Wüsten und Spintisiereien, in denen sie sich wohler fühlten. Sie „klärten" die Dinge untereinander am Lagerfeuer, verboten manches arro-gant und schauten weg oder hörten nicht hin, was ihre Frauen schwätzten, die noch an die alten mütterlichen Fruchtbarkeitsgötter glaubten. Das war *ihre* Art von Absage an die Frau, ganz natürlich entwickelt in einer unwirtlichen Erdregion im Laufe der Zeit, und wir sind es, die diese Absage und ihren uner-bittlichen und eifernden Glauben mit vielen gar nicht mehr angepaßten Wer-ten noch mit uns herumschleppen, jene patriarchalen Vorstellungen, die damals noch durch den starken Zusammenhalt der Frauen untereinander gemildert wurden, wenn nicht sogar ihr häusliches Übergewicht in Vielehe und Großfamilie ins Spiel kam.

Nicht so bei uns. Das christliche Abendland brauchte einen Erlöser, wie alle Religionen mit Jenseitserwartungen, die sich nicht mit dem irdischen Leben allein zufriedengeben können; andere brauchten einen Boten an die Außer-welt wie den thrakischen Zamolxis, [3]) mit Zeugenaussagen, die das Blaue vom Himmel herunterbestätigten. Damit können die einen in der Welt weiter-hin machen, was sie wollen, und dabei ein Bestrafungsrisiko auf sich neh-men, die anderen aber sicher sein, für die Ungerechtigkeiten auf Erden dereinst entschädigt zu werden, was sie wieder dazu bewegt, ihnen weniger Widerstand entgegenzusetzen und die Mächtigen schalten und walten zu las-sen, wie sie wollen. Schließlich erlaubte man auch noch einer verblaßten Magna Mater alter Mutterkulturen, sich an unsere „heilige Familie" heranzu-schmuggeln, diese seltsamste Familie Gottes. Sie ist die einzige in der Welt, die nur aus drei Männern besteht, in deren Namen man sich seit langem bekreuzigt, ohne daß jemandem etwas dabei auffiele. Wenngleich in der gno-stischen Überlieferung und ihren althebräischen Wurzeln der Heilige Geist noch so weiblich ist wie die Zentralgottheit aller anderen alten muttergeord-neten oder -zentrierten Kulturen, ist er doch bei uns schon sehr spirituell und bar jedes sexuellen oder zumindest femininen Appells geworden, so daß Maria gewissermaßen in ein Vakuum gezogen wird. Sollte also der „Heilige Geist" eine Frau repräsentieren, tut er es schon so verschämt und heimlich, daß es den meisten überhaupt entgeht. Und auch Maria ist keineswegs als Vollweib gedacht, im Gegenteil — neben den ausgeprägten Aspekten der Jungfrau und Mutter fehlt ihr die Komponente positiver weiblicher Sexualität.

Zeus' Lieblingsaktivität ist einfach ausgelöscht in diesem Negativbild einer Geisterfamilie für hauptsächlich männliche Identifikation, wo der Vater unsichtbar, die Mutter machtlos und eigentlich nur geduldet, der Heilige Geist als „Überschatter Mariä" offenbar zeugend-gestaltlos, aber auch männlich ist, und der Sohn tot. Aber genau das muß unserer Art von Leben entsprochen haben, was allein schon dieses Leben diskreditiert.

Der Boden für die Frauenabwertung wurde schon in Çatal Hüyük vorbereitet. Mit den ersten Gesetzgebungen wurden sie dann überall eingeordnet, nach Funktionen vergattert und, längst ihrer Magie und ihres Allschöpfertums beraubt, ein wenig langweilig und überflüssig. Fast glaubte man schon, ohne sie auskommen zu können — bei den neuen Großtaten, mit denen sich der Mann im mesopotamischen und syrischen Raum nun emanzipierte, schienen sie wenig wichtig. [4] [5] [6] [7]

Die Männer betrieben freischweifend schon wieder eine andere Art von Jagd: den Erwerb von nützlichen Gütern, die nur in der Ferne zu holen waren, wo man sie finden, eintauschen oder sich anderweitig aneignen konnte. Die Frauen mit ihrem durch Kinderwartung eingeschränkten Aktionsradius arbeiteten fortlaufend unauffällig weiter und hielten alles in Gang. Man legte sich Werkzeuge für Verteidigung und Angriff zurecht, da es manchmal über die begehrten Güter zu Konflikten kam, und erweiterte dazu das bisherige eintönige Schmuck-Schmiede-Repertoire durch Waffen. Man begann nicht nur Nahrungsvorräte, sondern auch Schätze zu sammeln, vermehrte sein Vieh und verwandelte es in kommutable Währung. Dabei vergaß man rasch die lebensrettenden Wohltaten, welche einem die Kühe einst erwiesen hatten. Man domestizierte sie zu wehrloser Dummheit und wertete sie genauso ab wie die in ihrer zufriedenen Seßhaftigkeit ebenfalls handhabbaren Frauen, und vielleicht auch die Altäre, die diese den Rindern errichtet hatten. Als Toreador tötet oder bewältigt mancherorts der bewegliche, berittene Mann noch heute symbolisch und rituell die eigenwillige, bedrohliche Natur, auch die der Frau. Als Mann identifizierte man sich mehr mit der Wildheit als mit der Fruchtbarkeit der Stiere, mit Vulkanen und Stürmen, mit Irrationalität und Unberechenbarkeit — aber auch mit dem Leben selbst, dem Tag oder der Sonne, was man früher niemals gewagt hätte.

Bald konnte man in geeigneten Gegenden eine fast uneingeschränkte Vermehrung von Mensch und Tier und Pflanze eigenmächtig entfesseln oder erzwingen oder durch geeignete Entwässerungs- oder Dammbauten noch steigern. Den männlichen Initiativen waren kaum mehr mäßigende, natürliche Grenzen gesetzt, während die Frauen immer noch ihre Teppiche webten, den Muttergöttinnen dienten und ihre Kinder bekamen.

Nicht nur das Leben, auch den Tod hatte „mann" damals beinahe, zumindest gedanklich, neu unter Kontrolle gebracht. Erzähltraditionen wurden vom älteren Gilgamesch-Epos aufgenommen, später schriftlich fixiert. Anders als in Çatal Hüyük, das vielleicht durch Malaria entvölkert oder zum Auszug gezwungen worden ist, entstanden an günstigen Orten, auch im gleichen Strahlungsbereich, größere Städte, die mit Ordnungsprinzipien königlich-männlich beherrschbar wurden, wie der Handel durch die Erfindung der Schrift erleichtert. „Mann" wußte kaum, was zuerst in Angriff nehmen, während die Frauen weiterhin ihre Kinder gebaren und ihre Toten beweinten, als interessierten sie die Abenteuer dieser Welt kaum. Man heiratete sie zwar jetzt und experimentierte mit Ehen, aber das war mehr eine juridische, anspruchsregelnde Formalität um der Kinder und Erben willen, zu denen sie den Mann berechtigte, keine naturnotwendige „Heilige Hochzeit" mehr, die Fruchtbarkeit, Wohlstand, Frühling, Nachschub und Partnerschaft zugleich zu sichern und zu besiegeln schien wie einst in den Schamanenhöhlen. Dieser Brauch der Heiligen Hochzeit hielt sich nur eine Zeitlang auf Berggipfeln oder Tempelspitzen wie im Zweistromland, wo der Mannkönig zuerst demütig die vielen Stufen der Eanna, des Ischtar-Heiligtums emporkletterte, freundlich umworben von der damals noch selbstbewußten Inanna-Repräsentantin, die ihn dort als Priesterin, noch nicht zur Tempelhure degradiert, erwartete.

Der weibliche Anteil am Erarbeiten des Reichtums war allerdings nicht zu übersehen; der Mann blieb lange eine relativ periphere Erscheinung neben ihrer Konstanz, mußte sich beliebt machen, um sich an sie zu binden. Aber sobald seine Leistungen, auf Jagd- und Handelsabenteuern und in seinen Organisationsexperimenten eines brachliegenden, einst überlebenswichtigen räumlichen Vorstellungs- und Ordnungssinns einmal perfektioniert und auch beziffert waren, begannen sie im Wert ins Ungemessene zu steigen. Und während Frauen plötzlich nichts weiter als immer nur Kinder zu produzieren schienen, und auch dies nicht mehr aktiv und aus eigenem, wurden sie zwar emotional immer verläßlicher, aber auch uninteressanter. Ihr weniger herausgeforderter Verstand erfaßte es nicht, aber sie verloren rascher an Wert, als sie denken konnten. (Wenn Frauen aufhören, sich auf alle ihnen endlich wieder zugänglichen Arten zu „bilden", laufen sie auch heute noch Gefahr, einfach uninteressant, nicht bloß ungefährlich zu sein!) Damals jedenfalls waren sie eine Weile unaufmerksam, nutzten nicht alle ihre Chancen, ruhten auf ihren Lorbeeren aus. Inannas Heilige Hochzeiten wurden langsam zur Farce, die umworbene Werbende, von der allerfrüheste menschliche Aufzeichnungen zeugen, an deren allgemeinem Regenerations- und Liebesfest (dessen nur wenig ritualisierte Sinnlichkeit sie so sehr mit gleicher Münze erwiderte, daß

Wahrscheinlich Darstellung der Heiligen Hochzeit in den Nilbarken auf einer Vase aus der Negade-Zeit II, um 3000 v. Chr. Die Göttin in der Kuhtanzhaltung der Fruchtbarkeitsbeschwörung nach rituellem Paarungsangebot, umgeben von Min-Priestern mit Lebens- und Vermählungsstandarten.

ihre Kehrreime selbst Vorkämpfer der freien Liebe erröten lassen könnten) sich alles miterfreute, begann seine Wirkung einzubüßen. Als ein Teil der Natur spielte die die Göttin vertretende Priesterin damals noch das Liebesspiel mit indischer Unbekümmertheit und mit der Gleichberechtigung sich paarender Tiere — etwas davon sickerte ja noch bis ins Hohelied der Bibel. Aber die einseitige Gewichtung der Sexualität hatte schon eingesetzt und würde nun durch Jahrtausende nur mehr den Mann begünstigen.

In Ägypten gab es Entsprechendes dazu, ein *hieros gamos* zwischen Bat-Hathor-Neith und dem einstigen Jagd-, dann Vegetationsgott Min oder dem König, auf den Nilbarken der Negadezeit 4.000 v. Chr.; später reisten noch immer lokale Götterstatuen jährlich zueinander. [8] In Edfu oder Dendera wurden die Muttergottheiten mit ihren Sohn-Gatten in einem Freudenfest vereinigt. Aber das diente nun schon eher dem politischen Zweck, die Vereinigung von Ober- und Unterägypten zur Selbstverständlichkeit zu zementieren und nicht in Vergessenheit geraten zu lassen.

In allen Gegenden beginnt man nun, sich in seinen Entwicklungs- und Kulturfortschritten vom Konzept der uralten Fruchtbarkeits- und schützenden Muttergöttinnen loszusagen, zuerst vielleicht in Mesopotamien, in dem ersten aufgezeichneten Epos von Gilgamesch festgehalten, in dem die Frau und die Göttin neben dem damm- und ackerbauenden Mann, der durch die konsequente Fortführung ihrer Tierhege- und Fruchtgrastechniken reich geworden ist, schon recht unwichtig wird. Ihr früher selbstverständlicher Status der Wahlfreiheit als Mädchen, der Respekt vor ihr als gebärendem, heiligem Mutterwesen oder als todeskundiger weiser Alter wird drastisch reduziert. Die frühere Ungebundenheit und Wahlfreiheit wird ihr, auch wenn sie in Göttinnengestalt auftritt, als Libertinage und Untreue ausgelegt und kritisiert, familiengebundene Mütterlichkeit als belanglos abgetan.

70

Die Frau kann kaum noch etwas tun, das dem Mann Anerkennung abgewinnt — wenn sie den wilden, ungebärdigen Naturmenschen Enkidu zähmt (im Gilgamesch-Epos), tut sie es als Tempelhure und im Auftrag des Herrschers, der seine Untergebenen vor dessen Attacken schützen will! Wichtig ist nur mehr der Freund und Kampfgefährte, Gilgameschs Enkidu, der Kumpel, der mit verlockenden Vorstellungen ziemlich sinnloser Heldentaten herausgefordert und durch Loyalität in den Dienst gezwungen werden kann; oder allgemein, etwa im Kanalbau, vom Stärkeren zur Schwerarbeit verhalten, verlockt oder irgendwie organisiert wird.

Aber auch Buddha wird seine junge Königin und seinen kleinen Sohn verlassen, um sich größeren, selbstgewählten Aufgaben der Bekehrung zuzuwenden. Jesus räumt zwar mit der Verachtung der Huren auf, bleibt aber selbst ungebunden und damit für Frauen doch eine Enttäuschung; abgesehen davon, daß er auch mit seiner Mutter Maria eigentlich „nichts zu schaffen" haben will. Als jüdischer Matrone wäre er ihr mehr Gehorsam schuldig.

Viele der grandiosesten Absagen an die Frauen vollziehen sich an den Küsten Europas: Odysseus wendet sich von Kirke ab, der machtvollen Zauberin aus megalithischen Zeiten; er reißt sich ebenso von den verführerischen Gesängen der Sirenen los wie von Kalypso, und er überwältigt die stymphalischen Vögel: Lückenlos gelingt ihm die Abkehr von der alten, universellen, Toten- und Liebesgöttin unserer Stein- und Jägerzeiten, der Glück und Nachschub des Lebens, aber auch — und nicht nur im mediterranen Raum — Tod und Wiedergeburt überantwortet waren. In der Odyssee tritt sie in vielerlei Gestalt auf. Feinfühlig, aber deutlich registriert der Dichter Homer die neue Wendung menschlichen Denkens und wiederholt das Motiv mehrmals.

Theseus verläßt Ariadne, Iason Medea, Herkules Deianeira, immer wieder das Gleiche, eine wahre Massenflucht. Aber wenn Phädra sich von ihrem Mann abwendet, ist es ein Verbrechen, muß sie sich dafür töten. Und Klytämnestra wird ermordet, wenn sie sich von Agamemnon lossagt und sich später Ägisth als Liebhaber nimmt (was nichts anderes ist als ihr altes Mutterrecht) — obwohl man ihr zubilligen könnte, daß sie sich an einen Gatten, der, ohne sie zu fragen, ihren ersten Mann und kleinen Sohn ermordete, um sie zu „gewinnen", und ihrer beider erwachsene Tochter Iphigenie auf dem Altar zu opfern bereit ist, nur um damit von den Göttern ein bißchen Wind für seine Schiffe zu erpressen, nicht allzu sehr gebunden fühlen wird.

Aber die Männer brauchen sich nicht mehr zu rechtfertigen. Zeus, gewalttätig und ehebrecherisch, hat ihnen für alles einen Freibrief ausgestellt. Nur mehr Frauen stehen von nun an vor dem Richter, und das Urteil steht immer von vornherein fest, was sie auch tun oder taten: schuldig.

Zuletzt kehrt Odysseus großmütig zur langduldenden Penelope zurück (womit das neue Frauenwunschbild proklamiert wird), die er vorher seiner Abenteuer wegen verlassen hat, ohne daß sie sich jemals darüber beklagt hätte. Über dieses Happy-end preist sie und die ganze Antike sich (vielleicht tränenreich) glücklich. Aber was hätte er schon anderes tun sollen, wohin sich wenden, alt geworden? Vor allem da, wie in mutterrechtlichen Zeiten eben, der Grundbesitz ja beinahe noch der ihre ist, gewöhnlich mit ihr erheiratet und unlösbar verbunden — sie hätte ihn auch verprassen können nach seinem „böswilligen Verlassen", aber sie tut es nicht. Im Gegenteil, sie spinnt unermüdlich für ihn, nicht um den Besitz zu vermehren allerdings, sondern um die Freier hinzuhalten, die ebenfalls mit gutem Recht versuchen, seinen Platz am Herdfeuer nach hergebrachter Tradition einzunehmen; aber diese Traditionen kamen jetzt ab und sollten auch abkommen. Nicht einmal diese will aber Penelope verletzen, keinen; nur immer sich selbst zu verletzen, dazu ist die Frau nun da, „mitzulieben, nicht mitzuhassen", Süße ohne Bitternis, halbierte Realität ist die Frau jetzt, idealisiert wie der Mann. Und das Böse ist delogiert, irgendwo irrational in den Raum hinaus verbannt, jederzeit bereit, auf abenteuerliche Weise zuzuschlagen, nicht mehr mit dem Guten unauflöslich verknüpft, gewissermaßen als Kehrseite der Medaille.

Penelope ist die moderne Frauenvorstellung der Griechen: zuneigend, liebend, verstehend, mütterlich, alles für einen tuend, Wohltaten an alle vergebend, aber selbst wenig Gerechtigkeit oder Wohltaten empfangend. Dennoch bleibt die Edle darüber ohne Zorn oder Rachegedanken, völlig ungefährlich, auf ihre früheren, einst angeerbten Königreiche und Grundrechte freiwillig und für ein wenig Idealisierung verzichtend. Der Mann heiratete in das alles als seinen Besitz ein, der Held, der sich sogleich wieder empfiehlt, und dennoch wacht sie weiter über das, was jetzt das Seine ist, gebiert „seine" Söhne (nicht mehr ihre!), gänzlich unbedrohlich war sie ihm gefolgt, durch Liebe dingfest gemacht, die den Mann aber selbst zu nichts verpflichtet oder von irgendwelchen Eskapaden der Selbstverwirklichung abhält, welche ihn nun nicht mehr in Tod und Wiedergeburt, sondern auf direktem Weg in die persönliche Unsterblichkeit führen sollen.

„Mann" ist selbst frei auf Kosten der freiwilligen Unfreiheit und Selbstaufgabe der Frauen, und wenn sie nicht willig sind, dann braucht man eben Gewalt. Freiheit der Frau bleibt nur mehr den verdächtigen und verteufelten Naturgeistern, erst von der Romantik rehabilitiert, welche die Männer in ihre Seetiefen ziehen werden, die letzten weiblichen Wesen mit unbeschnittener Macht, die man der Frau damals gerade mit Erfolg auszureden oder auch gewaltsam wegzusuggerieren im Begriff war. Als Gattin kann die vom Mann

72

wie aus Gnade Geheiratete sich eigentlich nicht mehr einem anderen zuwenden, weil sie von diesem Zeitpunkt an gar nicht mehr über sich selbst verfügt, keine Seele hat. Und mit Männern, die im eigenen Territorium wildern, macht man kurzen Prozeß.

Die etwa fünfzig Altäre von Çatal Hüyük zeigen noch fast keine Figuranten in Gestalt des Mannes. Die weiblichen Plastiken, mit hoher Wahrscheinlichkeit von Frauen oder in ihrem Auftrag gemacht, verraten noch keinerlei „Sexualbewußtsein", [9] nur die Beschäftigung mit Schwangerschaft, Geburt und Stillen. Wenn man den Mann nicht in den Stierdarstellungen repräsentiert sehen will, scheint er kaum auf, wird nicht einmal so oft begraben wie die Frau, auf deren Fleiß und Eingemeindung von Tieren und Pflanzen das Leben und der Wohlstand jetzt tatsächlich eine Zeitlang beruhen. Die zusammenbrechende Jagd hatte ja damals auch das Selbstvertrauen des männlichen Bevölkerungsteiles gemindert. Gezielter Ackerbau und systematische Tierzuchtanstrengungen stellten es aber bald wieder her, und die ersten bewaffneten Zusammenstöße mit einwandernden Eroberern ließen es dann überschießen, als sich die Unwirksamkeit der Schutzgöttinnen erwies. Das Weibliche konnte nicht einmal mehr sich selber schützen, diese magische Hoffnung war überall zerstört. (Daß es den neuen männlichen Helden- und Gottesideen später auch nicht gelingen würde, konnte man damals noch nicht ahnen.)

Die neuankommenden „Proto-Griechen" mit ihrem indogermanischen, sekundärnomadischen Himmelsgott brachten schon ganz andere Vorstellungen in die friedliche pelasgische Welt mit. [10] Die Phantasie der noch unerweckten jungfräulichen Europa, der weiblichen Ausprägung des begehrenswerten passiven Partners, war bereits geprägt und gestempelt vom Mann, als Besitz und durch Mutterschaftspotential nur mehr Garant seiner Kontinuität und ohne eigenen Willen. In der Sage wird Europa am phönikischen Strand vom Stier Zeus geraubt und ins schlafende Ereb gebracht, unter Verzicht auf das ihr zustehende Königreich übrigens, was mit dem Vorteil ihrer Entwurzelung und Entrechtung automatisch einherging. Die Frau konnte jetzt verpflanzt, gehandelt und straflos geraubt werden (wem?), als wäre sie eine Sache, die nicht sich selbst gehört. Hingegen stiegen Selbstbestimmung und Selbstherrlichkeit des Mannes ins Ungeheuerliche. Er konnte nun ungeachtet seiner ehelichen Bindungen an eine Frau, die nur sie — nicht ihn — verpflichtete, seine genetischen Spuren freischweifend in aller Welt hinterlassen, auf Kosten der „Familie" und zum Unmut Heras; jeder sein eigener Zeus.

Die Phöniker selbst, nur ein Einsprengsel der Griechen, kamen in ihrer libanesischen Urheimat schon als Kanaiter zu ganz anderen Kompromissen; sie distanzierten sich tolerant und pluralistisch samt ihrem strengen semitischen

Vatergotterbe von den Ausstrahlungen aller Vorstellungsbereiche, zwischen denen sie lagen, und nahmen alle einschlägigen Götter nicht allzu ernst. (So kombinierten sie etwa ungeniert das Leben-und-Tod-Brettspiel Mesopotamiens mit dem vergleichbaren Senet der Ägypter, und ihre Fürbitterfiguren entstammen mehreren Kulturen.) [11]) Sie eigneten sich das Beste aus den Kulturangeboten beider Seiten an und perfektionierten es völlig eigenständig zur begehrten Luxusproduktion, etwa in der Elfenbeinschnitzerei. Aus den umständlichen Keil- und Bilderschriften ihrer Anrainer abstrahierten sie eine handliche Buchstabenschrift, um sich schließlich mit ihrem vermittelnden Können und Wissen (und ihrem Purpurmonopol!) aus dem Landesinneren ganz auf die Küsten und den Handel zu verlegen.

Noch deutlicher als Joseph gegen Potiphars Weib wurde übrigens Äneas im Kampf zwischen Pflicht und Neigung: Keine Frage, daß er Dido, die karthagische Königin und geflüchtete phönikische Muttergottheit, sitzenläßt, ohne einen Augenblick zu zögern; ruft ihn doch die Aufgabe, das römische Reich zu gründen und zusammenzuräubern, als Stammvater eines militärischen Volkes — das allerdings auch seine vereinnahmten Mütter brauchte. Als Nachschubquelle auch der Heere wurde ihnen in Rom immer eine gewisse Reverenz erwiesen, wenn sie nicht allzuviele Umstände machten. Im Vestatempel hielt man dort immer sechs Vestalinnen strukturell und ehrenhaft gefangen, Matronen aus den besten Familien. Aber von der Venus, mit der des Äneas Vater Anchises sich noch eingelassen hatte, damit Rom auch eine präsentable Abstammung aufweisen konnte (Cäsar wie Augustus führten sie im Wappen), war schon nicht mehr viel zu spüren.

Venus/Aphrodite wurde nach der Entdeckung der Zeugung schon ganz genitale Göttin und scheinbar allein aus des kastrierten Uranos blutig schäumender Männlichkeit und der Gischt des davon aufgewühlten Ozeans geboren, pure, mutterlose Schönheit und Phantom wie Athene. Wer wußte oder weiß, daß sie noch bei Homer die Tochter Diones, [12]) der alten Erdgöttin und mitgebrachten Gattin des Zeus, war? — wie Athene die Tochter der Metis, [13]) der Maß und Klugheit Verkörpernden, die er verschlingen mußte, um sich selbst durch die Kopfgeburt als schöpferisch auszuzeichnen.

Dido jedenfalls brachte es nicht mehr fertig, Äneas zu halten, die Trompeten der Macht schmetterten schon in der Ferne, Rangkämpfe und das zu erobernde Land behielten die Oberhand. Mütter wurden nun nur mehr benutzt und, sobald man seine Söhne hatte, gern verleugnet. Im metallenen Zeitalter der Kriege emanzipierten sich die Männer vollends von den Müttern, Gattinnen und Töchtern zum Heldentum.

Damit kam auch der irreversible Tod in die Welt, als eine selbstverschuldete

Selbstverständlichkeit; keine Wiedergeburt durch die große Mutter mehr, unter Malven, Lichtnelken und Traubenhyazinthen, deren Pollen man so reichlich neben manchen Steinzeitgräbern findet wie das Leben symbolisierende rote Ocker.

Die Mütter hatten den Tod nur mehr zu kompensieren und neues „Menschenmaterial" zu gebären, so wie einst schon in Assyrien und Persien mit seinem scheinbar exzessiven „Schutz des ungeborenen Lebens", das aber eben vor allem für diesen seinen eigenen Heldentod in der Schlacht bewahrt werden sollte: Das Abortieren [14]) war dort so streng verboten, daß Frauen sogar dann dafür gepfählt wurden, wenn es unabsichtlich geschah oder sie daran starben — nur als abschreckendes Beispiel und sicherheitshalber, um die Botschaft klar verständlich zu machen — wo käme man denn sonst hin?

Mithras, der Sternen-, Heeres- und Lichtgott des iranischen Hochlandes, war bereits der Felsgeborene, [15]) kaum jemand fragte, wieso. Aber auch das war ein guter, unangreifbarer Trick, die Mutter zu ersparen, um ihr nichts verdanken zu müssen. Die Mythengeschichte ist voll von kühnen Selbsterzeugungstheorien. In Altpersien sorgte etwa das Blut des von Mithras erstochenen Stiers dafür, auf den der Wachstumszauber in magischer Weise überging: Durch Töten wurde jetzt also Leben geschaffen, das verstanden auch die Truppen viel besser. Das Stierblut, mit dem der Initiand getauft wurde, zog die Erdschlange an, ein verfremdetes, schon ausgegrenztes, chthonisch-weibliches Prinzip, das ihm mit einem aggressiven Biß das befruchtende Soma entlockte, die Mond- und Götterspeise Tau — den Samen. Nicht mehr zärtlich, sondern gewalttätig war damit wohl auch die Sexualität der Landnehmer geworden.

Apoll hat nichts Eiligeres zu tun, als noch auf dem Arm seiner Mutter im Heiligtum von Delos gleich nach seiner Geburt den weiblichen Partner der den Omphalos bewachenden Schlangen, Delphyne (worin das griechische Wort für Uterus steckt), zu erlegen, um es dem männlichen allein zu überlassen, und das Delphische Orakel, ein anderes altes Mutterheiligtum, das ihm die Titanin Phoibe überlassen hat, die es von Themis erhalten hat, „befreit" er von dem riesigen Drachen Pytho, der weiblichen Geschlechts ist und dort die gleiche Funktion übte. Zwar versöhnt er die darüber aufgebrachte Hera, indem er die Pythischen Spiele zu Ehren des feierlich bestatteten Drachen stiftet und als neue Prophetin immerhin eine weibliche Pythia einsetzt; aber ihr Gestammel interpretieren *seine* Priester. Das Orakel Delphis war nun männlich orientiert, man gab politische Ratschläge und kassierte, baute Schatzhäuser und tilgte alles Weibliche sonst.

Der schlangenfüßige erste oder zweite König von Athen [16]) aus der Gründungslegende der Akropolis soll übrigens für die Griechen entdeckt haben, daß Menschen nicht nur Mütter, sondern auch Väter haben. Die drei Töchter dieses noch erdentsprossenen Mannes Kekrops werden wahnsinnig, als sie Athenes Kind von Hephaistos in seiner verschlossenen Lade erblicken, das sie ihnen im Vertrauen zur Obhut übergeben hat. Auch dieses ist nämlich schlangenfüßig oder besteht überhaupt nur aus Schlangen, und es ist sehr merkwürdiger Herkunft: Hephaistos „verehrte" Athene, sie aber konnte sich seiner mit dem Speer erwehren. Während des Kampfes, bei dem sie also ihre Jungfräulichkeit bewahrte, erreicht sie jedoch sein Samen — poetisch ist von „bräutlichem Tau" die Rede —, den sie abwischt oder der zur Erde fällt. Diese, als Gaia davon befruchtet, bringt dann als geistiges Schlangenkind der Athene den Erichthonios hervor, die damit jungfräulich, aber doch Beschützerin der Mädchen und Mütter bleiben kann. Erichthonios wird ein weiterer früher, mythischer König von Athen, über dessen Grab die Korenhalle des Erechtheions errichtet wurde. Vorerst aber lebt er, nachdem sich die drei Töchter des Kekrops bei seinem Anblick (der ihnen doch vom Vater her vertraut sein müßte) von der Akropolis gestürzt haben (als so gefährlich wurde damals offenbar noch die Sprengkraft der neu entdeckten Zeugung empfunden), in einem runden, verdeckten Korb, wie er in den Mysterien verwendet wurde, und aus dem in den Bildern immer eine Schlange kriecht.

Es bleibt Geheimnis, ob er nur von den Hüften abwärts schlangenförmig ist, von Schlangen bewacht wird oder ob Athene eine Schlange geboren hat. Jedenfalls weist sie seine Existenz als archaische, erst spät vereinnahmte Göttin mit ägyptisch-kretischen Wurzeln aus, als von Schlangen begleitete Große Mutter Neith, deren Spuren sich ebenso in den Hypogäen Maltas wie in den minoischen Höhlen oder den Kultfiguren Zyperns findet, der Heimat der kyprischen Aphrodite, die bald von fingerlangen phallischen Gefolgsleuten begleitet wird — unterirdischen Zwergen, Telchinen oder Daktylen, die nach der Sage das Schmieden, den Metallguß erfunden haben sollen und erst langsam menschliche Gestalt annehmen, als Paredros, winzigkleine Söhne oder Geliebte. Wir kennen solche Figuren auch schon aus Haçilar: aus dem 6. vorchristlichen Jahrtausend. Kind oder Partner sind nicht immer mit Sicherheit zu unterscheiden, wie die Sohngeliebten auch in den zyklischen Abläufen des frühen Ägypten einst identisch waren. Nun aber werden solche rituelle jahreszeitliche Zyklen von den sich emanzipierenden Männern überall machtvoll unterbrochen: Der in der kretischen Mütterhöhle geborene Zeus ist kein sterbender Vegetationsgott mehr. Athene allerdings führt noch ihre Schlangen mit sich, manchmal in ihrer Ägis auf der Brust, und noch bei der Phidias-Statue im Parthenon ringeln sie sich aus ihrem Schild.

Auf so schwachen Füßen begann das erste, sagenhafte griechische Königtum, in Athen und andernorts, oft nur einem alten Mutterheiligtum, wie hier
auf der Akropolis, einfach aufgepfropft.

Und auch der jüdische Monotheismus hatte inzwischen längst den Namen
der alten palästinensischen Erd- und Liebesgöttin Jehwa (Heba, Hebe, Eva)
mit dem Apfelgartenparadies für seinen neuen Vatergott Jahwe reklamiert
und ihn selbstverständlich den ursprünglich von ihr auf natürlichem Weg her-
vorgebrachten Abdiheba/Adam (von ihrem Namen abgeleitet!) aus Ton
erschaffen lassen — und sie erst hinterher, aus seiner Rippe, ein ganzes
Abendland präjudizierend! [17])

Eva war nicht die erste Frau Adams; in der jüdischen Mythologie hat sie
noch eine Vorgängerin, nämlich Lilith. In dieser Version heißt es, daß Gott
Adam und Lilith zur gleichen Zeit aus Erde geschaffen habe. Zwar verhindert
die Existenz eines Schöpfergottes eine Gleichberechtigung der Geschlechter
von vornherein; trotzdem berichtet dieser Mythos vom Geschlechterkampf,
und beide haben eine, wenn auch verdrängte Mutter: „Die Erde [. . .] Lilit
wollte die Herrschaft Adams nicht anerkennen und nicht seine Dienerin sein.
Darum verließ sie Adam, wurde aus dem Paradies geworfen und in eine
Nachtdämonin verwandelt [. . .] Lilit wird mit der zu verdrängenden Sexuali-

Geflügelte Göttin aus dem Anfang des 2. Jahrtausends.
Votiv-Terrakotte, die den Typus der sich anbietenden
nackten Liebesgöttin mit der dreifachen Hörnerkrone der
„Herrin der Tiere" verbindet.

tät identifiziert und als deren Verkörperung auf die Seite der Natur geschlagen, wiewohl durch die Dämonisierung Lilits allererst dieser Verdrängungsprozess und die Trennung von Menschen und Natur möglich wurde. Nun wird das mit Angst besetzte weibliche Geschlecht als Schreckgespenst für Strafandrohungen herangezogen, wie bei der Weissagung der Zerstörung Babels oder dem Strafgericht Gottes über die Feinde des Volkes." Zusammengefaßt: „Die Unterdrückung der Sexualität, wie sie durch das unterdrückte weibliche Geschlecht verkörpert wird, ist nicht nur die Voraussetzung der Kultur, sondern auch des gesellschaftlichen Reichtums als materieller Basis der Kultur..." [18])

Der Naturvolkglaube der Zigeuner geht von der indogermanischen „de develeski", einer göttlichen Mutter aus, die alles Lebendige, die Welt, die Menschen, aber auch den Teufel und Gott, zugleich [19]) hervorgebracht hat. Aber der ist so nachsichtig wie sie und kennt keine Sünde; viele von ihnen identifizieren ihn mit Jesus, woraus eine Gewissensbildung ohne Vatervorstellung resultiert! In einer Variante formt auch der Teufel die Menschen, und Gott haucht ihnen nur die Seelen ein, Rom und Romani, Mann und Weib. Die Schlange hindert dann nur mehr die Frau daran, vom Apfel der Erkenntnis zu essen, der Mann hat seine Birne der Erkenntnis schon verschluckt, bevor Gott dazwischen tritt. Welche Akzentverschiebung!

WELTSCHÖPFUNGS- UND GEBURTSPHANTASIEN IN DEN VERSCHIEDENEN MYTHENÜBERLIEFERUNGEN

Das abendländische Denken ist in hohem Maße von den Mythen der Griechen beeinflußt, die indessen keineswegs deren originelle Schöpfer sind, sondern nur all das, was sich an Überlieferungen anderer Völker bis zu ihrer Zeit erhalten hatte, aus- und umarbeiteten. Mesopotamien trug, besonders durch seine ersten lesbaren Schriften, mit seinen gelassenen und zunächst glückhaften, liebesgeordneten Vorstellungen stark dazu bei, die aber unter dem Ansturm der von allen Seiten aus versteppten kaukasischen und arabischen Gebieten ins Zweistromland einströmenden, verarmten Sekundärnomaden bald härter und patriarchalischer wurden. Diese Traditionen brachten ihre eigenen, etwas einseitigen Probleme männlicher Auseinandersetzung mit Macht ein; wie man Macht gewinnt, übt, festhält und ihre Abgabe zu vermeiden sucht. Sie tauchen erstmals im hurritischen Sukzessionsmythos auf, der über die Hethiter an die Griechen weitergegeben wurde. Diese setzten sich auf ihre Weise, mitunter nicht unneurotisch und manchmal etwas realitätsverkennend, mit ihrer eigenen, größtenteils noch matriarchalen Umgebung und der mediterranen Ureinwohnerschaft mutterzentrierter Kleingruppen auseinander, bis sie das alles in einem geistig-künstlerischen Feuerwerk bewältigt und auch verdrängt hatten.

Die Ägypter, welche sehr früh afrikanische und semitische Einflüsse verarbeiteten, erreichten unter ihren Spezialbedingungen viel ungestörter eine ausgewogenere Integration verschiedenster heterogener Anteile, die über die Jahrtausende in den Nahen Osten und von dort oder über Kreta nach Griechenland eindrangen. Kreta wurde zum zentralen Ideen-Umschlagplatz; von dort lernten die Etrusker und von diesen, direkt oder über die Griechen, die Römer. Die griechische Sophistik perfektionierte sogar den Talmud. [1]) Die bezwingenden Bildformulierungen ihrer Mythen in der Kunst retteten sich in homogenisierter, verfremdeter Form noch durch die strengsten Orthodoxien späterer Glaubensepochen. [2]) Die formalen Feinheiten ihrer die Realität vergewaltigenden, abstrahierenden Logik blieben gleichermaßen als Unterströmung der Scholastik lebendig, bis alles mit der Renaissance wieder voll hervorbrechen konnte, als moderner, neuverstandener Mythos einer Zeit, die sich als eine des Aufbruchs und Umsturzes empfand, ohne es zu sein.

Nur keltische und zentraleuropäische Märchenmythen haben daneben noch andere Quellen aufgenommen, die aber versiegten oder nicht mehr in den Hauptstrom europäischen Denkens einmünden konnten, der uns in so gerader Linie in tödliche Wissenschaftsmythen, künstlerische Fragmentarisierung, individuelle und kosmische Ungleichgewichte und Abgründe führte, weil wir über den blendenden griechischen Phantasien über die Welt den Boden der Realität unter den Füßen verloren.

Man kann versuchen, die Etappen zu erhellen, in denen das vor sich ging. Vielleicht ergeben sich daraus neue Ansätze. Dringender war es nie.

Sicher ist, daß Mythen nie unwillkürlich entstehen, sondern die Überzeugungen, Wünsche und Ängste aller jener enthalten, die etwas zu erzählen oder zu sagen, d. h. zu bestimmen haben. Sie können angestrebte Machtverhältnisse repräsentieren oder versuchen, gegebene zu rechtfertigen, indem sie sie anschaulich und oft unbewußt einkleiden. Mythen haben ihre Funktion auch im politischen Willensbildungsprozeß, in der Ideologisierung, sind von Stammeseliten oder, in größeren Kontexten, von der Priesterklasse getragen. Daß etwa an den sumerischen Mythen noch Frauen mitgewirkt haben, ist an ihrer Richtung erkennbar: Distanzierung von Gewaltmethoden des Überkultivierens von Land oder, im menschlichen Bereich, von Vergewaltigung, die fast immer als von Unglück gefolgt dargestellt wird. Aber auch hier zeichnen sich die Umbrüche deutlich ab.

Bei aller Abwertung der Frauen durch die sich langsam oder schnell von der Großen Mutter emanzipierenden Kulturen muß es die Männer doch irritiert haben, daß sie, die sonst alles besser konnten, nicht auch noch — und möglichst ganz nebenbei — in Eigenregie Kinder zu produzieren vermochten, die ja doch unentbehrlich waren. Sonst hätten sie sich in ihren Mythen nicht so viel den Kopf über „alternative" Geburtsmethoden zerbrochen. (In der Gentechnologie tun sie es bis heute.) Die Zeugung allein imponierte anfangs vielleicht doch nicht genügend, besonders da sie immer auch den Unsicherheitsfaktor mit einschloß, womöglich doch nicht der Vater des Kindes zu sein, das nun den mühselig und auf unterschiedliche Art eingeheimsten Besitz erbte. Und natürlich sollte jenes Kind auch den Vater fortsetzen, ein Spiegelbild, also ein Sohn sein — zweite Frustration, auch darüber keine Macht zu haben! Dieser selbstgemachte Kummer erübrigte sich, solange Frauen *auch*, oder überhaupt noch allein, erbten. Lange genug hatten die Männer mitansehen müssen, wie Frauen immer wieder ihre Kinder bekamen, sie aber nicht, und sich gefragt, ob nicht vielleicht *sie* eine verkümmerte, unvollständigere Menschenart seien. Sobald sie aller bedrohlichen Tiere Herr geworden waren, hatten sie vielleicht gerätselt, womit sie sich auf ähnliche Weise in der Welt auszeichnen könnten. In der Hierarchie von Jägern und Gejagten waren sie nun ohne Feind, aber immer noch mit der einprogrammierten Erwartung eines solchen; oberste Jäger, die schließlich auf ihresgleichen Jagd zu machen begannen, *homo homini lupus.* Nur der Mensch ist des Menschen Wolf, kein Tier jagt oder schmarotzt im Normalfall unter der eigenen Art, jedes sucht — und findet — seine Feinde außerhalb.

Sumer und Akkad

In Europa gibt es nur selten männliche Darstellungen aus den Stein- und Eiszeiten — höchstens Strichmännchen des Jägers —, [3]) und fast nichts in den Kulturschichten des Orients, die von steinernen, tönernen und elfenbeinernen Mutteridolen wimmeln. Vielleicht kommt das auch daher, daß die Rolle des Mannes von Anfang an eine völlig andere war. Im sumerischen Mythos ist er der Gott der Weisheit und des Wassers, Enki, oder der Sturmgott Enlil, später der einfallsreiche, intelligente akkadische Ea — wie sollte man das darstellen? Die erdfarbene Ninhursag, Nansche oder Nanaia, das war leicht: eine in sich ruhende, plumpe Muttergöttin konnte man in Steinformationen sehen oder in Lehm abbilden, von den unzähligen hölzernen Idolen zu schweigen, die sicher verloren gegangen sind. Der Mann aber stand für das Flüchtigste, das es gibt, Windhauch und Weisheit, Schlauheit und Wasser, das listenreich überall seinen Weg findet und in den heißen, trockenen, sengenden Sommern immer wieder völlig verschwindet.

Woher die Sumerer mit ihrer milden, vergleichsweise wenig gewalttätigen Götterwelt kamen, ist immer noch nicht geklärt, doch spricht viel dafür, daß sie ihre Prägung Abkömmlingen der im 3. Jahrtausend zusammenbrechenden indischen Zivilisation verdankten, die sich damals auch durch bescheidene Küstenschiffahrt über das Paradies Dilmun im Schwemmgebiet des Zweistromlandes an der Süßwasserlagune um Eridu sammelten. Sprachlich und anthropologisch besteht eine vage Beziehung nur zu den Drawiden Südindiens, aber Steatit-Siegel wie Bauformen, die sanfte, starke Muttergottheit,

Links: Die Göttin Ninhursag, 3. Jahrtausend v. Chr., mit blättergeschmückter Rinderhornkrone und Pflanzenhaar, aus der Blüten und Früchte treiben. Rechts: Urnansche, frühdynastische Hofsängerin aus Mari mit Männernamen, um 2600/2500 v. Chr.

Enkis göttliche Verbindung von Wasser und Weisheit und sein freundlich-erotisches Verhältnis zu ihr weisen auch in den ausgewogenen Osten der Industalkultur, die den elektrisierenden Schock der Zeugungserkenntnis ohne männliche Machtausweitung verkraftet zu haben scheint, und dem Rinder nicht ihrer Wildheit, sondern ihrer Milch und Beschaulichkeit wegen bewundernswert und heilig waren. Zwar hatte sie alle Bequemlichkeiten und jeden Luxus einer Hochkultur meditativer Selbstbeschränkung ohne erkennbare Unterdrückung, aber sie hielt nicht stand: Entweder erlahmte sie durch ihre eigene Trägheit oder erlag dem Indogermanenzug aus dem Norden. Nur die Mythen erhielten hier in Sumer einen neuen Anfang.

Der weise und menschenfreundliche Enki setzt sein neues Talent jedenfalls kulturbringend ein: Er zeugt mit Ninhursag in der mesopotamischen Legende zunächst den Flachs, der nach damaligem menschlichem Verständnis aus Erde und Wasser entsteht, aber er wartet die Geburt dieser seiner Tochter nicht ab. Also erkennt er die „Jungfrau Flachs" im nächsten Jahr auch nicht und kann mit ihr Ninmu zeugen, wahrscheinlich die Pflanzenfaser; wieder logisch, denn der Flachs muß ja im Wasser weichen, dann gehechelt werden und gibt erst dann seine zum Spinnen nötigen Pflanzenfasern preis. [4])

Enki verschwindet nach seinen Begattungen insgesamt siebenmal, immer wieder andere wohltätige Dinge hervorbringend, wie etwa die Färbepflanzen und schließlich die Leinwand, bis die Muttergöttin ihrer Urururenkelin zuletzt ärgerlich rät: Verlange doch von ihm, daß er dich heiratet! und sie es tut. Worauf Enki ihr gehorsam Trauben und Melonen als traditionelle Hochzeitsgabe bringt, die er erst durch Bewässern von Wüsten produziert hat, und wieder verschwindet. Die empörte Ninhursag entfernt seinen Samen und verlegt ihn in sich selber, also in die Erde, woraus acht Pflanzen hervorgehen. Enki verschlingt diese noch, während sie sprießen, Ninhursag verflucht ihn und „entzieht ihm das Auge des Lebens". Er wird krank und wäre gestorben, hätte sie ihn nicht ebenfalls in ihre Vagina placiert und danach neu geboren (auf alte Fasson!), ebenso die acht Heilpflanzen, die nun seine verschiedenen Leiden kurieren. (Auf den Steatit-Siegeln des 3. vorchristlichen Jahrtausends aus Harappa gebiert die „Vegetationsmutter" Sak-Ambari ja auch noch die Reispflanzen.)⁵⁾

Neben der Kulturbringerbedeutung der Schwängerungen gibt es noch eine strukturelle Bedeutung der Mythe, welche besagt, daß das Bewässern übertrieben ausgedehnter Wüstengebiete Unheil bringt. „Enki veranlaßt den Fluß,

Links: Die Göttin Narunte aus Susa, Iran, um 2200 v. Chr., von den Löwendarstellungen ihres Throns flankiert. Rechts: Adorantin mit Zweig aus Mari, 3. Jahrtausend v. Chr.

die Deiche zu wässern", etwas, das im Text [6]) mit seinen Impregnationen von Nintu/Ninkurra assoziiert ist, also mit sexueller oder zumindest phallisch-urethraler Aktivität, wobei jeweils fortschreitende Irrigationsschritte verbildlicht werden. Es ist also ein Aufruf zur Mäßigkeit, Ökologie und Naturschutz, vermutlich sogar in der Frauen- und Priesterinnensprache Eme-sal [7]) [8]) aufgeschrieben, in der oft kultische Klagelieder und Trauer über die Störung gottgewollter Ordnungen durch Katastrophen vorgetragen wurden.

Der Strukturalist Lévi-Strauss [9]) findet etwas Ähnliches bei den nordpazifischen Indianern, die ihren Wohlstand den periodisch auftauchenden Kupferlachsen verdanken. Von diesen ist es für sie bloß noch ein Denkschritt bis zu den verzierten, rätselhaften Kupferplatten der Tlingit, die nur mehr zeremonielle Bedeutung haben und meist bei den Zwangsverschenkungen der Begräbnisfeierlichkeiten, den Pot-latches, verjubelt werden. Sie sollen vom Meer, dem mächtigen Herrn der Reichtümer, in seinem Unterwasserpalast aus Kupfer herrühren (ähnlich die pelasgische Proteus-Phantasie, oder auch jene der Eskimos oder Finnen). Oder er wird auch in den Flüssen der „Dame des Wassers" zugeschrieben, der „Frau mit den Metallen", die das Kupfer entdeckte. Daß die Lager heute längst von den Weißen abgebaut werden, erklärt bereits eine andere Mythe: Weil die Männer jene „Dame des Wassers" vergewaltigten, nachdem sie ihr Kupfer zu Werkzeugen verarbeitet hatten, wandte sie sich von ihnen ab und war im nächsten Jahr, wie das Kupfer, zur Hälfte im Erdboden versunken und im dritten Jahr verschwunden. Wie in Sumer wird auch hier das übermäßige Ausbeuten einer segensreichen Möglichkeit in sexuelle Terminologie oder Erdsprache übersetzt, instinktiv als Hybris empfunden und durch Entzug geahndet.

Bei der von den Hurritern/Hethitern abgeleiteten Uranos/Kronos-Mythe geht es noch mehr um Sukzessionsangst und sexuelle Maßlosigkeit — Gaia soll daran gehindert werden, weitere Kinder zu produzieren. Das verursacht nämlich ihr, der Erde, so große Schmerzen, daß Kronos, ihr jüngster Sohn, seinen Vater Uranos entmannt, um der Sache ein Ende zu bereiten und seiner Mutter neue Schwängerungen zu ersparen. Als Vater allerdings wird er dann selbst seine neugeborenen Kinder verschlingen (wie Enki die sprießenden Pflanzen, die ja auch seine Nachkommen sind), aber nur, um nicht seinerseits von ihnen entthront zu werden. Patriarchale Machtergreifer riskieren immer auch die eigene Entmachtung.

Daß Melonen, Gurken und Wein tatsächlich mit ein wenig Wasser am Wüstenrand gedeihen, spricht für die ökologische Interpretation [10]) der Überkultivierung, mit der Enki zu weit gegangen ist: die eintretende Dürre läßt ihn krank werden und schrumpfen. Mit den unfertigen acht Pflanzen verzehrt er

Links: Göttin mit wasserspendendem Gefäß aus Ur, 21.—20. Jahrhundert v. Chr. Rechts: Terrakotta-Tänzerinnen aus der vordynastischen Periode Ägyptens, ca. 3000 v. Chr., mit charakteristischer Kuhhornhaltung der Arme, die nubische Fruchtbarkeitstänze noch bis in unser Jahrhundert behielten.

nicht nur wie Kronos seine eigenen Nachkommen, sondern verhält sich auch wie in der verwandten hurritischen Mythe des exzedierenden Kumarbi, der sich durch einen Biß die Geschlechtsteile des Vaters einverleibt, des bisherigen Himmelsgottes Anu, den er eben von seinem Sitz vertrieben hat. Er leidet ebenfalls unter seiner unnatürlichen Schwangerschaft. Die Überschreitungen natürlicher Grenzen rächen sich also genauso wie die anmaßende Umkehr natürlicher Abläufe; das ist die strukturalistische Botschaft, möglicherweise von Frauen ausgegeben. Vor den Übertreibungen gab es weder Krankheit noch Tod, die jetzt erst durch den „Übermut" Enkis entstanden sind; die Lage kann nur durch Rückkehr zu den Naturgesetzen (die uns heute auch nottäte!) bzw. durch Wiedergeburt durch die Große Mutter gebessert werden.

Nicht mehr die Erdmutter allein sorgt also für die Fruchtbarkeit, sondern Enki tut es jetzt. Er fährt mit seinem Boot durch die Welt, der er die Vegetation bringt, und bestimmt damit das Schicksal der Städte. Nicht mehr Ganges oder Indus, sondern den Tigris füllt er mit frischem Wasser, indem er sich mit dem Strom in Kuhgestalt paart. Fruchtbarkeit, Bewässerung und Impregnation sind noch identisch und von der Heiligen Hochzeit gewährleistet.

Das bringt ihn schon in die Nähe der ägyptischen Hathor-Tradition (einst kuhgestaltig wie die nubische Göttin der Kuhtänze, Bat, die erst den Pharao legitimiert; nur von der Mutterseite her übrigens, dadurch wird die Geschwisterehe so notwendig, weil dort der Besitz noch über die Frauen vererbt ist). Es schafft aber auch die Verbindung zu Europa, die Zeus ja in Stiergestalt raubt und mit der er die kretische Dynastie zeugt, die einen Minotaurus hervorbringen wird. Die Herapriesterin Io, die die Eifersucht der Göttin als Jährling (*ier*, indogerm.) erregt, wird von ihr oder Zeus in eine junge Kuh verwandelt, von Hera aber mit einer Bremse verfolgt und kommt erst in Ägypten zur Ruhe. Dort zeugt er, den man nun für Apis hält, [11]) Epaphos und die ägyptische Dynastie mit ihr, die jetzt zur Isis wird.

Dies alles erinnert ebenso an die Gedankenwelt von Çatal Hüyük, die in dessen Sanktuarien gespiegelt wird, wie an die „zahlreichen, aus Ton modellierten Stierköpfe mit echten Hörnern, die eine niedrige Bank vor der Palastfassade des Grabmals von König Djet oder Vadji Ende des 4. Jahrtausends v. Chr. dekorierten, die in Sakkara ausgegraben wurden". [12]) Eine ganz andere, uns völlig fremde Denkprogrammierung machte diese Tiere etwa so wichtig wie unser Bruttosozialprodukt und erklärte etwas von dem Rätsel der Heiligkeit von Hornsymbolen, von den Felszeichnungen von Val Camonica und Mont Bego bis zu den Gräbern der Bretagne [13]) oder dem von den Kelten betriebenen Kult.

In einer anderen sumerischen Mythe trifft der stürmische Enlil Ninlil (die Götter als „junger Mann" und „junges Mädchen") am Wasser, schlägt ihr sofort und gegen ihren Willen Geschlechtsverkehr vor und vergewaltigt sie. Die Götter verbannen ihn darauf in die Unterwelt, wohin sie ihm folgt. Das macht ihm Sorgen, und zwar nicht ihretwegen, sondern weil der Mond, den er in ihr gezeugt hat (was er weiß) und der doch an den Himmel gehört, nun Gefahr läuft, in der Unterwelt geboren zu werden. Seine Strategie dagegen ist merkwürdig: Er überredet den Torwächter von Nippur, sich zu entfernen und nicht mit Ninlil zu schlafen, nimmt seine Stelle ein und schläft selbst mit ihr. Das wiederholt sich noch zweimal, beim Torhüter der Unterwelt und beim Fährmann des Totenflusses. Die drei weiteren Götter, die aus dieser Superfekundation hervorgehen (die es nur bei Hirschen und Hasen wirklich gibt!), sollen nämlich beim Verlassen der Unterwelt für den Mondgott in Tausch gegeben werden.

Das sind Vorstellungen, wie sie Marie E. P. König [14]) schon in der Steinzeit Eurasiens nachzuweisen versucht, wo der Tod noch in Analogie mit dem schwindenden Mond gebracht wird, der Tote aber, in seinem Zyklus eingebettet, so bestattet werden muß, daß er nach einer Phase der Abwesenheit mit dem erneut aufsteigenden Gestirn wiedergeboren werden kann. Die Ägypter hatten später die gleiche Idee in bezug auf die Sonne und ihren Unterweltslauf. Die Steinzeit verließ sich wohl noch auf die automatische Wiedergeburt, wie die Zigeuner, die immer der sinkenden Sonne nachwandern, um am Ende der Welt in einem schwarzen Loch in ein Jenseits zu versinken, [15]) das sie für nichts zur Verantwortung zieht, bis sie eines schönen Tages im Osten wiedergeboren werden. Die Resultate waren in beiden Fällen nicht zu überblicken, aber die sumerische Totengöttin ist schon so konzipiert, daß Ersatz geleistet werden muß, d. h. vielleicht auch, gerechtfertigt werden kann, warum es nicht immer funktioniert?

Akkadische Vegetationsgöttin auf einem Berg der Unterwelt, unter dem der jährlich sterbende und wiederauferweckte Wachstumspartner und Unterweltsgott bestattet ist.

Die Mythe erklärt, warum der Mondgott, der in dieser Übergangszeit schon männlich ist, drei Unterweltsgeschwister hat, sie erklärt aber darüber hinaus auch die seltsam dunkle und zügellos wilde, gewalttätige Natur Enlils, die jetzt bei allem Männlichen hervorbricht, auch auf der Basis des Wissens um die eigene neue Wichtigkeit und verstärkt durch die Arbeitsteilungskontraste. Sie soll von ihrer besten und nützlichsten Seite demonstriert werden. Es ist ihr notwendig, aber auch gestattet, Tabus und Gesetze zu brechen, weil dadurch der Mondgott erst in die Welt kommen kann, etwas, das als positiv gelten kann, also.

Zwar ist alles nur Erfindung, aber neue Weichen sind nun deutlich gestellt — Bahn frei für Aktivisten, die Männer und Götter, who fuck the world into shape, die sich eine neue Welt zurechtkoitieren, in der den protestierenden

Frauen zumeist nicht einmal *die* Wahl bleibt, von wem sie vergewaltigt werden wollen — eine andere überhaupt nicht. Dabei stammen die Mythen aus einer Zeit, in der in Sumer noch Heilige Hochzeiten abgehalten wurden, aber vielleicht nur mehr halbherzig, als abkommender Brauch.

Eine andere der relativ wenigen sumerischen Mythen beweist, wie man damals seine Probleme in sexueller Terminologie auszudrücken pflegte, [16] deren zentrale Bedeutung den Menschen noch voll bewußt war und, nicht wie später, trotzdem verleugnet wurde: In ihr hat ein sterblicher Gärtner lauter Mißerfolge, bis er einen riesigen Schattenbaum in der Mitte seines Gartens einsetzt. Unter ihm findet er eines Tages die Göttin Inanna und, leicht zu erraten, vergewaltigt sie. Daraufhin erhebt sich ein Sturm und die Flüsse und Quellen füllen sich mit Blut. Ein anderesmal wird die Liebesgöttin jemanden, der sie verschmäht, in einen Maulwurf verwandeln. Die Essenz dürfte auch hier sein, daß man in Übereinkunft mit dem Partner Frau, vorzugehen habe und alles im Extrem oder irregulär Betriebene Strafe nach sich ziehe. So überwacht auch Artemis als Schlächterin und Hegerin des Wilds zugleich etwa die Einhaltung der Schonzeiten und das ordnungsgemäße Töten und Erlegen der Tiere — keineswegs ihre Jungfräulichkeit (die überhaupt wie bei Athene oder Inanna nur die Bedeutung von gattenlos, ungebunden, selbstbestimmend hatte; alles andere sind spätere Uminterpretationen).

In den akkadischen Mythen geht es schon mehr ums Ganze, um die Weltschöpfung aus Apsu und Tiamat, dem männlichen Süßwasser und dem weiblichen salzigen, dem Meer. [17] In mehreren Etappen wird daraus zuletzt Anu, der dann Ea/Enki erzeugt. Sofort streiten natürlich, wie später bei den Griechen und anderen, die jüngeren Götter mit den alten — ein Konflikt, den erst der vieräugige und vierohrige, also allwissende Gott Marduk, Eas Sohn beendet — selbstverständlich gewaltsam, aber einvernehmlich: Er ermordet seine Ururururgroßmutter Tiamat und spaltet sie dann in zwei Hälften, in himmlisches Regenwasser und unterirdisches Grundwasser, nachdem er sich vorher dazu von den jüngeren Göttern bevollmächtigen hat lassen. Aus dem Blut eines anderen älteren Verwandten erschafft er die Menschen.

Wie in Sumer sind die Menschen als Diener der Götter vorgesehen, die schon in der sumerischen Überlieferung einst Schwerarbeit beim Mauerbau, die Fron mit Spitzhacke und Tragkorb verrichtet (jetzt aufgezeichnet als Atramchasis-Mythos), dann aber genug davon gehabt haben. Enki hat dem Götterkönig Enlil geraten, für die Arbeit niedrigere Götter zu schaffen, aber

Rechts: Weibliche Schutzgottheit aus Ugarit, mittelsyrisch, um 1380 v. Chr., mit den Lockenspiralen des Wiedergeburts- und Unsterblichkeitsversprechens und dem Hoheitszeichen des Gehörns.

auch diese revoltierten nach einiger Zeit; ihr Geschrei stört die Palastruhe, und die Muttergottheit erhält den Auftrag, Menschen herzustellen, um „das Joch und den Tragkorb der Götter" weiter zu tragen. Damit die aber gleich wissen, woran sie sind, und die Menschen auch keine andere Wahl haben, wird über die aufständischen Mindergötter die große Flut verhängt, die sich jederzeit wiederholen kann! [18])

Zurück zu Marduk: Der läßt sich bei einem Bankett als oberster Gott und Religionsgründer bestätigen und feiern, was bis in babylonische Zeiten bei jedem Neujahrsfest neu in Szene gesetzt wurde. Die Entwicklung des Rechtswesens erlaubte nun bindende Kontrakte, um auch unter Göttern Loyalität zu erzwingen. Der Mythos davon, schon deutlich aggressiv, vereinheitlichte den mesopotamischen und westasiatischen Raum; er beeindruckte viele andere Völker, darunter besonders die Griechen und Ägypter, die ihn für eigenen Gebrauch abwandelten.

Die Adapa-Mythe behandelt dann noch den wie üblich selbstverschuldeten Tod; die von Etana die Schwierigkeiten der Königsnachfolge ohne geeignete Blutsverwandte, und zwar mittels der Pflanze der Unsterblichkeit und der Geburt. Das sind genau jene Machtprobleme, die eben von Männern auch der Priesterklasse nicht in den Griff zu bekommen waren und besonders störten, weil sie eine Bedrohung des endlich etablierten Gottkönigtums dastellten.

Daneben gehen die Auseinandersetzungen zwischen Natur und Kultur weiter, so wie später bei den Griechen die Kentauren und Zyklopen Übergangsstadien darstellen würden. In diese Gattung fällt das Gilgamesch-Epos.

Exkurs über Gilgamesch

Von den 3.600 Verszeilen über den 5. König von Uruk, [19]) [20]) die seit 2000 v. Chr. zu Lyren und Trommeln vorgetragen wurden, sind 2.000 in Aufzeichnungen erhalten. Der extra für die Bedürfnisse des neuen „Helden" Gilgamesch maßgeschneiderte Enkidu (vom Vatergott Anu bei der alten Muttergöttin Arruru bestellt, denn bezeichnenderweise beherrschte der Allmächtige das Lebensschaffen noch nicht!) ist ein wildes, ungebärdiges Naturwesen, das unter Tieren aufwächst und die Jäger verschreckt. Die Tempelpriesterin, schon zur Hure abgewertet, muß, weil alles andere versagt, ihn mit ihren naturgegebenen Künsten erst zähmen. Sie ist längst nicht mehr Ergänzungs-prinzip partnerschaftlicher Hochzeiten aus dem Osten, sondern man bedient sich ihrer nur noch als Werkzeug.

Die Anregung zu dieser Zähmung stammt von Gilgamesch selbst, aber auch dieser wendet sich im Verlauf des Epos auf exemplarische Weise und demon-strativ von mehreren Frauen ab. Zunächst einmal von seiner eigenen Gattin und seinem Harem, aber auch gelangweilt von den unzähligen jungen Mäd-chen, die ihm von ihren zukünftigen Gatten zur „Brautbereitung", also für die erste Nacht, überlassen werden müssen. Sie bieten ihm alle nichts. Vielleicht war durch ihre Isolierung aufgrund der fortgeschrittenen Arbeitsteilung (Interessantes und Schweres für Männer, der redundante Rest den Frauen) wirklich wenig mit ihnen los, sie waren ihm also langweilig. Daher sehnt er sich nach einem ebenbürtigen Kumpel, eben Enkidu. Bei einer Konfrontation mit ihm stellt sich heraus, daß sie tatsächlich gleich stark sind, und während Gilgamesch im Begriff ist, das Gleichgewicht zu verlieren, „ließ er sich von der Vernunft leiten", wendet also Ratio oder List gegen das Naturkind an, „stemmte sich auf den Fuß, so gut es ging, und maß Enkidu", der in diesem Augenblick in Bewunderung ausbricht. Damit kann auch Gilgamesch groß-mütig seinen „Bruder" loben, und sie können sich unter Freudentränen (aber schon mit einer vornehm angedeuteten Rangordnung) wie Brüder umarmen: „Du wirst mir wie Gott eine Stütze sein!" Sofort benutzt Gilgamesch Enkidu, der nach seinen ersten Erfahrungen mit der Frau (in Gestalt der Tempelprosti-tuierten) nun nicht mehr „schneller und stärker ist als jedes Tier", als Helfer bei der Tötung eines Ungeheuers, denn er „will sich einen Namen machen" und „alle Übel der Welt ausrotten". Enkidu muß dazu erst gewaltig herausge-fordert werden (mit der Projektion von Gilgameschs eigenen Ängsten und Wünschen: „Bist du vielleicht ein Gott, daß du ewig ohne Leid leben möch-test?", und unterstellter „Furcht vor dem Tode"). Der Primitive lebte ja in seiner Natur konfliktlos mit dem persönlichen Tod, der Gilgamesch so stört, hat seine Zweifel über die Ausrottbarkeit des „Bösen" und läßt den gewünschten Ehrgeiz beim Töten daher vermissen, ein wenig wie ein Prärie-Indianer, des-sen Kühnheit nach Feindberührungen, „coups", gemessen wird, nicht nach Morden. [21])

Das Ungeheuer, welches Gilgamesch töten will, ist aber — nicht weiter überraschend — eine alte Pflanzen- und Muttergottheit in ihrem heiligen Hain von Libanonzedern. Mit Hilfe des Sonnengottes Schamasch gelingt ihre Über-windung, wobei Gilgamesch nur zuschlägt, „um den Gefährten zu schützen", Enkidu aber den Todesstreich und die Schuld übernimmt. Beim Dankopfer im Heiligtum Eanna will Inanna den Helden Gilgamesch belohnen, indem sie

Die Göttin Astarte auf dem Stier des Wettergottes, der ihr bereits enteignet wurde. 2. Jahrtausend v. Chr.

vom Himmel in den Tempel zu ihm herabsteigt, aber Gilgamesch in der emanzipatorischen Ahnung, daß sie ihm auch nicht „treuer" sein würde als ihrem Geliebten, dem jahreszeitlichen Vegetationsgott Tammuz/Dumuzi, drückt sich auch vor dieser femininen Beziehung und weist sie zurück. Sie ist empört und schickt ihm ihren Himmelsstier, der zunächst die Stadt Uruk verwüstet. Dieser Himmelsstier ist dem Sternbild, Himmelskörper, aber auch wohl der dem Weiblichen wie in Çatal Hüyük zugeordneten und davon auch irgendwie kontrollierten männlichen Urkraft entsprechend, aber wahrscheinlich ebenso auch mit dem ägyptischen Urhorus Ihy und dem „Bullen der Konfusion", sowie der Überflutung, dem Erdbeben oder den Klimakatastrophen im Zweistromland identisch. Auch hier der Übergang: Der Himmelsstier gehört noch als Attribut der Selbstverteidigung sogar einer Liebesgöttin *zu ihr*, wie die Raubkatzen, die die Gebärende von Çatal hüten (oder die Schleichkatzen, Dandala, mit denen die Azandefrauen noch im 20. Jahrhundert ihre Geheimnisse vor den Männern schützen). [22]) Der Obergott Anu muß den Stier zwar erst freilassen, tut dies aber sofort, als Inanna ihm androht, andernfalls die Toten aus der Unterwelt freizusetzen — auch diese alte Macht besitzt sie damals noch!

Aber da die Mythe neben der Bekämpfung des Todes und dem Erwerb unsterblichen Ruhms vor allem ihrer und der Frauen Maßregelung dient, wird ein Exempel mit Inanna statuiert: Gegen Enkidus Rat, aber mit seiner Hilfe, wird auch der Stier gefällt, als eine Art rituellen Mordes, der seinen Widerhall bis Kreta und zu späteren Toreadorenkämpfen finden wird, so als wäre mit einer solchen Tötung irgend etwas getan oder bewiesen. Im Gegenteil: Wie recht Enkidu, der kreatürliche Mensch, mit seiner Weigerung hatte, wissen erst wir Heutige, die wir unsere Blutspur gewalttätiger Problemlösungen durch die Jahrtausende gezogen haben, weil wir ihre Nebenwirkungen nie überblickten oder mitbedachten. Nicht aus Bosheit, sondern weil unser Denken nicht darauf eingerichtet ist, in den vernetzten Bezügen der Naturbeziehungen zu funktionieren, die ökologische Zusammenhänge charakterisieren, bei denen alles „Böse" mephistophelisch dem Guten dient und nur die Kehrseite des „Guten" ist oder eben der Nutzen von jemand *anderem*. Die Abwehr weiblichen Einflusses, die Unterdrückung der „anderen Hälfte" und Ausschaltung von ausgleichenden Mitsprachen der Frauen durch so lange Zeiten, haben das ihre dazu beigetragen, daß sich diese Unfähigkeit in einem solchen Ausmaß von Umweltzerstörung niederschlug.

Der Sieg über den Himmelsstier gelingt also, die einst selbständige Macht der als intaktes, wenn auch außerweltliches Wesen konzipierten Frau, der Liebesgöttin Inanna, ist dadurch gebrochen. In der assyrischen Fassung des Epos wird das Stierherz dem neuen Sonnengott Schamasch geopfert, also zur männlichen Gottheit übergegangen! Mit der Bewältigung der ständigen Wasserbedrohung durch Dämme und Kanalisation oder Irrigation in Männerarbeit hat die Attraktivität der Frau auch als Göttin ausgespielt, nur mehr der Mann zählt. Charmanterweise werfen die beiden Helden ihr bei der Ankündigung des Sieges zum stolzen Beweis ihrer Tat die „Stierkeulen", im Original die Genitalien, ins Gesicht.

Nun aber ist das Maß voll. Die übrigen Götter bestimmen, daß „Menschen, selbst wenn sie im Recht sind, sie nicht ungestraft beleidigen dürfen" und daß jener der beiden, der nicht von göttlicher Abstammung ist, erkranken und sterben soll. Das aber ist der unzivilisierte, wenn auch von Gott geschaffene Enkidu, nicht etwa Gilgamesch mit seinem menschlichen Vater, der trotzdem nach sumerischer Mathematik zu zwei Dritteln Gott ist. Der mißbrauchte Kumpel muß Leiden und Tod auf sich nehmen, damit Gilgamesch zutiefst erschüttert sein kann. Eigene Söhne als natürliche Partner, die, langsam mühevoll herangezogen, später leicht zu stark werden können, genügten ihm nicht, oder waren schon zu gefährlich — seinem Unglück der Übersättigung, auch mit Macht, mußte, statt einer Ergänzung, ein identischer Spiegelfreund geschaffen werden, der, wenn er sich realistisch in einem Kommentkampf mit ihm auseinandergesetzt hätte, ihn entweder unterworfen oder verlassen hätte, wenn nicht gleich, dann später. In der Natur gibt es keine unentschiedenen Revierkämpfe — der Unterlegene flieht oder wird vertrieben. Im Territorium behauptet sich nur einer der Rivalen, der andere „geht aus dem Felde"; beunruhigenderweise nicht hier; mit ensprechenden irrealen Konsequenzen.

Der untröstliche Gilgamesch in seiner wütenden Ohnmacht über des Freundes Tod folgt ihm in die Unterwelt und erfährt dort zwischen Staub und Asche, daß an diesem Ort erst Vätern von sechs bis sieben Söhnen aufwärts etwas wie sparsame Lebensqualität zuteil wird (auch das wieder eine Weichenstellung der Patriarchalisierung!); dann wandert er abenteuerlich und degoutiert bis ans Ende der Welt, um das ewige Leben doch noch zu suchen. Nur überlebte alte Muttergöttinnen geben ihm hedonistische Ratschläge, darunter eine ägyptische „Wirtin vom Rand der Welt", und anstelle des Unsterblichkeitskrautes eine Pflanze der ewigen Jugend als Trostpreis. Aber auch die verliert er an eine Schlange am Brunnen, so daß nicht er, sondern diese Tiere sich fortan durch Häutungen immer wieder erneuern können; chthonische Wesen, lange dem Weiblichen verbunden.

Sein Gegenspieler, das Naturgeschöpf Enkidu, eine Art früher Herakles, hat die Grenzüberschreitung zur Kultur nicht geschafft, ist daran gestorben. Erst dem denaturierten Mann, der sich narzißtisch-egoistisch von allen Bindungen und emotionalen Einfühlungen in andere freimacht, gelingt sie. Aber Gilgamesch katapultiert sich dabei auch aus allen Naturkontexten heraus, scheinbar „siegreich", auch unverletzlich, doch unerbittlich dem Tod konfrontiert, den er „meiden wollte, in dessen Angesicht jede Handlung nur ein Windhauch ist".

In der Auseinandersetzung mit Resignation und Verzweiflung, Krankheit und mitverschuldetem Sterben, Wahnsinn und Trauer leistet die komplexe Mythe mehr, als die Griechen je versuchen würden. Die siegten mit ihren Niken und Siegesgöttinnen nicht für oder mit den Frauen, sondern gegen sie — ihre Ordnung eliminierte die weibliche Hälfte ganz einfach, und es ist nicht überraschend, daß deren Emanzipation heute einsetzt, sondern nur, daß es so lange gedauert hat.

Die Hurriter

Vom nicht-indogermanischen, kleinasiatischen Wandervolk der Hurriter, das Mitte des 3. Jahrtausends im Osten von Mesopotamien eintraf, wissen wir wenig. Ihre Sprache ist einzig derjenigen der schmiedenden Urartäer etwas verwandt, und das Eschen- und Birkenholz, das sie beim Bau ihrer groben Wagen verwendeten, legt nördlichere Gegenden als Ort ihrer Herkunft nahe. Irgendwoher, aus der Berührung mit steppennomadischen Pontusvölkern, brachten sie die Pferde mit, die sie ohne besonderen Zweck züchteten; erst eine schmale indogermanische Oberschicht bemächtigte sich all ihrer Künste und entwickelte daraus den Streitwagen. Sie waren es auch, die später die Hyksos in Bewegung setzten; zuletzt wurden sie die Mitanni und brachten es zu Staatsgründung und frühem Ende. Sie entwickelten keine eigene Schrift, aber ihre originellen archaischen Mythen überlebten durch die Hethiter. Ihr Nationalheld Gurparanzakh ist unschwer als ein Vorläufer von Odysseus zu erkennen, und in ihrem Kunsthandwerk für Pferd und Wagen bevorzugten sie Mischwesen aus Mensch und Tier und Kampfszenen.

Von ihren unverblümten urtümlichen Mythen, die sich mit ständigem Ringen um Vormachtstellungen befassen, haben wir schon erfahren, daß Kumarbi, als er seinen göttlichen Vater Anu anspringt, um ihn unschädlich zu machen, dabei dessen Mannheit verschluckt. Dieser Anu teilt ihm danach maliziös mit, daß er nun mit „drei oder fünf Göttern schwanger" sei, vor allem mit seinem prospektiven Überwinder und „Dagan", dem Sturmgott mit Blitz und Donner, dessen Helfer Tasmisu, dem Fluß Tigris und (Inanna)-Ischtar/ Schauschka. Einen Teil von ihnen kann er allerdings mit der Samenflüssigkeit wieder ausspucken. Mit großer Mühe gebiert er jedoch den Wettergott Taru, später mit dem hethitischen Teschub identifiziert, an der „guten Stelle", die keineswegs in seinem „Fundament", seinen Augen, Ohren oder Mund zu suchen ist, sondern, als echtes Vagina-Geburtsäquivalent, in seinem Penis, soweit sich den Texten entnehmen läßt. [23]

Teschub versucht nun sofort, die Herrschaft an sich zu reißen, wobei Kumarbi noch mehrere Widerstandsversuche macht: Er zeugt mit einem Felsen einen neuen Sohn, Ullikummi, der sein Rächer sein soll, sich aber als Diorit-Monster, vielleicht Vulkan, entpuppt und immer höher, bis in den Himmel, wächst. Selbst die Liebesverlockungen Ischtars versagen ihm gegenüber, denn er ist außerdem gesteinshaft taub und blind.

Eine andere geplante Revolution bezieht sich auf Illuyanka, möglicherweise auch einen feuerspeienden Berg, ein ähnliches schlangenköpfiges Ungeheuer, das ebenfalls vernichtet wird, und zwar von einer Vereinigung jüngerer Götter. Dem siegreichen Aufstieg des Wetter-, Sturm- und Fruchtbarkeitsgottes Taru/Teschub ins hurritische und hethitische Pantheon steht nichts mehr im Wege. Im Felsenheiligtum von Jassilikaya ist alles in Stein verewigt und in den griechischen Sagen findet es sich wieder.

Die Hethiter

Die Hethiter waren eine stark aristokratisch ausgerichtete kleine Eroberergruppe, die aus dem Nordosten, wahrscheinlich über die Gegend um die Kaspische See, in jenem Anatolien eindrang, in dem 8000 v. Chr. die Steinzeit versickerte. Mit ihrer nordwestindogermanischen, sehr alten Sprache, aber ohne Namen, nannten sie sich nach den eingenommenen Städten der „protohattischen" Urbevölkerung, nach Nesa und Hattusa. Sie eigneten sich deren Lebens- und Glaubensformen an, prägten ihnen aber ihre Rechtsideologie auf. Sie besaßen von Anfang an zweierlei Schriften, eine davon schon am Beginn des 2. Jahrtausends mit so kursiver Tendenz, [24] daß man auf hohes Alter schließen muß. Sie verschmähten es nicht, fremde Götterstatuen von überallher in ihr Heiligtum der „Sonne von Arinna" einzuholen, denn diese lebten ihrer pragmatischen Meinung nach von den Opfern, die man ihnen brachte, gleichgültig wer es tat, und von magischen Praktiken. Also importierten sie Blitzebündel und Beile aller Wettergötter dieser Gegend hallender Gewitter, vom syrischen Hadad, dem hurritischen Taru und Ischkur bis zum babylonischen Baal, die bereits alle auf ihren Stieren standen und vor ihrem jährlichen Untergang in der Sommerdürre noch gern einmal auch selbst eine Kuh schwängerten, um weiterzuleben (was wir noch bei den Kelten als magisches Ritual der Wiedergeburt des Häuptlings finden werden!).

Mit seinen starken Anschauungen von Ordnung, Rechten und Pflichten war der Feudaladel durch Lehenspflicht an den König gebunden, der zunächst von einem Adelsrat kontrolliert und in ständige Thronstreitigkeiten verwickelt war. [25] [26] Um den anhaltenden Königsmorden ein Ende zu machen, wurde diesem Gremium sogar die Blutgerichtsbarkeit über die Königsfamilie zuge-

Links: Hethitische Gottheit mit Kind, auf einem Löwen stehend, um 1600/1400 v. Chr. Mitte: Hethitische Göttin mit Spiegel. Rechts: Nackte, brüstepressende hethitische Göttin.

standen. Ihre sonst milde Rechtsprechung bestraft aber doch die Anfechtung königlicher Urteilssprüche mit dem Tod. Mit diesem sanften Autoritarismus (immer noch weit hinter dem assyrischen zurückbleibend) hielten sie sich als Großreich immerhin vier Jahrhunderte!

Mit der von den Hurritern übernommenen schlachtenentscheidenden Technik des Drei-Mann-Kampfwagens übten die Hethiter hohe Kriegskunst. Sie bauten gekonnt, modellierten unbeholfen und schufen viele Fabel- und Mischwesen, besonders Torlöwen und Sphingen. Ihre Religion der tausend Götter und einer Vielzahl von Kultsprachen diente der mächtigen einheimischen Sonnengöttin von Arinna, deren lange unbekannter Name jetzt als Wurunsemu feststeht, „Königin des Landes Hatti, Königin von Himmel und

Erde, Herrin der Könige und Königinnen von Hatti", die „deren Herrschaft lenkt". Mit ihrer gefährlichen Löwenbegleitung findet sie Anschluß an die einstige Muttergöttin von Çatal. Sie und ihr Gatte, der protohattische Wettergott in Stiergestalt, der nur „Herr des Himmels, Herr des Landes Hatti" ist, und ihre Tochter Mezulla als private Schutzgöttin sind Staatsgötter und die Trinität, der man die Siege verdankte. Unter hurritischem Einfluß [27]) werden sie später mit Hebat und Teschub verschmolzen, oft von den sekundären stiergestaltigen hurritischen Göttern „Tag" und „Nacht" namens Scherri und Hurri begleitet, oder dem luwischen Zarhunda, den die Lyder und Etrusker weiterentwickeln sollten.

Die Hethiter waren mit einer Unzahl fremder Götter ehrerbietig vertraulich, ließen sie unhierarchisch nebeneinanderstehen und schätzten eher das Gemeinsame als das Trennende in ihren Ausprägungen. Sie überlieferten ihre Legenden, standen Pate bei Apoll/Schamasch, Kubaba/Kybele (das erste Monster, das Gilgamesch als „Chumbaba" erlegen muß!) und vielleicht sogar bei der Vorstellung der Amazonen. In ihrem Originalbeitrag der Telipinu-Mythe spielen die Bienen nämlich eine besondere Rolle.

Unter den Frauenbünden, die in Westkleinasien bis in die Mitte des letzten Jahrtausends vor der Zeitenwende überlebten, gab es auch den der „ephesischen Bienen", der das fleißige Symbol der Artemis im Schild führte. [28]) Aus literarischen Quellen ist bekannt, daß auch die ältesten Kultstatuen von Ephesos zu einem Frauenheiligtum gehörten. Ihre Gründerinnen und Hüterinnen, die in der Nähe wohnten, umtanzten bei festlichen Anlässen mit Geschrei ein Eichenholzbild der Artemis, die den jugendlichen Aspekt der Großen Mutter verkörperte. Als sich das Frauenbild dann unter griechischem Einfluß zur Wehrlosigkeit veränderte, behielt man vom Emblem weniger die Fähigkeit zu Selbstschutz und -verteidigung in Erinnerung, eher den Stachel als die übrigen Tugenden der Bienen, um jene Frauen als Amazonen anprangern zu können.

Telipinu ist in der Kultlegende der Sohn des lokalen hethitischen Wettergottes Taru, der sich nun der Fruchtbarkeit annimmt, die früher muttergöttlich geregelt war; ein kleiner männlicher Vegetationsgott, der einst der Großen Mutter beistand und dann, wie es diese Heroen an sich haben, immer eines Tages aus unerfindlichen Gründen böse wird und verschwindet. Das machen übrigens auch Ea und Enki oder der plötzlich im Alter mißgestimmte ägyptische Re, aber auch Agdestis und später der noch weit entfernte keltische Tarannis, die dann alle nur mühselig von ihren weiblichen Partnern wieder zu beschwichtigen sind. Das Zornigsein muß ein Privileg des Mannes und Teil seiner Emanzipationsstrategie gewesen sein, es findet sich auch beim ägäischen Poseidon als gewaltsames und blindwütiges Meer- und Erderschüttern.

Das männliche Prinzip zeigt jedenfalls oft einen sensiblen Zug zur Launenhaftigkeit und zum Vorenthalten der landwirtschaftlichen Fülle, vielleicht weil es sonst seinen temporären Tod oder seine Ohnmacht zugeben müßte. In diesem Zwiespalt sucht es lieber Zuflucht in Willkürakten, als seine Machtlosigkeit gegenüber dem Tod einzugestehen. Vielleicht ist es auch eine Vergeltung aus den Zeiten schwachen Selbstwertgefühls, als es noch vom weiblichen kontinuierlichen Schöpfertum ausgeschlossen schien. Überdies bedürfen die Jahreszeitenwechsel immer mehr einer „logischen" Begründung, können nicht mehr wie bisher einfach hingenommen werden.

Während Telipinu schmollt, bleibt das Wachstum aus, die Natur stirbt, Menschen und Tiere darben, niemand pflanzt sich fort und die Götter hungern. Alle Stämme schicken daraufhin ihre Totemtiere aus, aber im noch nicht voll entfalteten Patriarchat findet ihn nicht einmal der Adler des Sonnengottes! Nur die alte Götterherrin Hannahanna, auf die in solchen Notlagen zurückgegriffen wird (oder wenn es um die Menschenherstellung geht, welche die neuetablierten Götter auch noch nicht beherrschen), schafft es: Ihre Bienenkönigin Esena findet Telipinu im Hain von Lihzina. Der arbiträre Gott muß sich die aggressiven Bienenstiche noch gefallen lassen, mit denen sie ihn weckt. Seinen neuerlichen Zorn besänftigen allerdings erst wieder die Menschen durch ihre Gebete, und Feuchtigkeit und Wachstum kommen wieder in Fluß.

Aber Demeter erhält ihre ins Totenreich verschleppte Tochter nur mehr für ein halbes Jahr wieder, Orpheus seine Frau gar nicht, sein Engagement, seine Liebe reichen nicht mehr aus. Seiner Dichtkunst wegen hat er sie schon vorher der Wildnis und dem Schlangenbiß überlassen, er hat sich im Grunde bereits narzißtisch von ihr abgewendet. Seine Musik versöhnt nur die Tiere und die Toten, nicht sie, darum zerreißen ihn zuletzt die Frauen — Verschmelzung und Wiedergeburt bleiben aus oder sind auf die Geheimkulte beschränkt.

Ägypten

In Ägypten ging männlicher Priesterverstand bald sogar so weit, in den Weltschöpfungsmythen nicht nur auf die gute alte Urzeugung zu verzichten, sondern sicherheitshalber sogar auf jede Art von Beteiligung des weiblichen Geschlechts: Atum schafft seine Welt aus Ejakulat, vielleicht aus den Erfahrungen der jährlich zurückweichenden Nilüberschwemmungen heraus, als einen aus den Wassern emportauchenden „Urhügel seiner Emission". Er zeugt sich in die eigene hohle Hand, die in den Texten sozusagen als seine Frau fungiert, [29]) ohne eine zu sein, den Beginn alles irdischen Lebens, Heliopolis. Nach diesem ersten mystisch-kreativen Akt (eventuell unter Einsatz des Skarabäus oder Mistkäfers, der die Gewohnheit hat, scheinbar aus dem Nichts Düngerkugeln zu drehen und vor sich herzurollen, aus denen dann seine Nachkommenschaft „mutterlos" entsteht), masturbiert er noch einmal und läßt dabei das erste Paar, Shu und Tefnut, hervorgehen. Sowohl Shu (auch „Geist von Leben und Ewigkeit") als auch Tefnut, die später zur Weltordnung, Mayet, wird, erinnern phonetisch an das Wort für Ausspucken, auch Niesen, passend zur Onanie (später „Kopulation mit der Faust"), wie „göttlichem Hauch oder Spucken".

Das Wesentliche daran ist, wie dringend man von der unhinterfragten Vorstellung weiblich-parthenogenetischer Zeugung fortstrebte, wozu kein Unsinn zu schlecht war. (Wieso hat Freud nur den schwerverständlichen Penisneid konstruiert und kaum jemand sich je über etwas wie Gebäreifersucht viele Gedanken gemacht?) Da man damals aus der Züchtung längst darüber Bescheid wußte, daß zwei dazugehören, um neues Leben hervorzubringen, ist das ein schönes Beispiel früher tendenzieller Verdrängung von Sachverhalten, die nicht ins eigene Konzept passen. Vielleicht empfand man sich damals als Mann so, daß man derartiges glauben konnte, nach der langen Abhängigkeit von Urfrauen und ihrem vermeintlichen Geburtswillen. Nun hatte man die Zeugung willkürlich jederzeit zur Hand, und nichts konnte einen davon abhalten, stolz und verschwenderisch damit umzugehen. Was sich die Frauen dabei dachten, ist unbekannt, zählte aber ohnehin nicht.

Erschöpft und der Wunder müde, läßt Atum seine „ausgespuckten", ejakulierten ersten Geschöpfe Shu und Tefnut sich nun paaren und Nut und Geb zeugen. Vielleicht hätte man ihm mehr an „Emissionsvergnügen" auch nicht abgenommen? Ihy, nach den Gebelein-Texten das „Lichtkind", [30]) vermutlich der nächsten Generation, hat wieder nur einen Elternteil — allerdings bricht die Muttergottheit von früher hier noch einmal durch: Diese ist Nut, das „Antlitz des Himmels", die „Dame vom Hain am Ende der Welt", Isis in der Gestalt von Hathor des Kultzentrums Dendera (von Çatal Hütük inspiriert? von Indien?), die ozeanische Tiefe der großen Himmelsflut, die Kuh, deren sternengesprenkelter Bauch das Himmelsgewölbe darstellt. Ihr Sohn Ihy wird täglich aus dem „Ausfluß ihrer Hüften", dem blutroten Sonnenaufgang, falkengleich neu geboren, „sickert aus ihrer Essenz" und ist der „Meister der Röte, der Bulle der Konfusion" — das erste nicht bisexuelle, sondern rein männliche Wesen aus dem Chaos der zimperlich tabuisierten Geburten, das jetzt eine Art von notfalls auch gewalttätiger Ordnung schafft, im Steinzeit-Ockerrot der Geburtsmorgenröte von Çatal Hüyük beginnend, dessen Botschaften auf noch ungeklärte Weise hierher gelangten, in frühen Kontakten, wie auf dem Bild von Hierakonpolis *) mit der mesopotamischen Delegation vor Tausenden von Jahren...

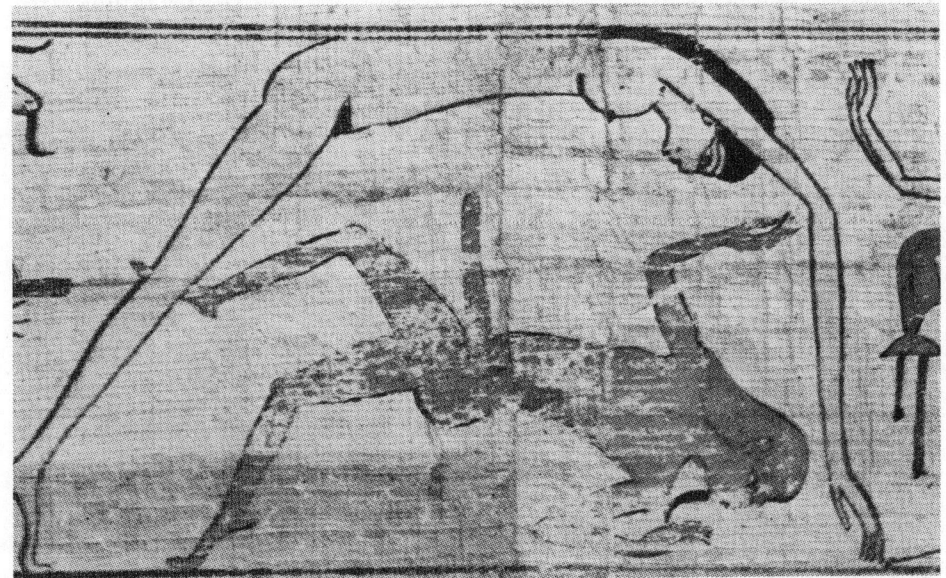

Die Trennung von Himmel und Erde im ägyptischen Mythos. Rechts die Hand Shus, des Luftgotts, der die Himmelsgöttin Nut aus der Umarmung des Erdgottes Geb hebt.

Als Hahu, der Hochhaltende, beansprucht Ihy auch Identität mit Shu, dem licht-lufthaften Träger des Himmels, seiner Mutter Nut, die er den ganzen Tag durch Hochstemmen, von Geb, der männlich gedachten, nach ihr lechzenden Erde, fernhält, bis er sie, anders als Kronos, abends wohltuend wieder auf „ihn", Geb, herabsinken läßt. Immerhin ein Versuch der Versöhnung männlicher und weiblicher Prinzipien, auch wenn der Horusfalke einmal die Machtsymbolik an sich und von den ursprünglich weiblich assoziierten Löwen, Leoparden und Rindern abziehen wird. Nur die Kuh läßt sich die nährende, beschützende Mütterlichkeit nicht so leicht absprechen: sie bleibt als Isis-Hathor Himmelskönigin, mit dem Sistrumgesicht und der Sonnenscheibe zwischen dem Gehörn, Legitimation jedes Pharao.

*) Im Ashmolean Museum, Oxford

101

Der auch in Ägypten frühe erste Brudermord Seths an Osiris wird sofort von Isis, seiner Gattin, mit doppelter Liebe gesühnt. Dem Trockensturm der Wüste muß immer wieder der Vegetationsgott zum Opfer fallen, in den alle verewigten Pharaonen eingehen werden, und zuletzt jedermann. Keine Große Mutter, aber eine sich zärtlich über den Himmel wölbende Nut, die täglich die Sonne in sich aufnimmt und wiedergebiert, übt hier die Liebe. Ist es vielleicht nichts, den ermordeten, geliebten Gatten rache- und vorwurfslos zu suchen, bis man ihn endlich in einer Sykamore eingeschlossen findet, und ihm dann noch fast parthenogenetisch, aber doch in aller Hochachtung, sozusagen posthum einen Sohn abzuzapfen, ihn allein aufzuziehen und ihn dabei noch vor den mörderischen und sexuellen Nachstellungen seines bösen Onkels eine ganze Kindheit und Jugend lang zu schützen? [31] [32] [33] [34] Also durch übergroße weibliche Opfer für alle möglichen männlichen Mängel schweigend und duldend zu kompensieren (Absenz, Schwäche, Tod, Totschlag und Verführung). Aber Isis gelingt es, sie ist — ohne irgendwelche Rechte — die wahre Heldin der ägyptischen Mythologie, deren Männer sich zwar nicht durch Heldentum, aber auch sonst durch nichts auszeichnen, was wahrscheinlich auch nicht ganz unrealistisch ist. Als Mörder, Leiche und

Links: Die Göttin Mayet (links) geleitet eine Verstorbene vor den Thron des Osiris. Rechts: Isis mit dem Horusfalken. Ägyptische Kupferstatue, ca. 2040—1700 v. Chr.

schutzbedürftiger Sohn leben sie fort, geliebt und geehrt von ihren Gattinnen, angewiesen auf ihre Rettung durch sie in allen ihren schutzengelhaften Erscheinungsformen als Isis, Nephtys, Neith, Nout, Nut und Hathor, die die Sonnenscheibe jongliert und die Pharaonen säugt, und die maßvolle Mayet/Ma-at, die Göttin der Ausgewogenheit, auf die sich die immer schon eher maßlosen Männer in weiser Selbsterkenntnis verlassen.

Frauen machen alles, verfügen über alles, ordnen es und schweigen — Männer regieren, repräsentieren, amüsieren sich und ernten Ruhm: eine wahrhaft großartig funktionierende Arbeitsteilung. Dieses mildeste Mutterbild der Antike, zu dem noch das späte Rom samt allen Provinzen überlaufen wollte, blieb denn auch erhalten. Es muß auch den zu allen Opfern bereiten Frauen etwas geboten haben, und verschwand eben nicht aus der Trinität wie im Abendland, während die Männer auf Heldentum und männliches Imponier- und Drohgehaben, das uns so instinktgesteuert und unvermeidlich erscheint, zumindest ihnen gegenüber früh verzichteten.

So matt ist es noch um das männliche Element bestellt, das fast vegetativ fortwährend stirbt, vor der Usurpation seiner Rechte durch den Bruder bzw. Onkel, ja vor der physischen Vergewaltigung durch ihn und vor dem Tod selbst geschützt oder von ihm wiedererweckt werden muß — alles immer durch Frauen, die es auf sich nehmen, um das Leben überhaupt weitergeben zu können, das sonst nur eine unterirdische Schattenexistenz, nilähnlich, führen müßte. Vielleicht reflektiert der Mythos von Isis und Osiris auch die große Verletzlichkeit und Mortalität der genetisch dürftiger ausgestatteten Knaben, die schon früh aufgefallen sein muß und möglicherweise einer der Gründe ihrer Bevorzugung durch die Mütter auch in nichtpatriarchalen Gruppen ist — von Frauen, die sich noch ganz klar bewußt sind, eigentlich die viel Stärkeren, aber vielleicht ihrer geringeren Probleme wegen nicht so Interessanten zu sein.

Wenn der Sonnengott Re, der als Atum auch Weltschöpfer war und sich in dieser Eigenschaft ebenfalls mistkäferhaft in Gestalt des Skarabäus selbst zeugte, im Alter später verdrießlich wird, kann nur sein „Auge" in Form Hathors (bei den Ägyptern sind viele Götter nicht ganz scharf umrissen und gehen ineinander oder in Tiergestalt über) ihn wieder freundlich stimmen, die Göttin von Lachen, Liebe und Freude. Dazu tanzt sie vor ihm und schlägt den Mantel zurück wie einst Ischtar bei ihren Gunstbeweisen, aber sehr viel erfolgreicher. Auch sie war einst etwas sehr Vitales, ein aus der nubischen Wüste hervorbrechender Löwe, dessen zerstörerische Aspekte wie überall gezähmt, beziehungsweise von der kriegerischen Schwester Sekhmet aufgenommen wurden (keine der üblichen orientalischen Verbindungen von Liebe

Der Pharao Mykerinos mit zwei Göttinnen, die ihn umarmen und damit autorisieren. Um 2550 v. Chr.

und Krieg wie bei Ischtar, Neith, Arinna, Astiret, Anait, Inanna, Ascherath, Astarte, Anat oder Hebat), während sie selbst sich zu mütterlicher Freundlichkeit und kuhhafter Harmlosigkeit klärte.

Die ägyptische Hochkultur ist ein gutes Beispiel wohlausgewogener Kräftebalancen männlicher und weiblicher Anteile, das schöne Früchte hervorbrachte; ein staatlich geregeltes, relativ menschengerechtes Leben für alle nach ihren Talenten, mit genügend Freude und seelischer Ausgeglichenheit, Kunst, Stabilität und entsprechend gut verteilten Sachgütern. Die Pharaonenkompetenzen waren durch den Zwang zum Arrangement mit den weiblichen Landerben einigermaßen kontrollierbar. Denn leider neigen rein mutterzentrierte Gruppierungen ohne männliche Strukturen zwar zu großer Toleranz, aber auch zu Unordnung, in der sie nur selten Spitzenleistungen hervorbringen. Sie schlampen meist so durch die Jahrhunderte dahin, ziemlich unverändert und träge glücklich, nicht mit Sicherheit verteidigungsfähig und oft, ohne bedeutende Spuren zu hinterlassen. Und wenn sie nicht durch Gebirge, Wüsten, Dschungel oder den Zufall einer Insellage geschützt sind, halten sie sich nicht lange. Beispiele wären Çatal Hüyük, Lykien, Elam, vielleicht die Industalzivilisation und das prähistorische Malta; das schönste aber bleibt Kreta.

Kreta

Kreta, als Insel des aus Kleinasien über Zypern importierten Sonnenstiers Keimzelle des später griechisch dominierten Europa, zögerte an der Schwelle zu Patriarchat und Staatsbildung und schreckte vor dessen Gewaltordnungs-

Phönikische Elfenbein-Plakette einer sitzenden Göttin in kretischer Tracht zwischen zwei Wildziegen, als „Herrin der Tiere" und pflanzlichen Fruchtbarkeit.

hierarchien und ehrgeizigen Heldentaten zurück. Es verließ sich auf die Perfektionierung handwerklicher Strukturen auf der Basis der fleißigen und unaufdringlichen Haushaltskünste der Frauen, die entsprechend hohe Achtung genossen (vielleicht mit dem „Hauptleutesystem" [35]) der Umverteilung der erwirtschafteten Produkte) und brachte es dabei unversehens, wie Mohendjo Daro und Harappa, zum Status einer Hochkultur ohne die unvermeidlichen Eroberungskriege. Frauen präsentierten (sich) ungestraft mit entblößtem Oberkörper; und nicht männliches Machtstreben allein und dessen zu Sachzwängen erstarrte Wirkung, sondern echte Notwendigkeiten und die Bedürfnisse beider Geschlechter leiteten wahrscheinlich viele Werkprojekte; gemeinsame Ziele von Religion bis zu Lebensqualität, Freude und vielleicht Musik. Die einzige wirkliche und wiederkehrende Bedrohung, bevor die Griechen kamen, waren die Erdbeben, deren unterirdisches Grollen man in den Höhlen registrierte und dem Stiergebrüll gleichsetzte, sogar mit Menschenopfern zu beschwichtigen trachtete.

Das irdische Paradies erneuerte sich noch jeden Frühling. In den Höhlen der Berge mit ihren Stalagmiten-Totenlabyrinthen walteten die Frauen und wurde der Vegetationsgott jährlich wiedergeboren. In der von Vernopheto, Dikte oder in der Idäischen Höhle wurden nun von der minoischen Herrin der Tiere (wie einst im Taurus das Loslassen der wilden Auerochsen und später in den Sanktuarien von Çatal Hüyük das Produzieren der domestizierten) die sonnenhaften Rinder erwartet, die sie hier von ihrem stiergestaltigen Heros in Heiliger Hochzeit im Labyrinth der ewigen Wiederkehr empfing oder gebar. In ihren Erdmutterschoß begab er sich rituell, um rituell in ihm zu sterben und wiederaufzuerstehen in der Frühlingsgeburt des Vegetations- und Fruchtbarkeitsgottes, wie Dionysos oder auch der vom Eber zerrissene Adonis. Reste davon feierten noch die Griechen im Frauenfest der Anthesterien bei Klage und keimenden Getreidesamen.

In Kreta hüteten die Frauen ihre Gebärgeheimnisse in der Eileithiahöhle, die einst der Urgöttin der befreienden Entbindung und göttlichen Hebamme Eileutho geweiht war. Vielleicht auch betäubten sie später hier mit ihrer silbernen oder goldenen Prunk-Doppelaxt jene Opferstiere, die die Rolle des göttlichen Paredros übernahmen, der dann zum kretischen Zeus wurde, der sich aber schon bald zu „sterben" weigerte.

Wie in Delos spielten sich hier womöglich schon die gewundenen Geranos-Tänze ab, die auch bei zukünftigen Begräbnisfeiern von den Römern (bis ins kultische Reitertheater von Carnuntum) getanzt werden sollten. Mit ihren merkwürdigen gegenläufigen Spiralfiguren ahmten sie wie in vielen Naturvölkern von Afrika bis ins antike Griechenland die Paarungstänze von Kranichen nach, um das Leben, das einst mit den Kranichzügen saisonal wiederauflebte, zum Wiederauftauchen aus den Schlafhöhlen anzuregen. [36])

Der Raub der Lebens- und Unterweltgöttin Europa mit den „großen Augen" und dem „breiten Gesicht" des Mondes (oder von Bat und Hathor), deren Mutter die weißgesichtige Telephassa, die „Weithinleuchtende" ist, erinnert an den der Persephone, die am Ätna, gleich ihr, Blumen pflückte, bis sich ihr plötzlich dessen Unterwelt, das Totenreich des Hades auftat — nicht mehr die Höhlenwelt der Wiedergeburtslabyrinthe, die einer Tochter der Großen Mutter in Person der Demeter eigentlich zugekommen wäre. Wie bei der wandelnden Mondkuh Io ist der stürmische Verführer Europas Zeus Tallaios, der vorgriechische kretische Sonnengott, bei diesen Gelegenheiten in Stiergestalt, betörend wie der Stier- und Ziegengott Dionysos, der später die vom vernagelten Theseus verlassene Ariadne, ihre Enkelin und letzte Mondgöttin des Labyrinths, aufsuchen wird, um vergeblich zu versuchen, die versinkende archaische Welt zu retten.

Die Hochzeit des Zeus mit Europa wird gern in die Dikteische Höhle ver-

Kretische Priesterin mit ihren Kult-
schlangen, minoisch, um 1600 v. Chr.

legt, aber auch Gortyn zeigt „die" Platane, in der er sich mit ihr als Adler gepaart hat, ähnlich der, unter deren immergrünem Laub er den „Jährling" Hera gewann, die kuhäugige und größte der ägäischen Muttergöttinnen, die er nur durch Ehe unschädlich machen konnte. Von „seinen", den verschiedenen Lebensbereichen zugeordneten drei Söhnen mit Europa, Sarpedon, Minos und Rhadamantys, wählt Minos (der die anderen von der Insel verjagt, nachdem sie sich eifersüchtig alle über den Besitz des schönen Jünglings Miletos gestritten haben), der damit plötzlich anstelle der Tochter Krete König ist, die „allerleuchtende" Pasiphae zur Gattin, die Tochter des rhodischen Sonnengottes Helios und der Mondgöttin und Okeanide Perseis. Eines von Pasiphaes Kindern ist der Minotaurus (der Knabe mit dem Stierkopf, der aber jetzt im Labyrinth versteckt werden muß); nicht weiter verwunderlich, wenn man die Hintergründe bis Çatal Hüyük im Auge behält: bis der tributpflichtige Theseus mit den Zahlungen oder dem Minotaurus dargebrachten Menschenopfern aufräumt und das bedrohliche Ungeheuer mit Ariadnes Hilfe kurzerhand tötet und den Bann bricht: ein Held wie Gilgamesch, Grundbedingungen des Lebens tötend, dem ausgeliefert zu sein man sich jetzt schon weigert, um es zu kontrollieren. Lieber produziert man es selber aus tödlichen Kunststücken. Wie Gilgamesch, und ähnlich Herkules oder ein Toreador, profiliert Theseus sich mit der gar nicht mehr repetitiv kultischen, sondern gänzlich mißverstandenen, nun irreversiblen Stiertötung, aus der keine schöpferische Magie mehr erwächst, als neuer Held. Seine Helferin Ariadne, die letzte Frau mit der weißen Mondgöttin-Konnotation, läßt er sitzen und heiratet stattdessen ihre Schwester Phädra. Ihr Schicksal ist dann schon eine griechische Geschichte und Mythe.

Pasiphae, die strahlende Mondgöttin Kretas, findet sich denn auch nicht mehr in ihrer angestammten symbolischen Heiligen Hochzeit mit dem neueingeführten asiatischen Kultstier, sondern in perverser Neigung zu ihm entbrannt. (Vielleicht auch hatten längst die Stierspiele — deren erste in der indischen Glyptik erscheinen — sie ersetzt. Dabei ging es in vielen Übergangsformen akrobatischer Überwältigung, schon mit eigens dafür gezüchteten oder eingefangene Fleckstieren, auch immer um die Besänftigung des wiederkehrenden unterirdischen Erdbebengebrülls.) Pasiphae „verfällt" also jetzt dem Neuankömmling aus Anatolien, dem einst der Muttergöttin von Çatal Hüyük beigegebenen Stier, mit dem der Mann sich rasch zu identifizieren lernte. Aber aus der einstigen Ritualhandlung läßt sich im Weltbildumbruch ein Casus gegen die Frau konstruieren: Wie absurd und unzulässig — sie verliebt sich in ein Tier, wo doch die freie Wahl der Frau sogar in bezug auf Männer längst in Frage steht!

Mit ihrer unnatürlichen Begierde nach dem minoischen Bullen (der übrigens von ihrem Gatten Minos dem Meergott abgeschwatzt, aber dann nicht verabredungsgemäß geopfert worden ist — auch der Opferbetrug ist nun überall an der Tagesordnung) wird sie jetzt exemplarisch bestraft. Nur weil ihr Mann das angeschwommene Tier Poseidon entwendet und unrechtmäßig seiner Herde einverleibt hat, kommt sie in Ungelegenheiten. Der geniale Daidalos muß ihr eine Vorrichtung bauen, sich dem Stier zu nähern. Und selbst die Geburt des Minotaurus ist nun Strafe. Er ist ein Ungeheuer, nicht mehr das eben domestizierte, von der Muttergottheit Wurunsemu „geborene" Rind mit der Sonnenbedeutung, für das man in Çatal Hüyük noch so dankbar war, daß man seine Verfügbarkeit ihr allein zuschrieb, wie in der Steinzeit! Pasiphaes Mann hält es schon mit den neuen Machtverhältnissen, nach denen Frauen für alle Verfehlungen ihrer Gatten (wie später im Mittelalter!) verantwortlich sind, ihre herrscherlichen Allüren und selbst die Rache der Götter an ihnen auszutragen hatten.

Auch die „liebliche" Britomartis, die kretische Inanna vom Berge Dikte, als Diktynna mit der mesopotamischen Muttergöttin der Gefilde identisch und Artemis vergleichbar, büßt dafür, daß sie bereits ihrer freien Wahl beraubt ist: Sie kann sich der Verfolgung durch Minos, der in der Schürzenjägerei Zeus nicht nachstehen will, nur dadurch erwehren, daß sie sich von den Klippen ins Meer stürzt. So geht es von jetzt ab zu. Es wird nur mehr vergewaltigt; endlich ist auch in Kreta diese Art von selbstbewußtseinssteigerndem Männerverhalten entdeckt, das im Grunde kaum jemals rein triebgesteuert ist, sondern gewöhnlich die Übertragung maskulinen Rangverhaltens auf das unpassende Geschlecht. Auf diesem Gebiet, das in Naturkontexten bei Tieren umsonst gesucht würde, ist männliche Willensäußerung so leicht und für Frauen so demütigend, besonders wenn dieser Triumph später auch noch in durchlegalisierten, bigotten Zivilisationen gleichzeitig zu Sünde, Schande und Diskriminierung durch Schwangerschaft oder uneheliche Kinder wird. Das Blatt hatte damals schon begonnen, sich zu wenden. Der einst der Großen Mutter nachfolgende Telchin, Pygmaios, Kabeiros, Korybant, Vegetationsgott, Sohngeliebte oder Daktylos war nicht nur mündig geworden, sondern auch gleich Herr. Er verlor sich in extreme schonungslose Rang- und Machtkämpfe und in Eigenverliebtheit, die kein Maß an Femininität mehr mildern konnte; zu sehr war er mit sich und seinesgleichen beschäftigt. Das Männliche verschaffte sich vehement Freiräume der Selbstverwirklichung, vorwiegend durch Entmündigung der Frauen, die erst am Ende des 19. Jahrhunderts als solche erkannt werden würde.

Persien

Anders geht die streng dualistische iranische Mythologie vor: Der indoarische Wind- und Atmosphäregott Vayu [37]) trägt in dreitausendjähriger Schwangerschaft die Welt aus und schafft dann den Kosmos mit „Himmel aus seinem Haupt, Erde aus seinen Füßen, Wasser aus seinen Tränen, Pflanzen aus seinem Haar, Feuer aus seinem Sinn", wodurch jeder Mensch ein Ebenbild des pantheistischen Ganzen ist. Der Urmensch und Urkönig Yima, dessen Vater den Rauschtrank Haoma erfunden hat, um diesen Sohn zu bekommen, ist bereit, eine solche Schöpfung zu regieren. Im tausendjährigen Goldenen Zeitalter ohne Krankheit, Tod, Unwetter oder Falschheit vermehren sich die Menschen so sehr, daß er dreimal die Erde durch Zauberei vergrößern muß (das bezieht sich wahrscheinlich auf Populationsexplosionen während erster Ackerbauphasen), aber alles ist bedroht durch „drei Winter der Verwüstung" (Austrocknungserfahrung?). Yima wählt die besten Menschen, Tiere und Pflanzen aus und verschließt sie in einer Höhle voller Nahrung und Harmonie (keine Flut-, aber wahrscheinlich Dürreerlebnisse). Alle vierzig Jahre bringt ein Paar einen männlichen und einen weiblichen Nachkommen hervor (versuchte Stabilisierung durch Stagnation). Aber als Yima einen Stier opfert, um den Menschen Unsterblichkeit zu verschaffen, verliert er sein Charisma, seinen „Glücksglanz", wird von einem Lügendämon besiegt und von seinem eigenen Bruder Spintur in zwei Teile zersägt.

In einer anderen Darstellung oder Etappe setzt der oberste Gott Ahura Mazda den ersten Menschen Gayomart in die Welt, nachdem er schon das Rind geschaffen hat, von dem er sich ernähren soll. Dieses ist heilig, weil sein Same aus dem Feuer stammt. Gayomart und das Tier stehen an verschiedenen Flußufern, als Ahriman mit seinen bösen Geistern sie angreift. Das Rind stirbt zuerst und Gayomart, aus dem die Menschheit entstehen soll, befruchtet vor seinem Tod noch die Erde mit seinem Samen. (Die Umgehung des Weiblichen ist fast bizarr.) Dem Boden entsprießt eine Pflanze mit fünfzehn Blättern, aus der, ähnlich wie ein Hirschgeweih, fünfzehn Stämme hervorgehen, aber auch zwei Menschen, Maschi und Maschani. Das Paar aber läßt sich zum Bösen verführen, verfällt in Zwietracht und sein geschlechtliches Verlangen erlischt, so daß es nicht auftragsgemäß die Erde bevölkern kann. Als sie nach fünfzig Jahren noch Kinder bekommen, essen sie sie auf. Ahura Mazda macht dann ihre neuen ungenießbar (und das sind sie noch heute!)

Der Heros Thraetona tötet den Lügendämon, aus dessen Blut sich Schlangen, Skorpione, Schildkröten, Kröten und Frösche entwickeln; er hat ihn im Berg Demawend gefangengehalten und so wieder den „Glücksglanz" erwirkt. Seine drei Söhne sollen die Welt unter sich aufteilen; der erste aber ist nur für Reichtum, der zweite für Tapferkeit, erst der dritte für Religion. Er bekommt die besten Teile: Iran und Indien, die anderen nur West und Ost, also töten sie ihn. Gott lechzt nach frischem Rinderblut, daher finden in Kult und Ekstase grausame Rinderopfer statt. Priester und Fürsten berauben die nomadisierenden Hirten (wie noch im eben entdeckten bronzezeitlichen Dian), bis Zarathustra sich für den Stier und gegen seine mörderischen Qualen einsetzt, für Seßhaftigkeit und gegen Gewalt und Mißhandlung: „Wer Korn sät, sät auch Heiligkeit." Seine Erfolge währen aber nur zweihundert Jahre, bis der Mithraskult wieder auftaucht, denn es war spannender, Rinder zu stehlen, als sie demütig wie in Çatal zu züchten.

Mit männlicher Rindertötung und weiblicher Rindergeburtsphantasie, Abstechen und Melken, ergeben sich die Alternativen des Stierkampfs bis zum Tode oder der Heiligung der Kuh als Ernährer.

DIE SYSTEMATISCHE UMWERTUNG ALLER MYTHEN DURCH DIE GRIECHEN IN UNSERE HEUTE GELÄUFIGE, PRÄGENDE FORM

Wo die protogriechischen Gruppen, die in Wellen in der Ägäis eintrafen, jeweils ihren Ausgang nahmen, wie z. B. jene Hirten aus der ungarischen Tiefebene, die durch karge Ernten zur Auswanderung gezwungen wurden und im Mittelhelladikum Griechenland erreichten, weiß man nicht genau; vielleicht in den Kirgisensteppen Kasachstans, wo sie ihre Weidegebiete der Trockenheit wegen immer weiter ausdehnen mußten, oder im Schwarzmeergebiet, von den aufbrechenden Skythen vertrieben; ein wenig vertraut mit kaukasischer Schmiedekunst, doch immer noch schwerfällig auf ihren zweirädrigen Karren mit plumpen Holzrädern; oder im Donauraum, wo sich die Indogermanen mühselig ackerbauend die dichten Wälder stromauf kolonisierten und ihre Rodungsgebiete ohne Feldwechsel oder Düngung natürlich immer wieder aufgeben mußten. Wie andere Indogermanen, Semiten oder Araber waren sie Sekundärnomaden, deren anfänglich reiche Erträge aus Boden- und Klimagründen zusammengebrochen waren und die aufgrund der dadurch ausgelösten Bevölkerungsexplosion weiterziehen mußten.

Sichtlich waren es keine simplen, spintisierenden Hüterexistenzen, sondern sehr intelligente, schöpferische Aktivisten mit starkem Machthunger, den ein Teil von ihnen später durch flugähnliche Erlebnisse auf dem Rücken ihrer Pferde nährte. Dabei hatten manche wohl auch die Unfehlbarkeit der Taktik entdeckt, leichte Transportwagen zu Streitgefährten umzurüsten, denen nichts mehr widerstehen konnte. Unter diesen Voraussetzungen sahen sie sich in einer äußerlich begünstigten Welt, in der von den fleißigen Pelasgern eine Vielfalt von Subsistenz- bis Überschuß-Ackerbautechniken betrieben wurde, mit Arbeitsaufgaben, die noch ausgewogen auf die Geschlechter verteilt waren. Über denen walteten ewige Fruchtbarkeitsgöttinnen und leichtverwelkliche Vegetations- und Quellgötter. Die Frauen hier genossen Respekt und hatten oft auch das Priesteramt inne.

Der Ackerbau, dessen sich die Einwanderer überall leicht bemächtigten, um sich zu ernähren, interessierte sie nicht weiter, wie sie überhaupt in ihrer Oberschicht mit hierarchisch gegliedertem Aufbau die Arbeit nicht sehr schätzten und eher als Aufgabe für dafür geschaffene Sklaven oder als Strafe betrachteten. Aber sie erkannten das Potential der bescheidenen Kultstätten als Machtzentren, die keineswegs einfach den traditionsbewahrenden Frauen überlassen bleiben durften.

Wenn man auf diese Weise in fruchtbare Ackerbaugebiete gelangte, konnte man sich zu deren Herrn aufschwingen und sie von da an verteidigend besitzen (wie Gattinnen), aber wenn man — wie Achäer, Dorer und Ionier — das Pech hatte, in teilweise unfruchtbaren Gegenden zu landen, mußte man sich eben umstellen, die Abenteuer- und Eroberungslust auf die rasch erlernte Seefahrt umlegen und, wie die Griechen zu allen Zeiten, ausschwärmen und fremde Küsten unsicher machen. Auch wenn man es mit einer überlegenen Kultur zu tun hatte, durchschaute man sie nicht, wertete sie auf alle Fälle ab und machte sie schlecht, selbst wenn man manches vom Erbeuteten gut gebrauchen konnte.

Frauen waren bei all dem Mittel zum Zweck. Sie hatten nur noch wenig Eigenständigkeit und dienten bald ausschließlich dem Nachkommenschafts- und dadurch Machtgewinn durch Wachstum. In einem langen Prozeß und durch das Zusammenwirken verschiedener Faktoren wie Exogamie (schon seit Primatenzeiten!), Patrilokalität, Brautpreis oder Polygynie waren sie mit der Zeit zu passiven Tausch- oder gar Raubobjekten geworden. Mit dem Brautpreis, der oft vom ganzen Stamm aufgebracht werden muß und sich ebenso im anderen fächerförmig verteilt, wird ja nicht so sehr die Frau gekauft, als der sie abgebenden Gruppe der Entgang an zu erwartenden Kindern abgegolten. [1]) Im griechischen Hochzeitsbrauch mußte die Frau bei Nacht in einem Übergangsritual „gesetzlos" entführt und über die Schwelle getragen, unter die Götter des männlichen Herdes geschmuggelt werden. Sehr rasch ergab sich das auch ganz zwanglos in all jenen Kulturen, die von den Sekundärnomaden einverleibt wurden, selbst wenn dort ganz anderes üblich gewesen war. Das straffe Geschlechterverhältnis ließ sich mit ein wenig Gewalt ganz leicht und unauffällig, fast wie das, was man heute „Sachzwang" nennt, herstellen und aufrechthalten, und es bewährte sich vorzüglich. Es stellte nicht nur der Individualisierung und Höherentwicklung der Männer keinerlei Hindernisse entgegen, sondern erlaubte auch die Erfindung der Demokratie, einer Staatsform, bei der damals die Hälfte aller Stimmen, nämlich die der Frauen, von vornherein unter den Tisch fiel — von anderen Unfreien zu schweigen. So waren denn auch die Musterdemokratien aller nachgriechischen Zeiten, die englische oder die frühe amerikanische, auf der Sklaverei breiter Schichten aufgebaut, wenn auch die unterbezahlten Arbeitskräfte in Übersee und nur die unbezahlten im Haus tätig waren. Wenn man genügend Leute hat, die die Arbeit machen und mit wenig Lohn und ohne Rechte zufrieden sind, kann man leicht „demokratisch" sein, schwer wird es erst, wenn alle gehört oder gar entlohnt werden wollen!

Die damaligen Formen der Demokratie ermöglichten jedenfalls großartige Kulturleistungen durch unter- oder unbezahlte Arbeit, jene Baukunst und philosophische Muße, die wir heute so sehr bewundern. Neue, unbekannte Methoden der Bereicherung durch einfache Aneignung, kleine Erpressungen, Betrug kamen in Mode, und wenn begehrte Dinge nicht gutwillig hergegeben wurden, gab es begrenzte Feldzüge und immer wieder Kriege. Die uralten Jägertaktiken des unerwarteten Angriffs, die Ausnutzung der Schwächen des Gegners, wurden nun mitunter auch auf den Freund, Partner, die Frau angewendet, den anderen Menschen, jenen, der vielleicht ebenso begabt, tüchtig, sicher fleißiger war, aber bedächtiger, geduldiger, weniger aggressiv oder weniger ängstlich (was meist dasselbe ist), jedenfalls aber stärker an den Ort gebunden, sei es durch Kinder oder den Boden als Einnahmsquelle. Eine freischweifende Lebensweise, die wendige Angriffe und schnelles Verschwinden erlaubte und nichts zu verlieren hatte, weil der eigene Besitz gering war oder auf vier Beinen mitlief, ergab da ungeahnte Möglichkeiten. Wobei Pferde bald nicht mehr nur statusgebend, sondern auch als Kriegsgerät eingesetzt wurden.

All das wird heute immer noch im ansonsten oft langweiligen Geschichtsunterricht begeistert aufgenommen, in schöne Literatur umgesetzt oder als Kunstwerk gewürdigt — wer von uns denkt etwa bei einer „Raptusgruppe" an das Schicksal des Unterlegenen, so geprägt sind wir von griechischer Begriffsbildung und Ästhetisierung. Beide Geschlechter, von den Bildern verführt, glauben leicht, daß das so sein müsse, Männer eben so wären, bis hin zu unseren Fernsehkrimis, die nur das letzte der alten Jägerspiele sind, das detektivische Aufspüren und Verfolgen flüchtigen Wilds unter Einsatz aller Mittel. Und der Zuseher sitzt schuldlos und überlegen vor der Mattscheibe, mit der Gerechtigkeit identifiziert, die den Verbrecher gottgleich zur Strecke bringt wie Gilgamesch die Übel der Welt, die doch nicht zu vertilgen sind.

Im Grunde war die griechische Demokratie die einer Elite eines Geschlechts, alle übrigen Anteile des gleichen Volks in Schach gehaltene Untermenschen. Es ist unwahrscheinlich, daß Frauen allein durch gutes Zureden bereit waren, sich mit einer so inaktiven und rechtlosen Rolle zufrieden zu geben, wie sie ihnen jetzt zufiel, oder sich alle spontan glücklich priesen, endlich von der Schwerarbeit befreit und nur mehr im Haus tätig zu sein, unwahrscheinlich, daß sie sich durch ein Mußeversprechen mit den Männern arrangierten. Wäre es so gewesen, hätte es sicher nie eine lückenlose Ent-

114

Links: Kore vom Heraion in Samos, um 570 v. Chr. Rechts: Artemisstatue aus dem Heiligtum der Artemis auf Delos, 7. Jahrhundert v. Chr.

scheidung aller für häusliches Wohlleben gegeben. Immer hätten einige doch das interessantere, schwierigere, männerartige Leben vorgezogen, und es wärc nic so restlos verboten und unvereinbar mit ihrer Frauenrolle geworden. Da wurde schon nachgeholfen, mit bewußtseinsbildenden Mythengeschichten, die selektiv bestimmte, für die Maßgebenden vorteilhafte Wendungen aus dem Ablauf des Geschehens herausfilterten und überlieferten.

Da ist einmal Atalanta, von Meleagros zusammen mit den Argonauten und zwei Kentauren zur Jagd auf den Kalydonischen Eber eingeladen, der seine Felder verwüstet. Ihr Vater, der König von Arkadien, der auf einen Erben gewartet hat, war über ihre Geburt (als Mädchen) so enttäuscht, daß er sie aussetzte. Aber eine Bärin und letztlich Artemis ziehen sie auf.[2]) Sie wird eine berühmte Jägerin und die schnellste Läuferin der Welt, schwört aber als Adoptivtochter der Artemis, nie zu heiraten. Groß und schlank, muß sie sich immerfort von den männlichen Helden mit aus der Luft gegriffenen Argumenten im Grunde dafür anpöbeln lassen, daß sie eine Frau ist — sie weigern sich, mit ihr zu jagen, bis der Gastgeber eingreift. Danach machen sich die beiden, von der Versöhnung bereits ein wenig angeheiterten Kentauren an sie heran, so daß sie in Notwehr ihre Pfeile gegen sie richten muß. Bei der Jagd selbst rettet sie Peleus das Leben, indem sie den Eber mit dem ersten Pfeilschuß ablenkt, welcher trifft. Ihre Kritiker tadeln sie darauf, weil sie ja auch *sie* hätte treffen können, hätte sie ihr Ziel verfehlt, doch töten der Eber und ihre eigene (männliche) Ungeschicklichkeit danach noch sieben der bei dieser Unglücksjagd anwesenden Helden. Meleagros präsentiert ihr als Siegerin die abgezogene Haut des Tieres. Im Verlauf der Streiterei, in die die anderen darüber geraten, werfen ihm seine beiden Onkel vor, er sei in Atalanta verliebt, worauf er alle (vielleicht aus Zorn über diese Wahrheit, die aber im Kontext irrelevant ist) tötet und seine Mutter dafür ihn umbringt.

115

Als Atalantas Vater erfährt, daß sie die Trophäe der Eberhaut gewonnen hat, lädt er sie (die er doch einst zum Sterben ausgesetzt hat!), von Stolz erfüllt, zu sich ein, aber nur, um sie zu verheiraten. Sie beruft sich auf ihr Gelübde, er auf seine väterlichen Rechte („Väterlichkeit" des zum Tode Verurteilens!), ihr den Gatten vorzuschreiben. Sie willigt schließlich ein, falls der Bräutigam sie im Wettlauf besiege. Der letzte von allen, die es nicht konnten, hat sich mit den drei goldenen Hesperidenäpfeln versehen, die er während des Laufes fallen läßt oder wirft. Atalanta bückt sich nach ihnen, verliert ihre „Bestzeit" und muß ihn heiraten.

In der Sage sind exemplarisch alle Manöver aufgezählt, mit denen man auch die tüchtigsten, ebenbürtigsten Frauen zermürben und austricksen kann. Und darauf kommt es an, damit hat man zumeist auch die Lacher auf seiner Seite. Die legalen Optionen des Mannes gegen sie sind: Aussetzen, Ablehnen, Herabwürdigen, unfaire Kampfmethoden, Unterstellungen, Verdächtigungen, Lächerlichmachen, Vergewaltigen, Verheiraten, Heiraten. Keine dieser Strategien steht ihnen, den Männern gegenüber, zur Verfügung, nur in List und Findigkeit besteht noch ein Rest von Gleichwertigkeit der Geschlechter.

Dann ist da Herakles mit seinen Aggressionen gegen die Frauen, im Rahmen seiner Heldentaten, gegenüber Hera und Iole; die Ermordung seiner ersten Frau Megara, das Hinschlachten der Amazonen und die typische Vernichtung der Attribute weiblicher Götter: des Nemäischen Löwen der Hera, der weißen Hindin der Artemis, chthonischer Schlangen, der Hydra, der stymphalischen Vögel, der Stuten des Diomedes. Nach Plutarch gab es in Phokis sogar ein Heiligtum des Herakles als Frauenhasser. [3])

Ein anderes Beispiel ist Antigone. Sie versucht, auch ihrem in Ungnade gefallenen Bruder die Rückkehr zur Großen Mutter der Wiedergeburten, also ein Weiterleben nach dem Tod zu ermöglichen, indem sie ihn begräbt. Ihr Onkel Kreon tötet sie dafür. Oder Iphigenie, die von ihrem Vater Agamemnon unter dem Vorwand, sie solle Achill heiraten, mit der Mutter nach Aulis gelockt wird und dort geopfert werden soll, um der gestrandeten Flotte Fahrtwind zu verschaffen. Oder Klytämnestra, der Agamemnon schon ihren kleinen Sohn und ersten Gatten ermordet hat, um sie zu „besitzen". Als sie während seiner langen Abwesenheit im Trojanischen Krieg sich in hergebrachter matriarchaler Weise einen seiner jüngeren Verwandten (Ägisth) wählt, den leeren Thron zu besetzen, tötet sie ihr Sohn Orest, von Apoll dazu angestiftet.

Dieser Ägisth (Aigisthos), [4]) Großneffe Agamemnons, ist der Sohn von dessen Onkel Thyest mit seiner eigenen Tochter, dem ein Orakel verkündet hatte, er könne sich an seinem Bruder Atreus, Agamemnons Vater, der seine Kinder ermordet hatte und mit dem er in tödlichem Streit lebte, nur auf diese

Weise rächen. Er vergewaltigt daher die Tochter Pelopeia und gibt sie nachher dem sie begehrenden Bruder Atreus zur Ehe. Ägisth ist also selbst am mykenischen Hof zur Welt gekommen, im Verlauf der Aussetzung durch seine Mutter hat er jedoch seinen vermeintlichen Vater erschlagen, nachdem sein echter sich ihm zu erkennen gegeben und seine Mutter dabei von ihrem Inzest erfahren und Selbstmord begangen hat (wie es Iokaste später tun würde), womit das Orakel recht behalten und die Atriden sich profiliert hatten. Ein jüngerer Verwandter, Theseus, wie Herakles ein neuer Gilgamesch, der die Welt von ihren Übeln reinigt und mit immer neuen Kindern seines heldischen Wanderlebens bereichert, wird sich schließlich mit Phädra, der Nachkommin alter kretischer Sonnen- und Mondgöttinnen, ehelich binden. Wenn sie sich später aber in einen seiner vielen Söhne verliebt, den mit der Amazonenkönigin Hippolyta (die er vielleicht sogar geliebt hat, obwohl er in der Schlacht gegen sie kämpfte), muß Phädra sich selbstverständlich gedemütigt das Leben nehmen.

Aber nicht Herakles, dem zu lange der daktylische Nimbus der Schmiede anhaftete, sondern der Lapithenkönig Peirithoos (Sohn des Zeus mit Ixions Gemahlin Dia) wird sein bester Freund und Waffengefährte, ähnlich dem

Amphore, apulisch, ca. 350 v. Chr. Oben Phädras Liebeskrankheit, unten der Kampf der Lapithen und Kentauren bei der Hochzeit des Peirithoos. Die gewaltsam vorgehenden Pferdemenschen sind hier allerdings stark verniedlicht dargestellt.

Enkidu im Gilgamesch-Epos. Statt sich weiter zu bekriegen, liegen die beiden Helden einander plötzlich in den Armen. Gemeinsam ziehen sie gegen die Amazonen zu Feld, aber der Thessalierkönig heiratet noch eine von ihnen, Hippodameia, während Theseus seine Antiope zwar einer Liebesbegegnung würdigt, sich ihr aber dann doch wieder entzieht. Bei des Peirithoos Hochzeit geraten die eingeladenen Verwandten, die Kentauren, außer Rand und Band und versuchen sich der Braut und Brautjungfrauen zu bemächtigen. Diese Verletzung des Gastrechts führt zu einer Schlacht und dem Sieg der Lapithen, der allgemein als der Sieg der Zivilisation über die Barbarei verstanden wurde, real aber wahrscheinlich für die kämpferische Aneignung der Pferde von den Thrakern steht.

Als die beiden Freunde Witwer sind, beschließen sie, sich neue Frauen zu verschaffen. Theseus entführt Helena und Peirithoos versucht es bei Persephone, doch macht Hades Schwierigkeiten — erst Herakles muß Peirithoos befreien, während Theseus allein davongekommen ist, nur um von der Hand eines Inselfürsten zu sterben, der ihn, wenig gastfreundlich, aus Territorialangst hinterrücks von einem Felsen ins Meer stürzt.

Nach seinen Heldentaten (deren erste das Erwürgen der Schlangen Heras in der Wiege und der Mord an seinem Musiklehrer Linos sind), nach seinen zehn oder zwölf Arbeiten, Beschlafen der fünfzig Töchter des Thespios und dem verwirrten Mord an seiner Familie und den Kindern seines Bruders heiratet Herakles aus „Mitleid mit Meleagros" dessen Schwester Deianeira, sühnt seine Blutschuld durch erneute Sklaverei bei der lydischen Königin Omphale und weitere Heldentaten. Er verläßt sie geistig gesund, aber vielleicht als Vater eines weiteren Sohnes, um nun mit allen abzurechnen, die ihm je Unrecht getan haben. Mehrere von ihnen ermordet er, wie Laomedon und Neleus, samt ihren Söhnen, und er verführt eine Anzahl ihrer Töchter. Als er einen Knaben mit einem Faustschlag tötet, muß er wieder fliehen; auf dem Weg in die Verbannung trägt ein Kentaur seine Frau über einen Fluß, den Herakles ebenfalls erschießen muß, weil er versucht, Deianeira zu vergewaltigen. Der sterbende Kentaur vermacht ihr sein Blut als „Liebeszauber", aber es wird Herakles verbrennen, wenn sie es anzuwenden versucht. Zuvor absolviert Herakles noch seinen letzten Rachefeldzug gegen Eurytos, der ihm die Hand seiner Tochter Iole verweigert hat, die er nun zu seiner Konkubine macht. Im Nessusgewand der eifersüchtigen Deianeira kann er sich nur mehr auf einem Scheiterhaufen selbst entzünden, bzw. ein Blitz vom Himmel holt ihn ein, und seiner Vergöttlichung, Versöhnung mit Hera und Vermählung mit deren Tochter Hebe steht nun nichts mehr im Wege. Von seinem Kult sind Frauen meist ausgeschlossen.

118

Und dann noch das ergiebige Thema der Amazonen: jene herrliche Alptraum-Mythe der griechischen Männer, die ihren Frauen gegenüber verdrängte Schuldgefühle und daher Angst vor ihnen hatten, auf die sie wie auf das meiste nur mit Aggression reagieren konnten. Sofern dieser Mythos keine Reaktion auf die Begegnung mit berittenen Schwarzmeervölkern [5] war oder keine von Furcht entstellte Wiedergabe griechischer Erfahrungen mit dem meist matriarchalen Ausland und den dort ganz anders behandelten Frauen (die mit ihren Männern am Tisch sitzen, ja diese sogar mit dem Vornamen anreden durften!), hat es die Amazonen nie gegeben. Aber in der sie verfolgenden Phantasie machen sie genau das, nur mit umgekehrtem Vorzeichen, was nun der griechische Mann tut: sie betrachten Männer als pure Objekte, die sie sich überfallsartig zur Zeugung ihrer Kinder heranholen. Sie töten oder verkrüppeln ihre Söhne zu Sklaven und ziehen nur die Töchter auf; ansonsten jagen sie pfeilschießend durch die Wälder und machen die Gegend unsicher (für „richtige" Männer). Das ist aber genau die eigene, männliche Vorgangsweise gegenüber den Frauen. Das „Haltet den Dieb"-Manöver dient dabei zur Vernebelung der eigenen Haltung und zur Abwehr der eigenen Ängste. Die Amazonen, dieses verkörperte schlechte Gewissen der Griechen, wurden zum Feindbild, auf das man allen angstgeborenen Zorn auf die Frauen projizieren konnte, und das man immer weiter dämonisieren mußte, um diese Wut und Abneigung zu rechtfertigen.

Es ist die Frage, ob die mörderischen Kastrationsängste der Griechen-Mythologie, die schon der scharfsichtige Freud wahrgenommen hat, mehr noch als die Angst vor der Entmachtung durch die eigenen Väter bzw. Söhne (die mit der Hurriter/Hethiter-Sukzessionstradition eingeflossen waren), nicht die Angst vor der Vergeltung des anderen Geschlechts zum Inhalt hatten, das von den Männern in radikaler Weise nicht nur „kastriert", sondern schlicht, wie im Extrem Medusa, geistig „geköpft" worden war, nur gerade so weit am Leben gelassen, wie es genügte, um noch Nachkommen hervorzubringen, nicht als eigenständige denkende Entität.

Wie waren sie nun wirklich, diese Selbsterlöser mit ihrer Steppennomaden-Männlichkeit, die in ihren Mythen und Tempelfriesen soviel über sich selber verraten, die Progressiven, die dabei die Balancen der Natur so berserkerhaft störten, daß es uns davor noch unheimlich werden kann? Die nicht mehr demütig den Willen der Götter zu lesen versuchten, sondern ihn sich selber anmaßten, die diesen angeblichen sittlichen Willen selbstherrlich in die Umgebung hineinprojizierten und zuletzt nur mehr in einem einzigen männlichen Willen sahen, dem kein Chor kreatürlicher Gegenstimmen mehr konfrontiert war? Keine andere, weibliche Seite hielt mehr den Himmel gemeinsam mit ihnen, sondern sie trugen ihn ganz allein, wie Atlas. Zuletzt liefen sie alle zwanglos und leicht in einen Eingottglauben der Macht ein: die Sekundär-nomaden des Nordens und Südens, die Indogermanen irgendwo vom Dach der Welt, wie die Semiten und die anderen, die eruptiv immer wieder aus der verdorrenden arabischen Halbinsel herbrachen, und die Griechen, ohne daß die jemals die Fiktion der Demokratie, die sie erfunden zu haben glaubten, aufgeben mußten.

Ihrem kriegerischen Fortschritt, ihrer aggressiven Flucht nach vorn hielt wenig stand, denn sie glaubten an sich und ihre Überwertigkeit, die sie zur Gewalt gegen alles, zu jedermanns Nutzen, versteht sich, berechtigte. Land und Leute des Mittelmeerraumes milderten manches an den Griechen, aber sie hatten auch ihren direkten Draht zu Gott, den sie sich flüchtig, mächtig, willkürlich und wenig sentimental dachten, wie sie selbst es waren. Wie alle Sekundärnomaden versetzten sie ihn, enttäuscht von der Erde, in den Him-mel, allwissend wie die Sonne, und manipulierten ihn dort mit ihrem herr-scherlich klaren, männlichen Verstand. In manchen Gegenden war Platz, in anderen wich man freiwillig vor den Sekundärnomadentrupps zurück, wie vielleicht in Indien: manchmal auch mußten sie, wie Juden und Araber oft, kämpfen, in anderen Fällen nutzte nur das Unterwandern, etwa in Sumer, und mitunter trafen sie auch auf Völker wie die Hurriter, die sich ihre Vorherr-schaft gefallen und sich von ihnen prägen ließen.

Zur Ruhe kamen sie selten; sie mußten immer organisieren, konnten sich nie mehr in die zufriedene Ausgeglichenheit und Stabilität finden und fallen lassen wie andere, am Glück des erfüllten, bescheidenen Eigenbedarfs teilha-ben, das sie oft vorfanden. Daran glaubten sie nicht; vielleicht saßen ihnen die langen üblen Erfahrungen des Darbens im Nacken, immer wieder das kümmerliche Vieh auslagern zu müssen, das die austrocknenden Weiden kahlfraß. Sie waren ehrgeizig, wollten sich einen Namen machen, Ruhm und Ehre erwerben oder ihrem Gott wohlgefällig sein — jede der Gruppen eine Art auserwähltes Volk! Zu irgendeinem Zeitpunkt mußten die verschiedenen Vorzugsreligionsvölker in unerbittliche Auseinandersetzungen miteinander geraten, und nur für kurze Zeiten gelang ihnen, z. B. im mittelalterlichen Spa-nien oder im Wien der Jahrhundertwende, die gegenseitige friedliche Durch-dringung, die jeweils zu Wirtschafts- und Kulturblüten führte. Solche Phasen dauerten nie lange, denn sie konnten einander nicht ganz absorbieren noch für immer unterwerfen. Sie waren immer ideell auf den eigenen Untergang vorbereitet, etwas, das den großen mutterzentrierten Kulturen überall fehlte. (Bei denen reiben sich nicht ganze Völker und Welten auf, ohne dahinterzu-kommen, daß Überleben wichtiger ist als der Sieg.)

Das Kunststück ist, halbwegs reputierliche Leistungen, wie die indianischen Pflanzterrassen und Gartenstädte, die maltesischen Megalithbauten, die Speicher von Knossos oder die sumerischen Tempel nicht nur hervorzubringen, sondern auch zu erhalten, ohne die eigenen oder andere Kräfte über Gebühr auszubeuten, dabei die Lebensqualität aller zu bewahren und doch die Umwelt nicht so zu provozieren, daß sie zurückschlägt oder zusammenbricht. Das Gleichgewicht zwischen männlichen und weiblichen Einflußanteilen in einer Kultur zu bewahren, ist ein genauso schwieriger Drahtseilakt wie die Aufrechterhaltung der delikaten Balancen in Demokratien westlicher und östlicher Varianten, die beide nicht frei von Gewaltelementen echter bzw. übertragener struktureller Art sind, aber wohl noch näher der Ausgewogenheit als das Geschlechterverhältnis. Mit Gewalt ist manches leicht, anderes überhaupt nicht zu erreichen. Und die Freude, die Menschen eigentlich wollen, und für die sie bereit wären, die Kartoffeln mit den Händen aus der Erde zu kratzen, ist nicht finanziell abzugelten und keine Sache von Kollektivverträgen.

Einen Teil ihrer Götterlandschaft fanden die Griechen schon vor, sie mußten ihr nur mehr phantasievolle Glanzlichter aufsetzen. Sie übernahmen alles und überspitzten es noch: so den kinderfeindlichen Gott Kronos, der seinen Vater kastriert und seine Nachkommen auffrißt, der aber doch die Vorherrschaft nicht erhalten kann. Das gelingt erst seinem frivolen und listenreichen Sohn Zeus, der die Frauen nicht mehr ernst nimmt, aber von ihren Territorien Besitz ergreift, sie als Lustobjekte genießt, als Gattin lächerlich macht und auf seine übrigen, von den Müttern allein aufgezogenen Kinder aus der Distanz eitel stolz ist.

Ihre einzige oder originellste Erfindung waren die Kentauren, jene thessalischen Naturdämonen mit Sturzbach- und Wildpferdkonnotation. Sie stammen mythologisch entweder direkt von Ixion oder aus einer Vereinigung mit Heras wolkenförmigem Double Nephele bzw. von seinem Sohn, der sich mit einer Wildstute eingelassen hat (was *ihm* übrigens keineswegs angekreidet wird). Ixion gilt als der griechische Kain, der erste Mensch, der seine Hände mit dem Blut eines Verwandten befleckt, auch wenn es jetzt so aussieht, als ob das plötzlich alle getan hätten, und die letzte Hemmschranke gegenüber Mord in der eigenen Blutlinie an vielen Stellen zugleich übersprungen worden wäre. Ixion wünscht sich Dia, die Tochter eines Verwandten, zur Ehe; verspricht diesem einen hohen Brautpreis und lädt ihn in die thessalische Hauptstadt. Dort bereitet er ihm aber eine Fallgrube mit glühenden Kohlen, in der dieser verbrennt. (Schwiegervatermord gilt auch später als nichts besonders Verwerfliches, eher als Erfolg.) Schwieriger ist es schon, den Mörder nachher zu „reinigen": Zeus tut es aus „Erbarmen", aber eigentlich, weil er Dia „geliebt" hat: Ixions Sohn Peirithoos ist ja der seine. Er lädt Ixion also in den Olymp, wo dieser versucht, Hera zu verführen. Auf ihre Klagen hin stellt Zeus ihn mit einem Wolkenmodell Heras auf die Probe, das dieser auch prompt vergewaltigt, worauf Zeus ihn an ein feuriges Flügelrad und in den Tartaros verbannt. (Die Wolke gebiert dann das Monstrum, von dem die Kentauren abstammen.) Moral der Geschichte: Vergreife dich nicht an der Gattin deines Vorgesetzten, aber stets an denen Untergebener! Der eigentliche Sinn der Ehe ist der eines Rangkampfes unter Männern, über die Sexualität ausgetragen, bei dem die Frauen nur aus physiologischem Zufall passive Zeugen sind.

Aus solchen unnatürlichen Verbindungen ergeben sich oft Monstren, wie etwa der Minotaurus, die Furien oder der feuerspeiende Typhon, der letzte Sohn Gaias, den sie „im Ärger" gebiert — vielleicht soll damit auch gezeigt werden, daß das leichtfertige Hervorbringen durch die Mutter Erde, die nicht mehr „groß" ist wie früher, keine Chance mehr auf Normalität hat und das Wahre, Menschlich-Göttliche, immer vom Vater kommt. Mutterlose Nachkommen dagegen gedeihen nun durchaus, wie Aphrodite, Dionysos und Hephaistos und auch Athene beweisen.

Gegenüber den weitverbreiteten Stiermenschen der Antike sind die Pferdemenschen also rein griechisch: sie morden und vergewaltigen zwar gern, können aber auch weise und heilkundig sein. Sie verkörpern wieder die Natur im Übergang zur Kultur, Trieb und Intuition. Ihre Vorformen finden sich einzig in jenen kleinasiatischen Gegenden, aus denen auch die Protogriechen kamen, in Luristan etwa, dessen „Schmiede Westirans" in ihren bronzenen Pferdegeschirren und Zaumzeugen, aber auch bei Keramiken, oft Menschenköpfe auf Ziegen, Schafe und Pferde setzten. Hier und anderswo wandelte sich auch die zur Herrin der Tiere gewordene Große Mutter zwischen 1200 und 600 v. Chr. zuerst in eine Gorgo, dann plötzlich und unübersehbar zum männlichen „Master of Animals" mit den gleichen Attributen.

Vielleicht haben die Griechen ihre Pferde auch von zwei Seiten und zu verschiedenen Zeiten bekommen und dabei unterschiedliche Wahrnehmungsfehler gemacht und in ihren Mythen fixiert? Bei den thessalischen Lapithen

Eine frühe Schöpfergöttin des Kreatürlichen auf einer Steatit-Vase, um 3000 v. Chr.

Rechts: Weibliche Figur mit Tieren auf einer Ton-Amphore aus La Alcudia de Elche, Spanien. Immer ist die Frau bzw. Göttin Tieren und Pflanzen freundlich, wenn nicht schaffend, dann schützend zugewandt. Unten: Abdruck eines Rollsiegels aus Altsyrien: Sobald die Frau entmachtet und der Mann Herr der Tiere ist, hält er die Lebenswelt anders in Schach, bezwingend, im besten Fall orphisch bannend.

und Kentauren sahen sie die imponierenden Thraker als Riesen und die Reiter mit den Tieren verwachsen — hier ritten also nur Männer. Aber irgendwo beim Kolonisieren um das Schwarze Meer stießen sie auch auf jene Skythen und Sauromaten, in deren Gräbern wir heute bis zu 20 Prozent Frauen mit Waffen und Verletzungen finden (vielleicht waren sie nur an der Verteidigung mitbeteiligt?), [6]) und sahen sie schockiert als Amazonen. In ihrer Vorstellung schien ihnen auch noch früh eine Brust ausgebrannt worden zu sein,

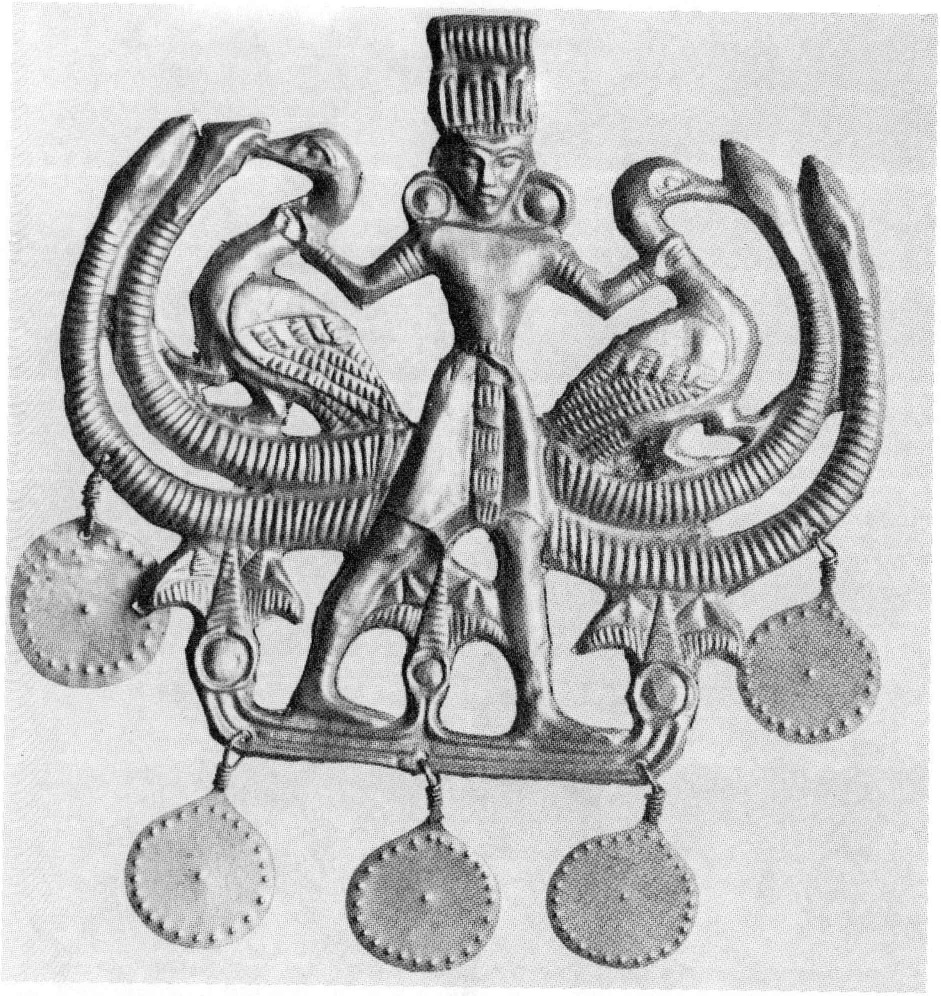

damit ihre „Kraft" den Armen zugute käme. So sehr sie das Pferd als Kampf-maschine bewunderten — seine Verbindung mit Frauen war ihnen ein Horror, da wagten sie nicht einmal genauer hinzuschauen!

Der große Heros Bellerophon aus der Zeit der Pferdezähmung, einst vielleicht Reisläufer, [7]) Wanderarbeiter und Kundschafter der Schwächen reicher Nachbarn, hat schon das typische Mythenschicksal und ist ganz Grieche: Er träumt vom Pegasos, der aber keinen an sich herankommen läßt, bis ihm Athene für ein Poseidon-Opfer im Tempel ein goldenes Zaumzeug schenkt, ihn damit zu zügeln. (Auch die präzisen Schmiedekünste der pontischen und Kaukasusvölker fehlten den Griechen ja noch zur Pferdebändigung.)

Dann tötet Bellerophon in bekannter Weise seinen Bruder „versehentlich"; in der Verbannung verliebt sich eine Königsgemahlin in ihn, die er verschmäht, worauf sie ihn der Vergewaltigung bezichtigt. Der König schickt ihn darauf zu seinem Schwiegervater nach Lykien, dieser aber liest den mitgebrachten Brief mit dem Tötungsauftrag erst, als er schon das Gastrecht genießt, und sendet ihn daher nur aus, die Chimära zu töten. Das schafft Bellerophon auf seinem Pegasos. Der König macht ihn schließlich zum Verbündeten, weil er keine Wahl hat, gibt ihm eine andere Tochter zur Frau und das halbe Königreich dazu.

An der Schwester seiner Gattin, der abgewiesenen und verleumderischen Königin, muß er sich natürlich wie Herakles exemplarisch und bewußtseins-bildend rächen: Er heuchelt Liebe und lädt sie zu einem gemeinsamen Ritt ein, stößt sie dann aber aus großer Höhe hinunter. Er selber nimmt allerdings auch kein gutes Ende, denn sein Pegasos wirft ihn nach einem Fliegenstich schließlich ebenso ab und er bleibt für immer gelähmt.

Über die Amazonenkämpfe aber legitimiert er sein Königtum, das noch einem gereinigten und gemilderten persönlichen Mutterrecht folgt. Die letzten Amazonen nimmt er pardonniert in sein Reich auf, nachdem er ihren „Unfug" durch die Installation einer die Männer begünstigenden Eheform abgestellt hat, wahrscheinlich in Etappen. Ganz gewaltlos wird es dabei kaum zugegangen sein; Ein Nachhall und Niederschlag davon findet sich in den Sagen von der „Lemnischen Hochzeit", bei der noch alle Frauen ihre Männer umbringen, und jener Vermählung der fünfzig Töchter des Danaos mit den Söhnen seines Bruders Aigyptos, bei denen nur 49 der Danaiden ihre neuen Gatten mit den vom Vater zugesteckten Dolchen beseitigen (der naturgemäß Vermögens- und Machtverlust durch Patriarchalisierung fürchtet), nicht aber

Links oben: „Herr der Tiere" als Anhänger aus Ägina, 17. Jahrhundert v. Chr. Tiere schon männlich kontrolliert, gewürgt. Unten: Abdruck eines Rollsiegels: Der königliche Held triumphiert über Sphinxe und Löwen, wird zu ihrem Töter, verkehrt die ursprüngliche, Leben heraufbeschwörende Rolle der „Herrin der Tiere" in ihr Gegenteil der Unterwerfung, Ausrottung.

die Älteste. Sie schont ihren Mann, weil er ihre Jungfräulichkeit respektiert hat, d. h. wohl sie selber als Person, und weil sie ihn daher liebt. Aber solches Zartgefühl ist jetzt nicht mehr die Regel.

Bei den Griechen wird Vergewaltigung nicht so ungern gesehen, mitunter sogar belohnt. Es ist keine Freude mehr, sondern eher ein Jammer, eine Frau zu sein; kein Wunder, daß sich schon ein Kentaurenmädchen von diesem Schicksal wegwünscht: Sie will unverwundbar = unpenetrierbar sein, also ein Mann. (Ihrer Unsterblichkeit kann man dann nur dadurch beikommen, daß man sie/ihn wie einen Pfahl in die Erde rammt.)

An Geburtsphantasien findet sich so ziemlich alles, was Mutteraktivität ersetzen kann. Wie Indra Soma in seine Hüfte einnäht und austrägt, so tut Zeus mit seinem Sohn Dionysos von Semele; Athene gebiert er aus dem Kopf, seine Geschwister kommen durch Erbrechen in die Welt. Kadmos sät Drachenzähne, die zu Menschen werden, Deukalion und Pyrrha werfen zum gleichen Zweck Steine hinter sich, Prometheus erzeugt sie aus der Asche der Titanen. Manchmal werden auch Bronzefiguren lebendig oder fallen Menschen aus Eschenbäumen. Amüsant ist auch der Ursprung des Jägers Orion, für den Zeus, Poseidon und Hermes ihren Samen in die Haut eines heiligen Opferstiers(!) zusammenfließen lassen, die sie zubinden und in der Erde vergraben, bis nach zehn Mondmonaten(!) der Tölpel Orion ausgebrütet ist, der dann sogleich seine Ziehmutter vergewaltigt, später seine Tochter, es vielleicht auch bei Artemis versucht, die ihn prompt erschießt, vielleicht aber auch liebt ... Seiner Annäherung hat sie sich mit der letzten Kraft muttergeordneter Gesellschaften erwehrt, die ihr noch verblieben ist, während Herakles Hippolyta schon ungerührt den Gürtel raubt oder Melanippe gefangensetzt, Theseus seine Antiope in der Schlacht verliert und Penthesilea schon fallen muß, bevor sich Achill unsterblich in die so leicht zu Tötende verlieben kann. Überall nimmt die griechische Tragödie ihren Anfang.

Frauen mußten zum Schweigen gebracht werden: Ihrer priesterlichen Rechte waren sie männerbündisch leicht zu berauben, und durch die Darstellung ihres kriegerischen Verhaltens ließen sich Exempel statuieren. Einer der häufigsten Inhalte der Tempelfriese neben den Lapithen-Kentauren-Kämpfen ist die Amazonenschlacht. Das Thema dabei ist immer, wie Männer sich junger, wenig bekleideter Mädchen oder Frauen bemächtigen oder sie bekämpfen, und eigentlich ist beides die Darstellung einer Triebverschiebung oder -verleugnung: Wir wissen, daß die Kentauren eine der wenigen griechischen Erfindungen und Projektionen sind. Vermutlich identifizierten die Griechen sich auch mit ihnen; auch *sie* hatten bei ihren Einfällen die Rechte anderer gewaltsam verletzt, doch versuchten sie sich davon zu distanzieren und auf die Seite der „höheren" Kultur zu schlagen, in deren Namen sie dann deren Werte und das Gastrecht verteidigten, das sie selber brachen — ein ähnlicher Mechanismus wie bei der Amazonomachie. Wo man selber war, war eben die „höhere Kultur", auch wenn das überhaupt nicht stimmte — aber man hatte seine Art von Schwarz-Weiß-Malerei der Übel bei „den anderen", um das alles in seiner Kunst säuberlich und unsterblich darzustellen.

Nur wenige haben sich den Kopf darüber zerbrochen, was für eine merkwürdige, fast sadistische Themenwahl diese Amazonenkämpfe bedeuteten, welche innerlichen Tabus dabei gebrochen, welche Signale von Demut, Unterwerfung und verzweifelter Bitte dabei vernachlässigt und überfahren wurden! Vielleicht war es ein Abarbeiten der traumatischen Konfliktsituationen, in die sie ihre vergewaltigenden Landnahmezüge gestürzt hatten, so wie das griechische Drama auch die Abarbeitung ihrer neurotischen „Familienkonflikte" und ihrer übersteigerten Rang- und Machtgier war, der Abwehr der Hybris ihres haltlos himmelstürmenden Geistes und der Entlastung ihres schlechten Gewissens über erpresserische Double-binds und oft Schuldzuweisungen an die Frauen diente, denen sie ihre Gefühle delegierten, um an ihren Opferungen kathartisch zu genesen. Frauen waren ja bei den Tragödienaufführungen so wenig dabei, wie sie in späteren Jahrhunderten auf universitärem Boden anwesend waren, auf dem das alles noch einmal akademisch abgehandelt wurde! Sie brauchten ja keine Bildung und auch kein Theater, denn sie hatten nicht die gleichen Schuldgefühle, auch wenn ihnen damals die Schuld aufgebürdet wurde. Sie waren eher die Opfer der Umwälzungen und nur als solche auch schuldig (wie moderne KZ- und Politik-Analysen nahelegen, in denen die Opfer mit der Zeit die ihnen unterstellte Täterrolle akzeptieren).

Normale Männer schlagen oder töten unbekleidete Frauen nicht so leicht, weder einzeln noch in Massen, ohne in schwere innere Konflikte zu kommen, und schon gar nicht sozusagen verdienstvoll als „Feinde" — daß aber Angstdruck, Befehlsnotstand oder eine emotionale Grundsituation neurotischer

Amazonenfries vom Mausoleum in Halikarnassos, um 350 v. Chr.

Kindheitsunterdrückung sie dazu bringen können, ist eine andere KZ-Lektion, oder eine der Ketzer- und Hexenverfolgungen. Aber wenn man das Vorbild auf den Tempelreliefs immer wieder suggestiv sieht, bis man es gar nicht mehr bewußt wahrnimmt, und es vor allem so schön ästhetisiert wiedergegeben ist, mußten viele Menschen davon verwirrt werden, und ganze Generationen es als gegeben hinnehmen — *mußten* beide Geschlechter auf ein entsetzlich leicht zu verletzendes und demütigbares Frauenbild und, im Sinne höherer Kultur, auf ihre nahezu perverse Rolle dabei eingeschworen werden.

Wie Verhaltensforscher schon lange herausgefunden haben, ist unsere Tötungshemmung sichtgesteuert, sind Ergebenheitsgesten angeboren und ziemlich unwiderstehlich, auch beim Menschen, und waren nur von den Fernwaffen so leicht außer Kraft zu setzen. Erst recht gegenüber fremden schönen Frauen und Kindern ist diese Hemmung, in ihnen ein Feindbild zu sehen, bei einem Durchschnittsmann schwer zu überwinden, wenn er nicht ideologisch programmiert oder fanatisiert ist. Genau das muß aber bei den Griechen in einem Maß der Fall gewesen sein, das schon aus der Normalität herausfällt. Durch diese Abnormität wurden sie erst in den Stand gesetzt, sich Frauen gegenüber auch im Alltagsleben trotz aller Humanitätsideale wenig menschlich, eher herablassend und -würdigend zu verhalten, ohne daß ihnen dabei noch etwas aufgefallen wäre. Nur so konnten sie auch die von ihnen (zu Zuchtzwecken) Geehelichten sogar in Athen praktisch gefangenenhausähnlichen Bedingungen aussetzen, und ließen die es sich eingeschüchtert gefallen.

Das ist das eigentliche und gar nicht bewußt beabsichtigte Verbrechen der unerhört geistvollen, künstlerisch hochbegabten und etwas neurotischen Griechen, die voll von Affekten, aber doch recht arm an subtileren Gefühlen gewesen sein müssen, kindlich-naiv-mitleidslos, nach denen sich aber unsere gesamte christlich-abendländische Kultur immer noch orientiert. Auch hier können die Frauen wenig dafür, sie hatten kaum eine andere Wahl. Zwar durften sie, anders als in den Mythen, gewöhnlich überleben, aber nur als gefügige Sklavinnen und „eigene" Frauen, d. h. als Produzentinnen ehelicher Kinder, domestizierte und „beschützte" man sie in die größte Abhängigkeit und Isolation fast orientalischer Haremssituationen hinein.

Als lange wanderndes Kriegsheldenvolk deuteten die Griechen auch die meisten ägäischen Vorstellungen aggressiv um: Aus den milden, sanften Seelenträgerinnen kleinasiatischer Monumente etwa auf dem Xanthos-Hochgrab mit den Unsterblichkeitssymbolen dreier Hochkulturen, Lotos, Eier und Gra-

Rechts: Relief vom „Harpyen-Sarkophag" in Xanthos, 5. Jahrhundert v. Chr.: Keine mörderischen Keren, sondern geflügelte Sphingen und freundliche Seelengeleiterinnen holen hier die im Vergleich kleinen verstorbenen Ahnen in himmlische Gefilde.

natäpfel, wo die totenbewachenden Sphingen kinderkleine Psychen von Abgeschiedenen heimholten (wie afrikanische Seelenvögel den letzten Atem der verstorbenen senkrecht zum Himmel emportragen), wurden in ihrer Sicht grundlegend böse Sirenen oder metallene stymphalische Totenvögel, die die Leichen von den Klippen werfen oder überhaupt vom Tod leben, die den Menschen ins Wasser oder in die Fallen schwerer Rätselaufgaben locken wie Teufelinnen, um ihn im Fall eines Versagens zerfleischen zu können — das alles stammte aus ihrer eigenen Konfliktspannungslage, dem eigenen Argwohn und der Angst gegenüber anderen Menschen, denen man lieber tötend als freundlich gegenübertrat, sicherheitshalber, und auf diese Weise geradezu ein Held werden *mußte*.

Dem Seßhaften ist der Fremde noch Gast, von dem er Information und Unterhaltung, Gutes im Austausch für eigene Hilfeleistungen erwartet; den er bewirtet mit dem, was er selbst aus dem Boden erwirtschaftet und nicht irgendwo gestohlen hat. Der sekundärnomadische „Held" hingegen sieht im Fremden eher den Feind, der ihm wegnehmen könnte, was er selber zusammengeräubert hat. Für ihn ist die Welt verdächtig, man muß auf der Hut sein, und daß man als Mann eines gewaltsamen Todes sterben wird, ist wahrscheinlich. Das ist die Kehrseite des ungebundenen Erobererlebens, das jene unserer indogermanischen Vorfahren führten, auf die wir schon in der Schule stolz waren oder es zu sein lernten, und die uns alle in den Knochen stecken. Vielleicht waren wir alle auf der falschen Seite.

Die in jeder Weise hochbegabten Griechen haben in ihrer geängstigten Aggressions- und Fluchtmentalität also vieles mißdeutet (psychologisch ist der Held immer nur einer, der seine Angst nicht zugeben kann, wie der Ängstliche der ist, der seine Aggression verleugnen muß, welche Gründe das immer haben mag), haben manche einfache, friedliche und statische Lebens-, Liebes- und Todesbilder besser ausbalancierter Mittelmeervölker in für sie passende Abenteurerphantasien verwandelt. Die alten Völker schafften es sogar, noch den Tod in eine Liebesumarmung zu verwandeln, während bei ihren Überschichtern später selbst die Liebe den Tod nach sich ziehen mußte — und was für einen: unverstanden, strafend, sinnlos, unorganisch. Das Sterben als Liebesakt blieb nur mehr den Dichtern vorbehalten, bis zu Ina Seidel, die noch „Baum und Land... dunkel liebt, Denn ihr beginnt wo ich begrenzt/und einmal werd ich grenzenlos/und liege sternenüberglänzt/mit euch in einem Mutterschoß."

Auch in Ägypten bot der Tod sich einst als Isis oder Nephtys, die in ihren mütterlichen Armen als Geliebte auffing, wartend auf die Stunde des großen Stelldicheins, aufgemalt im Sarg oder eingemeißelt, ein ganz anderer, schö-

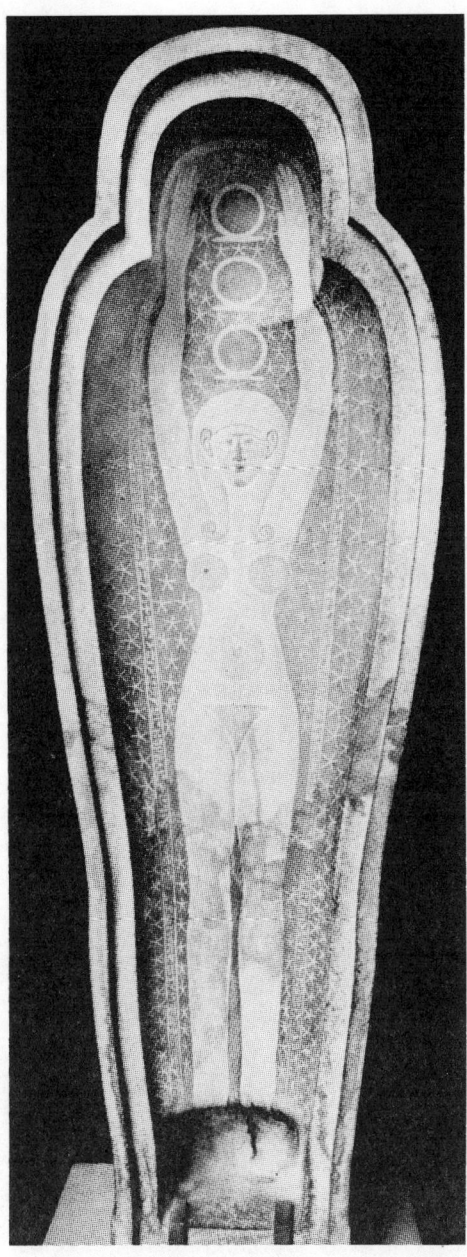

Links: Darstellung der Totengöttin auf der Rückwand eines ägyptischen Mumiensarges: Auch Nut, die Göttin des gestirnen Himmels, empfängt die Toten als Isis mit ihren Lebenszeichen auf dem Sarkophagdeckel, zärtlich in einer Art von Liebestod und kosmischer Wiedergeburt. Unten: Geflügelte sumerische Todesgöttin mit Hörnerkrone und dem Unsterblichkeitszeichen von Inannas Schilfringbündel; sie verbindet Nachtraubvogelqualitäten mit solchen der Liebesverführung — „Lilith", 2000 v. Chr.

ner, sanfter Tod, den wir, verschreckt von Moder, Knochengeklapper und der scheinbar viel zu kurzen Zeit die uns zur Verfügung steht, kaum mehr kennen.

Auch in Sumer ging der Totenruf des Käuzchens („kuwitt/Lilith") von einer verführerischen nackten Frau aus, deren Fersen befiedert waren wie die des anderen asiatischen Toten- und Diebsgottes Hermes, Götterbote und Toten-führer wie sie, dem Tod entgegenführendes, aber oft den Abgeschiedenen zugetanes Seelengeleit. Die Juden erkannten in Liliths Gestalt später nicht ein-mal den Totenaspekt, nur den der weiblichen, besonders zu fürchtenden Ver-lockung, die schon Adam zu Fall gebracht hatte. Als Sekundärnomaden waren sie dagegen besonders mißtrauisch und verbannten sie als chthonische Schlange und Doppelbild der einstigen Partnerin Eva, die davon ihre raffi-nierte Bedeutung bekam, während die erdvertraute Schlange früher doch nur die versöhnende Auflösung in Liebe und Tod ausdrückte, in die man vorzei-ten hinübergeschmeichelt werden sollte, weil wir nun einmal sterben müs-sen. Den Tod aber überließen sie dem strengen Vater und seinem geschlechtslosen Heiligen Geist, von dem man nicht genau weiß, wie er aus-sieht, nicht mehr der allschaffenden und erbarmenden Jewha (Eva mit ihren Liebestauben). Geisterhaft spukte nun auch der Tod in den Gespensterge-schichten und verbreitete Furcht, mit seiner von Kronos geliehenen, kastrie-renden, entmachtenden Sense und seinem unerbittlichen Stundenglas. Dar-über tröstet uns kaum mehr ein Erzengel Michael, auch wenn er uns unter seine riesigen Fittiche nimmt, die er seinerseits in den frühchristlichen Dar-stellungen [8]) der Kopten von den Schwingen der beschützenden Isis und Nephtys geborgt hat, in einem Land, dem selbst Adler und Geier noch nicht Herrschsucht und Gier, sondern Brutpflegetugenden und damit Mütterlich-keit bedeuteten. [9])

Vom Weltenbaum der Erkenntnis aßen wir uns nur mehr den Tod, verführt durch eine satanische Schlange, das neugeborene, säuberlich vom Guten abgetrennte Böse in Weibergestalt: nicht mehr *auch* und vor allem, die Liebe. Diese beiden einst verschmolzenen Aspekte wurden von den neuen patriar-chalischen Gesellschaften zu unser aller Schaden getrennt, machten uns bald Angst und stifteten viel mehr Unheil als zu den Zeiten, in denen sie noch, mit-einander verschweißt wie Gut und Böse, hingegeben unbeschwerte Liebe und einen ebensolchen freundlichen Tod bescherten.

Wer will heute noch sicher wissen oder auch bestreiten, daß der macht-lüsterne Äneas, wie Homers Odysseus Schöpfung eines großen Dichters mit durchaus politischem Bewußtsein, in der Absicht gezeichnet wurde, die kre-tisch-etruskische Vergangenheit, die zwar verachtet, aber auch nicht ausgelas-sen werden sollte, in der Darstellung des Vergil noch nachträglich zu rechtfer-tigen? Haben die Römer doch auch später die von Claudius sorgfältig gesam-melten etruskischen Überlieferungen so merkwürdig fast lückenlos ver-schwinden lassen, als hätten sie schon damals etwas von Orwells organisier-ter Geschichtsvernichtung gehört.

Darstellungen der Großen Göttin auf Goldschmuck aus den Gräbern von Mykene verraten in der betonten Männergesellschaft noch die Präsenz der Großen Mutter.

Troja mit seiner auch von Schliemann nicht erwarteten und daher unterspielten langen Vergangenheit mediterraner Muttergöttinnen war (nur mehr in Gestalt unauffälliger Schmuckanhängsel erhalten, [10]) oder kryptisch, wie in der löwenflankierten kretischen Göttinnensäule [11]) im Tordreieck oder auch in den Goldfigürchen aus den Schachtgräbern von Mykene) eine einst durchaus matriarchale Stadt, die sich zu einer noch nicht abgewerteten Hera, zu einer noch nicht zur Liebeshandlangerin degradierten, aus Meerschaum und Abfall-Ejakulat von Uranos geborenen Aphrodite, sondern noch zu einer mächtigen Muttergottheit bekannte, deren Zurechtweisung erst eben jener Äneas betreiben würde, der dann nur mehr den Vater Anchises in edler Sohnestreue aus der brennenden Stadt tragen sollte. Von dessen Verehrung für die Stammutter Venus hielt er natürlich auch nichts, die ließ er wie anderen weltanschaulichen Ballast wohlweislich im eingeäscherten Troja zurück. Auf die gleiche Weise würde er sich dann von der lebendigen Begegnung mit der karthagischen Dido belehrend und verletzend distanzieren, von jener Dido, die doch auch nur eine andere Ausprägung der Magna Mater des Mittelmeerraumes war oder die die Phönizier samt Kultur und Schrift aus anderen bedrohten libanesischen Häfen mitgebracht hatten.

Auch daß der Zorn der Römer auf das leidige Karthago so grenzenlos war, daß sie es so unermüdlich bekämpften, sagt etwas aus: Während ihre „Feinde" sie zunächst mit milchverspritzenden Frauen zu beschwichtigen und von ihren friedlichen Absichten zu überzeugen trachteten, trieb die Römer ihr verräterisch mächtiger Zorn auch dazu, die endlich eroberten Fluren mit Salz zu bestreuen, um sie auf lange Zeit unfruchtbar zu machen — die Anbauflächen einer ganz gewöhnlichen, noch ein wenig muttergeordneten Kultur, die mit weiblichem Fleiß und männlichem Ingenium und Handelsgeschick reich geworden war, aber nicht zu unterjochen, nur auszurotten, so wie einst schon

133

die Griechen alle ihre „amazonischen" Nachbarn, die auch nur in Ruhe gelassen sein wollten, samt deren Denkstrukturen vernichteten.

Daß Äneas, um sich mit dem Anschein der Rechtmäßigkeit den Zugriff auf den Reichtum und die Überlegenheit einer ausgewogenen Kultur zu sichern, die er aus taktischen Gründen verachten muß, vorgibt, ihr zu entstammen, ist raffinierteste Dichtung, den genialen Gedankenflügen und Zwecklügen risikofreudiger männlicher Habenichtse aller Zeiten ebenbürtig.

Auch die christliche Kirche desavouierte und verfolgte die Magna Mater so lange als Götzenbild, bis die männerbündische Dreifaltigkeit genügend etabliert war, um die emotional nötige Hinzufügung einer Muttergottheit Jahrhunderte später in Ephesos ohne Schaden zu überstehen — ohne diesen Konzilsbeschluß wäre sie höchstwahrscheinlich von anderen, für Laien attraktiveren Religionen überholt worden. Diese Maria war dann einzig Jungfrau und Mutter, niemals eine Person mit eigenen, den männlichen korrespondierenden Rechten, und schon gar nicht und nirgends gefährliche Frau. Erst im Mittelalter konnte sie dann ihre entblößten Brüste wieder stillend präsentieren, ohne die Gläubigen auf heidnische Gedanken zu bringen!

Der männlichen Findigkeit waren auch sonst keine Grenzen gesetzt: Die gleiche Quadratur des Kreises gelang mit den architektonischen Träumen der Kathedralen, in die alle lebendigen Triebkräfte der Menschen mit ihrem konfliktgeladenen Spannungsverhältnis von männlich und weiblich eingespeist werden konnten, indem sie mit ihren Türmen phallisch-ehrgeizig den Himmel stürmten, in ihrem Inneren aber noch die Geborgenheit eines Mutterschoßes und Gemeinschaftsillusionen boten. Und noch später sollten Wohnhochhäuser und vor allem das Auto, dieses Universalsymbol des Glücks, Triebbefriedigung bei voller Anonymität ermöglichen; das Haus auf Rädern darüber hinaus auch noch Mobilität, scheinbare Aktivität, Geschwindigkeitsrausch und Aggression, verborgen oder gepanzert — ozeanische, einst sexuelle oder religiöse Gefühle, aber dennoch in weitgehender Distanz von jenen Menschen, zu denen sie einst die Brücke darstellten, die man aber nun, im Zustand der Übervölkerung, doch nicht mehr so nahe möchte.

Hera jedenfalls war einst eine sehr mächtige pelasgische Göttin, welche die einwandernden Eroberer nur schwer unter Kontrolle bringen konnten, letztlich nur, indem sie ihren donnernden Gott ehelich an sie banden; auch dies gelang nur mit List und zunächst in Form einer Heiligen Hochzeit, von der man sich später wieder scharf absetzte. Ihre Trabanten, die Löwen aus ganz alten Zeiten, drängen sich noch an ihre Kultsäule am Tor von Mykene, aber der Nemäische Löwe, den sie (bei Hesiod) einst aufgezogen hat, wird bereits von Herakles in einer seiner ersten Heldentaten erlegt, vom schmied- und

Das Löwentor von Mykene, 14.–13. Jahrhundert v. Chr. Die Kultsäule in der Mitte nimmt wie in anderen kretischen Darstellungen symbolisch die Stelle der Muttergöttin ein.

stierhaften männlichen Kraftprinzip, das sich bei den Griechen nicht in diesem Leben, wie in anderen Kulturen, sondern erst im jenseitigen Olymp mit dem weiblichen Prinzip versöhnt und im Diesseits an den Frauen nur Rache übt. So wie Herakles schon in der Wiege die Schlangen, die Unsterblichkeits- und Wiedergeburtssymbole der uralten Muttergöttinnen Maltas oder Kretas tötet, zögert ja auch Apoll nicht, schon als Baby mit ihrem delischen oder delphischen, der unterirdischen Mutterwelt zugehörigen Drachengewürm kurzen Prozeß zu machen.

Hera als Hegerin des Lebens, Reliefpithos aus Theben, 680/670 v. Chr. Aus ihrer Krone sprießen Reben, ihr Gewand hat die Form hölzerner Opfergaben an sie.

Hera beschützt die neue Einehe bereits in seinem Sinn und ist daher auf Zeus und seine Söhne mit anderen Frauen eifersüchtig. Er vertritt den nicht-mütterlichen, patriarchalischen Ursprung des Lebens, wonach der Vater als der wichtigere Erzeuger nicht mehr in dienender Beziehung zu allen Frauen (wie die Daktyloi der Großen Mutter) und schon gar nicht einer einzelnen Frau verbunden sein muß, sondern seinen Samen, wie in Bestätigung der Soziobiologen, seine „egoistischen Gene" als göttliche Gabe allen Frauen weitergeben möchte.

Dieser donnernde Prinzgemahl der Hera, Zeus, der anfangs brav und unter-geben meist vor oder neben ihrem Thron abgebildet ist, ist ein relativ später Zuzug, ebenfalls ohne Schöpferqualitäten. Die Indogermanen brachten ihn mit; seine Geschichte ist dem orientalischen Mord-Sukzessionsmythos des 2. Jahrtausends entnommen (z. B. Alulu — Anu — Kumarbi — Teschub bei den Hurritern). Dazu kamen die vielen kretischen Höhlenkulte, in denen Geburt und Tod der verschiedenen Vegetationsgötter gefeiert wurden. Sein Mythos konzentrierte sich dann immer mehr auf eine einzige Höhle und ließ den Tod- und Wiedergeburtsteil einfach weg, während er sich das Kultbeil im Kontext seiner eigenen Himmelskraft und Blitzkonnotation einverleibte. Seine ursprünglich mitgebrachte Gattin Dione wurde dabei ebenfalls zurück-gelassen (seine erste griechische Frau Metis wird er verdauen, die zweite, The-mis, verlassen, und auch der Gattinnen Eurynome, Demeter, Mnemosyne und

136

Leto wird er sich entledigen, um der großen ägäischen Göttin — Hera — näherzukommen, die er erst listig überwältigen muß.) Alles, was er selbst besaß, war ein Freiluft-Heiligtum in Dodona und ein bronzener Kesselwagen mit Schallbecken, durch dessen Bewegung man um Regen bat, wie man einst in hohlen Eichbäumen dafür getrommelt hatte (etwas, das schon rangerpichte Schimpansen in ihren „Trommelbäumen" oder mit Blechdosen machen, [12]) um zu imponieren!).

Im 19. Jahrhundert betrachtete man die viel größere Hera in der Gelehrtenwelt Europas dann schon als „die weibliche Seite des Himmels, also die Luft, das zugleich weibliche fruchtbare, aber auch am meisten wandelbare Element der himmlischen Elementarkraft"; [13] sie verlor dann über die Religionswissenschaften immer mehr Eigenschaften, bis sie überhaupt nur mehr als eifersüchtig keifende Gattin des Zeus existierte.

Inzwischen hat die Archäologie aber ihre Kultorte als viel älter erwiesen als die des Zeus oder gar Apollo. Sie umfaßten immer auch ein Haus, auf das vermutlich die Entwicklung der gesamten griechischen Tempelarchitektur zurückgeht. [14] [15]

Für Herodot war sie nur eine der vielen weiblichen Gottheiten der im Anbau überlegenen Urbevölkerung. Aber zum Unterschied vom unkreativen Zeus, der seine Menschen vom Themis-Sohn Prometheus schaffen und von der Metis-Tochter Athene beseelen lassen mußte, war Hera eine alteingesessene, schöpferische Allerzeugerin, Herrin der rinder- und rossenährenden

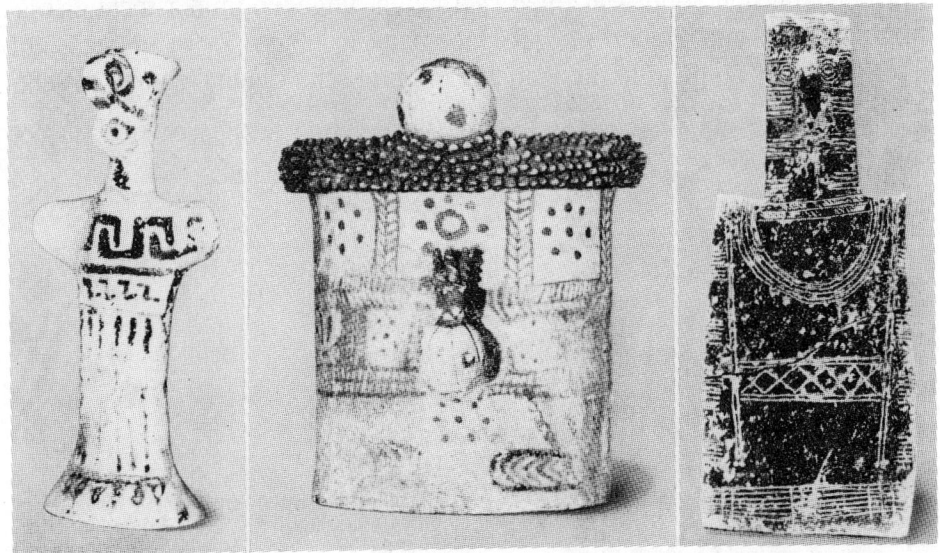

Tönerne Brett-Idole aus Böotien und Zypern (rechts), Weihegeschenke an Hera, 6. Jahrhundert v. Chr.

137

argivischen Ebene, wie einst die später vereinnahmte Danae, und nach den achäischen Gründungen in Italien auch die Hüterin dieses Weidelandes, während die Kornkammer Sizilien Demeter und Kore geweiht war. Die Bronzebeile der Rinderopfer waren damals ebenfalls Hera heilig, die es noch fertigbrachte, Seefahrer und Weideland in gleicher Weise zu schützen. Die Weidegraskrone war auch ihr Brautschmuck, und ihre einst festlich bekleideten hölzernen Brettidole des 3. Jahrtausends, später in Ton nachgeahmt, fanden sich in Massen. Noch die vielleicht pontischen Herren von Mykene stellten sie, trotz betont männlich-demokratischer Allüre, in ihrem Goldschmuck der Schachtgräber (an den schon die Schatzfunde von Varna erinnern) auf vielerlei verschiedene Arten dar. [16])

Aber in der belebten Idolplastik des 11. und 10. Jahrhunderts v. Chr. klettern schon die Männer neugierig auf das Dach ihres Schreins, um sie von oben zu belauschen. (Aus Ozeanien, Neuguinea, Australien, Innerafrika und von einigen indianischen Kulturen sind auch Mythen erhalten, nach denen Männer Frauen bei ihren Riten beobachteten, dann ihre Requisiten entwendeten, die ihnen die „Macht" gaben, um sie auf ganz andere Weise weiterzuüben: manchmal kombiniert mit dem Getreide-, Mais-, Reis-, Maniok- oder Feuerraub!)

Frauen sind leicht genug domestizierbar, um alles auch ohne Machtkampf abzugeben, liebend; bei Männern bedarf es dazu eher der Gewalt. Offenbar haben die alle ihre Erziehungssysteme für Frauen entwickelt, sie und ihre unwiderstehlichen Söhne entzogen sich ihnen hingegen immer recht erfolgreich, während nur Frauen und Töchter danach lebten. Es ist einfach, auf einer gewissen Kulturstufe die Frau aus ihren unschuldigen Geburts-, Wachs-

Tonnachbildung eines Tempelchens mit Göttin, 10. Jahrhundert v. Chr. Neugierige Männer auf dem Dach eines Kultbaus der Großen Mutter beim Versuch, ihr sakrale Geheimnisse zu entreißen.

tums- und Heilgeheimissen herauszuschrecken, die „entlarvt" oder ihr entrissen und durch viel „gescheitere", aber ebenso absurde männliche Götter- und Produktivitäts-Ideologien ersetzt werden, welche meist viel gefährlicher, oft tödlich sind.

Hephaistos, der auch mit dem Daidalos Kretas identifiziert wird, der Sohn Heras „aus ihrer geheimen Verlobungszeit mit Zeus", nach Hesiod von ihr auch parthenogenetisch erzeugt, jedenfalls ohne Ehe und mutterrechtlich, der verkrüppelte Meisterhandwerker oder Vulkangott, der auf Lemnos das Feuer erfindet und dort kunstgerecht und allein die erste Frau aus purem Gold schmiedet (nicht aus Ton wie Prometheus Männer und der Götter üble Pandora!), ist schon bei vollem männlichen Selbstbewußtsein: klein und mickrig, aber ungebärdig und gewalttätig, Telchin, Daktylos oder Kuret, Gynäkologe und Zauberer, dessen metallener Phallos wie eine Herme verehrt wird. Er galt auch als einer von drei schmiedeeisernen Brüdern, den die beiden anderen als Hammer und Amboß totgeschlagen oder zum Messer geschärft haben, und war Begleiter der phrygischen Muttergottheit Adrasteia, vielleicht bereits jener von Haçilar. Schon Prometheus bemüht sich aufbegehrend darum, den (einst weiblichen) Himmel zu stürmen; es mißlingt und sein Sturz ist fürchterlich; er büßt zeitlebens am Kaukasus dafür. Aber auch Hephaistos ist noch nicht siegreich und attraktiv genug für die Welt, er paßt keinem so recht. Selbst seine Mutter Hera schämt sich seiner Lahmheit und seiner „unehelichen" Geburt so sehr, daß sie ihn ins Meer wirft, wo ihn Thetis rettet.

Erst Zeus gelingt der Durchbruch. Mit dem Donner und Blitz auch feuerspeiender Berge wird die Welt endgültig männlich. Zuletzt schleudert er noch den Ätna nach Gaias schlangenköpfigem Vulkan-Sohn Typhon (dem Illuyanka der Hurriter, den der Wettergott besiegt!), wie er auch in den Titanenkämpfen die Regimenter des Kronos, die aus den Blutstropfen seiner Entmannung entstanden sind, besiegt hat — seine Vulkane sind die besseren!

Hephaistos aber bleibt der unschätzbare Mittelsmann des Umsturzes, das Ausführungsorgan: Nicht nur Waffen, Donnerkeile und Rüstungen schmiedet er, sondern auch den kunstvollen Thron, mit dem er Hera, die sich seiner geschämt hatte, am Himmel befestigt („Ich habe keine Mutter", behauptet auch er, wie einst Athene im Areopag, die die ihre im Streit um das neue Vaterrecht verleugnen und damit Orests Muttermord entschuldigen würde), ferner den Goldfaden, mit dem Zeus sie später aus der Luft herunterhängen läßt, ihre Beine mit Ambossen beschwert, weil sie gegen *seinen* unehelichen Sohn Herakles intrigiert hat, und das Netz, in dem Ares und Aphrodite sich fangen, als sie Hephaistos betrügen. Die Göttin von Liebe und Schönheit hat sich der Schmied zur Frau erzwungen, als er Hera wieder befreite. Aber da er nicht ihr Geschmack ist, betrügt sie ihn. Das allerdings ist nun Frauen nicht mehr erlaubt, auch keine freie Partnerwahl, sonst auch nicht viel, und jedenfalls können sie nun bestraft werden — das ist die Botschaft dieser Mythe. (Dabei war die kriegerische Aphrodite in Theben tatsächlich die Gemahlin des Ares, und eine der thebanischen Aphroditen hieß Urania. Alle dem Zeus entsprechenden obersten Götter des Orients sind mit Liebes- bzw. Himmelsgöttinnen vom Typ Urania verheiratet, und auch Hera nimmt aphroditische Züge an, leider zu wenige, um ihn in Schach zu halten.)

Homer, der selbst aus einer anderen, kleinasiatischen Sozialstruktur stammt, hilft den Griechen dann weiter, die alten Bindungen zu überwinden, indem er die Hunderte von Jahren zurückliegenden Raubzüge und Handelskriege der Mykener zu Heldentaten verherrlicht. Der sprachmächtige Dichter, der die Träume der Menschheit in die abenteuerliche Realität der Vergangenheit setzt, läßt aber auch vergessen, daß der listenreiche Odysseus ein sowohl verbrecherischer wie wunderlicher Mensch ist. Zwar heiratete er nicht mehr in lange matrilinear und -lokal vererbten königlichen Besitz ein, sondern ist selber schon patriarchaler Erbe, fühlt sich aber zu Hause nicht wohl und muß sich erst profilieren — auch wenn es so lange dauert, bis sein Sohn fast erwachsen ist. In all dieser Zeit verteidigt niemand Penelope und ihr Gut, sie kann das offenbar noch sehr gut allein. Er hilft ihr weder beim Aufziehen seines zukünftigen Heldensohnes noch beim Bewirtschaften des Besitzes, der nun plötzlich seiner ist. Bisher hätte sie nach dem herrschenden Recht diesen Besitz mitsamt ihrer Hand an jeden beliebigen Freier vergeben können: daß sie es nicht tut, macht sie ja so sehr zur Vorzugsschülerin des Patriarchats — genau das brauchte man. Die Liebe war ihr dazwischengekommen; auch das ein weiblicher Beitrag zur Unterwerfung des eigenen Geschlechts! Nach hergebrachter Auffassung waren die Freier ja nicht bloß böse Prasser, sondern durchaus legitime Anwärter mit ernsten Absichten, vielleicht vor allem auf das blühende Hab und Gut, aber auch auf die immer noch ansprechende Hand einer stammesfürstlichen Erbin. Sie investierten Zeit und Vermögen und trugen gewisse Risken, unterstützten dabei aber den Lauf der Natur und füllten Vakanzen (nicht anders als Odysseus selbst in seiner Jugend am Hofe Helenas. Dort gibt er, weil er zu arm ist, Geschenke mitzubringen, ihrem Vater den Rat, [17]) alle Freier schwören zu lassen, den zukünftigen Bräutigam zu beschützen — die zwangsweise Einführung eines Männerbundes. Damit ist Helenas Vater auch gedient — allerdings werden die durch den Raub der Helena in Kraft tretenden Loyalitäten dann den Trojanischen Krieg auslösen!).

Daß Telemach, der Sohn, über die Anwesenheit der Freier nicht sehr begeistert ist, weil sie das Erbteil schmälern, das ihm nun seit neuestem zusteht, und weil sie als Gäste zu behandeln sind, ist begreiflich. Sie schränken ihn ja auch als zukünftigen Gatten ein, während er früher, im Gegensatz zu Töchtern, überhaupt nichts geerbt hätte, sondern sich anderswo in die Wolle hätte setzen müssen!

Die Spartanerin Penelope, vom Patriarchat mit Recht hochgepriesen und bejubelt, stellt mit ihrer sekundären Entscheidung also einen Wendepunkt zur Herrschaft der Männer und Väter dar, obwohl das vielleicht gar nicht ihre Absicht war, sondern nur ihrem normalen Selbstgefühl als Lakonierin entsprach: Als das Brautpaar nämlich abreist, fährt der Vater ihm nach und will es zurückholen, also auf der alten Matrilokalität beharren. Odysseus aber wird zornig und lehnt ab, besteht auf der den Mann begünstigenden Patrilokalität seiner Vorstellung oder Gesellschaft — worauf sie schweigend ihren Schleier herabläßt und damit ihren Gehorsam gegen den Gatten bekundet.

Diese ihre frühe Selbstverwirklichungswahl und vermeintliche Individualisierung geht dann allerdings in *seiner* Individualisierung unter. Sie hat damit jedenfalls ihre traditionelle (Frauen-)Gemeinschaft verlassen, Mutter und eventuelle Töchter vergessend, für ihre Söhne und ihren listigen, aber moralisch nicht ganz einwandfreien Mann optiert, der in der Folge, unbehindert von ihr, alles Machbare macht — aber sie tut es ohne Zwang. In zwanzig Jahren entspringt der Ehe nur ein einziger Sohn, Telemachos, der der Sage nach übrigens zuletzt genau jene Kirke geheiratet haben soll, die sein Vater zurückgewiesen hat — also ein Versuch der Wiedereinsetzung der megalithischen Großen Mutter und ihrer Heiligen Hochzeit. Jedenfalls wächst er ohne seinen klugen Vater auf, denn dieser muß sich in einer Reihe listenreicher Abenteuer und Kriege in der Welt umtun. Wenn sich einer, wie der selber „findige" Palamedes, vom Kriegsdienst drücken will, durchschaut Odysseus das sofort, hat er es doch einst selbst versucht. Der „Hasser" (von odassesthai = hassen, zürnen) verleumdet ihn also zuerst und schmuggelt Gold unter sein Zelt, bezichtigt ihn in einem gefälschten Brief des Diebstahls und läßt ihn dann von der Armee steinigen (oder ertränkt ihn beim Fischen). Feine Manieren! Odysseus ist klein und häßlich, kein Kämpfer, aber ein guter Redner, d. h. Lügner. Auf Spähtrupps bewährt er sich zweimal auf recht hinterhältige Weise: beim Ausfragen und Töten von Dolon und beim Niedermetzeln des neueingetroffenen thrakischen Königs Rhesos. Er ist also viel gefährlicher als sein Urbild, der armenische Trickster oder Gaukler Gurparanzakh, und er wird viel ernster genommen, als es seiner Rolle zukäme, zumindest in Homers Triumph- und Heldenvariante. Als Ajax die Leiche des Achill vom Schlachtfeld birgt, überredet Odysseus alle, daß dessen Rüstung ihm selber gebühre — Ajax verfällt darauf in einen Anfall von Wahnsinn und begeht zuletzt Selbstmord.

Odysseus erfindet das Trojanische Pferd, aber er ist auch die treibende Kraft bei der Tötung von Hektors kleinem Sohn Astyanax. Und er lockt Iphigenie nach Aulis. Die Manngöttin Athene, diese Verräterin ihres eigenen Geschlechts, ist dabei immer seine Beschützerin. Nach der Liquidierung aller hergebrachten Erscheinungsformen des Weiblichen (als Kirke, Kalypso, Sirenen, Harpyen, stymphalische Vögel etc.) räumt er noch mit den Freiern seiner demütigen, standhaften neuen Ausnahmefrau auf. Die Odyssee endet, als Zeus ihn davon abhält, seine flüchtenden „Feinde" zu verfolgen (was kein Tier mit seinen Rivalen tun würde!) und er wieder auf eine Weile in Abenteuer verschwindet, während sie seinen zweiten Sohn Ptoliporthes, „Verheerer der Städte", zur Welt bringt. Der Mythos gibt ihm dann einmal einen „sanften Tod auf dem Meer", vielleicht aber auch heiratet er noch zu Lebzeiten Penelopes in Thesprotien die Königin Kallidike. In einer anderen Version verliert er eine Schlacht und wird von ihrer beider Sohn abgelöst, vielleicht jedoch fahndet Telegonos, sein Sohn mit Kirke, nach ihm und tötet ihn „unwissentlich" mit einem Stechrochenspeer, oder aber die Sippe der Freier stellt ihn unter Anklage, gewinnt und schickt ihn in die Verbannung nach Ätolien, wo er den Rest seines Lebens bleibt und mit einer dortigen Königstochter einen weiteren Sohn produziert.

Mit Penelope jedenfalls war das jetzt nötige Idealbild der duldenden Frau geschaffen, das nicht wie Isis den schwachen und wenig fähigen, vielfach bedrohten Mann retten soll, sondern durch eigenen Verzicht den aktiven, abenteuerlustigen, sich über alle Schranken hinwegsetzenden Mann ergänzen und begünstigen! Darüber vergißt man, warum sich ihr Partner so lange in der Welt herumtreibt, während sie zu seelischer Inaktivität und einem eher inhaltslosen Leben verurteilt ist, allein daheimsitzt, und welchen Sinn es haben sollte, plötzlich und ohne ethische Antriebe den neuen Besitz an Land, Frau und Kind zu verlassen.

In Homers Epos werden große soziale Umwälzungen erspürt, dichterisch festgehalten und zementiert, wird eine totale Umwertung alles dessen vorgenommen, was damals, aber in gewissem Sinn auch heute, moralisch genannt werden könnte, und wir bemerken es überhaupt nicht! Wir schalten unseren Verstand vor den schillernden Bildern aus und bewundern sogar die Betrügereien, die Odysseus begeht, und die Katastrophen, die er auslöst, sympathisieren mit seiner selbstgerechten Standhaftigkeit, die ihn den Gefahren und Fallstricken des Ewig-Weiblichen in jeder Gestalt entgehen läßt, die nur mehr die anderen in präadoleszenter Gestalt zu Schweinen machen, wenn sie doch nur darin Erfüllung finden, ihren natürlichen Impulsen zu folgen!

Es ist ein großes Programm, das hier dichterisch eingekleidet ausgebreitet wird, ein männerbündisches Programm der Landerweiterung und dennoch juvenilen Absentierung von der „minderwertigen" Arbeit des Ackerbaus, bei der das Weibliche, das eine gewisse Macht über Männer haben könnte, in die Schranken zu weisen ist, um nicht vom Kampf abzulenken.

Aber auch die Göttinnen Hera, Aphrodite und Athene müssen sich jetzt vom sterblichen Paris sagen lassen, welche von ihnen die Schönste ist, und seine Wahl geht prompt schief. Auch hier eine Umkehr der Verhältnisse: *Sie* müssen sich jetzt auszeichnen, der Mann wählt, wo sonst das Gegenteil üblich war. Aber das ist wohl nur nachträgliche Rechtfertigung, Ideologie oder Propaganda: Frauen haben einfach nicht einmal mehr als Göttinnen wirkliche Macht oder Rechte oder Wahl, sie haben es nur freudig hinzunehmen, wenn sie gewählt werden.

In den ältesten Darstellungen der Szene sind übrigens die drei Grazien oder Göttinnen völlig solidarisch und ununterscheidbar, wie in feierlicher Prozession, und erschrecken durch ihr Erscheinen den sterblichen Paris, der davonläuft. Der Apfel gehört zu den Geschenken, die die gabenspendenden Charitinnen oder die dreigestaltige Große Göttin den Menschen überreichen. In den Kyprien gibt es ein Märchen, in dem Nymphen einen jungen Mann reich gemacht haben und dann von ihm verlangen, sich für eine von ihnen zu entscheiden. Er kann es nicht und sie reißen ihn in Stücke — aber das hätten sie auch getan, wenn er es vermocht hätte! Der Inhalt ist am ehesten die Abhängigkeit des Menschen von den göttlichen Mächten: Sein Leben und Reichtum sind in ihren Händen, und die Angst des Fliehenden ist nur zu berechtigt. Das Thema erinnert auch an den Artemis-Aktäon- und an den Pentheus-Formenkreis.

Daraus wird erst viel später eine Entscheidung über Lebensentwürfe oder -prinzipien, die als eine Art von Bestechungsversuch ins Spiel kommen, und erst nach weiteren Jahrhunderten unser „Paris-Urteil", in dem aus dem ängstlich Flüchtenden ein Frauenheld geworden ist; eine Rationalisierung, bei der Frauen männliches Wettbewerbsverhalten unterstellt wird, was ihre Gruppe aufsprengt. In den alten Bildern ist noch nichts von Konkurrenzstreben zu bemerken. [17]

Die weise Kolcherin und Seherin Medea, die sich ihren Iason in den Kopf gesetzt hat, wird zur Hexe und mörderischen Zauberin gestempelt, auch wenn zuerst ihre alte Magie zur Erlangung des Goldenen Vlieses sehr notwendig für ihn gewesen ist; sie hat sich ja auch nur aus Liebe zu ihm dazu überreden lassen, ihm diese Zauberkraft zur Verfügung zu stellen. Wenn sie diese aber später für ihr eigenes Lebensglück einsetzen will, um ihn zu halten, wird es sofort zum Verbrechen. Wer benutzt da wen?

Ein anderes Randgebiet, das kleinasiatische Lykien, ist die Gegend der ursprünglich weitverbreiteten Mythen der Titanentöchter, die wie Eos-Morgenröte oder Selene-Mond sich noch in aller Freiheit ihre Geliebten eigener Wahl, wie Kephalos, Phaëton oder Endymion nicht nur selber aussuchen, sondern dann auch in den Himmel entführen, wie es später allein Zeus und den männlichen Göttern vorbehalten sein wird. Die Vorstellung der ihren Liebhaber selbst wählenden, freien Göttin taucht hier vielleicht zum letztenmal auf. Dann werden sie bald zu den Scharen der Keren, der frühgriechischen Todesdämonen in Sphingengestalt, deren unerbittliches Töten oft grausames Zerfleischen und immer irreversibel ist.

Das Atridengeschlecht entwickelt sich parallel zu den Ereignissen der Odyssee. Klytämnestra ist sozusagen ein negatives Frauenmodell gegen die „neue Weiblichkeit" der Penelope. Bei diesen Tantaliden ist anstelle der natürlichen Werbung der gesamten Tierwelt die Gewalt getreten, und daneben etwas wie Kindesmißbrauch, wie wir ihn auch heute kennen; dieser mag überhaupt einige der größten Tragödien in Bewegung gesetzt haben und in mutterzentrierten Gesellschaften seltener sein.

Tantalos, der seinen Sohn Pelops schlachtet und den Göttern, denen er schon Nektar und Ambrosia entwendet hat, probehalber als Mahl vorsetzt, um festzustellen, ob sie den Betrug auch merken, ist der Stammvater der Atriden; und hinter der Geschichte des Ödipus taucht bei näherem Hinsehen rasch sein Vater Laios auf, der den Lieblingssohn des — von den Göttern wieder lebendig gemachten — Pelops, Chrysippos, entführt, weil er sich in ihn verliebt hat. Damit hat die homosexuelle Bindung begonnen, um die aus der vergewaltigenden Nützlichkeitsbeziehung zu den Kindesmüttern entwichene Liebe und Erotik wieder zurückzugewinnen. (Der Vorwand des Laios, er wolle Chrysippos „das Wagenlenken beibringen", mutet ungemein gegenwartsnah an.) Durch Heras oder Pelops' Zorn verfällt der Schänder dem Fluch, den dann wieder sein Sohn Ödipus auszutragen hat.

Pelops allerdings ist auch kein unbescholtener Mann. Er hat sich schon durch Betrug in den Besitz seiner Frau gesetzt, indem er, um sie zu erobern, einen Wagenlenker besticht, auf diese Weise seinen zukünftigen Schwiegervater besiegt und gleich auch zu Tode schleift. Frauen werden nicht mehr gefragt, sondern ihren Vätern im Wettbewerb abgewonnen, wie auch eine Odysseus-Version erzählt. Seinen Lenker, den Mitwisser, wirft Pelops ins Wasser und tötet ihn auf diese Weise — das alles sind neue Töne im Zwischenmenschlichen.

Aber auch die sagenhafte Figur des Königs von Theben, Ödipus, wurde von den Dichtern entsprechend bearbeitet: In Sophokles' Fassung wird der Leidgeprüfte, den Freud wieder in unser Bewußtsein gerückt hat, fast zum Leitbild Europas. Wer aber kennt schon die Vorgeschichte? Der Frevel seines Vaters Laios wird überall weggelassen oder als irrelevant verdrängt. Laios hat jedenfalls zu seinem Vergnügen und aus Liebe den schönen Chrysippos mit sich genommen — was er mit ihm anstellt, können wir nur raten. Einzig Hera regt sich über den „Schänder" auf, alle anderen schweigen, aber der Junge bringt sich nachher um.

Hera oder der rächende Vater Pelops verhängt oder erwirkt einen Doppelfluch: die Sphinx oder Seuche über Theben, und den alten hurritisch/hethitischen Fluch der Königsmord-Sukzession, nämlich von der Hand des Sohnes zu sterben. Um dem zu entgehen, setzt Laios den im Trunk gezeugten Sohn aus, nachdem er dessen Füße durchbohrt hat (Gattinnen haben ja kein Einspracherecht mehr).

In Korinth von Pflegeeltern aufgezogen, aber durch Orakelsprüche beunruhigt, flieht Ödipus seine Zieheltern und die Prophezeiung, gerät dabei an einem Kreuzweg mit einem Fremden in Streit um die Vorfahrt, tötet ihn und heiratet dann die Witwe dieses Königs, der aber sein wirklicher Vater ist, den einen Teil des Fluches erfüllend.

Die an den echten Eltern und Blutsverwandten (durch die neuen Züchtungsverfahren besaß man ja nun das Zeugungswissen) begangenen Taten sind aber natürlich nichts anderes als, nun in neuem Kontext, die immer wiederholte Hochzeit mit der Großen Mutter, die Opferung des jahreszeitlichen Kultpartners oder Vegetationsheros! Mit dem Umschlag des alten Weltbildes und durch die „Entdeckung" des leiblichen Vaters in die Realität übertragen, wird der Vorgang dann anstößig, was diese neue Darstellung verdeutlichen soll, die ja die beabsichtigte Abschaffung bezweckt. Vielleicht aber dient auch der ganze Inzestskandal um Ödipus, der sich seiner Mutter nähert, nur zur Ablenkung vom eigentlichen Skandal, nämlich seiner Thronusurpation — vor *ihren* Kindern? Dieses Machtproblem nämlich tritt jetzt überall immer mehr in den Vordergrund und löst sich dabei aus den alten Verquickungen mit der „Liebe", die es noch bei den Primaten so schön in Schach gehalten hatte!

Die Mutter und Gattin Iokaste gibt sich in der späteren Fassung des thebanischen Mythos, der Oidipodeia, schon den Tod, wie vorher Chrysippos: Beide haben keine Wahl mehr, Töten ist Mode. (In der Thebais bleibt die Muttergeliebte Iokaste-Epikaste-Euryganeia noch am Leben.) Ödipus blendet [19]) sich zur Buße, während sein Mythenvorgänger Orion *geblendet wurde,* als er seine Ziehmutter *vergewaltigte,* noch nicht legal heiratete!

Man wird den Verdacht nicht los, daß das Abendland sich zwar als schuldlos-schuldiger Ödipus fühlen möchte, eigentlich aber wie sein Vater, der

Betrüger und Kinderschänder Laios, verhält, der verborgene, von uns verdrängte Anstifter aller dieser Übel und Schwierigkeiten, zu denen man sich nicht gern bekennt. Darin sind wir Meister, darauf beruht die Spannung vieler unserer Dramen. Auch den Schwager des Ödipus, den Hitler nicht so unähnlichen Kreon, [20]) vergessen wir gern, der Antigone mit dem Bestattungsverbot quält und das Patriarchat vollendet — als einzig Überlebender einer Familie, die sich mit seiner Hilfe selbst und gegenseitig ausgerottet hat. Die Identifikation mit diesem Kreon stünde uns wohl besser an als die mit dem nur leidenden Ödipus, dem archaischen Wachstumsopfer, der, von seiner Tochter Antigone betreut, weiterlebt.

Die Griechen mußten nur noch danach trachten, ihre Frauen vom Theater fernzuhalten, in dem sich der Solidarisierungsprozeß der Männer über den Dramen des Aischylos am glattesten vollzog. Der brachte es fertig, die „mutterlose" Athene, als nicht von einer Frau geboren, im Areopag, dem Blutgericht von Athen, für die Männer stimmen zu lassen und so die Entscheidung für das Patriarchat herbeizuführen. Das Drama, in dem die Griechen ihre Schuld und Hybris abführten und austrugen, mit seinen auf Katastrophenhöhepunkte zutaumelnden, kompromißlosen Handlungen, war ihre große (Knaben-)Schule (obwohl sie für ihre Verwahrlosung und Aggressionsneurose anderer, systemischer Therapien bedurft hätten).

Die Szene hatte sich nun radikal geändert, männliche Machtergreifung begonnen. Göttinnen vergewaltigte man nicht — man war froh, ihres Schutzes teilhaftig zu werden, in ihre Gegenwart zugelassen zu sein. Sie zu töten war so denkunmöglich wie Nietzsches Gottesmord uns noch vor kurzem. Sobald diese Vorstellungen auftauchten, und das geschah auch in Sumer schon früh, waren die Muttergöttinnen eigentlich schon tot und die Kräfte neu verteilt. Ihre Ikonographie aber behielt man noch erstaunlich lange bei, verband jedoch längst andere Begriffe damit. Zwei Beispiele dafür: In Habuba Kabira [21]), der kürzlich ergrabenen obermesopotamischen Stadt am Kreuzungspunkt zweier Handelswege um 2000 v. Chr., wurden zahllose weibliche Idolfigürchen gefunden, und doch verdankte die Stadt, die ohne Getreideanbau war und nicht einmal Gärtchen besaß, ihren Reichtum einzig dem Handel. Keine Rede von Fruchtbarkeit, hier war die Muttergöttin längst zum Wachstumsfetisch, vielleicht auch eines frühen Bruttosozialprodukts geworden! Oder im englischen Feuersteinbruch von Grimes Graves, [22]) in dem man vor ebenfalls 4000 Jahren eine grobe Nachbildung der mediterranen Muttergottheit in einem aufgelassenen, zum Altar umgewandelten Schacht deponierte, der sich als nicht besonders fündig erwiesen hatte — zusammen mit hochwertigem Feuerstein und Geweihwerkzeugen des Bergbaus, um unmiß-

146

verständlich darzutun, welche Art von „Ernte" man das nächstemal vorzufinden wünschte! Im Namen dieser unschuldig Gebärenden und Vermehrenden und ursprünglich die Geburt schützenden Frauenbilder wurden schon damals Entwicklungen ein- und fehlgeleitet, die uns nicht bekamen: kleine Gotteserpressungsversuche, um, im alten Bild der mütterlichen Geburt, etwas über jenes Maß hinaus zu erhalten, das noch realistisch war, nicht das System sprengte und die Welt aus dem Gleichgewicht warf.

Wir haben es inzwischen mit Industrialisierung, insektizidvergifteten Monokulturen und anderen Naturvergewaltigungen schon ein ganzes Stück weiter gebracht und sind doch nicht glücklicher dabei geworden, nur zahlreicher — ebenfalls über alles vernünftige Maß hinaus. Die Schuld daran, wenn man es so sehen will, trifft aber kaum die Frauen (wer reißt sich schon darum, jedes Jahr ein Kind zu bekommen, bis man an einer dieser Geburten vorzeitig stirbt?), sondern jene, die in sehr vielen Kulturen diese ihre Gebärfähigkeit mißbrauchten, monopolisierten, enteigneten. Wo immer der Frau so ihre „Aufgaben" zugewiesen und Abweichungen davon geahndet wurden (was in fast allen Zivilisationen geschah), war das Gleichgewicht schon anmaßend gestört, der Weg an die Macht zwar militärisch gesichert, das freie Spiel der Kräfte aber verloren.

Wenn die Frauen eine Schuld traf, dann die, sich aus Liebe oder Bequemlichkeit mit den Männern arrangiert, ihre Macht freiwillig um irgendwelcher Vorteile willen an sie abgetreten zu haben; inzwischen ist sie wohl längst abgebüßt. Es wird wieder Zeit für die Humanität, die nur am Anfang und am Ende der uns bekannten Menschheitsentwicklung Platz hat. Im Zusammenhang mit den Griechen hat sie immer einen Unterton von Heuchelei — solange man an die Macht will, muß man auf sie verzichten. Und der moderne Mann konnte ihre Fiktion oft nur dadurch aufrechterhalten, daß er seine „guten Werke" an Frauen delegierte, ihnen die wirklich sozialen Taten an Kranken, Kindern, oder Alten weitgehend allein aufnötigte.

In einigen Kulturen, etwa keltischen, etruskisch-kretischen oder indianischen, unterblieben Zwangsreglementierungen in bezug auf Frauen und Kinder, fehlte der höchst abstrakte männliche Humanitätsbegriff. Vielleicht könnten sie ein Beispiel bieten, welche Art von Leben uns zwar keinen kometenhaften Aufstieg, dafür aber einen verläßlichen Einklang mit der Natur hätte bescheren können, ohne uns ständig bedrohende Selbstvernichtung.

GRIECHISCHER FRAUENALLTAG

In Çatal Hüyük mußten wir Lebensweise und Glaubensvorstellungen der Bewohner noch aus archäologischen Hinterlassenschaften erschließen; aus dem antiken Griechenland sind Belege von beiden in vielerlei Form erhalten, und so können wir uns nun von der athenischen Alltagsrealität der Frauen überraschen lassen.

Für phantasievolle, sich zielstrebig selbstverwirklichende, leicht neurotische Männer waren auch gebändigte und domestizierte Frauen noch nicht ganz ungefährlich. Man mußte sich auch im täglichen Leben gegen sie verwahren, nicht nur in den Mythen. Frauen hatten zu gehorchen, sonst ging es ihnen schlecht. Aber sie taten es, entsprechend indoktriniert oder spontan, ohnehin bereitwilligst: Sie verschwanden in ihrer Gynaikonitis, den privaten Frauengemächern im Inneren der Häuser, unablässig mit Spinnen und Weben beschäftigt, blaß und kränklich von Kindheit an, ohne gesunde Bewegung und unterernährt — sofern sie überhaupt als unnütze Esser und spätere Verzehrer von Mitgiften, die sie sich allerdings selbst hatten erarbeiten müssen, geduldet und nicht gleich nach der Geburt ausgesetzt wurden: alles im Gegensatz zu den in jeder Hinsicht bevorzugten Jungen.

Die sogenannte Blütezeit der Griechen war trotz der haushohen Athene im Parthenon (die ja vor allem ein Sprachrohr des Zeus in weiblicher Form war) ein Tiefpunkt in der Geschichte der Frauen. So isoliert, ungeliebt und ohne Ressourcen lebten sie selten zuvor oder später, zumindest in Europa. Das sollte man im Auge behalten, wenn einen der Philhellenismus verschiedener Epochen mitzureißen droht; für Frauen war das Leben in der griechischen „Klassik" hinter den Kulissen oft schrecklich. Sie waren in jeder Hinsicht so sehr macht- und rechtlos, daß sie sich irgendwo schadlos halten mußten und vielleicht, durch einen traurigen psychischen Mechanismus, [1]) die Seelen vor allem ihrer männlichen Kinder in den formativen Jahren unabsichtlich neurotisierten. Sie machten sie zu ihren Rächern, indem sie die zukünftigen Helden in einen frühen Ehrgeiz und Heroismus trieben. Wie Bammer an den vielen großäugigen weiblichen Monstren wie Medusen, Gorgonen und Sphingen in der Kunst darzulegen versucht, ängstigten sie sie vielleicht früh mit ihrer eigenen Frustration und Gereiztheit und schufen so ein eher negativ besetztes, aber verdrängtes Mutterbild. Jedenfalls neigten sie mitunter eher dazu, statt

148

die Kinder mit Liebe zu verwöhnen, sich ihre kurze Ammenzeit hindurch an ihnen auszuleben, teils um möglichst rasch die gewünschten Resultate vorweisen zu können, teils als auf sie übertragene Vergeltung — sofern sie in ihrer physisch schlechten Kondition und ihrer meist zu großen Jugend die Geburt der Kinder überhaupt überlebten, aber wahrscheinlich auch, wenn sie anstelle einer Verstorbenen als Pflegerin der Waisen (und dann natürlich noch rechtloser, sofern überhaupt möglich) herangezogen wurden. Kinder waren damals ebenfalls nichts besonders Wertvolles, nur Material, fast im Sinne unserer Wegwerfgesellschaft. Als Frau verlor man sie — falls sie Knaben waren — nur zu rasch an männliches Trainings- und Kampfgehabe und an die Homosexualität, die damals zur Aufrechterhaltung dieser Männerbünde notwendig schien.

Sicher taten die Frauen weder als Gattinnen noch als Sklavinnen etwas, den entsetzlichen Heldenkreislauf zu unterbrechen — aus ihrer Spinnstubenperspektive heraus ist das aber verständlich. Eher machten sie ihre Söhne zu den Rächern ihrer getretenen Mütter, einerseits als Helden, andererseits auch wieder an ihren zukünftigen Gattinnen, so kurzsichtig das auch gewesen sein mag.

Die griechische Mutter hatte sehr wenig bei der späteren Erziehung ihrer Kinder mitzureden, ja sie hatte nicht einmal die Macht, sie am Leben zu erhalten, wenn der Vater anderes verfügte. [2] [3] [4] Obwohl die meisterhaften Bildwerke und Vasenmalereien dieser Zeit eigentlich so gut wie alles darstellten, sieht man auf ihnen kaum jemanden mit Kleinkindern zärtlich spielen, Kinder überhaupt sehr selten abgebildet — wenn ausnahmsweise doch, dann außerordentlich kunstlos! Man gab sich, wenn sie weiblich waren, wenig mit ihnen ab, und sie waren auch noch nicht besonders wichtig, solange sie keine liebesfähigen Knaben oder eben Helden waren — und was für windige Helden waren oft das Resultat dieser Nobelverwahrlosung!

Aber Kampfgeist und Patriarchat waren Erfordernisse der damaligen Lebensumstände und viel wichtiger als Liebe oder Charakter. Mehrere Nachbarvölker waren daran, sich die übermütigen Einmischungen und die grenzenlose Expansion der Griechen zu verbitten (darunter oft matrifokale Kulturen), und aus den Geplänkeln wurden leicht Schlachten. Vielleicht auch, um die Aggressionen wachzuhalten, erfand deshalb ja die bildende Kunst neben den zivilisationsbringenden Kämpfen der Kentauren und Lapithen [5] (Sieg über die „primitiven" Wilden ringsum — von denen man aber das meiste lernte!), in denen bereits Attacken auf spärlich bekleidete Frauen dargestellt sind, auch die Amazonenschlacht als beliebtes Thema. Diese rechtfertigte nun die legitime Abbildung nackter schöner Frauen als Feindinnen (was sonst undenkbar gewesen wäre, auch in der gegebenen Situation eines bereits stark gestörten Verhältnisses der Geschlechter). Dieses Motiv gab Gelegenheit, etwas vom Konflikt zwischen Mann und Frau in blanke Aggressionsbereitschaft umzumünzen und indirekt auszuleben. Die zum Unterschied von den „gesitteten" Männern nur schleierzart bekleidet kämpfenden Amazonen (eine Monstrosität, die eben nur in den Wäldern versteckten Primitiven angedichtet werden konnte), diese abscheulich wehrhaften Frauen also waren nun der Erzfeind, gegen den jede Gewalttätigkeit nicht nur berechtigt, sondern erwünscht war! Denn erst wenn eine Frau kämpft und sich wehrt — was die Frauen der Griechen ja nicht taten, durch ihre fatale Inaktivität zugleich den Zorn und das schlechte Gewissen der Männer schürend —, kann man sie offen angreifen! Um die Sache noch klarer zu machen, setzte man ihnen mitunter kecke Phrygiermützchen auf, die Kopfbedeckungen der gehaßten Perser, und versah sie mit deren Waffen.

Wohl kaum je ist eine Zeit so weit gegangen, den schwelenden Geschlechterkampf in die offiziellen Auseinandersetzungen auf Leben und Tod mit Fremden in dieser Weise einzubeziehen — oder vielleicht jede? Wer Krieg führen will, darf nie Frauen fragen, oder er muß sie vorher indoktrinieren!

Neurotisch und triebumgeleitet, wie sie waren, fiel es ihnen auch sicher leichter, gegen schöne nackte Frauen offensiv zu werden als gegen junge Männer, denen ihre Liebe gehörte. Diese homosexuelle Liebe schweißte das Heer zusammen, das zumindest in seinen Elitetruppen paarweise vorging und dadurch fast unbesiegbar und von Verlusten sogar noch mehr fanatisierbar war. Von den klassisch orientierten Schulpädagogen und Griechen-Enthusiasten des vorigen Jahrhunderts wurde kaum wahrgenommen oder unter den Teppich gekehrt, daß der „normale" Jüngling damals bi- oder homosexuell war, eben auch im Sinne der universellen aggressiven Ablehnung der Frau, die bei den weiblich orientierten von Eifersucht, bei den männlich interessierten auch von Angst motiviert war.

Aber ihre sinnlichen Antriebe waren wenigstens nur umgelenkt. Sie weitgehend zu verdrängen und in Sadismus, Ketzer- und Judenverfolgung, Kriege, KZ-Folter oder psychosomatische Erkrankungen auszuweichen, blieb späteren vorbehalten. Damals mußte nur jeder junge „Recke" schon als Knabe bei einem ruhmreichen würdigen Herrn in die Lehre gehen, wenn etwas aus ihm werden sollte — sein Auftrag in der Armee, seine ganze Karriere hing von dessen Reputation und seinen späteren Empfehlungen ab. (Bei Frauen hätte man eine solche Vorgangsweise unfairen Wettbewerb oder Hurerei genannt.)

Dafür gab es aber im klassischen Griechenland auch keine Hexenverfolgungen; diese spezielle Art von Paranoia setzt nämlich eine allgemein repressive Gesellschaft voraus; die aber gab es dort nicht, weil ja die Knabenliebe zugelassen war. Man konnte also sexuell aktiv und doch von Familienbelästigungen frei und leicht schöpferisch sein — allerdings nur als Mann.

Die Vielzahl der weiblichen Götter sagt nichts über die soziale Stellung der Frau aus, nicht die vom Patriarchat weitgehend vereinnahmte Hera, Demeter, Aphrodite oder Pallas Athene (Zeus als Frau), nicht einmal die Schwurgöttin Artemis mit ihrer Macht über Leben und Tod und ihrer Fairness, unter deren Protektorat (wegen ihrer Lauterkeit und Unerbittlichkeit gegenüber Freveln) noch lange Zeit Ratsversammlungen abliefen. Im Olymp ist sie in keine einzige üble Geschichte verwickelt; nur zu ihr hat Zeus ein ungebrochen väterliches Verhältnis. (Allerdings finden wir sie am Parthenon gerade zu dem Zeitpunkt in der Kunst fixiert, als sie bei einem Streit der anderen Götter, vor allem aus Angst vor der zornigen Hera — auch diese Mythe dient dazu, die Frauen schlechtzumachen — weinend in Zeus' Schoß flüchtet. Das ist neu, paßt überhaupt nicht zur alten kühnen Jagdgöttin und signalisiert schon männerzentrierte Zeiten. Auch die einst allumfassende Erdgöttin Indiens Uma, muß irgendwann im Prozeß der männlichen Emanzipation von Vischnu aus dem Weltozean gefischt werden und sitzt von da an plötzlich auf allen Plastiken hilflos und winzig auf seiner Schulter.) Vielleicht ist Artemis gerade durch den Mangel an Skandalen aus dem Blickfeld geraten, und sicher durch die abgekommene Jagd.

Athene, ein Käuzchen fliegen lassend. Attische Bronzestatue, um 450 v. Chr.

Artemis als Herrin der Tiere auf einer altgriechischen Vase.

Dabei fehlten Artemis nie auch die bedrohlichen Aspekte; wenn Aktäon unaufgefordert in ihren heiligen Hain eindringt oder sich ihrer bemächtigen will, was zumindest Spätere oft als ein- und dasselbe sahen, kann sie ihn durchaus in einen Hirsch verwandeln und von seinen eigenen Hunden zerreißen lassen. Nicht *sie* ist dabei Trägerin von Schuld, die etwa der Evas vergleichbar wäre, sondern diese liegt eindeutig bei ihm und seinem Übergriff. Dahinter steckte vermutlich gar nicht die verbotene Annäherung an sie, die zwar gattenlose, aber durchaus nicht lebensfremde Göttin (auch der Geburt!), sondern irgendein übertretenes Wild-Tabu, die Jagd auf Verbotenes oder zur falschen Zeit, Tierquälerei beim Töten oder die „Zerstörung der Seele" des Wilds oder eines heiligen Tieres, vielleicht sein nicht weidgerechtes Zerlegen. Artemis ahndet auch die Vernichtung von wehrlosen Tierjungen durch Raubtiere, selbst wenn ein Adler einen trächtigen Hasen schlägt. Sogar die Tiere erkennen in ihr die Herrin, die im kosmischen Gesamtkontext alle Arten von Leben schützt, wie Naturvölker es tun, oder Weise. Ihr türmte man wahrscheinlich die ersten Altäre aus eiszeitlichen Bärenschädeln, und ihre Tempeldienerinnen, die fünf- bis zehnjährigen Mädchen mit den safrangelben Kit-

Artemis-Hekate als Schützerin und Hegerin der Tiere. Weiherelief aus Thessalien, um 350 v. Chr.; als Hekate ist sie Fackelträgerin, sonst hochdomestiziert und -zivilisiert.

teln, ihre kleinen „Bärinnen" im *Brauronion*, suchten sie in Bärentänzen zu bannen wie in alten Zeiten. Artemis bleibt, wie alle mäßigenden frühen Göttinnen, immer rechtschaffen und gerecht, versucht nie Opferbetrug wie Prometheus, der den Göttern Fett und Knochen in Tierhäuten anstelle der ihnen zustehenden Ehrenstücke anbietet, nachdem er ihnen schon zuvor das Feuer geraubt und dabei (in allen Kulturen in verschiedener Gestalt) das Hauptnahrungsmittel Getreide oder Reis aus dem Himmel gestohlen hat — der prometheische, die Welt immer wieder probeweise aus den Fugen reißende Mann.

Bevor Apoll die Musen und Künste an sich zog, *war* die Frau, was man an Kunst kannte, und hatte ihre eigene musische Nymphenschar;[6]) die Künste hatten sich noch nicht aus dem ihnen zugrunde liegenden Tanz gelöst, waren noch nicht in die verschiedenen Sparten getrennt und, oft unorganisch, etikettiert. Das wurde dann alles Männersache, wie die Naturphilosophie, die uns nun schon durch über zweitausend Jahre sehr gescheit und mächtig werden, aber auch dem Abgrund zugleiten läßt. Die Griechen haben wohl die schönsten Dialoge mit Gott und der Welt geführt, mit allem zwischen Himmel und Erde — nur nie mit ihren Frauen. Im Grunde sind auch sie die Ursache, daß abendländische Männer ihren Frauen außerordentlich lange den Dialog verweigern konnten, ohne dabei vom Gewissen geplagt zu werden.

153

Zurück zur Athenerin: In einem abgeschlossenen Teil des Hauses blieb sie ein ganzes Leben lang unter ihresgleichen, [7]) aber vor der Welt abgeschieden, nur zur Wollbearbeitung und Weitergabe des Lebens tauglich. Auch wenn sie das Licht für ihre Arbeit brauchte, mußte sie von allen Fensteröffnungen verschwinden, wenn ein Mann in der Nähe war. Wenn sie überhaupt auf die Straße kam, dann nur bei Begräbnissen oder ihrer eigenen Hochzeit, und auch dabei mußte sie verschleiert sein wie eine Orientalin, um nicht ungebührliche Männerblicke auf sich zu lenken. „Mann" wußte selber, wie leicht entflammbar die waren — das gehörte zum Heldentum —, also mußte der Besitz gefälligst auf sich selbst aufpassen! Er war dafür verantwortlich und konnte zur Rechenschaft gezogen werden für das, was bei Männern selbstverständlich war, konnte verstoßen werden. Es genügte aber auch, keine Kinder oder nur Mädchen zu gebären. Wehe, wenn dieser Besitz einem nicht schon vom Vater makellos übergeben wurde, in einer stilisierten Brautraubzeremonie aus archaisch-mutterrechtlichen Tagen (oft mit Abscheren des Kopfhaars), in der die Frau in die Sippe des Mannes überging, in einem Passage-Ritual des Übergangs, in höchster Gefahr und nachts, nirgends zugehörig für kurze Zeit, denn sich selbst konnte sie niemals gehören. Schon beim ersten Essen mit ihren neuen Verwandten war die Braut, die nur nach ihrem ökonomischen Nutzen und als Gebärerin taxiert wurde, nicht mehr dabei.

Aber sie waren ja so anspruchslos, diese fremdbestimmten Kindfrauen, es genügte ihnen schon, sich an ihrem Hochzeitstag ein wenig interessant zu machen und dann den zweiten Teil ihres Lebens so dahinzuvegetieren, wie sie es im ersten gelernt hatten. Man ließ sie wohlweislich ungebildet — wozu sollten sie sich einmal ein Bild von den Tatsachen machen, minderklassig, wie sie nun einmal (und nicht zuletzt deshalb) waren? Sie wurden in Geburten verschlissen, denn Nachkommen zu zeugen war Mannespflicht, und sie erreichten selten ein Alter, in dem sie ihrem Mann mündig oder schon rein physisch erwachsen, reif, gegenübertreten hätten können. Schwangerschaftsunterbrechung war für die Frau verboten, der Mann aber konnte sie fordern, wie er auch Neugeborene aussetzen durfte, oder seine Gattin verstoßen, was einer Scheidung entsprach, die *ihr* kaum zugestanden wurde, selbst bei Mißhandlungen oder Ehebruch des Mannes. Er *konnte* die eigene Ehe überhaupt nicht brechen, da dies ja nur als Besitzstörung definiert war, also nur durch sie möglich!

Der zweite Teil ihres Lebens dauerte gewöhnlich nicht lange, denn an den Geburten starben sie wie die Fliegen, mit ihren kindlichen Körpern, geschwächt von Stubenhockerei, Mangel an Bewegung, frischer Luft und Fleisch, das für sie zu schade war. Wer brauchte überhaupt Scheidungen, wenn der rasche Tod im Kindbett den Männern doch sofort wieder die Möglichkeit gab, ja die Verpflichtung auferlegte, sich neu zu verheiraten? Sie bemerkten kaum mehr Unterschiede zwischen diesen ihren nichtssagenden Frauen und retteten den Begriff „Liebe" mit Tanzmädchen und Flötenspielerinnen, männlichen und weiblichen Prostituierten oder Knaben. Aber auch die verführerischsten Hetären, die man mit der Hochblüte Athens im 6. und 5. Jahrhundert assoziiert, waren in der Regel Außenseiterinnen ohne Bürgerrecht, uneheliche Kinder oder sonst sozial Unterprivilegierte, Unfreie oder Ausländerinnen, wie sie in kleinasiatischen Schulen förmlich als Geishas herangebildet wurden. Sie vermochten es, auf eigenes Risiko allerdings, unter den herrschenden Umständen zu etwas zu bringen, aber man konnte sie auch leicht verächtlich machen, wenn sie einmal frech mitzureden versuchten bei Männergesprächen — für sie selbst war all ihr Wissen und Charme keine Altersversicherung.

Ein Glück, daß man nicht mit den eigenen Frauen zu Mittag an einem Tisch zu sitzen brauchte, sie auch sonst den ganzen Tag nicht sah und eigentlich kein gemeinsames Leben mit ihnen und den Kindern hatte! Außer nach der Geburt bekam man diese erst dann zu Gesicht, wenn etwas aus ihnen geworden war, sofern man sie nicht aussetzte oder verkaufte. Mädchen kosteten ja ohnehin nur Geld, und selbst die Aussteuer, die sie sich in ihren Hinterzimmern unter Bedingungen, die beinahe denen in einem Serail glichen, zusammenspannen, kam dann doch wieder nur einer anderen Sippe zugute. Söhne waren besser, kosteten weder Flachs noch Wolle, konnten sich in ihrer Ausbildung auszeichnen und im Gymnasium tummeln, später Helden werden wie man selbst, und ein Vermögen zusammenheiraten!

Auch Aphrodite wimmelt übrigens auf Darstellungen ihre sich oft liebevoll annähernden „Kinder der Liebe" meist ab, sie störten, zumindest in der Vorstellung, die Männer sich von ihr machten. Aber das war vielleicht auch schon der Anfang des Untergangs der von uns so hoch geschätzten Kultur, deren vollste Ausprägung und Perfektion kaum drei Generationen dauerte und doch das ganze Abendland und unser Denken prägte, ja in die sich Europa eigentlich verliebte — was nach Konrad Lorenz, [8]) und nicht nur nach ihm, im Grunde dasselbe ist.

Das Kinderspielzeug der Mädchen wurde von ihnen mit dreizehn, vierzehn Jahren auf den Altären geopfert, wie das der Jungen, oder vielleicht schon bei der Hochzeit mit zwölf (nur die Spartanerin war bei der Eheschließung vierundzwanzig, während das ideale männliche Heiratsalter achtundzwanzig bis fünfunddreißig betrug). Das Spielzeug hatte starke Ähnlichkeit mit den Grabbeigaben, die die jungen Frauen bekamen, wenn sie dann mit dreizehn am ersten Kind starben, mit ihrem zarten, unreifen Knochenbau. Dann aber war es nicht mehr Spielzeug, sondern schon etwas anderes: Miniatur-Hausrat, der hochlehnige Stuhl der Herrin über dem Gesinde, das stehend arbeiten mußte, die Knieschoner der Spinnerin, das Brautwaschbecken und die Wiege des Kindes, das sie niemals sahen — all die Dinge ihres unerfüllten Frauenlebens, die das Schicksal ihnen vorenthalten hatte.

Auf Grabstelen strecken Kinder sehnsüchtig die Arme nach ihren Müttern aus, die ihnen noch etwa ein Vögelchen reichen, etwas von der eigenen Seele, für ein ganzes weiteres Leben ohne Mutterliebe; und sie sind doch erst ein paar Tage alt. Aber auch später sind sie so unbeholfen gemeißelt, daß man merkt, wie wenig die männlichen Künstler gewohnt waren, sie überhaupt anzuschauen, während sie doch alles übrige in so seltener Perfektion darzustellen wußten.

Soviel von den Griechen und ihrer Hochkultur der Freiheit, die sich bei genauerer Betrachtung, für Frauen zumindest, als barbarisch unfrei und recht-los enthüllt. Sie basierte auf der Unterdrückung nicht nur eines Gutteils der Männer, sondern auch des gesamten anderen Geschlechts, mit dem sanften Antlitz klassischer weiblicher Schönheit.

Rechts: Etruskisches Ehepaar von einem Terrakotta-Sarkophag aus Cerveteri, um 550 v. Chr., in partnerschaftlicher Alltagsharmonie bis ins Grab.

VON DEN ETRUSKERN UND IHREN MYTHEN

Bevor sich jenes Volk, das wir heute als Etrusker bezeichnen, in Italien mit autochthonen, einheimischen Indogermanen konsolidierte, hat es nur aus versprengten flüchtenden protoindoeuropäischen und kleinasiatischen Gruppen bestanden [1] [2] und Vorstellungen aus allen Teilen des Mittelmeerraums

übernommen. Von Erdbeben oder kriegerischen Verwicklungen aus Phöni-
kien, Kreta, Lykien oder von den griechischen Kolonialküsten vertrieben,
haben sie nur in Lemnos und Sardinien archäologische und sprachliche Spuren hinterlassen. Die Etrusker besaßen eine Vorliebe für hethitische Schnabel-
schuhe, Stirnlocke und Grammatik, und ein vielleicht belutschistanisches
Spracherbe, wählten immer unbesiedelte Gegenden und vermieden Auseinandersetzungen; in ihrer Kultur hatten auch die Frauen einen festen Platz.
Außer mancherlei fremden Göttern hatten sie auch anderes auf ihrer Wanderschaft gelernt: urartäische Schmiedekunst oder sintische auf Lemnos, der Heimat des Hephaistos, babylonische Leberschau, libanesischen Handel oder
griechisch-kanaitische Bauweise und Architekturdetails, wie die wohnhaus-
ähnlichen Grüfte. Die anfänglichen Menschenopfer (von Verbrechern) an die
Todesgöttin Vanth unter dem Symbol des Omphalos, dem mit heiligen Binden umwickelten Stein der kretischen Schlangengöttin Potnia, hatten wieder
ihre Mumienwurzeln in Ägypten. (Noch der in Windeln gewickelte Stein, der
Kronos anstelle seines letztgeborenen Sohnes Zeus zum Verschlingen
gereicht wird, hat damit zu tun: die Vernichtung eines muttergebundenen
Wiedergeburtsglaubens und die Bedrohung durch Söhne in der neuen män-
nerzentrierten Macht- und zugleich Unsterblichkeitsdoktrin.) Während aber
die Kelten z. B. auch aus anderen und viel älteren Quellen schöpften, machten die Etrusker nur einen wesentlich anderen Gebrauch von dem auf verschiedenen Wegen bis zu ihnen gelangten gleichen Mythenmaterial, das auch
die Griechen verwendet hatten, zum Teil samt ihren Ausarbeitungen.

Kaufmännisch interessiert und handwerklich begabt, versöhnlich und mit
einer Menge Götter, die sie problemlos mit ihren jeweiligen Sachgebieten in
einem gemeinsamen Pantheon vereinen, das auch mit Blitzkunde und Beil-
magie angereichert war, wanderten die Etrusker, beraten von Seherinnen, an
den leeren Rändern von Italien ein, welche die sehr einfache bäuerliche
Bevölkerung dort überhaupt nicht interessierten. Ihre Motive waren nicht vor-
herrschend materielle, kaum reine Landnahme, sondern auch etwas wie der
Glaube an die grenzenlosen Möglichkeiten des menschlichen Geistes, der
nicht festgelegt, sondern in seinen vielerlei Facetten ausgenützt sein will, und
dann alle Probleme, die sich ergeben, lösen oder verbessern kann. Vielleicht
beruht darauf auch die Faszination der Etrusker mit Acheloos oder Thetis, die
beide ihre Gestalten so oft wechseln können, wenn sie in Kämpfe und
Schwierigkeiten verstrickt werden, statt sich rasch geschlagen zu geben. So
proteisch wandelbar, so verheißungsvoll vielfältig, interessant und freudig
erschien ihnen das Leben, und war es wohl auch.

Zum Unterschied von den wenig künstlerischen und schwer beweglichen,

Szene aus einem etruskischen Festmahl: Frau und Mann liegen auf bronzenen Eßklinen gleichberechtigt nebeneinander, wie sie auch Sportveranstaltungen gemeinsam besuchten. Wandmalerei der „Tomba dei Leopardi" in Tarquinia, um 470 v. Chr.

würdigen Römern, ihren späteren ehrgeizigen Widersachern und Erben, betrieben sie jeglichen Sport und spielten, als hätten sie alle Spiele erfunden. Vielleicht auch taten das Vorfahren ihrer indischen Verzweigungen wirklich, so sehr ähneln ihre Kinderspielsachen und Tänze, ihre Berechnungen und ihr unübertrefflicher Wasserbau denen der Industalzivilisation. Sie lebten mit der Musik und liebten den Tanz, Umzüge und Darbietungen und betrieben alles immer mit ihren Frauen gemeinsam. Zwar findet man bei ihnen Spuren eines ebenfalls indisch anmutenden Kastensystems, aber auch feines Gefühl für Harmonie mit der Welt und einander, das sie in ihre berühmten seherischen Kräfte umzusetzen wußten. Die sagten ihnen aber auch, wann es mit ihnen zu Ende gehen würde, und sie akzeptierten es. Wie die Kreter hatten sie eine Art von Geschlechterbalance gefunden, bei der den die Männer oft an Intuition übertreffenden Frauen lange Zeit Seher- und Deuterstatus eingeräumt wurde.

Kein uns bekanntes Volk war jemals in so vielerlei Hinsicht schöpferisch genial und doch so hart an den Realitäten — es konnten ihrer gar nicht genug sein, sie berücksichtigten sie alle. Modernste Technologie der Entwässerung und Kanalisation etwa konnte nicht aufwiegen, was sie, noch dazu als Pioniere, einst geleistet hatten: Die ausgeklügelten Betongerinne unserer Zeit mußten alle wieder herausgerissen werden, weil die modernen Berechnungen nicht die vorhergesehenen Wirkungen erbrachten. Erst die mühselig ausgegrabenen etrurischen Trassen waren sofort funktionstüchtig und blieben es auch![3]

Offenbar teilten sich ihnen derart polykausal vernetzte Zusammenhänge und Notwendigkeiten anders, vielleicht als Totalschau, als Gesamteindruck mit, vielleicht benutzten sie noch ihre beiden Hirnhälften ergänzend, wäh-

159

rend wir uns nur noch auf die linke, rationale, sprachproduzierende, verlassen, nicht mehr zusätzlich auf die ganzheitlichen Strukturen der rechten. Solche Intuitionen sind uns heute nicht mehr allgemein gegeben, nur Dichter, Komponisten oder ungewöhnlich kreative Wissenschaftler besitzen sie noch zuweilen.

Daß Kreativität früh trainiert werden kann, beweisen die Aufzeichnungen über die Nitikinkinder. [4]) Irgend etwas an der etrurischen Kindererziehung mit Musik und besonderen Herausforderungen geistiger oder körperlich-praktischer Art muß das schöpferisch-intuitive Denken stark gefördert haben, so daß es bei beiden Geschlechtern weit verbreitet war. Also brauchte man die Frauen auch nicht so sehr zu fürchten wie anderswo, konnte sie ruhig gleichberechtigt auf den Klinen, den Eßliegen und auch noch auf den Sarkophagdarstellungen neben sich sitzen lassen, nicht nur viel tiefer oder winzig klein oder gar nicht, wie bald in den übrigen Kulturen. Mit ihrer Absage an die Frauen und zugleich an ihre Gefühle, „inneren" Stimmen und gerechtes Maß haben die Männer sich ja vielerorts selbst um manche Werte und Talente gebracht.

Aus Indien (die Fahrt von der Indusmündung zu der des Zweistromlandes war schon im 3. und 2. Jahrtausend vor Christus erprobt und dauerte nur ein paar Tage die Küste entlang) [5]) übernahmen Protoetrusker vielleicht samt den ruhigen, naturzugewandten Priestern, die alles in der Welt nur als Spiegelbild des Kosmos betrachteten wie später die etruskischen Haruspizes, auch die Weissagungen, die der Kindergreis der Veluspa ihnen mitzuteilen hatte, oder die Gliederung der Welt in zehn aufeinander folgende Zeitabschnitte und sechzehn Richtungen, die für den Tempelbau wichtig waren; [6]) auch die genauen Angaben über das Anlegen von Städten. Ihr heiliger Ort war zuerst mit weißen Rindern und Kühen zu umpflügen, die die „profanen" Stellen, wo die Tore sein sollten, aussparten. Danach wurde alles dem Menschen Wichtige in Proben- und Opferform der zentralen mundus-(Welt-)Grube einverleibt, der sakralen Erd- und Jenseitsverbindung.

Die ansässige Villa-Nova-Bevölkerung ahmte bewundernd nach, was die luxusfreudigen Neuankömmlinge zu bieten hatten. Es war alles stark kretisch und griechisch eingefärbt, aber auch mit deutlichen Kulturspuren der kanaitischen Seehandelsmetropole Tyros, die ihnen in der Seevölkerzeit oder der Zeit der Angriffe aus dem Landesinneren sicher auch Zuzug verschafft hatte. [7]) Ihre Schrift, die sie, wie alle noch nicht auf Logik und die linke Gehirnhälfte allein festgelegten Völker, noch von rechts nach links oder in Pflugscharmanier schrieben, übernahmen sie ebenfalls von dort. Sie faszinierten schon damals, mit ihrem archaischen Katzenlächeln [8]) [9]) der gleichermaßen irgendwo im Osten übernommenen Götter, mit ihrer gesamten Kultur. Die säugende Lupa, die selbstverteidigende Mutterwölfin, von der sich dann die Römer stolz herleiteten, wurde nie von Rom erfunden, sondern erinnert auch ein wenig an Indien, wo derlei „Adoptionen" noch bis in die jüngste Zeit vorkamen.

Sofort begann man mit der Trockenlegung der Sümpfe, [10]) damit in dem Gebiet für die zukünftigen Feinde, die Römer, säuberlich eine Stadt abgesteckt und dort gebaut werden konnte, wo die babylonisch-chaldäischen Zeichen günstig erschienen, nach jener Leberschau, in die sie so viele ihrer besten Intuitionen hineinzuprojizieren verstanden. Bald jedoch wurden die glänzend-heiteren Prophezeiungen immer düsterer, denn sie erkannten, daß sie es mit formidablen Nachbarn zu tun hatten, amusisch-bäuerlichen, ehrgeizig-aggressiven Italikern, die keinen Spaß verstanden, die humorlos nach bewährter Kampf- und Heldenmanier mit allem kurzen Prozeß machten, was sie nicht begriffen — und das war eine Menge. Nicht einmal die hydraulischen Anlagen oder die Obstplantagen, die aus der etruskischen Bodenmeliorisation hervorgegangen waren, konnten sie erhalten, sondern sie ließen sie verkommen, sobald sie die Gegend jeweils eingenommen hatten, und sie fällten sogar die Obstbäume in der Blüte, weil sie ihren Sinn nicht erfaßten. Später retteten sie doch einiges Brauchbare — meist nicht das Beste oder Wesentliche, aber vieles vom eindrucksvollen Äußerlichen, um sich einmal der Etrusker als Vorfahren rühmen zu können, nachdem sie diese und die von Claudius gesammelten Aufzeichnungen zum größten Teil vernichtet hatten und sich so ihre kulturelle Verschuldung bei ihnen nicht mehr einzugestehen brauchten.

Wie einst im Industal (oder später bei den amerikanischen Indianern) war es eine andere vertane Chance der Menschheit: eine (bis auf europäischen Boden gelangte) wenig aggressive, begabte und rührige Menschenform, die sich nie so sehr an fremdem Eigentum zu bereichern trachtete wie alle übrigen, sondern zufrieden war mit dem, was sie vorfand und heiter mit eigenen Anstrengungen und Ressourcen das Beste daraus machte, war dahin. Sie erschloß die riesigen Eisenvorkommen nicht, um Waffen daraus zu schmieden, sondern verarbeitete sie vor allem in kunstvolle Gefäße und Geräte, die in aller Herren Länder exportiert werden konnten, oft nach Auftrag; sie produzierten ebenso elegante, begehrte Sommer- und Winterschuhe, und statt zu kämpfen, betrieben sie Spiel, Sport und Musik.

Wenn die Tyrrhener, wie sie sich nannten, es auf ihren Spiegelgravuren mit Peleus hielten, dessen von Götterbeschlüssen und eigenen Leidenschaften überschattetes Leben sie oft darstellten, so taten sie es vielleicht in tragischer

Resignation vor Natur und Schicksal des Menschen und aus schlechtem Gewissen gegenüber seinen griechisch-gewalttätigen Übergriffen: Er hatte zwar die Meergöttin Thetis überwältigt, aber sie wußten, daß dies ungehörig war — man überließ der Frau bei ihnen ein Mitspracherecht in diesen Dingen, die Bestimmung über sich selbst, und akzeptierte ihre Entscheidung, wie es alle Kreatur tut, in der die „Damenwahl" des Tierreichs im durch Rangkämpfe vorselektierten Männchenmaterial gilt und unangefochten bleibt. Man respektierte auch noch ihr Nein, das bald schon nirgendwo mehr Geltung hatte.

Die Etrusker lächelten noch bei der Arbeit und brachten es sogar fertig, Nord—Süd und West—Ost besser miteinander zu verknüpfen, als wir dies vermögen; durch ihren Handel und indem sie den iranisch-anatolischen Stier- und Sonnenherakles der unintelligenten Körperkraft mit der klugen, ägyptisch-libysch-kretischen Schlangengöttin Potnia-Neith-Nout-Menrva verbanden, die ja Athene in Wahrheit war, Minerva, keine patriarchalische Transvestitin — und es wurde daraus eine Familienidylle, der mindestens ein (Epiur), vielleicht sogar drei Kinder entsprossen und mit der es sich wahrscheinlich gelassener leben ließ als mit der frauenfeindlichen Trinität unserer letzten zweitausend Jahre.

Es müssen überhaupt Zeiten gewesen sein, in denen man gern und intensiv lebte und seine Fähigkeiten noch kindlich um der Sache selbst willen unter Beweis stellen wollte, nicht um den anderen hintergründiger Vorteile wegen zu übertrumpfen; Zeiten verlorener Paradiese versunkener Ausgewogenheit, obwohl vielleicht von mehr Außengefahren und ungelösten Problemen umringt als unsere, aber ohne deren Reklameillusionen und militärische Pseudosicherheiten. Damals versuchte man zumindest noch, mit Kosmos und Umwelt in Harmonie zu leben wie alle anderen Geschöpfe, man entnahm ihnen nur ein paar Blumen mehr, als man zum Leben brauchte, mit dem reinen Gewissen unschuldiger Tiere, die zur eigenen Erhaltung nie die Lebensräume anderer ganz zerstören. Beweisbar ist das nicht; aber wenn man die Wandmalereien von Tarquinia oder auch Knossos mit heutiger bildender Kunst vergleicht, wird man doch etwas von den Unterschieden in der Grundstimmung wahrnehmen.

Selbst der Tod als die Kehrseite des Lebens war noch kaum furchterregend, belehrte einen doch jedes geringste Ereignis in der Natur darüber, daß er reversibel sein mußte, daß die ständige Erneuerung des Lebens ihn nicht überwand, sondern geradezu notwendig machte. Die schönen Jahreszeiten kehrten mit großer Regelmäßigkeit wieder, der Nachschub an Leben funktionierte überall. Der Mensch in seinen Grundbedürfnissen und -ergiebigkeiten von Schutz, Energie, Lust und Abenteuer war noch ersetzbar, aber dadurch, daß er nicht im Übermaß vorhanden war, sehr wohl unterscheid- und kostbar. Es war mit Verstand und Gefühl noch nicht unvereinbar, nach dem Abscheiden eine ganz selbstverständliche Wiederkunft zu erwarten, sich fötal eingeringelt in die Erde zurücksinken zu lassen und einzukuscheln, aus der man gekommen war und aus der man immer wiederkommen würde. Ihre Repräsentanz war eine kreatürliche, stets weibliche Gottheit, die kein Leid mitansehen konnte, ohne es zu stillen, und auf die man überall in der Natur stoßen konnte, in Höhlen, Steinen, Bäumen oder im Wasser. Jeder Mauerriß und Steinkreis führte zu ihr, jede Vielblattrosette, Muschel, Lotos oder Spirale der ewigen Wiederkehr waren ihr hoffnungsvolles Zeichen. Zu ihr konnte man im Boot segeln, im Wagen fahren, in Felsspalten kriechen und ins Meer tauchen wie der berühmte etruskische „Schwimmer", der durch seinen Spiegel wohl nur in ein neues Leben nach dem Tod gleitet.

Wahrscheinlich ist es diese Gewißheit des Geborgenseins, die auch die Kykladen so eindrucksvoll bewahrten, als sie mit Steinwerkzeugen perfekte Marmoridole für die Toten schlugen, deren Abglanz noch Etrurien lächeln und Grüfte bauen ließ, die zuerst so aussahen, als wären sie direkt den Palasträumen von Knossos nachgearbeitet. Ihre imitativen Nachbarn verstanden ihre Begabung und Glücksfähigkeiten nicht immer und hielten ihren fortschrittlichen, hochdifferenzierten Wasserbau wohl für Zauberei. Aber sie waren nicht nur verträumte Schwärmer, sondern auch sehr klare, praktische und rationale *aquilices*, die alles, was sie an Ent- oder Bewässerung erfunden oder abgeschaut hatten, auch anzuwenden wußten. Sie waren imstande, die Pontinischen Sümpfe trockenzulegen, damit Roma auf seinen Hügeln ungefährdet erbaut werden und das Sumpffieber gebannt sein konnte.

Die Etrusker tanzten den Regen zur Erde und ihre Feinde nieder, wie der vorarische Schiva Freude und Zorn, Leben und Tod tanzte, aber sie legten auch die Überlaufkanäle von den Seen in die Felder, um sie fruchtbarer zu machen. Die Römer zerstörten alles, weil sie es für Hexerei hielten, so wie einst die Schloßfrau von der Riegersburg verbrannt wurde, weil sie mitten im Winter Blumen zur Blüte gebracht hatte, was wir heute alle können. Das einzige, was die Pragmatiker mit Mühe und Not zu übernehmen imstande waren, war die riesige gedeckte Cloaca maxima, die Abwasseranlage Roms, die heute noch funktioniert! Und natürlich die Prunk- und Würdeabzeichen der Purpurtoga und des Doppeladlers, Paraden und Standarten, Triumphzüge, Totenkult und Festspiel. Doch was machten sie daraus! Prahlerei und Demütigung wehrloser Gegner (etwas, wofür die Etrusker sich selbst gegeißelt hatten), grausame Gladiatorenkämpfe und Tierquälereien in der Arena, Brot und

Spiele. Aber als die Pest ausbrach, versuchten sie dennoch, ihr mit etrurischen Tänzen beizukommen, nur war es längst vergebens.

Die römischen Orgien waren vielleicht nur patriarchalisch mißverstandene, gespenstische Kopien eines freien, fröhlichen, aber harmonischen und selbstkontrollierten Lebenswandels. Aus dem lockeren Sachenrecht einfacher, aber inspirierter etrurischer Bauern, das auch dem juridischen Empfinden eines Indianers entsprochen hätte, dem das Land nur zur Nutzung durch die Gegenwärtigen überlassenes, mütterliches Eigentum der Erde ist, machten sie eine Zwangsjacke der Unterdrückung und ein Instrument grausamster Spitzfindigkeiten, das bis zur völligen Ungerechtigkeit ausgelegt werden konnte. Die Etrusker brachten ihnen gewissermaßen freiwillig die Essenz aller vorangegangenen Kulturen dar, ohne etwas verkaufen zu wollen, zu missionieren oder sich auch nur etwas darauf zugute zu tun. Sie waren keinen machthungrigen kleinen Stammesfürsten, sondern vielleicht die ersten Weltbürger, mit einer glücklichen Hand für alles, das sie anfaßten, von Acker- und Wasserbau bis zu Kunsthandwerk, Kindererziehung und Kunst. Sie besaßen die eingebauten Hemmungen gegen Maßlosigkeit, die bereits den Griechen fehlten — und die auch uns vielfach mangeln; aber sie mußten dafür zugrunde gehen.

Um die Freiheit und Gleichberechtigung etrurischer Frauen, die auf allen Darstellungen erkennbar sind, als Sündhaftigkeit und Verdorbenheit zu brandmarken und mißzuverstehen, bedarf es schon sehr kleinlicher Bigotterie. Auch die von Livius zur Märtyrerin stilisierte, tugendhafte Lukretia, die sich nach ihrer Vergewaltigung selbstverständlich den Tod gibt und alle zur Rache verpflichtet, ist zu deutlich eine Spiegelung und Zementierung neuer, patriarchalischer und ziemlich fragwürdiger Moralvorstellungen und eine tendenziöse Umdeutung von Sachverhalten, die dabei ihre Natürlichkeit verlieren und die elegante Leichtigkeit des Umgangs der Geschlechter, die sonst vorherrschte, zu sehr vermissen lassen, um glaubwürdig zu sein. Selten ist man so einfältig brutal im Andichten der eigenen „Schlechtigkeit" an andere und Fehlinterpretieren ihrer Handlungen vorgegangen wie die Römer hier, die die Etrusker der Verletzung von Moralbegriffen bezichtigten, die diese gar nicht hatten. Oder doch meist? Etwa wenn man Inanna als Flatterhaftigkeit vorwarf, was ihr verabredetes Wesen und ihre Wahlfreiheit ausmachte, oder wenn man im alten Israel die Frau als unrein abwertete, weil sie ein Teil der Natur war und diese plötzlich mit neu errungenen Maßstäben gemessen wurde, die nichts mit ihr zu tun hatten.

Im Alltag bedienten sich die Etrusker gern der Sage von Thetis, der großen Meergöttin, die weder Zeus noch Poseidon hatten bekommen können noch einander gegönnt hätten (außerdem nicht Entthronung durch ihren Sohn riskieren wollten), weshalb sie ihr einen sterblichen Gatten, den fehlbaren Peleus, bestimmten. Dieser von seiner eigenen männlichen Natur Verfolgte hat wie üblich seinen Halbbruder ermordet, danach „irrtümlich" seinen Schwiegervater erschlagen. Von der verschmähten Gattin des Königs, zu dem er dann flieht, wird er des Ehebruchs angeklagt, woraufhin sich seine Frau erhängt — er kommt also aus den „menschlichen" Verwirrungen überhaupt nicht mehr heraus. Schließlich macht er dann eine energische Wendung ins Patriarchalische, was genau das war, was die Etrusker selbst nicht schafften, weshalb sie denn auch in einer Zeit rücksichtslosen Kampfes und der Unterdrückung jedes Gegners, auch der Frauen (worauf besonders die Griechen setzten), untergehen mußten. „Pele", dem nichts Menschliches mehr fremd ist, weiß nun auch plötzlich, was er zu tun hat: Mit Iason und den Dioskuren zusammen tötet er die „Verleumderin", die wahrscheinlich, wie das Weib des Potiphar, nur sein schwer zu verleugnendes männliches Interesse für sie registriert hatte und auf natürliche Weise zu quittieren bereit war: etwas, was es in der neuen Weltstimmung nicht mehr geben durfte. Die Abwendung von der Frau und den eigenen biologischen oder menschlichen Bedürfnissen steht ja immer am Ursprung des Heldentums und kurzen Prozesses der Weltverbesserung, der nicht vor den eigenen Türen kehrt, sondern das „Übel" woandershin projiziert und dann dagegen zu Felde zieht, statt es in der eigenen Brust aufzuspüren und zu kontrollieren oder ihm in einem langwierigen Prozeß, in kleinen Kompromißschritten, in jener Realität, die beide Geschlechter umfaßt, beizukommen.

(Die Möglichkeiten, die „Besessenen", Verführerischen, das „Teuflische" und „Böse" auszustoßen, verringern sich ja mit dem Schrumpfen der Welt immer mehr und werden bald überhaupt erschöpft sein, wenn auch die Irrenhäuser und Anhalteeinrichtungen nicht mehr hinreichen. Dann werden wir vielleicht nicht umhin können, in den ausgegrenzten „anderen" endlich Menschen wie uns zu sehen. Dann werden mit den Helden auch die „Ungeheuer" verschwinden und nur mehr wir selber übrig sein.)

Der etruskische Peleus jedenfalls entledigt sich mit seinen Freunden (vier Mann hoch!) der Dame, die es auf seine Tugend abgesehen hat, durch Mord, überwältigt schließlich auch noch im Ringkampf die ihm von den Göttern zugedachte Braut, die Meergöttin Thetis (sie muß jetzt, wie Brünhilde, überwunden werden, weil sie nicht gefragt wird), auch wenn er dazu der Hilfe eines Kentauren bedarf. (Wie die mutterrechtlichen Spartaner kämpften auch bei den Etruskern übrigens beide Geschlechter gymnastisch halbnackt und übungshalber in der Jugend miteinander.) Mit der Assistenz Chirons gelingt es ihm nun, allen ihren Verwandlungen in Wasser, Feuer, Schlange und Löwe (den Metamorphosen einer sehr machtvollen, alten matriarchalen Gottheit, die einen — oder den falschen — Mann abschütteln möchte) gewachsen zu sein und sie schließlich in ihrer letzten Gestalt als Krake oder Tiefseepolyp zu begatten. Aber diese Verbindungen, die nur über Tricks zustandekommen, wie Brünhildes Eroberung durch Siegfried/Gunther, Tristans und Isoldes durch den Zaubertrank, Alkmenes durch Zeus in der Gestalt des Amphitryon, waren offenbar so etwas wie die Geburtsstunde des Helden. Sie erzeugten oft den großen Sterblichen, Herakles oder Achill, der nun kein immer wieder sterbender und jährlich wiederauferstehender Vegetationsheros [11]) oder Paredros der mütterlichen und immerwährenden Erd-, Mond-, Jagd- oder Meergöttin mehr ist, der man die Toten zur Wiederkehr anvertraute, noch ein immer neu geopferter Sonnengott, sondern eben ein sterblicher Held und Männerfreund, der tot bleibt, wenn er stirbt, aber solange er lebt, ohne viel zu denken, „fruchtbar" oder welterlösend tötet wie schon Mithras und Gilgamesch, als Vorbild für andere und ein paar Jahrtausende Gräkophilie.

Anstelle des Urmutterchaos herrschte nun Ordnung und Tod von Hellas bis Assur, auch in den harten, bluttriefenden babylonischen und assyrischen Staatsgebilden mit ihren Göttern, Soldaten und Männern, die zu unterdrücken verstanden, ob es nun ihresgleichen, Feinde oder Frauen waren. Sie herrschten unterstützt von Sturm- und Sonnengöttern wie Zeus, Hadad oder Schamasch, mit einer Mischung aus menschlicher und elementarer Gewalt. Das geschah nun ganz ohne Verschmelzung der vielfältigen Gegensätze zwischen den Geschlechtern, wie es auch schon im Urheiligtum indischer Tempel der Fall ist, in dem selbst die vergöttlichte männliche Potenz des Lingam nur ein einsamer aufgerichteter Stein bleibt, der die Welt nicht allein in Bewegung zu setzen vermag, solange er nicht von einer Yoni umgeben ist, in der Mutterschoßwelt der Garbha griha, der Altar-Cella, [12]) in deren Weiblichem sich das Männliche erhebt. Es gibt keine Heilige Hochzeit von Yin und Yang mehr, die die Dinge erst in Gang bringt und erhält, die „andere Hälfte des Himmels" wird nicht mehr herangezogen, um ihn gemeinsam zu tragen, wie in den Paarungen von Haçilar bis zu den maltesischen Megalithen von Hal Tarxien mit ihrem ekstatischen Höhepunkt des Kultgeschehens, [13]) das Fruchtbarkeit und Leben hervorbringt. Es gibt nicht einmal mehr ein noch so stilisiertes *hieros gamos* auf den Gipfeln der Ziggurats von Ur, Larsa, Eridu oder Kish — nur noch Männerhierarchien, die alles allein können. Ein Marduk wird in die alten Mythen eingeschleust, der sich wie Herakles „wohltätig" durch Erschlagen alles dessen auszeichnet, das sich ihm und seiner Machtausübung in den Weg stellt, inklusive des urmütterlichen Chaos, das er als Tiamat spaltet; wie andere Drachen, lernäische Schlangen, Hydren oder das Zedernwaldmonster

Chumbaba mit dem Eingeweide-Labyrinthgesicht einer anderen Großen Mutter töten werden. Anderswo sorgen Wettergötter wie Baal und Teschub für dieselbe männliche Ordnungsstruktur, der Donnergott Zeus bedient sich dazu einer Mischung aus Gewalt und List. Das Zeitalter der Helden ist angebrochen, die alle Töter sind, ob Peleus, Theseus, Achill, Melkart, Mithras, Herakles oder Gilgamesch, deren Werkzeug die phallische Keule oder der Donnerkeil ist; durch Liebescharme sind sie nicht mehr zu entwaffnen. Sie werden auch zum Sonnengott, den keine Frau mehr halten kann, ohne zu verbrennen, der aber die tau- und wachstumsbelebende weiße Mondgöttin von einst mit seinem Feuer verzehrt: Selene, Deianeira, Medea, Phädra oder Ariadne, Pasiphae und Eos, sie alle wissen schon um ihre Anmaßung von Eigenleben und Liebeswahl, versuchen noch in heldischen Zeiten an ihren Menschlichkeitsrechten festzuhalten, aber vergeblich: die alten Gesetze und Gleichgewichte gelten nicht mehr.

Mütterliche oder ausbalancierte Kulturen begleiten keine Mörder, sie sind ruhiger und statisch, unordentlich, aber fröhlich, zum Singen und Tanzen aufgelegt und emsig. Sie warten nicht einmal, bis gütige Feen den Überfluß heranzaubern, sondern erwirtschaften ihn mit eigenen Anstrengungen und unneurotischer Vernunft, noch fasziniert von der Herrlichkeit des Wassers der ersten Flutbauten und Kanäle, seinen Enten, Fischen, Seerosen und Lotusstengeln, vom Fernen Osten bis Ägypten und Etrurien, dessen Schilfringbündel, Pinienzapfen oder Blütenrosetten als Unsterblichkeitszeichen in allen Flußtälern aufscheinen und von dort mitgenommen werden. Man liebt und schützt die bergende Pflanzenwelt und die Bäume, die Gilgamesch dann fällen wird, ist vielleicht ein wenig verliebt in die eigenen Kinder, denen man Spielzeug zum Nachziehen und mit wippenden Köpfen bastelt, und schätzt die Frauen, die man zum späteren Staunen der Patriarchate am eigenen Tisch sitzen und als Priesterinnen agieren läßt, ohne daß sich jemand gestört fühlt. Vielleicht hat man dort auch die Kinder mit Liebe gezähmt oder durch Bewegung mitgerissen, niedergetanzt sozusagen — nicht mit der Gewalt des Steppennomaden, die schon in Persien vom Stier Besitz ergriff und ihn immerfort töten mußte. Sogar Enkidu ließ sich davon anstecken, das Naturwesen, gegen seinen Willen und tödlich für ihn, statt konfliktlos wie zuvor die Fülle der Güter zu genießen, die die Rinder ohnehin freiwillig schenkten. [14] [15] Schon Zarathustra hatten die ständigen Gemetzel der Mithras-Anhänger bis zum religiösen Einschreiten aufgeregt, die ihre und fremde Herden um der ewigen Seligkeit willen dezimierten, sofern sie es nicht vorzogen, die entwendeten Stiere doch zu verkaufen, um gleich auf Erden reich zu werden. Aber es nützte nichts mehr, die Weichen waren schon gestellt.

Wie den Indern waren auch den Etruskern die weißen Rinder heilig, sie spannten sie beim Anlegen ihrer Städte ein, in deren Zentren sich geomantische Kraftlinien kreuzen mußten. In Etrurien unterwarf man sich noch klaglos den Verfügungen der Götter, nahm sie gelassen entgegen, kein Prometheus lehnte sich dort gegen den Himmel auf, im Gegenteil, alle suchten seinen Willen zu ergründen und zu verwirklichen. Jeder Mikrokosmos spiegelte noch den Makrokosmos, und wenn das Urteil gesprochen war, war man bereit. Aber vorher genoß man noch das zugemessene Leben in vollen Zügen, jeder in seiner Kaste, auf seinem Platz wie im indischen Sansara, dem Kreislauf des Lebens verfangen, und verließ ihn dann auch leichten Herzens für eine noch bessere Welt — zumindest, bevor die Römer auf allem so bedrückend lasteten und das Leben so eingeengt und blutig geworden war.

Dann allerdings begannen die Dämonen zu wuchern, Tuchulcha und Charun machten sich immer mehr breit mit Geierschnabel und Schlangenarmen, die wir schon von anderswo kennen, als noch die Priesterinnen von Çatal Tod spielten, nachdem echte Geier die Leichen entfleischt hatten, oder von den kretischen Schlangengöttinnen der Labyrinthhöhlen, deren Seelentiere man mit Honig nährte — jetzt führte Charun die Toten in ein unterirdisches Reich ab, mit dem man aber auch den Kontakt nie verlor. Jeder Spalt und jede Bodenritze war ein direkter Zugang, und im Mundus der Städte wurde dafür von den Gütern der Welt geopfert, wie schon die Steinzeitmenschen Bestandsaufnahmen ihrer Lebensgüter in die Seen versenkt hatten. [16]) Mehr und mehr wandte man sich in Gedanken jenem Jenseits zu, das immer prä-

Links: Charun-Priester, Orvieto. Rechts: Unterweltdämon, 3. Jahrhundert v. Chr., Tarquinia. Der in kretischer Vorstellung lebenerzeugende weibliche Kult zwischen Ober- und Unterwelt wechselnder Schlangen wird nun bei etruskischen Priestern zum Totenritual.

sent war. Eventuell war eine Wartefrist bis zu seinem Eintreffen zu überwinden, deshalb wurden die Wartezimmer zum Tod in den Grabmälern auch so schön eingerichtet, mit jedem Luxus ausgestattet, den man sich im Leben leisten konnte, passend ausgemalt und gemütlich möbliert. Nicht einmal die Fußschemel durften fehlen, Parfüm, Leuchter, Rauchwerk, alles glitzernd von kunstvoll granuliertem Gold, damit die Götter gleich sehen könnten, mit wem sie es zu tun hatten. Ähnliches gab es, ebenso wie die Totenkammertypen, außer in Ägypten und Kreta nur in Syrien, dessen schlanke tänzerische Figürchen in der gleichen Tradition stehen, etwa in Alalach, [17]) oder in Ugarit, im Schnittpunkt zyklisch-matriarchaler und steril-patriarchaler Bestattungsweisen für Ewigkeiten der Macht.

Die Totenstädte wuchsen und wuchsen vor den Toren der Städtegründungen, zu denen Padua und Pompeji, Mantua und Rimini, Vulci und Fiesole zählen, bis sie größer waren als diese selbst. Zwar waren sie für keines Menschen Auge bestimmt, bald aber waren doch ihre Schätze so begehrt, daß viele davon ironischerweise längst wieder im Kunsthandel und Diesseits gelandet sind.

Von der griechischen Mythologie der Zeitmode übernahm man zuletzt nur mehr, was sich in Totengötter verwandeln ließ; Turms, den chthonischen Hermes und Herdengott mit dem archaisch-apotropäischen Wolfslächeln, Charon, den Hades Aita mit einer geflügelten, sphingenhaften Jenseitsgöttin Vanth, manchmal in der weiblichen Trias mit Aisera und Taur, und Aplu, den mit seinen Sonnen- und Totenpfeilen weithinzielenden Apoll. Der zwielichtige Seelenführer Hermes stand ihnen besonders nahe, als Gott der Reisenden und der Übergänge zwischen Tag und Nacht, der Dämmerung und des Windhauchs, der Fruchtbarkeit und des Kleinviehs, der Händler und Diebe. Schon als Baby und direkt aus der Nymphenhöhle seiner Mutter Maya stahl er Apollos Sonnenrinder und seinen Köcher und Bogen, machte sich aber auch aus einer Schildkröte eine Leier, bevor er wieder in seine Getreideschwingenwiege zurückkehrte. Auch er weist, mit seinem Krischnaschicksal voller Liebesabenteuer, seiner Universalität und damit hohem Alter, sehr weit nach dem Osten.

Als sein strahlender kleinasiatischer Bruder Apoll ihn zur Rechenschaft zieht, versöhnt er ihn durch die gutmütige Rückgabe seiner Waffen und durch das Geschenk der Leier, während er sich selber die Hirtenflöte erfindet. Mit dem listenreichen Odysseus ist er durch dessen Großvater, den Erzdieb Autolykos, seinen Sohn, verwandtschaftlich verbunden, der armenische Trickster Gurparanzakh wurde ihm also auch als Sohn beigefügt. Als guter Hirte ist er scharfsinnig und wachsam, ergänzt seine Herde aber auch gern durch Raub.

Sein Name kommt von den Steinhaufen (hermax), die wie in Indien die ersten Gräber markierten, aber auch Kreuzwege und die archaischen Weidezäune, deren Grenzwächter er ist. Auf den prähistorischen Steatitsiegeln der Industalkultur gibt es zwar noch keine Hermen, wohl aber Baumgötter in beschaulicher Yogahaltung, die dennoch durch ihre Erektion wie die genital drohenden Schimpansenwächter an den Territoriumsgrenzen Verteidigungsbereitschaft signalisieren. Die weitverbreitete Sitte der Steinsetzungen auf Gräbern, mit der sein Name verknüpft ist, weisen ihn, den Apoll den „Dämon der Götter" nennt, naturhaft grundlegend als Hermes Chthonios aus. Er tötet nie, aber er kündet den Tod, im plötzlichen Wechsel von Licht und Dunkel oder im Blätterrauschen, noch sanft wie auf den Kykladen, und begleitet mit seiner Flöte mitfühlend und lautlos zu den Schatten.

Die römische Welt, die die „Rasenna", wie sich die Etrusker selbst nannten, nun immer mehr umzingelte, war erbarmungslos und mörderisch, militärisch straff organisiert und Wirklichkeit wie Frauen kontrollierend, um nicht die eigene Schwäche zu verraten. Sie hörte nicht, wie die Etrusker es noch konnten, beiden zu. Und die Etrusker sehnten sich, trotz ihrer Großmut und Stärke, bald nur mehr zurück in die Erde, wie ihr Kindgreis Tages (bei dem sogar Beziehungen zum I-Ging herzustellen sind, so kostbar muß Geist einst gewesen sein, und so weitgereist!). Der hatte ihnen ja, aus dem Acker aufgepflügt, Gesetze und das Ende ihrer Tage gesungen, um danach, gealtert, wieder in der Furche zu verschwinden. Sie horchten nun mehr und mehr auf die Stimmen von unten, ihr Kontakt mit dem Jenseits wurde immer intensiver, ihre Grabausstattung immer prunkvoller und umständlicher. Die Erde erschien ihnen zwar noch immer schön und genußreich, aber sie war nur ein Durchgang, ein Schleier der Maya. Das wahre Leben spielte sich woanders ab, wenn man durch den Spiegel trat, die Wasseroberfläche durchbrach, eine Grenze überschritt — dorthin wollten sie so rasch wie möglich kommen.

DIE KELTEN

Wie die Etrusker, sehnten sich auch die Kelten, die ebenso wie sie die Stimmen der Natur verstanden, zuletzt von den Römern in die Enge getrieben, nur mehr in ihr Paradies und Apfelland Avalon (Evas?) zurück, das so geheim war, daß nur die Priester davon wußten. Das Gefühl, daß die Natur heilig sei, trug jeder mit sich herum. In ihre vielversprechende Unerschöpflichkeit wollten sie eingehen und dort erst wirklich sich selber finden. Die Grausamkeiten, die man ihnen zuschrieb, geschahen, wenn überhaupt, höchstens in heiliger Begeisterung und Sinnesverwirrung, zu der sie neigten; vielleicht, weil sie die Eingebungen ihrer verschiedenen Hirnhemisphären noch nicht trennen konnten oder wollten und verwechselten (aber immerhin gehorchten sie ihnen beiden). Ansonsten sind viele der ihnen angelasteten Monstrositäten heute als Verleumdung entlarvt: Roms Staatskassen und die Taschen Cäsars konnten die Erträge der eroberten Gebiete gut brauchen. Aber ein Volk ohne Grund anzugreifen, ging auch damals schon schwer, daher war alles recht, was man ihnen in die Schuhe schieben konnte, mit dem eigenen klaren, gesetzesfreudigen, kalten und verständnislosen römischen Geist.

Die Mythen der Kelten, die nur in den Aufzeichnungen iro-christlicher Mönche und den kontinentalen Skulpturen auf uns gekommen sind, scheinen schwer faßbar, verwirrend, oder in ihrer letzten Zeit wirklich ein wenig verwirrt. Eine so verzweigte Gruppe, die so sehr ihren Sehern ausgeliefert war wie sie, die zwar kosmische, oder vielmehr innere, Botschaften verstehen konnte, aber nichts schriftlich festhielt, mußte beim Ausfall ihrer sachverständigen Druiden ja im Dunkeln tappen, ihren Eingebungen nicht mehr zu trauen wagen und hilflos vor lauter Rätseln stehen.

Waren sie überhaupt eine Gruppe? Waren sie nicht vielmehr verschiedene indogermanische Stämme, [1] [2] [3] [4] die in Gebiete von europäischen mutterzentrierten Kulturen (zu denen übrigens auch die Germanen zählten!), vielleicht metallprospektierend, eindrangen und sich mit deren Potential so lange aufluden, bis sie inspiriert genug waren, plötzlich in eine scheinbar geschlossene Gesamtkultur aufzuflammen, durch die überall die alten mutterrechtlichen Reste hindurchschimmern? Etwas klarer wird dies heute noch in den Legenden Irlands und Frankreichs, wo die großen Auseinandersetzungen mit den Erbauern von Stonehenge und Carnac stattgefunden haben müssen und die stärkste Mythenüberlieferung herstammt. In ihnen verstehen sich die Kelten als „Tuatha Dé Danann", als „Volk der Dana" der Argolis, der mittelmeerisch-kretischen Ackerbaugöttin und Großen Mutter, die in Griechenland zu Danaë und Mutter des Perseus wurde, mit der Patriarchalisierung ihren Erlöser und Helden Perseus nur mehr gebar, aber dann nicht mehr immer wieder auch heiratete, wie ja alle die kultischen alten Wiederholungszyklen jetzt unterbrochen wurden.

Danaë ist in der peleponnesischen Mythe die Tochter des Königs von Argos, der seine Tochter in einem Turm gefangenhält, weil er das Eintreten der üblichen Weissagung für Usurpatoren verhindern will, daß nämlich ihre männlichen Nachkommen (in diesem Fall der Enkel, weil ja kein Sohn da ist) sie aus der eben neu angemaßten Regierung vertreiben werden. (Das ähnelt den Bräuchen der Völker am Rande austrocknender Regionen der Sahara, wie z. B. der Riffkabylen, ihre jungfräulichen Töchter oft zum nötigen „Regenbeschwören" einzusperren.) Aber es nützt bei Danaë natürlich ebensowenig wie bei Rapunzel, Zeus findet sie doch, und zwar in Gestalt eines goldenen Regens (hier wird wieder oder immer noch die uralte Heilige Hochzeit der Fruchtbarkeit abgewandelt, nur schon als Opfer, das dem regenspendenden Gott gebracht werden muß). Danaës Sohn Perseus entthront dann den eigenen Großvater, genau wie vorhergesagt.

Natürlich vermeidet auch er peinlichst die althergebrachte Wiedervereinigung mit seinem mütterlich-bräutlichen Ergänzungsprinzip im gewohnheitsmäßigen *hieros gamos*; vielmehr holt er sich seine Frau Andromeda von der äthiopischen Küste, eine dort ebenfalls ausgesetzte und an einen Inselfelsen geschmiedete Königstochter (wie einst Hesione, Priamos' Mutter, deren trojanischer Vater sich gegenüber Apoll und Poseidon vor der Bezahlung der von ihnen gebauten Stadtmauer drücken wollte und lieber seine Tochter zur Besänftigung göttlicher Rache ausliefert).

Auch Andromeda ist aufgrund von Sippenhaftung an der Meeresklippe angekettet: Ihre Mutter Kassiopeia hatte sich einst auf ihre Schönheit etwas eingebildet — das heißt, ihr weibliches Selbstbewußtsein noch nicht unterdrückt —, daher hat ihre Tochter jetzt zu büßen und nach dem Spruch des libyschen Zeus-Amon-Orakels trotz eigener Unschuld von einem Meerungeheuer geholt zu werden. Sie ist aber bereits so brav wie Penelope, so daß sie auch durch die baldige Ankunft des großen Helden belohnt werden kann, der dann später Beherrscher seines mütterlichen Erbes und Stammvater von Tiryns und Mykene werden wird. Zusammen werden die beiden sogar als Sternbilder an den Himmel versetzt, wo sie allerdings zur Strafe für ihre „Sünde" (welche?) auf dem Rücken liegen muß, die Füße nach oben.

Vorher muß Perseus aber noch rasch Medusa töten, die alte pelasgische

Meer- und Muttergöttin mit ihrem Kali-Gorgo-Aspekt. Im Auftrag der Athene, der transvestitischen Helfershelferin des Zeus, die Medusa haßt, weil diese einst in einem ihr geweihten Tempel mit Poseidon geschlafen hat, erschlägt Perseus Medusa, die einst „Schöngesichtige", deren Name „Regentin" bedeutet. Sie ist die einzig sterbliche der drei Gorgonen-Schwestern, eben der drei Formen der ägäischen Mutter- und Wiedergeburtsgöttin, die aber jetzt zur Häßlichkeit verteufelt werden muß.

Sie war die naheliegende Partnerin des neu aufgetauchten, indogermanischen und ursprünglich pferdegestaltigen Wasser-, Wind- und Totengottes und späteren See- und Alleinherrschers Poseidon; zu diesem hatte er sich gewandelt, als die Einwanderervölker des Kontinents an so vielen Stellen auf Küsten stießen und sich schließlich der See zuwandten. Poseidon (vielleicht zunächst sogar durch seinen Namen nur als Gatte der Erdgottheit Da definiert) [5] hatte es zuzeiten auch mit Demeter (als Hippia und Kornroß) versucht, die sich auf der Flucht vor ihm, just in eine Stute verwandelt, in einer Pferdeherde zu verbergen trachtete. Und jedenfalls hatte er sich auch in ihre archaische, selbstgenügsame Trias von Alter, Gebärender und jungem Mädchen — als Hekate, Demeter und Persephone oder Kore — eingemischt, sie aber dann an Zeus abtreten müssen, während *sie* etwas von seiner Pferdekonnotation abbekommen hatte. Mit ihr zeugte er die schwarzmähnige Stute Arion und eine Tochter, deren Name nur in den Eleusinischen Mysterien ausgesprochen werden durfte.

In all dem spiegelt sich der Zusammenprall zweier Kulturkreise aus den fernen, undurchsichtigen Tagen der „Seevölker"-Überfälle, die nur von den Ägyptern als solche wahrgenommen und auch registriert wurden (anderswo kamen sie auch über Land; allein die Griechen haben verdächtigerweise im Gegensatz zu allen anderen keine Bezeichnung für diese Bewegung, was eine gewisse Identität oder Überschneidung nahelegt). Trotz des Namens waren diese „Seevölker", wie man heute rekonstruiert, aus dem Festlandsinneren gekommen, hatten sich dann aber rasch an die Ägäis adaptiert und über sie ausgegriffen. Unter anderem auch, und zwar *nur* so, nach Ägypten, das schon gefestigt genug war, um darüber Aufzeichnungen anzufertigen. Überall sonst hinterließen sie nur anonyme Verheerungen, die niemand zu beobachten Zeit hatte, sofern man überhaupt schon die Fähigkeit zum Aufschreiben besaß.

Die „Seevölker" stießen nun an vielen Stellen auf stationäre, vorgriechische, agrarische Bevölkerungen mit festgefügten zyklischen Religionsvorstellungen, die wie überall um die Große Mutter in ihren lokalen Varianten kreisten. Diese wurde von ihnen überall in ähnlicher Form mit den eigenen, ganz anders gearteten und von nomadischem Züchterwissen geprägten, aber ebenso archaischen Vorstellungen überzogen und auf viele parallele Weisen in ihre Denkstrukturen eingebaut und vereinnahmt.

Die Mythen dokumentieren diesen Zusammenprall, und der Übergang von einem eher friedlich-egalitären System zu einem patriarchalisch-hierarchischen ist in ihnen mannigfach abzulesen. Ihre Vielfalt sehr ähnlicher Abläufe in scheinbar ganz verschiedenen, farbenprächtigen Erzählungen, die doch im Grunde immer dieselbe Geschichte wiedergeben, legen die Annahme nahe, daß umfassende Veränderungen im Umgang der Menschen und besonders der Geschlechter miteinander stattgefunden haben müssen, in denen sich fast schon historische, jedenfalls aber überregionale Prozesse getreulich spiegeln, auch wenn wir diese nur erschließen können.

Zeus, der inzwischen schon die Okeanide Metis geheiratet und nachher verschlungen hat, um nicht von seinen Nachkommen mit ihr entthront zu werden, aber auch, um sich ihre Klugheit anzueignen, der sich danach mit Eurynome vermählt, einer ähnlichen ozeanischen Schöpfergöttin der Pelasger, die ihm die Grazien gebiert, wie die weissagende Thetis die Horen, und die Titanin Mnemosyne (Gedächtnis, Erinnerung) später die Musen, zeugt mit seiner „Schwester" Demeter dann Persephone, und sogar noch mit dieser (vielleicht ebenfalls noch theriomorph gegenüber den längst menschengestaltigen ägäischen Göttern, in Stiergestalt wie der sumerische Enki, dessen Form er sich auch sonst noch öfter ausborgt) den gehörnten Iakchos oder Zagreus. Und als fürsorglicher Frauenentführer ermächtigt er seinen Bruder Hades, den „Unsichtbaren" mit der gleichen indogermanischen Pferdebeziehung, Persephone zu sich in die Unterwelt zu holen, mit seinen blauschwarzen Rossen, während sie am Ätna Blumen pflückt — wie Europa ...

Der schon im Namen an Persephone anklingende Perseus tut nun auch seinen Teil, indem er, wie Gilgamesch, das „Übel" in der Gestalt der Gorgo Medusa erschlägt, mit abgewendetem Antlitz (so wie die Kopfjäger [6]) zu allen Zeiten, oder wie Achill Penthesilea, die er zu ihren Lebzeiten auch hätte lieben können oder sollen), und mit Athenes Hilfe und List, indem er in einen Spiegel blickt. Er tötet eine matriarchale Natur- und Unterweltsgöttin, die sie natürlich ist und deren Funktion er ihr abjagen muß, wie Hades die der Persephone. Bei Hesiod schlägt noch Athene selbst der Gorgo das Haupt ab und heftet es sich als Siegeszeichen an die Brust. Beide waren vermutlich souveräne kosmische Herrinnen nordafrikanischer Stämme und ursprünglich mit den Schlangen des ägyptisch-libyschen Kulturkreises assoziiert, parthenogenetische, aggressive Königsgöttinnen mit Schutzkonnotation, die schon zwischen 4000 und 3000 v. Chr. mit Flüchtenden aus der vertrocknenden Sahara nach Kreta gelangten. Athene behält immer die libysche Mädchentracht mit dem Ziegenfellkittel Aigis bei, wie auch die Tritonsee-Herkunft; nach Diodor waren die Gorgonen ein westlibyscher Amazonenstamm, der die im Altertum, ja bis heute, beliebten Abwehrmasken verwendete. Die Auseinandersetzungen beider fallen in griechische Vorzeit. [7])

Vorher aber, in den Tagen ihrer Schönheit, ist auch Medusa mit einem „logischen Partner", nämlich Poseidon, unter Frühlingsblüten im Gras gelegen, mit Poseidon, der sie noch freigewählt und in Heiliger Hochzeit, nicht als Menschenräuber wie Hades Persephone, bekommen hat. [8]) Ihre spätere Häßlichkeit ist nur die Kehrseite ihrer Schönheit, Selbstschutz wie bei Persephone, die mit dieser Maske auch bei Homer diejenigen abwehrt, welche die Unterwelt betreten wollen. In anderen Quellen sind die Gorgonen auch als goldflügelig und mit erzenen Händen beschrieben, also wie Sphingen, Harpyen und stymphalische Vögel; Lilith und die etruskische Vanth sind oft Schönheiten. — Abgeschlagene Häupter und rascher ästhetischer Wandel von gut/bösen Feen spielen übrigens in keltischen Mythen eine große Rolle.

Warum aber muß gerade Medusa umgebracht werden, die „Herrscherin" und „Königin" aus der Gorgonen-Dreifaltigkeit, nicht die „Starke" und die „Weitspringende" unter den Dreien? Sie ist die sterbliche, aber zentrale und jeweils wirksamste Muttergöttin in ihrer Lebensmitte. Nur sie ist tötbar, in Parallele zu Persephone, die durch Haides (etrusk. Aita), den neuen, sich einschleichenden, unsichtbaren Gott eines außerirdischen Schattenreiches „mit den dunklen nachtblauen Locken" unter Frühlingsblumen geraubt wird und so unter die Toten gerät, als wäre sie sterblich, lieblich-harmlos im Kreis ihrer Gespielinnen und in Abwesenheit ihrer mächtigen Mutter Demeter.

Der gleiche Hergang um Medusa, die Vereinigung mit Poseidon, ist viel schillernd-zweideutiger, je nach dem Standpunkt des Interpreten zwischen liebender Hingabe nach eigener Wahl, trotziger Herausforderung Athenes oder Vergewaltigung schwankend, wenn auch ohne Menschenraub. Die mütterliche Ozeangöttin, die sich dem gewalttätigen Erd- und Meereserschütterer freiwillig in Liebe gesellt oder von ihm gewonnen wird, ist damals jedenfalls noch so „schönwangig" wie ihre Mutter Keto, die Tochter von Erde und Meer und alte ägäische Muttergöttin, die auch erst später zum Ungeheuer degradiert wurde. Als eingesessene pelasgische Meer- und Unterweltsregentin, die Leben schenken und nehmen konnte, um es wiederzugeben, mit den uralten Attributen reißender Eberzähne, befruchtender Wind- und Wasserschlangen (imaginierter, noch vaterloser Zeugungen) und den Resten des Stiergehörns anatolischer Macht und Heiligkeit war sie die natürliche Partnerin des neukonzipierten Eroberer-Meergottes und hätte sich auch in traditioneller Heiliger

Hochzeit mit ihm arrangiert, wären die Eindringlinge zum Teilen des erkämpften Territoriums bereit gewesen!

Perseus-Eurymedon, angemaßter See- und Unterweltsbeherrscher aus dem gleichen Usurpatorenstamm, ist vielleicht nicht nur Medusas Töter, sondern auch ein anderer vorgesehener oder früherer Gatte, als Gegenstück zu Demeter-Rhea-Gaia, die jeweils Gebärerin und Frau ihrer Partner Zeus-Kronos-Uranos ist, in jenen Zyklen, die jetzt überall abrupt unterbrochen werden. Perseus' Mutter ist die von Zeus in Gestalt eines Goldregens ähnlich ambivalent überwältigte, entsprechende vorgriechische Muttergöttin von Argos, die aus der Erbfolge getrickste Danaë (sofern sie nicht zugunsten ihres Sohnes auf alle Erbrechte verzichtet hat, wie Penelope zugunsten ihres Gatten). Als sie mit dem Neugeborenen auf dem Meer ausgesetzt wird, um nicht der plötzlich wichtiger gewordenen Macht des Großvaters gefährlich zu werden, nennt sie ihn, des Überlebens froh, zumindest keck, eben Eurymedon, „Beherrscher des Meeres", was eine andere Beziehung zu Medusa herstellt. Dieser Perseus soll nun, mit Athenes Hilfe, ebenfalls in irgendwelche Erobererrechte eingesetzt werden. Als mit dem Meer Assoziierter, der natürlich auch an Land Fuß fassen will, muß er also Medusa entmachten, wenn nicht als Gemahl, dann als Töter. Etwas Fremdes, männlich Gewalttätiges schiebt sich nun an verschiedene Stellen in die zyklischen Gebräuche und Abfolgen der Urbevölkerung, und aus dem Zusammenstoß der Traditionen springen Funken, die in Bilder zerstieben, welche auch die Alltagswirklichkeit verändern oder völlig umgestalten.

Der einst friedlich und organisch integrierte, nicht gefürchtete, machtvolle, aber weibliche Tod wird nun als Monster des Meeres und der Erdspalten vergrault und dann voll heldischer Überzeugung getötet, wie erstmals in der Gilgamesch-Handlung des Zedernhains. Seine (ihre) nicht mehr verbleibenden oder mit dem Alter in das Amt nachrückenden weiblichen Entsprechungen werden durch Heirat, sexuelle Eroberung, Liebe oder Vergewaltigung gefügig gemacht und dann bald übergangen.

Auch für Medusa verschiebt sich die einst natürliche Heilige Hochzeit mit dem ergänzenden männlichen Prinzip zur Vergewaltigung durch den damit überlegenen Poseidon, den ursprünglich pferdegestaltigen, wildbewegten, ubiquitären Jenseits- und Quellengott, der daher für Wasser zuständig ist. Auch wenn die Pferde gar nichts damit zu tun haben, tauchen sie nun immer wieder aus den Fluten, deren Wellen von ihren Mähnen gebildet gedacht werden, ziehen den Wagen der Amphitrite, der späteren, domestizierten Gattin Poseidons, oder werden in Flüssen geopfert.

Die patriarchalisch besitzdenkende Athene mit ihrer pseudoweiblichen

Mimikry der Sanftheit, die ja auch des Perseus Beschützerin wie die vieler aggressiver Helden ist und die Sexualität schon streng tabuisiert, ist von den Vorgängen zwischen Poseidon und Medusa seltsam angerührt und beleidigt, kodiert im Bild der Tempelschändung: Merkwürdig empfindlich reagiert sie auf die geheiligte Vereinigung der Gegensätze, oder eben auf die einst für sich selbst vehement abgelehnte Vergewaltigung, mit präzedenzhaften Sanktionen, die sich schon innerhalb des neuen Weltbilds bewegen und sich nicht mehr gegen den männlichen Vergewaltiger richten, sondern gegen sein weibliches Opfer! Die neue Justiz garantiert nur mehr Herrenrechte, spricht Vergewaltigte aufgrund ihrer Schönheit schuldig und bestraft sie eintsprechend mit deren Verlust und mit einer Häßlichkeit, die ihre Vernichtung gestattet, ja zur Pflicht macht. Dies kann aber nur raffiniert und ablenkend durch den Spiegel von Athenes Schild geschehen, der gegen jede denkbare menschliche oder gefühlsberührende Ausstrahlung wappnet, unempfindlich macht wie die verstopften Ohren von Odysseus' Genossen, unbeweglich wie seine Fesseln, blind wie Achill gegenüber Penthesileas Liebesmacht (zumindest vor ihrem Tod).

Aber nicht ein zu tötendes Idol oder Attributgeschöpf anstelle der verpönten Weiblichkeit wird nun geköpft, nicht Gilgameschs Chumbaba mit den sieben Leben und Hüllen und dem Nabelschnur-Labyrinthgesicht ewiger Wiederkehr, nicht Heras Beschützertiere, von den Löwen und Schlangen bis hin zu Hydra, Hindin und stymphalischen Vögeln, nicht Inannas Stier, sondern die Schwangere, das vergewaltigte Mütterliche selbst. Sie ist nicht mehr die eigene Mutter oder noch nicht, wie Iokaste, unschuldig oder wie Klytämnestra „schuldig". Nicht mehr als Wunder wie einst, sondern distanziert und durch die eigene Aggression provoziert, wird jetzt das hervortretende neue Leben in seinem Blutstrom zur Kenntnis genommen, der aus Medusas Hals stürzt. Und es ist nicht einmal mehr nur menschliches Leben, das da „geboren" wird, sondern so willkürlich gestaltet wie die eigenen mitgebrachten Götter, die man ja auch gleich zurücklassen will in zauberischer Verwandlung: Pegasos und Chrysaor, Poseidons equider Nachkomme und die goldglänzende Waffe. Sie stehen für das fliegende Göttertier, das in Luft und Irrealität abhebende geflügelte Pferd, das durch geschmiedetes Zaumzeug zum Wagenziehen und zuletzt zum Reiten gezähmt werden kann, und alsbald nicht nur zur geistigen Eroberung der Welt in kühnen Gedankenflügen und Poesie, sondern auch zur ganz konkreten Unterwerfung der Umgebung als Kriegsmaschine zurechtgemacht und einsetzbar wird; und für eine neue Linie von Waffentechnologie, das Goldschwert (oder „der mit dem Goldschwert"), das zweite unentbehrliche, glänzende Machtinstrument potenzierter geschmiedeter Gewalt im Tausch gegen Menschlichkeit und gleichberechtigte Partnerschaft des anderen Geschlechts.

Die Überwältigung von Thetis, der wandlungsfähigen Meergöttin als Krake, ging einen anderen, aber verwandten Weg: Die Fischerlegenden über den tödlich umarmenden, häßlichen Kopffüßler lieferten vielleicht das Urbild der schlangenhaarigen Medusa, die ihren Namen dann ebenso den irisierenden Quallen der Meeresoberfläche lieh. Noch oder schon bei den Etruskern ist es aber nicht mehr der „kurze Prozeß" des Tötens, der ihre Macht bricht, sondern die Liebesumarmung des Mannes, der sie, wenn auch schon mit Gewalt, schließlich unterwirft. Peleus ist der Sterbliche, der die thalassische Muttergöttin von den übrigen Göttern zugewiesen bekommt, damit ihre zukünftigen Söhne nicht etwa Zeus oder Poseidon, die sie begehrten, wie vorausgesagt ihrer Throne oder Machtpositionen berauben können (auch eine Lösung des mit dem Besitz entstandenen Machtsukzessionsproblems). Thetis-Eurynome-Medusa wird also versuchsweise ins Menschliche eingebunden, wie andere Melusinen, Rusalken, Undinen oder Schwanenjungfrauen, wie auch bei den Etruskern Athene mit Herakles eine artige, unheroische und fruchtbare Ehe eingeht. Wie Zeus' menschliche Partnerin Alkmene liefert Thetis dann den großen Helden (Achill), den sie im unterirdischen Vulkanfeuer härtet, und der doch an der Stelle, an der sie ihn hält (an der Ferse), verletzlich bleibt.

Ein Abglanz des Geschehens war auch Bellerophon, der frauenfeindliche Held vom Typ Herakles-Iason-Theseus, Sohn der dritten Meer- und Muttergöttin Eurynome (oder Eurymeda) mit Poseidon, der seinen Stier für das Zaumzeug der Athene opfert, mit dem das wilde Roß mit dem Quellennamen (Pegasos) gezähmt werden soll. Dieses hat am Helikon und in Troizen schon zwei „Pferdequellen" geschaffen, bevor Bellerophon, der „Belleros-Töter", der eigentlich Hipponoos geheißen hat, mit ihm vereint die feuerspeiende Chimäre tötet, die auch die weiblichen Löwen- und Schlangenzüge vereinigte.

Mit einer solchen leicht derangierten Mythologie traten die Kelten schon an. Und während auf dem Kontinent die Magna Mater Gorgo hausbacken zur Frau Holle oder Hexe degenerierte oder über Danaë zum christianisierten Sterntalermädchen wurde, blieb sie in Irland Dana. Nur ihre urzeitliche Produktionsweise und unerschöpfliche Geburtsfähigkeit wird zum depersonalisierten Zauberkessel, jenem magischen Instrument, das sie an ihre Partner zu vergeben pflegt, für gewisse Zeitspannen der Regierungsmacht von ihren Gnaden. Aber der „gute Gott", der bald ihre Nachfolge antritt, wird es sich auch hier wie anderswo als das seine aneignen, als Besitz einverleiben, monopolisieren, wobei sie auf der Strecke bleibt. Zwar kann er, männlich, nicht wirklich schwanger sein, aber der Nachschub kommt jetzt aus seinem allesvermehrenden Kochtopf, eine Art von Abrahams Wurstkessel, aus dem die darin zubereiteten Hirsche oder anderes Getier nach der Mahlzeit immer wieder unversehrt hervorspringen, aber auch die gefallenen Helden, frisch und zu neuem Kampf bereit. Es ist also schon wieder eine echte lebensschaffende Männerphantasie; aber trotzdem wird auch Isolde, die gegen das Establishment ihren Partner Wählende, von Liebe Geleitete und Bezauberte, mit Liebe Zaubernde, durch viele Generationen weitertradiert werden.

Weibliche Macht und Intuition verblassen jedoch bald wie der Mond gegenüber der neu aufsteigenden Sonne erobernder Helden; präindogermanische Muttergottheiten treten hinter einer schon entmachteten Dana, die sich ergeben hat, zurück, auch wenn mitunter noch etwas von der alten Glorie durchleuchtet und sie ihr das ureigenste Füllhorn einer steinzeitlichen Venus von Lausselle anvertrauen, das zum „cor benic", dem Corbenic der Mondfee Elaine (Selene) oder Fischerschloß ihres Vaters Pelleus (Pelias oder Bran-Briareus) wird, dem Born feenhafter Gaben aus eiszeitlicher Jagd- und Sammelzeit.

Dagda, der gute Gott und Held, dem Danas Macht zu Füßen gelegt wird, bringt selbst, auch schon von weit her, eine andere Waffe mit,[9] eine herakleische Keule, die zu solchen Dimensionen angeschwollen ist wie sein Selbstgefühl und seine Potenz. Er kann sie überhaupt nicht mehr tragen, sondern nur mehr auf einem Wägelchen hinter sich herziehen! Ihr phallischer, neuer und nicht mehr symbolischer Tod ist endgültig — der Mann bleibt nun auch hier ganzjährig in Evidenz und an der Regierung, und wenn jemand vegetativ in die Unterwelt verbannt wird, ist es sie, seine Partnerin. Die Keule ist sein altes Regenmacherwerkzeug orientalischer Wetterzauberer und Atmosphäregötter Anatoliens, nunmehr adaptiert zur Donnererzeugung in hohlen Eichenbäumen wie im Zeusheiligtum von Dodona, ebenso Schöpfungs- wie Tötungsinstrument.

Aber auch der gutfunktionierende Tod ist nicht mehr einer, zu dem man mit orphischem Saitenspiel gelockt oder verführt wird wie zu Tränen oder Gelächter. Physische Schwerarbeit ist manchmal nötig, Herakles' oder Enkidus Aufgaben werden noch treuherzig erfüllt, aber schon in einer auf allerlei Schwindel aufgebauten Männerwelt kühner Phantasien. Ihr Wirklichkeitsgehalt schwindet, verbales Angebergebaren dominiert.

Und nicht mehr ins Elysium, sondern ins „Apfelland" Avalon holt die Große Mutter Dana-Modron-Morrigain-Erin die Toten auf den Delphinen der Meerfee. Aber immerhin halten ihre Nachfahrinnen dann auserwählte Lebende gerne noch auf Mädcheninseln[10] liebend fest, wie einst Kalypso, mit Äpfeln, die Schneewittchen ebenso töten konnten wie ihm ewiges Leben verleihen.

Oder sie entführen auf nicht einholbaren, schwarzohrigen, weißen Feenpfer-
den (der pferdespendenden Demeter Hippia und Pferdegöttin Rhiannon),
vielleicht auch als Hirschwagengöttin, ihren Aktäon-Cernunnos, später auch
den Sonnengott Lug, dem Erin-Irland im goldenen Kelch das Blut der Erde
und sich selber reicht, oder wie ihre Mutter Modron-Morrigan-Mabonagrin-
Morgane im belebenden Kessel des Überflusses den Hochzeitstrank heiliger
Vermählungen braute. In diesem Kessel des Überflusses mußten später noch
die Könige baden, als „Geburtswiederholung" und Legitimation, ganz wie
einst Isis/Hathor als „großes Haus" und Thron ihre Pharaonen legitimierte.
Noch später wurde der Kelch dann zum Gral, dem „sangue royale" christiani-
siert und den Artusrittern in Aussicht gestellt. Lug-Loth hat als Lancelot statt
des Kultbeils nun schon einen unüberwindlichen Speer, aber er blitzt nicht
mehr, die Lanze blutet nur mehr im Kelch der Fülle und keine Heilige Hochzeit erlöst mehr das kriegsverwüstete Land zu neuer Fruchtbarkeit.

Bronze-Kultwagen aus Strettweg, Steiermark. Weibliche Figur mit Hirschen, die geopfert werden
sollen. Trägt die vermutliche Göttin des rätselhaften Gefährts eine Schale für das Opferblut einer
sakralen Erlösungs-, Auferstehungs-, Fruchtbarkeits- oder Unsterblichkeitshandlung?

Mit der Zeit verblassen die gebenden, spendenden Muttergöttinnen einer „Lady of the Lake" und Wasserfee Thetis früherer Kulturen, und es verblaßt auch ihre Erotik gegenüber einem Atmosphäre- und Sonnengott, der auch Bel (Baal) oder Curoi heißt, und in großer Höhe und mit geringer Macht über ihr wacht, so daß die unheilbare Amfortaswunde (Kastration? Ermattung?) des „guten" Totengottes Dagda-Bran-Lug, der immer mehr in die Unterwelt abgedrängt wird, nicht mehr erlösbar oder erlösend ist. Denn alle die Manngötter, ob Balder, Orpheus, Siegfried oder Bran, schaffen die Erlösung nicht mehr, die einst so leicht schien, werden ihrer aber auch nicht mehr teilhaftig, trotz aller guten Absicht und Anstrengung. Oder sie sind überhaupt nur mehr zornig und zerstörerisch, mit ihren Räuberphantasien der Allgewalt, denen der alte, geduldige, zyklische Vollzug fehlt, nicht wissend, daß die erwarteten Wunder zu teuer erkauft sind. Das wahre Wunder des organischen Wachstums der Natur bemerken sie überhaupt nicht, oder sie verachten es, bis hin zu den kurzschlüssigen Gewaltlösungen aller eiligen Industrialisierung — genau wie Tarannis, der nur mit seinen Blitzen zerschmettern kann, oft grundlos, und sonst nicht viel.

Die große Mutter Dana ist bei den Kelten schon ganz klein geworden (oder überhaupt männlich, Dan) und kann den zornmütigen Tarannis kaum mehr besänftigen; nur jedes Jahr einmal vor ihm zu ihrem anderen Gemahl Esus-Bran-Cernunnos in die Unterwelt fliehen, der dem Hirsch-Opfer Aktäon — zumindest auf dem Gundestrup-Kessel, [11]) auf dem das jährliche Leben-und-Tod-Spiel (das schon China kannte) an einem bestimmten Ort und Zeitpunkt festgehalten ist. Es läßt die Göttin nach einem halben Jahr durch das Stieropfer des Teutates wieder fruchtbringend auf die Erde aufsteigen, wenn im Frühling die Maibäume in die Erde versenkt und wieder ausgegraben werden und die Verbindung mit der Unterwelt vorübergehend fest hergestellt ist, die auch bei den Kelten nie ganz abreißt.

Neben der unberechenbaren Macht des Donner- und Blitzgottes Tarannis, der wie Zeus mit der Muttergöttin und ihrer unerschöpflichen Fruchtbarkeit verheiratet ist, um seine Stellung zu festigen, und dem Stammschutzgott Teutates, der über Krieg und Frieden bestimmt, ist vor allem der Unterweltsgott Esus für Reichtum und Wohlergehen aller verantwortlich, auch für ihr individuelles Glück. Die Göttin liebt nur ihn, obwohl sie mit dem zornig-willkürlichen, tyrannischen Weltherrscher verbunden ist, während die drei Männer mit wechselndem Erfolg um sie ringen. Tarannis verwandelt seine Gattin und ihre Gefährtinnen dabei in Kraniche und Esus in einen Hirsch. Teutates ergreift Partei für die Liebenden und kommt ihnen mit Apoll und den Dioskuren als „Symbol göttlichen Ausgleichs" zu Hilfe. [12]) Sie sind auch Schutzheilige des römischen Ritterstandes, stammen aus dem „Gelege", das Leda nach ihrer Begegnung mit Zeus in Schwanengestalt hervorgebracht hat, und stehen ganz am Beginn der verschworenen Männergemeinschaft: Faustkämpfer und Reiter zwischen Stadtzerstörung, Frauenraub, Viehdiebstahl und Vetternmord aus Wettkampf-Herausforderung oder merkwürdigen Loyalitäten, oft zwischen Hades und Olymp wechselnd.

Die heiligen Tiere des Tarannis, der Stier und der Hirsch des Esus, werden von ihnen gefunden und geopfert, um den Liebende die Rückkehr in ihre menschliche Gestalt wieder zu ermöglichen, auch um Tarannis zu beschwichtigen sowie das weibliche und männliche Prinzip und die zerstörerischen Mächte zu versöhnen und ins Gute zu wenden, nämlich in Regenfälle und sprudelnde Quellen wie nach einem Gewitter.

Die Muttergöttin Erde, die noch die Rosettenräder der einstigen Himmelsherrin trägt, die sie nur mehr einen Teil des Jahres über ist, wird von ihren Raben, den Abgesandten des Gottes Lug, gewarnt, und des Esus (Dionysos) widderköpfige Schlange streitet für sie. Tarannis bedroht die Göttin mit seinen Raubtieren, Höllenhunden und einem Heer. Das Treffen der Ober- und Unterweltsstreitkräfte wurde wahrscheinlich in Maifesten dargestellt, in deren Verlauf die tapferen Soldaten geehrt und symbolisch ins Paradies geleitet, die feigen wahrscheinlich ebenso symbolisch ertränkt, also mit Gesichtsverlust bestraft wurden. Die Opfertiere mußten, soweit auf den Bildern erkennbar, bis zuletzt gegen Angriffe des Gegners verteidigt werden. Die mitgeführten Bäume [13]) fand man an manchen Orten in den Viereckschanzen umgekehrt begraben. Sollte es sich dabei um sogar dem Attiskult entnommene oder ähnliche Riten handeln?

Der Mythos der Kelten schöpft aus unzähligen Überlieferungen von Ost und Süd in komplizierten, aber erkennbaren Anpassungen, die unter anderem auch einem Ausgleich zwischen den Bedürfnissen eigenen Sich-Hervortuns bzw. Übereinstimmung mit und Einordnung in die Natur dienen, aber auch einer Auseinandersetzung mit dem Mann-Frau-Konflikt. Grundsätzlich erfüllt er die Aufgabe der Rechtfertigung einer Männergesellschaft mit mutterrechtlichen Traditionen.

Die Überwindung des Todes ist allerdings nicht so einfach, wie schon die Sumerer feststellen mußten; aus der Depression darüber entstand das Gilgamesch-Epos und manches andere Kunstwerk; den Kelten ist keine solche klare, einende Heldenfigur gelungen. Um für seine Unsterblichkeit zu sorgen, befruchtete Baal noch rasch eine Kuh, ehe er starb; das war seit dem sumerischen Enki und seiner Stierhochzeit mit dem Tigris eingeführt. Wie andere (seit den Höhlenmalereien der Eiszeit) hielten auch die Kelten, so lange es ging, an den heiligen Rindern und weißen Pferden fest, durch deren Tod die Muttergottheit unter der Erde wieder menschliche Gestalt gewinnt; die weiße Stute dagegen ist dem neuen Herrscher bestimmt. Designiert oder zumindest anerkannt von Frauen, den „unterirdischen Königinnen", besamt er die Stute, wenn er sich durchsetzen und zur Wahl und Wiedergeburt arrangieren will. Nach dieser Art von Heiliger Hochzeit, die die einst reale Vermählung mit der Herrscherin und Besitzerin des Landes ersetzt, wird die Stute sofort geschlachtet, damit der zukünftige Machtträger im berühmten Kochkessel in ihrem Blut baden kann und durch diese Kulthandlung als sein eigener Nachfolger und Selbstzeuger neugeboren und erwachsen vor das Volk treten kann. So geht es auch!

Die Männer beginnen jetzt überall Fruchtbarkeit zu spielen, wenn erforderlich, sogar mit Steinen, wie es zum Mannbarkeitsritual mancher Indianer gehörte. Wenn man sich einbilden kann, das Kalb in der Kuh erzeugt zu haben oder in Stieridentifikation den gehörnten Stiermenschen, wie den gehörnten Zagreus von Zeus mit seiner Tochter, oder als Mannprinzip der Mütter von Çatal Hüyük, dann ist der keltische Gedanke, sich in der blutigen Brühe des Opfertieres neu gebären zu lassen, nicht mehr ganz so konfus. (In Palästina etwa „sotten" die Initianden der Pan-Dionysos-Mysterien in biblischen Zeiten bei der Vereinigung mit dem Ziegengott und seiner Mutter — die später zum kretischen Zeus und seiner Amme Amaltheia wurden — ein Zicklein symbolisch in einem Kessel mit der Milch seiner Mutter.) [14]

Reste der Heiligen Hochzeit sind jedenfalls überall noch zu finden, allerdings haben vielleicht nur die Kelten so lange und hartnäckig Geburtsvorgänge aus eigener Kraft beizubehalten versucht. Die Ägypterkönige begnügten sich früh damit, von Hathor nur gesäugt zu werden — auf die bloße Zeugung allein verließ man sich zur Legitimation zunächst noch nicht.

Mit der Zeit werden die Kelten, als aristokratische Kriegergesellschaft auf der Stufe Homers oder der Rig-Veden, mit ihren Heiligtümern in den Tiefen der Wälder und ihren schamanennahen Druiden von ihren Träumen, Trancen und Visionen fast überwältigt und ihres Realitätssinns ein wenig beraubt. Ihre dreiköpfigen, allwissenden Steingötter, die auch der Hinduismus schon kennt, verfolgen sie ebenso wie die Gorgonenfratzen ihrer Kali Sheilanagig, deren weitaufgerissenes Genitale sie zu verschlingen droht wie die mutterangstauslösende, griechische Gorgo. [15] Sie will sie in einer Art von Liebestod in den Wiedergeburtenzyklus ziehen, auf den sie dann doch nicht mehr so viel Wert legen, durch den man aber hindurchmuß, um in der Kuhhaut des Amnions, im Cucullus der Glückshaut wiederzukehren. Ganz und immer ging es doch noch nicht aus männlicher Kraft allein, so weit sie auch auf ihren kleinen Pferden in der Welt herumgekommen sein mochten, vielleicht bis an die Grenzen der Hyperboräer, jenes mythischen, friedlichen, tugendhaften und vegetarisch lebenden Volkes der Apolloverehrung, das auch schon mit der Chou-Dynastie Chinas identifiziert wurde. [16]) (Kranich und Hirsch sind übrigens dort mit Langlebigkeit assoziiert.)

Die heutigen irischen und walisischen Nachkommen der Kelten sind immer noch leicht entflammbar, beredt, manchmal ein wenig mit sich zerfallen, dickköpfig und freiheitshungrig, aus den festen Bindungen fliehen sie gern in Traum, Rausch und dichterische Großphantasien, ins Aufgehen und Überwältigtwerden vom Kosmisch-Ozeanisch-Mütterlichen.

HELLENISTISCHE STRÖMUNGEN

Im Zeitalter des Hellenismus, das man etwa von Alexanders Sieg über die Perser oder von seinem Tod 323 v. Chr. bis zur Legalisierung des Christentums 313 n. Chr. rechnet, wurde das griechische Kulturerbe der damaligen bewohnten Welt oder Oikumene durch die entstehende Verkehrssprache der Koinè allgemein zugänglich. Die griechischen Übersetzungen der Bibel bahnten dem Christentum den Weg, und der Sophismus verfeinerte und schärfte den Talmud. [1]) Alle Kulturen bedienten sich in dieser Periode aus dem griechischen Fundus. In ihrem Pluralismus, in Ideenkommunikation und -wettstreit ähnelt diese Zeit unserer heutigen, der sie an religiöser und rassischer Toleranz zwar überlegen, aber durch Lohn und Preiskämpfe, Streiks, Wahlrechts- und Bildungsauseinandersetzungen, den „Kommunismus" der Stoa und die Frauenemanzipation ebenbürtig war — mit dem einzigen Unterschied, daß es Sklaven gab anstelle von Maschinen. [2])

In den sofort nach dem Tod Alexanders einsetzenden Diadochenkämpfen zerfiel das Großreich bald wieder (wie das Territorium des Superaffen von Santiago!), und die vielen Denkanregungen und Freiheiten, zusammen mit der weitverbreiteten Halbbildung, wirkten sich geradezu beängstigend aus — bis schließlich Rom mit seiner eigenen Gattung von Hellenismus das Erbe der Weltreichansprüche Griechenlands übernahm. Dazwischen aber wucherten proto-atheistische Philosophien und wissenschaftliche Schulen, von Epikuräismus und Skepsis bis zu strengen Ethiken und dem Aberglauben, von Privatgesellschaften und missionierenden Religionsvereinen; griechische und chaldäische Sternenlehren, Astrologie und Mantik, Traumdeutung und Vogelflugschau verbreiteten sich ebenso wie des vergöttlichten Asklepios Heilmethoden oder Heroenverehrung. Wundermänner, Dämonenbeschwörer und wandernde Sektenlehrer zogen im Land herum, und ein Synkretismus verschiedenster Religionen griff um sich (sofern er nicht noch zum Zweck der politischen Einigung von oben her künstlich entwickelt wurde, wie der Sarapiskult oder der des Heliopolitanus), bis am Ende aus allen diesen Evolutionsvorgängen eine strahlendweiße Isis der Volksfrömmigkeit übrigblieb, ganz in die Nähe des Eingottglaubens gerückt, an die auch Gebildete sich symbolisch wenden konnten. Wenn diese Muttergöttin nicht zuletzt als Muttergottes in das noch um Stabilität ringende Christentum aufgenommen worden wäre, wäre dessen Bestand damals noch sehr gefährdet gewesen.

Neben der Welt, Leib, Leben und Frauen verachtenden Gnosis (bei der in der Fixsternsphäre die Sophia/Weisheit mit ihrem „Unbekannten Gott" himmlische Kinder hervorbringt, nur ein einziges Mal ohne ihn eine Fehlgeburt, den Demiurgen, so daß alles schiefläuft), waren die vitalsten der übrigen umlaufenden Mythen die der Soldaten als Jupiter-Dolichenus- und Mithras-Kult, eine neue Hermes-Offenbarungsreligion und vor allem die orientalischen, ägyptischen und griechischen Mysterien. Sie standen alle im Gegensatz zum Vorsehungsglauben auch der Schicksals- und Glücksgöttin Tyche, dem unerbittlichen Fatum und der Magie mit ihrem Zauber und Gegenzauber, versprachen ihren Anhängern Schutz vor diesen blinden Wirkungen und fanden daher großen Zulauf.

Bei allen Mysterien mit ihrer aktiven Gläubigen-Beteiligung handelte es sich um ursprünglich chthonische Auferstehungsmythen im Zusammenhang mit dem Jahreszeitenwechsel und um die Besiegung des Todes durch bleibende Vereinigung mit der Gottheit im Jenseits. Oft waren Mysten, unter denen die Klassenunterschiede aufgehoben werden, mit mehreren Gottheiten identifiziert und mehrfach eingeweiht (wie manche Österreicher vorsorglich mehrere Parteibücher besitzen sollen ...).

Die ägyptische Trias präsentierte nicht mehr Horus, sondern Isis, Sarapis und Anubis, den Seelengeleiter, und sprach auch aufgeklärte Menschen an. Sarapis war eine Konstruktion aus Osiris und Apis/Amun und trägt Züge von Zeus, Hades, Asklepios und Marduk. Er verblaßte allerdings hinter der Machtfülle von Isis, die mit allen weiblichen Göttinnen außer den jungfräulichen oder kriegerischen gleichzusetzen ist und nicht nur der Fruchtbarkeit dient. Sie „bestimmt, daß Frauen von Männern geliebt werden, hat das Ehegelöbnis erfunden, bindet Gatten und Gattin, verfügt, daß Frauen Kinder gebären und

Statue der Isis, die das Abendland faszinierte, ehe sie in die Marienverehrung einging.

die Kinder ihre Eltern lieben sollen". Sie überlebte nicht nur den Fall aller anderen Religionen, sondern ihre Verehrung ging auch unmerklich in den Katholizismus über, so daß viele ihrer Statuen zu Mariensäulen wurden. Auf ihren großen Umzügen wurde jedes Jahr der tote Osiris beweint und wiedergefunden und im Frühjahr die Schiffahrt neueröffnet, deren Schutzherrin sie geworden war. Bei ihren geheimen Weihen trat der Myste durch zwölf Verwandlungen zuletzt als Sonnengott hervor.

In den anatolischen Mysterien wurde die Naturgöttin mit ihrem Sohngeliebten Attis oder Adonis, verstärkt durch die persische Anait, als Meter, Ma oder Kybele bis nach Athen angebetet. Die Hethiter hatten ihr später einen bäuerlichen Atmosphäregott beigegeben, die Babylonier den Mondgott Sin oder Men. Die Mondsichel wurde zum Hufeisen, und aus der kosmischen Auferstehung eine Gestirnslehre des Schicksals.

In Syrien nahm Hadat-Rimon die örtlichen Baale in sich auf, und Anahita wurde als Stein verehrt, als Dea Syria Atargatis, Herrin der Tiere mit Löwenbegleitung, oder als Derketo an den Teichen, als Fischgöttin und Meerjungfrau, mit Schlangenleib oder Fischschwanz; wie denn das Weibliche immer eher mit Fauna verbunden scheint als das männliche vegetative Prinzip, das sprießt, wie in des Adonis keimenden Pflanztellern, oder bei dem selbst die griechischen, ägyptischen und kretischen Schlangen der Göttin im Selbstzeugungsprozeß des „erdentsprungenen" Kekrops oder Erichthonios zu etwas wie Pflanzenwurzeln degenerierten.

Der schwerbewaffnete Jupiter Dolichenus auf seinem rechtsschreitenden Stier, mit Donnerkeil und Doppelaxt, war ursprünglich ein Blitzgott, Vorläufer des Mithras; seine Verehrung ist bis an den Rhein nachweisbar. Seine aus Legionären bestehende Anhängerschaft begnügte sich im Ritus noch mit Wassertaufe und Waschungen an Zisternen. Mithras, der aggressive iranische Heilsgott, der sich nur in Griechenland wegen der dortigen Aversion gegen die Perser nicht durchsetzte, wurde dann dank seines kämpferischen Charakters bald zum römischen Staatsgott. Mit seinen Mythen und den sieben aufsteigenden Rang- und Weihegraden hätte er sehr leicht als typische reine Männerreligion ganz Europa beherrschen können. Die im Zentrum des Mythos stehende Tötung des „ruhig weidenden Stiers" durch den starken, felsgeborenen Lichtgott bedeutete nun die neue Schöpfung, denn aus seinem Blut wuchs die Weinrebe, aus dem Schwanz das Getreide, aus dem Sperma eine Vielzahl verschiedener Tiere. „Die Männer hast du gerettet durch Vergießen des ewigen Blutes", besagt eine Inschrift, und das war jetzt das Wichtigste. Schlachtopfer (und der früher meist vorausgegangene Raub des Tieres, sein mitunter absichtlich qualvoller Tod) spielten jetzt die kultische Hauptrolle. [3]

Das Blut des Stiers strömte durch Bodenritzen „belebend" über den in einer Grube darunter befindlichen Initianden, der sich danach von der häufig kleinen Gemeinde als „Sol invictus" huldigen ließ und sicher auch so fühlte, worauf das Festmahl mit jenen Steaks beginnen konnte, die noch heute als am meisten Kraft gebende Männerspeise gelten. Vielleicht findet sich hier sogar noch etwas von der steinzeitlichen Heiligkeit der Lebensfarbe Rot, der urtümlichen Verbindung zwischen Geburtsblut und Morgenröte, wie in den ockerroten Sanktuarien von Çatal Hüyük, in denen die Muttergottheit die lebenserhaltenden und eben domestizierten Rinder- und Ziegenjungen gebiert — allerdings mit männlicher Akzentverschiebung!

Auch im Kybele- und Attiskult gab es das Taurobolium oder die Bluttaufe als Entsühnungs- und Wiederbelebungsritus. Dort trat man aus dem „Brautgemach", dem *adyton* der Göttermutter, um sich, ebenfalls schlachtopferblutüberronnen, der jubelnden Menge zu präsentieren. In der lydischen Überlieferung, die den vornehmen Griechen und ihrer Adonis/Aphrodite-Version nähersteht, wird Attis nach der liebenden Hingabe, oder für sie, von einem Eber zerrissen, in der phrygischen entmannt er sich als Sohngeliebter der Göttermutter im Wahnsinn und zur Strafe für seine Untreue und stirbt daran. Das ist wahrscheinlich kultätiologisch mit seiner Verwandlung in eine Pinie zu erklären, die an seinem Hauptfest im März veilchengeschmückt (bis nach Rom!) durch die Straßen getragen wurde. Am „Bluttag", der auch die Überwindung des Geschlechtlichen demonstrieren sollte, steigerten sich Novizen und bereits Verschnittene in wilde Raserei und zerfleischten sich selber, um den Altar mit Blut zu besprengen. Am Ende der Totenklage stand auch hier das heilige Weihemahl.

Damit verwandt, aber weniger bedeutend, ist der kleinasiatische Sabazios-Kult (der Zebaoth der Bibel), bei dessen geheimnisvollen Riten die Schlange im Mittelpunkt stand, die der Myste als Vertreterin des Gottes „durch seinen Schoß" zog, was die Liebesvereinigung mit ihm symbolisierte. Die Sühne- und Reinigungsprozessionen feierten ihn auch als Arzt, der das Kinderwachstum fördert. Die ihm gestifteten Bronzehände beziehen sich wahrscheinlich auf glückliche Entbindungen. [4]

Die Eleusinischen Mysterien sind vorgriechischen Ursprungs und behaupteten sich mit ihren minoischen Elementen über tausend Jahre bei der unterdrückten Urbevölkerung, auch gegenüber der homerischen Götterwelt. Im 5. Jahrhundert sollen oft zehntausend Menschen zu den Feiern nach Attika gekommen sein; der Hymnus auf Demeter und die ersten Tempel stammen aus der Zeit um 700 v. Chr. In ihnen erschienen die Korngöttin und ihre entfernte und wiedergekehrte Tochter Persephone vor einer großen Menge, die

Eines aus einer Serie weiblicher Kultbilder mit Stierhornsymbol und heiligen Tauben, Mohnkapseln oder Ähren, wie sie den Eleusinischen Mysterien zugrunde gelegen sein könnten.

ihnen Kuchen, Mohnkapseln und Ferkel opferte. Persephone war damals noch keine Sommergöttin, sondern weilte von Aussaat bis Herbsternte des Getreides mit diesem in der Unterwelt. Der Neuling bewegte sich unter einem Liknos (Getreidesieb) und durfte im Angesicht der Großen Mutter mit ihrem heiligen Tier, der Schlange, spielen. Den Höhepunkt bildeten die herbstlichen Räucherprozessionen beider Geschlechter von Athen, Tänze, und in der Weihenacht nach einem Gerstentrunk die heilige Handlung, die man als Wiedergeburtsritus aus dem Mutterschoß der Göttin interpretiert — später auch die Geburt des göttlichen Knaben Iakchos („Jubel") durch die Kore in einer Feuererscheinung, und zuletzt das feierliche Vorzeigen der Ähren (wie schon in Lepenski Vir),[5] im Einklang mit oder als Wiederholung der indisch-anatolischen Geburt der nützlichen Nahrung durch die Frau.

Der jüngere Dionysos-Kult scheint seine Wurzeln in Thrakien wie in Kleinasien zu haben. Er trägt missionarischen Charakter. Dionysos reiste weit mit Schiffskarren oder Segelboot und fusionierte gern mit anderen Göttern: mit Demeter in Lerna, mit Jahwe in Syrien, mit Osiris in Ägypten und mit Liber Pater in Italien. Seine Symbole sind der Weinkrug, Reben, Feigen, der Bock, Phallos und Maske. Rausch, Wahnsinn, Mänaden und orgiastische Bocksopferung begleiten ihn. Als der „zweimal Geborene" ist er auf besonders intensive Weise der Verschwindende und Wiederkehrende, der Sterbende und Auferstehende. Sohn des Zeus von der Mondgöttin Semele, die von der Lichterscheinung des Obergottes getötet wird, reift er, als Embryo dort eingenäht, in der Hüfte seines Vaters heran und wird von Nymphen aufgezogen. Dann zerreißen ihn die von der eifersüchtigen Hera aufgewiegelten Titanen. Aber Zeus rettet ihn auch diesmal, zumindest sein Herz, das er verschlingt; auf diese Weise erzeugt er ihn zum zweitenmal (zweimalige männliche Aneignung von Methoden der Fruchtaustragung und Geburt).

Mehrmals im Jahr nahmen seine Anhänger als Thiasos, göttliches Gefolge, an den nächtlichen Hauptfeiern teil; in Altgriechenland nur Frauen, in Rom beide Geschlechter — im Fackelschein und mit dem Ziel der Ekstase bis zum ·Nachvollzug oder der Illusion von Tod oder Tötung durch Zerreißen. Zuletzt wurde der Gott durch Wasserorgeln oder Trompetenschall wiederbelebt und hervorgerufen, um im bacchischen Treiben die Unsterblichkeitshoffnungen der Eingeweihten zu erfüllen.

In veränderter Gestalt kehrte Dionysos in den Orphischen Mysterien wieder, die sich auf den thrakischen Kytharaspieler Orpheus bezogen, der die Natur und Umwelt bezauberte. Dabei büßte er allerdings durch Nachlässigkeit schon seine Gattin Eurydike ein, konnte sie aus narzißtischer Unaufmerksamkeit trotz seiner Gaben nicht wiedergewinnen, vielleicht, weil er gar nicht wirklich daran interessiert war (im Rahmen der griechischen Wendung zur Homosexualität), und wurde von den Mänaden zerrissen, ohne das eigentliche Opfer in der Geschichte zu sein, und ebenfalls schon ohne Auferstehung. (Inanna, Hannahanna, Kybele, Damajanti, Aphrodite, Isis und Psyche schaffen es alle, ihre „Geliebten", Vegetationspartner, aus ihrem Todesschlaf wiederzuerwecken, den Manngöttern gelingt das schwer, sie meistern kaum die eigene Auferstehung!)

Die Orphiker erfanden neben ihren Reinigungs- und Enthaltsamkeitsriten bald auch volkstümliche Höllenvorstellungen, schützten dann ihre Eingeweihten auf ihren jenseitigen Seelenwanderungen mit Goldplättchen als Totenpässen (die Verehrung galt zwar noch der Großen Mutter der Wiedergeburt, aber nicht mehr der einst mit ihr identischen Geliebten oder Partnerin).

Nun, da die unmittelbaren Unterhaltsbedürfnisse der Menschen gedeckt waren, traten immer mehr ihre religiösen Wünsche hervor, trennten sich von ihnen — nicht mehr Fruchtbarkeit, sondern Erlösung war jetzt gefragt. Aber woher kamen nun plötzlich in so vielen Religionsvarianten jene sadistischen Elemente, die es früher nicht gegeben hatte, wie in den scheinbar lebenserzeugenden, in der Realität blutigen Tötungsritualen für ein ewiges Leben, das doch gerade den Tod überwinden sollte? Gewaltsamkeit und Selbstbeschädigung anstelle von Heilung, oder masochistisches Erdulden von Verletzungen

Kreuzidol aus Zypern; ungewöhnliche Komposition mit stark neolithischen Zügen, ca. 3000—2500 v. Chr., als Symbol prähistorischer Gleichberechtigung: Die Muttergöttin und Vorform der kyprischen Aphrodite als Kreuz, dessen Querbalken der Mann ist, in Heiliger Hochzeit oder als Sohn ihr verbunden, wenn nicht im Augenblick des Todes, der ihr den Helden zurückbringt, den sie geliebt oder geboren hat. Ein kraftvolles Menschheitszeichen guten Willens — von uns nur durch ein kurzes Zwischenspiel der Ungleichheit aufgehoben, das uns an den Rand der Selbstzerstörung brachte (Noch Adolf Loos hielt das Kreuz für die liegende Frau, vom Mann durchdrungen!).

und Qualen zur Durchsetzung des eigenen Systems in einer Art von Märtyrererpressung? Sie scheinen dominiert von den aus dem gnostischen, jüdischen oder manichäischen Dualismus übernommenen, dem Sündenbegriff intellektueller Strömungen, der sich zuletzt in einer ästhetisierten und akzeptierten Kreuzigung sammelte und einigte. Das war nicht mehr das kyprische Kreuz einer liebenden Großen Mutter, die den Geliebten, ihr Neugeborenes oder schon den Toten als Querbalken in ihren Armen hält. Im Zeichen dieses tödlichen Kreuzes wurden später immer weitere Brutalitäten und Unterdrückungen begangen, wie Inquisition und Hexenverfolgung. Auf diesem Boden konnten die Martern der Heiligen, der Geißler und der KZs ebenso entstehen wie die Selbstkastration Plotins. Das Element der gebundenen, vermittelnden Liebe und Unterwerfung, an dem nur Frauen nicht sterben, das Jesus noch ein letztesmal als Mann erfolglos zu verkörpern trachtete, wurde immer mehr ausgeschaltet, hinausgedrängt aus dem Leben, wie die Sexualität aus der Elite der Klöster. Aber diese selbstvergewaltigenden Ordnungen brachen sogar in den strengsten orthodoxen Gemeinschaften, wie auf dem Berg Athos, sofort zusammen, wenn einmal verfolgten Glaubensbrüdern und Hirten mit ihren (sonst verbotenen) weiblichen Tieren und Frauen Schutz gewährt wurde, [6])

191

und auch in den mittelalterlichen Doppelklöstern für beide Geschlechter ließ sich diese Ordnung nicht aufrechterhalten.

Warum müssen krampfhafte Ordnungen, die dem Menschen nicht liegen, jetzt nicht mehr um des Ruhmes, sondern um seiner ewigen Seligkeit willen aufrechterhalten werden, warum muß verfolgt werden, was Teil von ihm und aller Kreatur ist? Und auch an das so unvermeidliche Sterben kann der Mensch sich nicht gewöhnen, verhängt es stattdessen in Kriegen willkürlich über andere, um selber vielleicht besser zu leben oder überhaupt nur zu überleben. Wäre es nicht langsam Zeit für eine wirklich liebesgeordnete Gesellschaft (die der Mensch ja auch will und immer anstrebte, die aber wahrscheinlich untrennbar mit wieder zugelassener weiblicher Einflußnahme verbunden ist)? Diese anderen, weiblichen Strategien müßten geduldet, sogar befolgt werden, nicht nur widerwillig wie im Hellenismus, der die Frauen und Kinder zwar wiederentdeckte, aber doch nur ins eingefahrene männliche Machtgetriebe einbezog und selbst eine Arsinoë neutralisierte. Nur in den heutigen Religionen der Ökologie sind die Frauen schon etwas stärker vertreten, müssen aber noch das Männerspiel, nicht ihr eigenes, spielen, um sich überhaupt geltend zu machen und nicht christlich zu scheitern. Den Religionen scheint es bisher nicht gelungen, unser angeborenes Ausgrenzungsverhalten oder die ererbte Gewaltneigung unter Kontrolle zu bringen. Die muß dauernd in Schach gehalten wurde, am einfachsten durch die ebenso angeborenen weiblichen Strategien, denen bis jetzt nur sehr wenig Raum gegeben werden, weil man sie fälschlich für ganz irrelevant hielt.

Wir bedrohen einander und beschuldigen uns gegenseitig faschistischer Tendenzen, und es entgeht uns, mit welch zweifelhaften Mitteln wir bei ihrer Bekämpfung vorgehen, daß die Ankläger dabei gewöhnlich nur in der augenblicklich glücklicheren Lage sind, sie bei sich selber nicht bemerken zu müssen; wie sehr unser aller Leben von Alltagsfaschismen durchdrungen ist, wie der Hang dazu, jederzeit provozierbar, in uns allen steckt, der Rollentausch von Täter und Opfer unablässig vor sich geht.

Wenn wir aber wissen, daß unser Ausgrenzungsverhalten etwa allgemeinmenschliches Programm ist, daß sich vorzeiten einmal im Überlebensversuch bewährt haben muß, und nicht bloß die verwerfliche Eigenschaft unsympathischer einzelner Gruppen, die man am besten dafür demütigt oder ausrottet, sind wir gewarnt, werden aufmerksam, können gegensteuern und — verzeihen. Daß auch nicht alle Palästinenser miteinander solidarisch sind, entspricht den Tatsachen, wie auch die indogermanischen Eroberer sich einst überall von den nachfolgenden Wellen ihrer eigenen Stammesbrüder belästigt und bedroht fühlten und sie daher immer attackierten. Und wenn die arrivierten und assimilierten Juden der Jahrhundertwende, die ihre Ringstraßenpaläste dem Historismus der herrschenden Schicht anpaßten, keineswegs mit ihren aus östlichen Ghettos neuangekommenen Glaubensgenossen in der Leopoldstadt fraternisierten, kann man sie schwerlich als Antisemiten bezeichnen. Andere Länder haben andere Feindbilder — das ist das leidige und extreme Freund-Feind-Verhalten, das wir von den höheren sozialgeordneten Tieren genauso genetisch mitbekamen wie das allgemeine gesellschaftsordnende Rangverhalten, das man weniger anprangern und eher weiblich zu entschärfen versuchen sollte — in Eigenregie und machmal sogar gegen innere Widerstände.

Wenn die Franzosen ihre Algerier haben, die Amerikaner ihre Neger und Puertoricaner, die Engländer ihre Pakistani und die Deutschen ihre Gastarbeiter, hatten die demokratischen Griechen, die vielleicht alle zivilisierten Männer mochten, neben den Barbaren die Frauen, auf die sie hinunterschauen konnten. Mit der vollen Patriarchalisierung aber haben wir in ihrem Fahrwasser unser ganzes zwischengeschlechtliches Bindungsverhalten des regulierenden weiblichen „Mitleidens", des einfühlsamen Zustimmens oder Schmollens oder der rangausgleichenden Warm(Barm)herzigkeit mitausgetrieben oder zu eliminieren begonnen, jene „Universalien" der Ethologen, auf die wir bauen dürften, weil sie uns genetisch einprogrammiert und nicht nur von der Zivilisation aufgetüncht sind, und ohne die wir uns das Zusammenleben eigentlich gar nicht leisten dürften oder es nicht überleben könnten.

Auch die griechischen Götter haben versagt, nicht nur die Töter wie Ares, Hades, der blindwütige Erderschütterer Poseidon, Hephaistos oder der sonnenpfeilschleudernde Apoll. Sogar der einst ubiquitäre, unaggressive, sehr menschliche Hermes oder der mitreißende Dionysos wurden evolutiv ausgeschieden, nachdem sie die weiblichen Götter aus dem Felde gedrängt hatten wie Hestia, oder Athene zum eigenen Männerverhalten herausgefordert. Der steinzeitlichen Jagdordnerin Artemis gelang die Anpassung an die modernen Beutegüter des Zeitenwandels nicht, so daß es bei deren Aneignung nicht mehr so fair zugeht wie einst. Die viehzuchtregelnde Hera wurde domestiziert wie ihre Schützlinge und wie ihre ackerbauende Schwester Demeter. Die überschießend weibliche Aphrodite mit ihrem kompensatorisch übersteigerten Charme-Verhalten, das einst überall rangneutralisierend gewirkt hatte, richtete nun in einer verschworenen Männerwelt, die sich wie Odysseus alle Sinne gegen den kreatürlichen Dialog mit Partner oder Natur verstopft hatte, nichts mehr aus. Und sie begab sich, wie die libysch-pelasgisch-kretische Schlangengöttin Athene früh ihrer Gebärfunktion — beide haben keine nennenswerten Kinder oder Kontinuität.

Nur die ägyptische Isis mit ihrem neuen griechischen Selbstbewußtsein des Hellenismus [7]) bewahrt noch die vollständige Frauenrolle (aber nur diese) mit allen ihren einseitigen Arbeitsauflagen und der alten Macht, wird aber vom sekundär patriarchalisierten Christentum überrundet und ihm nur kosmetisch nachträglich als emotionale Bereicherung und Muttergottes, samt anderem Uraltem, wie Sistrum und Weihrauch, beigefügt.

Im Grunde behielten wir nur den zornigen, unberechenbar willkürlichen, gewalt- und grausamen Donnergott Zeus bei, wie er in den mörderisch liebenden Vater — zumindest bis zu Luther und seinem Gnadenbegriff — einfloß, den verabsolutierten palästinensischen Atmosphäregott Jerubbaal, der außer dem Namen nichts mehr von der ältesten Erd- und Liebesgöttin Palästinas, Jehwa/Heba/Eva, bewahrte, und schon gar nichts von der ihr zugrundeliegenden Liebes- und Mondgöttin Iahu in Taubengestalt, der „erhabenen Taube", die als vermännlichter Jahwe endete und als Vater und Heiliger Geist auf uns kam, der den Sohnestod wählt, um sein Machtgebaren auszugleichen.

Rationale Ethiken genügen nicht, es bedarf der starken Gefühle und barbarischen Opfer selbst für den Mann als Frau; den sanften, mitleidigen und barmherzigen Jesus, der männliches und weibliches Normverhalten aussetzt, aber immer noch unverstanden scheint. Irgendwie disqualifiziert ihn vielleicht auch sein unvermeidlicher Tod. Erfolgreiche Identifikationsfiguren sterben nicht passiv, sondern an irgendeiner Art ihrer machtbewußten Heldenhaftigkeit.

Vielleicht waren jene hellenistischen Mysterien psychohygienisch: Sie gaben den Menschen hin und wieder jene orgiastischen Ausnahmeerlebnisse, die sie anders nicht mehr fanden, um sich nachher um so glücklicher wieder einordnen zu können. Vielleicht machen uns nicht nur ohnmächtige Kränkungen, sondern auch der Mangel an Ekstasen krank, und sind Männer deren bedürftiger: Wenn sie in der Liebe ausbleiben, holen sie sich ihre Erlösungen in Krieg und Gewalt.

Frauen scheinen das nicht so nötig zu haben, sind etwa im Buddhismus nicht einmal erlösungsfähig: einer muß ja die anfallende Alltagsarbeit kontinuierlich tun; und sich „moralisch" zu verhalten, dürfte ihnen auch leichter fallen, ist ihnen selbst ohne strenge Gebote und im Sinne aller antiken und christlichen Tugenden überhaupt natürlicher!

Männer machten aus der Sexualität und ihren Rätseln einst Religionen. Als ihnen mit der selbsterfundenen ehelichen Dauerbindung die „ganz große Freude" des Eros abhanden kam, nahmen sie zunächst Zuflucht zu anderen „Spitzenerlebnissen" aus deren Randbereichen oder zu Erlebnissen der Machtübung und des hypertrophen Rangverhaltens. Manches daran wurde zu kon-

Sardische Bronzestatuette einer Frau mit totem Krieger auf dem Schoß (sog. „Mutter der Getöteten"), ca. 800 v. Chr., als zeitlose Pietà und Hinweis auf die Richtung, die wir seit der Beschleunigung der Waffentechnologie schon durch die Metallegierungen der Kupferzeit, nicht erst seit den Seevölkerstürmen, eingeschlagen haben.

fliktreich, anderes schal, und machte die Suche nach neuen „kicks", „peak experiences" nötig. Unsere Welt hat ganz schön unter ihren talentierten Bestrebungen gelitten, sie zu einem komfortableren und sichereren Platz zu machen; sie könnte daran zugrunde gehen. Vielleicht müssen wir sogar wieder zurück zu größeren Unbequemlichkeiten und vermehrter Unsicherheit, aber auch zu ekstatischen Freuden, um das Leben wieder zu fühlen und lieben zu können. Und vielleicht sind wir schon auf dem Weg dazu, wenn die ersten vergewaltigten Ökosysteme zu kippen beginnen werden. Der Weg aber könnte auch bereits wieder in größere Stabilitäten unserer verstörten Umwelt führen, und sei es auch durch Notlagen.

NACHSPIEL DER MYTHEN IN DEN EUROPÄISCHEN MÄRCHEN

Man ist sich heute allgemein einig, daß Märchen Endzustände mythischer Überlieferungen sind, vom Erzählen abgebraucht, und entsprechend den Bedürfnissen der Überträger angepaßt und verändert. Was einst Inhalt von gehüteten Initationsriten oder Mysterien war, diente später den Erwachsenen am Herdfeuer langer Winterabende zur Unterhaltung, und zuletzt nur mehr Kleinkindern. Kinder brauchen das, als eine Art seelischer Babynahrung, und eben jetzt werden Märchen auch als Problemlösungsversuche und zur Selbstfindung wiederentdeckt, als Projektionen alter, aber teilweise auf kindlicher Stufe noch nachvollziehbarer Wunscherfüllungen, oder sie sind in Therapien zumindest mit ihrem Netz zwischenmenschlicher Beziehungen nützlich.

Wir wollen aber sehen, was sie noch an Inhalten aus den frühesten Zeiten mittransportieren. Bei Dornröschen, Schneewittchen und Aschenputtel will es scheinen, daß sie sogar an die Mysterienkultfassung der Mythe von der Großen Mutter und ihrer Tochter Kore anschließen. Die vielen Stiefmütter könnten auch die Folge davon sein, daß die Brüder Grimm in ihrem Streben, ihre sehr geliebte eigene Mutter (wie später Freud seinen Vater mit der Verführungstheorie!) rein und unschuldig zu erhalten, die schon unverständlichen, weil wörtlich genommenen „Untaten" einfach Stiefmüttern in die Schuhe schoben. Der Verlust der Mütter ist tatsächlich auffallend, obwohl er oft in dramatischer Literatur erst Handlungen in Gang zu bringen pflegt. Persephone wird also jeweils als Halbwaise in ein unterirdisches, außerweltliches Zwergen- und Totenreich geholt, „stirbt" an Dornröschens Spindel in einen tiefen Schlaf, oder lebt als Küchensklavin bereits in einer Art Untergrundexistenz wie Aschenputtel. In jedem Fall endet sie in der strahlenden Oberwelt mit einem Prinzen, denn im inzwischen etablierten Patriarchat kann sie *ihn* ja nicht mehr erlösen, nicht einmal mehr sich selbst, sondern muß nun alles dem Mann verdanken, der als Held längst die Szene erobert hat, von der sie abtreten mußte.

Die ersten Informanten der Brüder Grimm waren allesamt Hugenottenabkömmlinge, die Versionen der Märchen von Charles Perrault wiedergaben. Wenn man die Erzählstränge der europäischen Märchen in Frankreich oder Italien verfolgt, ergeben sich viel mehr manifest sexuelle Inhalte. Diese Mär-

196

chen amüsierten am Hof Ludwigs XIV. Erwachsene oder führten Kinder auf unterhaltsame Weise „in das Leben ein". Aber in ihrem germanistischen Unternehmen wollten die Brüder Grimm aus nationalen Gründen deutsche Märchen in gereinigten Varianten, und so mußten sie manches wegretuschieren. Die Tödin, der Altersaspekt der Großen Göttin (mit zerstörerischer Mutterschaft und Wiedergeburt) dämonisierten sie zur Hexe, ihre Reifegestalt wurde ihnen zur Stiefmutter, und christlich wie sie waren, filterten sie nur noch die Jugendform der bedeutungsverarmten zarten Prinzessin heraus (nicht mehr Erbin, die in den eigenen Stand erheben kann), als Typ der passiven, liebenden, duldenden Frau, die man zu heiraten wünschte. Die kämpfenden, listigen, klugen Frauen verschwanden, die zur Erlösung des Mannes auszogen oder ausritten und regierten; und auch die helfenden oder strafenden Schicksalsfrauen, die die Lebensfäden abschneiden konnten, waren dünn gesät in diesen „Kinder- und Hausmärchen" ohne Öffentlichkeit oder Krieg, obwohl sie etwa in den russischen Märchen noch heute zahlreich vorhanden sind — vielleicht, weil es dort keinen vergleichbaren Sammlerehrgeiz gegeben hat!

Die Bedeutung der wunderbaren Attribute der wissenden Frau, Zauberkraut und Bäume, Spindel, Webstuhl und Faden, Äpfel und Rosen, Spiegel und Kamm, nachtaktive Tiere und Backofen, reduzierten sich den Grimms auf Gegenständliches, ihre Magie einer einst allgemeinverständlichen Sprache auf unerwartete Tricks, und aus den Gletscherbergen als Bild klaren Sehens von oben, die Wahrheit, Freiheit und Weisheit symbolisierten, wurden gläserne.

Internationale Märchen überliefern meist zu Initationen verkürzte Weltsichten oder was von ihnen übrigblieb und behalten wurde, auch Wissen über Machtkämpfe, Wünsche nach dem Tod von Unterdrückern (China) oder wie Männer den Frauen ihre Geheimnisse entreißen. Auch die germanischen kannten eine Hel, die Alte, Kundige in ihrer Höhle, die noch keine Hölle war, sondern dunkler Schoß des Berginneren, in dem sich ohne Strafe die zyklische Wiedergeburt vollzog; sie wird zur Frau Holle mit ihrem Wetterzauber, aber unklaren Aufenthalts im Himmel, in Bergen oder im Holunder. Ihre korrespondierende Lichtgestalt Freya geht auch in Maria ein, die nun genauso am Brunnen sitzt oder im Rosenhag, spinnt oder von Pflanzen und Tieren umgeben ist — nur daß sie jetzt den Mond mit Füßen tritt, über die Sichel der einst mächtigen Weißen Göttin triumphiert.

In der Rohfassung der Märchen, etwa im Nachlaß Clemens Brentanos überliefert, überleben die leiblichen Mütter übrigens noch alle und sind sie es, die ohne Mann-König ihre Tochter zum Rosenstrauch führen [1] [2] (der schon alles von Stechdornen, Schüttelbaum, blutroter Rose, Verirren und verwachsener Hecke späterer Versionen zu enthalten scheint), hinführen wie zu einem Reifezeremoniell, einem „mental quest", bei dem sich das Mädchen dann zu einer manchmal homosexuell gesehenen Zwergenbruderschaft verläuft und seine Lebenstüchtigkeit in der Wildnis erweisen muß, wie ein Indianerjugendlicher. Sie vermag das auch, kehrt allein zurück, denn sie kann in der Natur gar nicht verloren gehen — sie verläßt sich dabei auf die Hilfe der Tiere, deren Herrin sie ja ist oder dabei wird und schon immer war.

Gürtel, Kamm und Apfel gehören zu den Symbolen ihrer weiblichen Macht, die ihr nun auch zuteil werden. In manchen frühen Varianten gebiert sie in einer Anderwelt Sonne und Mond in einem tranceähnlichen Zustand (auch das verweist auf die Initation, die ja bei vielen Naturvölkern noch die zukünftige Erwachsenenrolle vermittelt — bei Mädchen also die Aufgaben der Frau in der Mutterschaft symbolisch einübten, während die jungen Männer eher sozial eingeschüchtert und auf Kampfgehorsam gegenüber den Ältesten oder Häuptlingen getrimmt werden müssen).

In den Vorformen von Dornröschen und Schneewittchen erwecken dann die Kinder Sonne und Mond die Mutter, [3]) indem sie den „Glas- oder Schlafring" absaugen, oder indem sie die Spindel, das storchbeißende, blutstechende, rätselhafte Reifesymbol, den Schlafdorn oder Flachsfaden abfallen lassen und jahres- oder lebenszeitliche Fruchtbarkeit und Schönheit auslösen. In einer anderen Fassung befreit sie der mit einer Ärzteschar und einem magischen Seil anrückende Vater aus ihrer Starre. (In Japan hielt man gekrümmte „Tabu-Seile" für Glückssymbole, die einst im Mythos dazu dienten, nicht etwa Übel auszugrenzen, sondern die Sonne daran zu hindern, sich wieder in ihre Höhle zurückzuziehen; ähnlich in der Kalevala Finnlands.) Erst ganz zuletzt ist dann der Prinz als späte Hinzufügung beim Erwachen zugegen; der keltische Jenseitsort des Schlafs hinter einem Glas- oder Luftwall ist zum Glassarg geworden, in dem Schneewittchen wie die überwinternde Vegetation schlummert. Die Diener des Prinzen klagen, wenn sie den Sarg herumschleppen müssen, sabotieren das auch, wobei ihr der „Apfelgrütz aus dem Halse fällt". Die Frucht selbst ist der alte Liebesapfel der Mythen, den nur sie bei der Wahl unter den Freiern dem Erkorenen übergeben kann. Aber alle Patriarchate haben immer etwas ganz anderes daraus gemacht — so kann er zum Ausgangspunkt der Erbsünde werden, oder zur Auszeichnung durch den nun wählenden Mann, wie im Parisurteil.

Untermischt mit den Griechen fremder Belehrung und Moral kann der außerweltliche Aufenthalt auch je nach Unterordnungsbereitschaft, Fleiß und Tüchtigkeit gegensätzlich ausgehen: Bei Frau Holle trifft sich vielleicht germanisches und antikes Erzählgut: Gold- und Pechmarie werden von der Magna Mater Frau Holle, die als abgekommene Geburts-, weniger Liebes-, aber mehr Totengöttin in ihren verschiedenen Bergen lokalisiert wird (im Hörselberg und im Kyffhäuser, im Meissner bei Kassel und im Hüggel bei Osnabrück), belohnt oder bestraft, um zu anstelligem Wohlverhalten erzogen zu werden. Betreuerin alles Lebens, sitzt sie im „Hollerbusch", mit seinem weißen Blüten-Brautschleierschmuck (noch in der Legende von der hl. Agnes vorhanden!), [4]) unter dem wir nach dem Lebensreigen schließlich alle „huschhuschhusch" niedersinken werden wie im Kinderspiel, obwohl dieser Strauch, zugleich giftig und berauschend, auch die unzähligen Wiegenkindchen in seinen blühenden Dolden wiegt und reifen läßt. Ganz wie sie die Neugeborenen aus ihrem Mantel entläßt, sammelt sie die Totenseelen darunter wieder ein, mit denen sie nun mitunter auch im Land herumzieht. Die Mütter gestorbener Kleinkinder mahnt sie dabei, nicht zuviel um sie zu weinen, damit, wie im „Tränenkrüglein", deren Hemdchen trocken bleiben — rückschauende Trauer fixiert im Unglück, besser sind Gedanken an neues Leben.

Auch Hänsel und Gretel wie Rotkäppchen haben noch etwas von Wiedergeburtsphantasien an sich, der verharmlosten Unterweltsfahrt der Initiationen. Sie spielen sich einmal im Bauch des Wolfes ab, der die Stelle der Großmutter eingenommen hat, das anderemal vollziehen sie sich im Hexenhäuschen, dem Ort der (Steinzeit-Sanktuarien-) Fülle, hier als schlaraffenlandähnliches Kuchenhaus, dessen Backofen, zumindest in ländlichen Gebieten, noch als Mutterleibäquivalent gilt. Hier ist die Große Mutter bereits eine negativ besetzte Unterweltsgöttin, mit ihrem Schatz zur Hexe geworden, welche die Kinder, die von ihren Eltern ja zum Sterben weggeschickt wurden, nur mehr „frißt", nicht mehr rezirkuliert, neu gebiert, wenn sie sich nicht listig selber heraushelfen. Das aber beginnt die Parole des neuzeitlichen Menschen zu werden, der noch nicht weiß, wie ruinös er damit in die kosmischen Kreisläufe eingreifen wird. Auch Demeter wird ja nun altklug und verständnislos rügend als „alte Sau, die ihre Ferkel verschlingt" abqualifiziert, wobei die Unsterblichkeitshungrigen, weil sie nur mehr auf den Tod achten, ganz außer acht lassen, daß sie es tut, um sie in harmonischer Stirb-und-Werde-Balance zyklisch zu reproduzieren.

Eiszeitjäger pflegten junge weibliche, mit Beschwersteinen gefüllte Rentiere mitsamt einem Totalinventar ihrer weltlichen Güter in Seen zu versenken, [5]) um die Wiederkehr aller dieser lebensnotwendigen Nützlichkeiten in kommenden Jahren zu beschwören, sich magisch zu sichern. Etwas von diesem archaischen Denken könnte auch noch im Rotkäppchen stecken. Der Jäger führt das Ritual zwar schon mit dem „bösen" (sonnenverschlingenden

Fenris-) Wolf durch, aber das Ganze ist vielleicht in komplexer Motivverschränkung zugleich sowohl die Verteufelung der steinzeitlichen mütterlichen Fülle als auch Betonung der eigenen Gebär- und Geburtshelferrolle wie der Jahreszeitensymbolik der wiederkehrenden Sonne (das leuchtende rote Käppchen) und neuerwachten Fruchtbarkeit, dient aber auch als Warnung vor dem schon zur Macht gelangenden männlichen Element, vor dem „junge, fürwitzige Dirnen" auf der Hut sein müssen — weil das Kindlein, das ihnen diese sonst unversehens anhängen könnten, längst nicht mehr der allgemeinen und erwünschten Fertilität zuzurechnen ist, sondern eher ihrer Diskriminierung, Schande und Verlust von sozialem und wirtschaftlichem Wert bis hin zum Verlust der ewigen Seligeit. Etwas davon enthält laut moderner Märchenforschung aber auch der Froschkönig, eine Art früher Konditionierung an den hier nicht wölfisch, sondern glitschig-ekligen Charakter männlicher Zuwendungen;[6] die Prinzessin muß den Abscheu davor erst überwinden, bevor die Erlösung des Frosches zum Prinzen und der eigentlichen Liebe stattfinden kann, die dann verstehen läßt, warum Tisch und Bett geteilt worden sind. Aus den Vergewaltigern sind Bittsteller und Verführer geworden. Aber natürlich ist die im Brunnen versunkene goldene Kugel sowohl als Sonnensymbol wie auch als „Liebesapfel" zu verstehen, so wie der von seinen eisernen Brustringen befreite Treue Heinrich ein Rest saisonaler Glückserwartungen an den Frühling bedeutet.

Jahreszeitliche kultische Opfer verlangen auch Rumpelstilzchen oder das Untier in „Die Schöne und das Tier" oder verwandten Erzählungen dafür, daß sie den „Schnee schmelzen" oder das Getreide reifen lassen, also Stroh zu Gold spinnen. Das Rumpelstilzchen als seelenholender Unruhegeist im Kapuzenüberwurf des römischen Cucullatus ist der hinkende („stelzende") Dämon, welcher der ursprünglich wie Midas alles vergoldenden und darob unglücklichen Bauerntochter den geldgierigen Prinzen verschafft (Verarbeitung des Übergangs von ackerbaulicher Überflußwirtschaft zum Feudaladel, der erst durch diese ermöglicht wurde; damit auch Zentralisierung und natürlich Finanz- oder zunächst Naturalbedarf!), dann aber, durch Namensnennung magisch fixiert, davonläuft. Der geschäftstüchtige Müller und die entmachtete Tochter, durch dessen Prahlerei zum Goldmachen verurteilt, sind späte Erfindungen; der humoristische Selbstmord des Holpermännchens ist eine praktisch undurchführbare, zimperlich und komisch entschärfte Tötungsidee der Brüder Grimm!

Bis in die Zeiten von Çatal Hüyük fühlt man sich bei „Erdkühlein"[7] und dem „Kalberlkönig" versetzt, bei denen die guten Gaben noch direkt von der Unterweltskuh oder ihren Hörnern zu kommen scheinen, oder die Stiergestalt der noch schüchternen Hauptfigur des zweiten Märchens (trotz menschlicher Eltern!) ihre übrigens erst zu erlösenden, humanen, wunderbaren Eigenschaften nicht übersehen lassen dürfen.

Selbst Varianten des Prometheus-Motivs gibt es über die ganze Welt verstreut, so daß der Gedanke wirklich sehr alt sein muß — von der äthiopischen Maus, die an einem Spinnwebfaden den Himmel erklettert und Hirsesamen mitbringt, über den Dieb, der in Indonesien dabei Reissamen entwendet und in seinen Körperöffnungen herunterschmuggelt, bis zum peruanischen Fuchs, der von einem Adler emporgetragen wird, oder bei einem anderen Indianerstamm einem Menschen, der mit Hilfe eines Raubvogels in den Himmel [8]) gelangt und nach einem Kampf mit einem Oger die Maiskörner in seinem Mund heil herunterbringt. Das letztemal betätigt sich „Jack and the Beanstalk" in ähnlicher Weise, kehrt aber von seinem Abenteuer auf der himmlischen Bohnenstange nicht mehr mit primitiven Grundnahrungsmitteln zurück, sondern — schon auf Industriezeitalter-Konvertibilität bedacht — mit der Gans, die goldene Eier legt.

Rapunzels nutzlose Gefangenschaft erinnert an die Danaës im Turm, in dem Zeus sie ja doch findet, weil die Götter der vielleicht zugrundeliegenden afrikanischen oder sumerischen Mythe ihre Partnerinnen, die Inanna verkörpernden Priesterinnen Heiliger Hochzeiten von Fruchtbarkeit und Wohlstand, ja immer fanden oder finden sollten, um zuerst nur bewässernden und später goldenen Regen herabzuschicken, bevor die Stadtkönige ihre Rolle übernahmen. In dieser ihrer gottgleichen Machtposition stiegen sie dann die Treppen der Ziggurats empor, um selbst die Funktion der Atmosphäregötter auszufüllen — und ihre Priesterinnen alsbald zu verächtlichen Tempelhuren zu entwerten. Der Endzustand der Mythe (über eine in der Wüste umherirrende Genoveva) ist dann das Sterntalermädchen, das den goldenen Himmelssegen für seine mildtätige Güte kindlich und frierend im einzig (und züchtig) vom Wegschenken verbliebenen Hemdchen auffängt — man erfährt nicht, was es wohl damit anfangen oder, was wahrscheinlicher ist, wer es nun ausbeuten wird!

Danaës Sohn Perseus taucht mit ganzen Handlungsketten im Märchen von den beiden Brüdern wieder auf, die von der hier auf einem Baum sitzenden Gorgo-Medusa-Hexe beinahe versteinert werden. Nach dem Drachenkampf für die Prinzessin, die hier nicht Andromeda heißt, muß der Bruder sich schon der Betrugsmanöver geltungsbedürftiger Nebenbuhler erwehren. Dieser Kampf mit dem Ungeheuer ist eines der häufigsten Motive der Mythologien, von denen viele, wie die pelasgische oder ägyptische, ihre „Urzeugungen" durch Eurynome oder Nut/Neith als Verschmelzung dieser Erdgöttinnen mit der phallischen Schlange oder dem „Tanz" mit ihr bzw. dem ebenso gesehenen Urozean zu erklären versuchen. Nicht um die Geburten zu manipulieren, wie die männliche Zeugung späterer Zeit es rasch versuchen wird: das ist unnötig, die geschehen ja laufend und am eigenen Leib, müssen nur auf eine ausgewogene oder damals plausible Weise erklärt werden. Aber der phantasierte Partner dieser Urfrau — der Drache oder die Schlange — mußte verschwinden, getötet, als Rivale vernichtet werden, sobald männliche Urzeugung möglich und opportun geworden war. Denn der Korrespondent war man selber, und zu bestimmten zivilisatorischen Heldenzeiten wollte man nun alles allein und nur unter eigener Kontrolle.

Im mit Steinen vollgestopften Wolf der sieben Geißlein könnte man, mit einigem Humor, einen fernen Nachklang von Kronos erkennen, dem Rhea nach dem Auffressen aller seiner Kinder anstelle des letzten einen in Windeln gewickelten Stein unterschiebt. Dieses jüngste Zicklein muß sich dann auch lange und gut (im Uhrkasten) verbergen, wie Zeus, den die Ziege Amaltheia nährt und aufzieht; merkwürdig kümmerlich-triumphierendes Heldenschicksal des einst jährlich sterbenden kretischen Vegetationsgottes, der nach der Berührung mit der indogermanischen Erfolgsideologie sich seinem symbolischen Tod (mit weiblicher Hilfe) entzieht und nun selbst Tod und Leben in seine Hände nimmt und auf eigene Weise verteilt.

Zumindest aber wird im Märchen manchmal auch das aufgeblasene Heldentum, etwa des Frauenhassers Herakles, gegen alle Emanationen des weiblichen Prinzips auf sein eigentliches Maß komisch geschrumpft, wie im „Tapferen Schneiderlein", oder der pfiffig-boshafte, viel zu ernst genommene Odysseus wieder auf den Gaukler reduziert, der er eigentlich ist und vorher war. Das Volksmärchen scheint manchmal respektlos den Alptraum zu vermuten, aus dem wir wieder erwachen müssen, wollen wir nicht untergehen.

Die Meerfee Melusine, in Osteuropa mit den Rusalken oder dem Fruchtbarkeits- und Windgeist Medulina, diese aber wiederum mit der Windsbraut und der Schneefrau Holle verschmolzen, läßt sich, über das Geschlecht der Lusignans auf Zypern, direkt auf Derketo, eine Erscheinungsform der syrisch-semitischen Atargatis mit ihren Fischverbindungen zurückführen. [9] Das Märchen, von dem es auch die japanische Fassung der „Vier-Perlen-Prinzessin" gibt, erzählt, daß eine schöne und wundersame Frau, die ihrem Gatten Glück und Söhne schenkt, von ihm verlangt, sie nie nackt zu sehen, sie zur Zeit vor der Entbindung nicht anzuschauen oder nicht im Kindbett zu besuchen. In jedem Fall wird das Gebot übertreten und sie in Drachengestalt oder fischschwänzig überrascht, worauf er von ihr und vom Glück verlassen wird. Das ist kein Männermärchen, sondern könnte von Frauen erfunden sein. Es ist wieder das

Altelamitische Fischgöttin, 17./16. Jahrhundert v. Chr.

Geheimnis, das den Frauen überall entrissen wurde; allerdings macht nur die Bibel sie dafür zu Sünderinnen und lädt ihnen die Schuld an ihrer eigenen Entmachtung durch männlichen Tabubruch auf.

In der provencalischen Schlangensage gibt es noch eine Vorgeschichte, und alles erstreckt sich, wie wahrscheinlich auch in der parallelen Realität der Enteignung, über mehrere Generationen: Die Fee Persine läßt ihren Mann, den albanischen König (vielleicht handelt es sich sogar noch um illyrisches Sagengut von Krönlnatter und Schlangenkönigin) nicht nach ihrem „Tun und Wesen" (während Entbindung oder Schwangerschaft?) fragen. Auch er hält sich nicht daran, und sie verläßt ihn mit ihren Töchtern. Diese rächen sich später an ihm für seinen Eidbruch und bannen ihn in ein Felsengewölbe. Dafür bestraft die Mutter, die nun in wechselnden Zeiten eine Überläuferin wie Penelope sein muß, besonders die älteste Tochter Melusine: Sie verwandelt

203

sie jeden Sonnabend in ein Schlangenweib, bis sie einen Gatten findet, der sie an diesem Tag zu meiden bereit ist. Natürlich hält auch der sein Versprechen nicht, und sie entweicht, stillt aber nachts die Kinder noch weiter. Das Unglück verfolgt nun aber auch seine zehn Söhne, deren Abenteuer in Gewalttaten übergehen, die wir schon kennen und erwarten. Respektlosigkeit oder das zerstörte Geheimnis macht die Frau zum unterlegenen Feind, sie wird als verführend und gebärend gleichermaßen gefürchtet wie angeprangert. Die kreatürliche Bindung mit ihr, einst überirdisches, religionsnahes Erlebnis, wird konfliktgeladen, die Erlösungen unterbleiben — sie zieht sich als elbisches Wesen in ihr Element zurück, und die Männer idealisieren sich auf ihre Kosten. Nicht mehr wie die kyprische Aphrodite „klug wie die Schlangen", sondern nur mehr „sanft wie die Tauben" dürfen Frauen von nun an sein — dem Mann verfügbar und ohne eigene Wahl. Bis zur Undine zieht sich dann noch die Vorstellung ihrer Seelenlosigkeit als Elementargeschöpf, daher wird sie erst durch die Ehe mit dem Mann gelegentlich Mensch, aber auch sterblich — eine geradezu groteske Umkehr der Verhältnisse.

Im Herbst 1983 kam in New York ein letztes, unbekanntes Märchen von Wilhelm Grimm auf den Markt, das von ihm nie veröffentlicht worden war. Vielleicht ist es heute nicht mehr ganz so unverständlich: Eine arme Witwe, die alle ihre Kinder bis auf eines, ein Mädchen, verloren hat, bringt dieses in den Wald, um es vor dem Krieg zu bewahren. Ein Schutzengel geleitet es zur Hütte eines alten Mannes, der ihm Unterkunft bietet. Es dient ihm als Dank dafür drei Tage, die sich als dreißig Jahre herausstellen, und verläßt ihn dann wieder, worauf er ihm eine weiße Rosenknospe schenkt: Wenn sie voll erblüht sei, werde es die Mutter wiedersehen. Tatsächlich findet das Mädchen die alte, gebrochene Frau, und die beiden „saßen zusammen still und fröhlich den ganzen Abend in großer Freude", bis sie zu Bett gehen. Aber am nächsten Morgen finden sie die Nachbarn „gesegnet aus dem Leben geschieden, die weiße Rose voll erblüht zwischen ihnen".

Ein trauriges Ende. Aber wahrscheinlich war es der falsche Weg der Mutter — und das könnte die rätselhafte Botschaft des Märchens sein —, ihre letzte, gerade noch vor dem Krieg bewahrte Tochter einem alten Mann anzuvertrauen und nicht selbst zu beschützen: sie aus der Obhut der Mutter in die des Vaters übergehen zu lassen, der mit dem Tod im Bunde scheint und sie nur mit der weißen, mörderischen Rose zurückkehren läßt. Vielleicht ist es jetzt an den Frauen, sich selber mehr für die Menschheit zu engagieren und nicht bloß in „grünen" oder anderen Gruppierungen unterzuschlüpfen, in denen Männer sich gerade ein neues Protektorat geben lassen, um wie schon einst, noch einmal allein und rational, die Menschheit zu retten.

204

WAS ABER WOLLTE UND WILL DIE FRAU?

Was aber will das Weib?[1]), konnte Freud noch ratlos fragen, als er mit patriarchalisch eingeengtem, aber hochbegabtem und beflügeltem Geist die vielen kranken Frauen schöpferisch zu behandeln begann, welche die gründerzeitliche Welt bürgerlicher Industriekunststücke so zugerichtet hatte. Heute erst kennen wir die Antwort: nichts als jene Anerkennung als Person, nicht nur als Funktion, die jeder intakte Mensch für seine positive Existenz braucht; die Wiedereinsetzung in ihre alten gleichen Rechte als Ergänzungsprinzip anstelle ritterlicher Bevormundung. Die Frau, die inzwischen zum Werkzeug und zur Dekoration des Mannes, zu seiner Beute oder zu seiner Amme abgesunken ist, will wieder wie einst die andere Seite des Himmels tragen, den er nun ganz allein, und keineswegs immer schützend, über alles hält.

Sie hat getreulich und aus Liebe die Werte ihres sich überschätzenden Manngottes übernommen, ist aber unter die Fuchtel seiner männlichen Ruhmsucht gelangt und von ihrer Deklassierung verwirrt. Eigentlich wollte sie nichts als die Zuerkennung ihres Anteils an seinem Erfolg, der ihn nicht mehr auf ihre Einsprache hören ließ. Geprägt und angesteckt von ihm, hat sie ihn durch Jahrtausende wacker und selbstlos unterstützt, samt seinem Patriarchat, für das sie ihm immer die passenden Nachkommen aufzog. Die würden dann jeweils immer über ihre Menschlichkeit (die er an sie delegierte!) hinwegtrampeln, sofern es Söhne waren, und als Töchter die Bürde von einsamer Selbstentäußerung und Hilfe Mann und Kindern gegenüber schultern und mit herablassender Abwertung durch ihn und die Gesellschaft zufrieden sein.

Natürlich wußte sie es anfangs noch besser, aber mit der Zeit kam ihr dieses Wissen abhanden; besonders als die von den Männern geschaffenen Systeme ihre Eigengesetzlichkeiten entfalteten, war sie bald nur mehr Steigbügelhalterin. Aber die Sachzwänge überraschten auch ihn, damit hatte er in seinem utopischen Optimismus nicht gerechnet.

Wahrscheinlich gibt es zwei Glaubens- und Mythenüberlieferungskomplexe: den einfachen und einfältigen prähistorischer Zeiten, in dem die Naturzusammenhänge undurchschaut und unschuldig, aber recht sinnvoll matriarchal mißinterpretiert werden, und den späteren raffinierter Dominanzphantasien nach der Entdeckung von Zeugung und „Sündenfall". In diesem werden wortreich patriarchal-hierarchische Rang- und Wertsysteme ruhmredig-ehrgeizig aufgebaut, unterhalten und zuletzt schriftlich fixiert, die ebensowenig der

Gesamtrealität entsprechen, aber mit viel mehr investiertem Individualinteresse intensiv und oft gewaltsam zementiert werden. Neben einer mitunter zweifelhaften „Hochkultur" ergeben sich oft schädigende, aber stets weitreichende Folgen.

Während man Frauen gerne damit diskriminiert, ihren Verstand im Uterus zu lokalisieren, wurde noch wenig beachtet, daß auch die Ratio der Männer oft sehr triebhaft-rivalitätsbedacht von ihren Gonaden beeinflußt wird, die ihre Rangkämpfe steuern, und sie vielleicht die Ehe als Ausweg installieren ließ – jenen erfolgreichen Versuch, die (ihnen!) gefährliche Weiblichkeit auf den engen Familienbereich der Brut- und Gattenpflege festzulegen. Für Männer war Heirat immer auch arbeitserleichternd; Frauen, wenn sie, wie sie, in der Welt irgendeine allgemeine Aufgabe für sich sehen, können sie sich im Grunde noch heute nicht leisten, weil sie damit einen Großteil ihrer Arbeitskapazität verlieren, d. h. der Familie widmen.

Dafür war „mann" theoretisch (kaum aber praktisch) einst bereit, sich auch selber mit dem Verzicht auf das übrige Weiblichkeitsspektrum (und damit universale Genmischungen der Vergangenheit) zu begnügen. Real waren damit nur die Initiativen in dieser Richtung auf die Männer allein übergegangen und zu ihrem Privileg geworden, die Frau mittels verbaler Suggestion beschnitten oder zur Selbstbeschneidung gefügig gemacht.

Mit dieser genetischen Limitierung auf vorwiegend eingleisige Fortpflanzung seines Geschlechts wurde aber auch die Gesellschaft zu ihrem Schaden von ihren sozialen Hauptaufgaben entlastet und zu geistig inaktivierten Frauen und auf ihnen und aufeinander schmarotzenden männlichen Freibeutern pervertiert, die sich nicht mehr um ihren Nachwuchs zu kümmern brauchten, weil dieser auf das dazu vergatterte unterprivilegierte Geschlecht der Frauen abgeschoben werden konnte.

Der Vorbild-Mann behielt sozusagen nur mehr die „Oberaufsicht über das Ganze" (wie der erpresserische „Unbestechliche" Hofmannsthals) und blieb lange stolzer, undomestizierter, oft unzivilisierter oder räuberischer archaischer Krieger, Pirat oder Wirtschaftstycoon, der seine Illusion von humanitärer Kultiviertheit durch das klaglose Funktionieren des dazu abgestellten Geschlechts aufrechtzuerhalten vermochte.

Das ursprünglich vorgesehene Zusammenspiel der komplementären Systeme beider, aus fernen Primatenzeiten der Genmischung, das nicht bloß auf Aggressivität und männliche Durchschlagskraft selektierte, kam damit schon sehr lange nicht mehr zum Tragen. Inanna jedenfalls wurde anfangs noch die eigene Wahl und die Bevorzugung eines Partners zugestanden, sie gehörte noch ganz sich selber, bis zu ihrem Schoß, für den man blumige Vergleiche — etwa mit einem schwarzen Boot und Himmelsgefährt — heranzog. Die Herrschaftsgräber waren einst voll von den kleinen Bitumenschiffchen und Symbolen erfolgreicher Jenseitsreisender, die dann als Opfergefäße dienten. Von den beiden sie anschwärmenden und bestürmenden Freiern [2]) [3]) Dumuzi-Tammuz und Emkindu gibt Inanna anfangs eindeutig in allen Liedern und Gebeten dem zweiten den Vorzug, dem Bauerngott vor dem schweifenden Schäfergott — was immer der ihr auch von seinen tierischen Produkten anbietet. Tammuz versucht nämlich, für jedes von Emkindus ackerbaulichen Angeboten etwas Gleichwertiges aus seinen Weiden der Wildbeuterei herbeizuschaffen, aber sie zieht selbst die Bohnen des Gartens seinem Käse vor und den Birnensaft seinem Honig — eine von ihrem Herzen wie dem Kulturfortschritt der Menschheit zur Seßhaftigkeit diktierte Wahl, unabhängig vom Zufallsglück des (bereits züchtenden) nomadischen Jägers.

Aber es hilft ihr nichts, weil zu diesem Zeitpunkt (der Nomadenangriffe) bereits ihr „Bruder", der Sonnengott Utu oder eben die unterwandernden Semiten, schon etwas mitzureden hatten: So wird Tammuz, der unstete und ständig dahinschwindende, verdorrende Vegetationsgott, ihr Gatte. Bezeichnenderweise ist dies aber noch keine Alles-oder-Nichts-Wahl wie in der Bibel, keiner soll gekränkt werden: Wenn die Felder abgeerntet sind, dürfen auch Emkindus zahme Tiere sie wieder beweiden; der Bauer bleibt Freund, alle haben genug, die Arbeiten ergänzen sich.

Auch hier ein Wendepunkt: Die immer neu einströmenden israelitischen Nomaden tragen zwar den Sieg davon, Inannas Vorliebe, in der wir schon den naiven Enkidu erkennen, den Gilgamesch später übertölpeln und für seine Zwecke der Heldenprofilierung verschleißen wird, wird bereits überstimmt. Es geht auch nicht ganz mit rechten Dingen zu, aber es kommt noch nicht wie in der Bibel zur mörderischen Auseinandersetzung zweier „Brüder" Kain und Abel um eine Lebensform (noch dazu ohne Rivalität um eine Frau, die bereits hier, wie in Jehwa, eliminiert ist!). Dieser Konflikt hätte sich nämlich, wie überall im Tierreich, friedlich lösen lassen — der Abgewiesene verschwindet und versucht es einfach woanders! Biblisch aber wird es nun nur mehr um Eifersucht, um die Werbung um den einen, seinerseits ebenfalls eifernden Gott gehen, und diese Entscheidung kann in ihrer ganzen Unnatürlichkeit nur durch den Tod eines der Bewerber endgültig klar gelöst werden.

Das auserwählte Volk stammt demnach ebenso wie die Römer, Griechen oder Perser von einem Mörder ab, der sanftere Abel oder Remus oder Erij mußten mit Tod abgehen, das tierische Weichen, „aus dem Feld gehen", genügte den neuen Menschen nicht mehr! Auch das Naturkind Enkidu wird für sein nobles, kreatürlich-ritterliches Verhalten (das in allen Rivalitätskämpfen noch keine Art ausgerottet hat!) büßen: Sein abwartendes, anerkennendes Zögern gegenüber Gilgamesch in der Unentschiedenheitssekunde des Kampfes verpflichtet diesen nicht mehr zu vornehmem Ablassen, sondern wird den schon Wankenden, Unterliegenden zum sehr unfairen Dreinhauen und sehr menschlichen Triumph bringen und eben zu seinem Herrn machen. Der neue Mensch mit den Eigenschaften des siegreichen Sekundärnomaden, dem irgendeine archaische Pflegetugend mangelt, wie der Respekt vor dem Leben, das er immer wieder auch spielerisch und kultisch wird töten müssen, wird im Kampfspiel Krieg immer perfekter werden. Krieg als der Vater aller Dinge — nicht etwa die geduldige Anstrengung aller, sondern ausgerechnet dieser sollte alles hervorbringen, während er in Wahrheit und bis zum heutigen Tag immer viel mehr zerstörte als gebar!

In Mesopotamien jedenfalls wäre die Entscheidung noch anders und gewaltlos ausgefallen, wenn man dort noch Herr im eigenen Haus Sumer gewesen wäre. Aber man war bereits vom Heldenvirus infiziert. Der fünfte König von Uruk, Gilgamesch, ist ja der erste schriftlich faßbare „Held", mit allen Kriterien spekulativer Kaprizietheit, irrationalem Zorn, Abkehr vom zyklischen Denken, von der Natur, der Frau. Er ist Nachfahre jenes Tammuz, der Inanna schon durch die Protektion des neuen Sonnengottes gewinnt, nicht mehr durch sein Werben oder durch ihre freie Wahl (wie sie bei allen Naturvölkern üblich ist). Und sein von den Göttern (der schon in diesen Dienst abkommandierten alten Muttergöttin) herbeigezauberter Gegenspieler Enkidu ist nicht sein Bruder, sondern der treuherzig-arglose, unverdorbene „Wilde" mit der überlegenen Kraft und dem Herzenstakt, dessen Name nicht zufällig an den von Inanna geliebten Bauerngott Emkindu erinnert, den sie gegen ihren Willen zurückweisen muß.

Bei Enkidu findet Gilgamesch Rat, Freude, Unterstützung im Kampf und absolute Loyalität ohne eigentliche Gegenleistung, den unterdrückbaren Mann schlechthin. Und letztlich verdirbt er ihn und opfert ihn auf, wie es auch später leicht sein wird, Soldaten und Armeen zu opfern. Wenn Männer mit ihrem Hierarchiestreben und ihren Ordnungsstrukturen sich nicht so leicht hätten versklaven lassen, wäre auch der Unterdrückung von Frauen nicht mehr Tür und Tor geöffnet worden, an die alles in konzentrierter Form weitergegeben wurde. Auch an den heutigen Macho-Auswüchsen erkennt man immer noch, was Männer voneinander erdulden und wofür sie sich an den Frauen schadlos halten müssen. Aber vielleicht waren die Männer aus Angst vor den einst offensichtlich starken, kompetenten, erfinderischen und „magisch" auch noch fruchtbaren Frauen einfach gezwungen, sich zu solidarisieren, weil sie einzeln gegen sie keine Chance hatten ...

Um Rang oder Macht ging es ihnen schon immer, das ist genetisch eingegebenes Programm unter Männern; wie sehr galt das erst den nach dem Seßhaftwerden durch das alte Drohimponieren nicht mehr einzuschüchternden Frauen! Die Männer mußten sich irgendwie helfen, mit Großtaten (oder Großtun) und kühnen Ideenflügen. Und sobald sie dann auch noch mit dem Metallschmelzen (für Waffen, Radbeschläge und Zaumzeuge) und dadurch mit Pferden umzugehen gelernt hatten, war es in allen Kulturen um sie geschehen. Dann zähmten sie bald nicht mehr nur Streitwagenpferde, sondern auch Menschen zu Instrumenten ihres psychisch-geistigen Dominanzstrebens.

Den Dingen ihren Lauf zu lassen, mit dem eigenen Sohn zufrieden zu sein, den man sich zum natürlichen Kumpel heranzieht, während er vom Schwächeren zum Stärkeren aufwächst — darauf läßt Gilgamesch sich nicht ein; er braucht sich dann allerdings auch nicht der Bedrohung eigener Macht durch den potentiellen Vatermörder zu entziehen, indem er diesen prophylaktisch aussetzt, wie es später bei den Griechen geschieht.

Mit Enkidus Tod beginnt er sich selbst leid zu tun, das Los der Menschheit hat ihn doch eingeholt, nie rafft er sich zu konkreter realistischer Abwehr dagegen auf, soziales Denken und Handeln als Abhilfe bleiben ihm fremd. [4]
Persönlicher Ruhm, Wunder, Übel mit einem Schwertstreich aus der Welt zu schaffen, das liegt ihm mehr — wie uns die Technologie oder die Suche nach dem Kraut der Unsterblichkeit und ewigen Jugend, auf der unsere Medizin voranschreitet. Beides gelingt nicht, die Übel proliferieren, die Unsterblichkeit entgleitet Gilgamesch wie uns, seine Versuche, Gott zu werden, schlagen fehl. Frauen mit ihren mühseligen Haushaltskünsten und ihrer Geduld und Einfühlung fordernden Kinderwartung haben sich Kultur immer anders vorgestellt.

Die Bibel nimmt das Wahl- und Fortschrittsthema ein zweitesmal auf, wieder jeder erotischen Komponente beraubt. Die Wahl des Weges wird wieder im Familienmilieu und endgültig durch das Eingreifen Gottes entschieden. Sie spielt sich zwischen Esau und Jakob ab und zwischen den neuen Rechten der Erstgeburt und dem gesunden Hausverstand. Nicht durch die List der Mutter, der der Allmächtige ruhig zuschaut, wird Esau seiner Erstgeburt beraubt, sondern durch ihre klare Entscheidung gegen die Automatik eines eingleisigen Patriarchats. Mit Resten alter mütterlicher Rechte, die sie aber nicht mehr ihren Töchtern, sondern nur mehr den Söhnen zuwenden darf, fördert Rebekka den intelligenten Jakob mit den feinen Manieren, der jetzt wieder der Ackerbauer ist. Man muß sich umstellen, wenn man nun endlich selbst arriviert ist und einem die Seßhaftwerdung gelungen ist, darum sieht Gott dieser weiblichen Wahl auch ruhig zu, läßt den Betrug siegen und Esau ruhelos in die Wälder fliehen, mit Schaden und Spott.

Die andere Entscheidung — zwischen Kain und Abel — trifft Gott allein, unbegreiflich kränkend, wie nur ein Manngott es vermag — eigentlich böse und bösemachend, wie Pelops Atreus und Thyest vergrämen wird, indem er ihnen Chrysippos auf irrationale und beleidigende Weise vorzieht. Gott erklärt niemals, warum er den Rauch von Kains genauso schönem Opferaltar zu Boden schlägt und den von Abels Altar in den Himmel steigen läßt, immer noch parteiischer Hirtengott: Er mag eben einen Sohn lieber als den anderen, ohne sich dafür rechtfertigen zu müssen, und er tröstet diesen auch nicht darüber — beides verböte jene Form von Gerechtigkeit, die Mütter in der Regel üben. Was Wunder, wenn Kain im Zorn darüber Abel erschlägt, da ihm Gott doch zu fern und die Gabe des Wortes nicht wie den Frauen gegeben ist, und er sich vom Ausdiskutieren solcher Willkürakte wohl auch nichts verspricht. (Männer sind nicht nur beim Autofahren und in seiner Unfallstatistik zorniger, kurzschlüssiger und aggressiver!) Im Grunde will Kain wohl ein ebenso guter Sohn sein wie der Bruder, hätte sich Mahnungen angehört und befolgt, aber er bekommt keine Chance.

Selten läßt sich der Unterschied zwischen einem alten liberalen Volk und dem eigentlich schon modernen, unduldsamen Menschen besser belegen: Israel, das noch zu salomonischen Zeiten in einem unbewachten Augenblick „Inannas Liebeshymnus" als Hohelied in das Alte Testament schmuggelte (das nun dort für viele andere Intoleranzen rechtfertigend herhalten muß), entschied einst kategorisch für eine einzige Wirtschaftsform, alle anderen diskriminierend. Denn natürlich ist es der ausgestoßene Kain, der sich rächt, wie auch aus dem hinausgeworfenen, ausgegrenzten Adam nicht viel Gewinnendes werden konnte, von der Verständnislosigkeit gegenüber Evas natürlichen Reaktionen ganz zu schweigen. Solche Anfänge können eine Religion eigentlich kaum empfehlen. Aber die halbverhungerten, gierigen Habenichtse, die da in den fruchtbaren Ebenen und goldenen Feldern der großzügig in ihrer Fülle lebenden Sumerer einfielen, an ihnen lernten und sich bereicherten, mußten vielleicht ihre nomadischen Wurzeln besonders stark verleugnen. Sie stürzten sich geradezu auf den Ackerbau, den sie vielleicht längst hatten vergessen müssen, wie sie ja auch ihre alten Muttergottheiten, die sie ebenfalls einst begleiteten, durch ihre Priester als Götzen verteufelt bekommen hatten; endgültig erst zu Salomos Zeiten, als dessen Harem einen bedrohlichen Pluralismus matriarchaler Göttinnen ergab, wahrscheinlich aus Furcht vor den Müttern und ihren alten Machtbefugnissen, auch wenn diese der Menschheit noch kaum geschadet haben dürften.

Jetzt wurde alles radikal anders, jetzt sprach auch hier nur mehr „der Herr", aber nicht etwa mit nachvollziehbarer Vernunft oder eben mit weiblichen ratiomorphen Intuitionen, sondern seine Wege waren „unerforschlich", irrational und willkürlich, wie die eigenen männlichen auch, solange sie nicht durch weibliches Einlenken, Emotionalität, Langmut und Beschwichtigung ein wenig gemildert und ergänzt werden.

Besser, menschlicher, ausbalancierter und realistischer löste man die Konflikte im verschollenen rechtschaffenen Sumer, als Inanna weiblich ausgleichend wirkte, sobald die Kluft zwischen den unterschiedlichen Lebensformen sich zu zeigen begann. Sie wählte naturschonend, einfühlsam und pluralistisch-vermittelnd zwischen zwei guten Dingen, aber sie wurde schon ignoriert von den rechthaberischen Zugereisten mit ihrem rein männlichen Gott jenseits des Sichtbar-Lebendigen, der vielleicht mehr der Abstraktion und dem Tod verwandt war, als selbst die es ahnten, die ihn gepachtet hatten. Sie wählte tolerant und lässig, flexibel und ohne verheerende Folgen, das eine tuend, ohne das andere ganz zu lassen, bis die infiltrierenden Semiten mit dem afrikanischen Einschlag aus ihren langsam austrocknenden Weidewüsten schließlich nicht mehr integriert werden konnten und ihre Überwertigkeitseinstellung oder auch die der Indogermanen sich endgültig durchsetzte. Sie machten jedenfalls überall kurzen Prozeß, erfanden endgültig Gut und Böse als streng zu trennende Dinge. Sie standen bei den Gesetzen Pate, die das Gute zwar fördern sollten, aber zu einfältig monokausal waren, um das überhaupt zuzulassen. Das Gute blühte auch nicht mehr von selbst, weil man ihm seine chthonischen, dunklen, vielleicht gerade *anderen* unsichtbar nützenden Wurzeln abgetrennt hatte, so daß es nur mehr künstlich und mit Gewalt durchgesetzt werden konnte, während das „Böse" so verkannt wurde, daß es keinerlei Kehrseite des Erstrebenswerten mehr hatte, alle seine Verbindungen mit dem Wünschbaren geleugnet wurden.

Inannas Wahl wurde also vereitelt, politisiert. Mit Resten kleinasiatischer Freiheit und Selbstbestimmung wagt Selenes Mondschwester Eos, die Morgenröte, vor ihrer griechischen Vereinnahmung noch, leidenschaftlich zu lieben, so wie die einst kuhgestaltige Mondgöttin Selene selbst, die noch die Ehe mit dem Sonnenstier (Çatals?) vollzogen hatte, von der dann nur das blasse Stiergespann neben dem von Pferden gezogenen Sonnenwagen des Helios zurückblieb, der aus ihrem Partner später zu ihrem Bruder verharmlost wurde.

Eos ist energischer, liebt und sucht zuerst Tithonos, dessen Name schon die ältere, nichtgriechische Herkunft verrät, ein ebenfalls kleinasiatischer, vielleicht trojanischer Verwandter von Adonis, als es noch nicht nur Zeus war, der ständig seine Geliebten ver- und entführte. Auch Phaëton hat es ihr angetan,

Eos trägt Kephalos. Links: Terrakotta-Relief aus Melos, ca. 460 v. Chr. Rechts: Aus Cerveteri, 550 v. Chr. Die Göttin der Morgenröte entführt noch ihre Geliebten.

und selbst Ares, über dessen Besitz sie sich sogar mit Aphrodite überwirft. Jedenfalls holt sie sich noch ihre Liebhaber, statt zu warten, bis diese ein Auge auf sie werfen, so wie die Wassergeister und Feenköniginnen der Romantik noch ihre Sterblichen liebend zu sich in die Tiefe ziehen, oder die anrüchigen „Femmes fatales" späterer Zeiten ihre „Opfer der Liebe". Aber die Macht der Undine oder der „kleinen Seejungfrau" ist dann schon langsam gebrochen. Undine kann ihren Hans nicht mehr aus der Pracht und Lügenhaftigkeit mittelalterlichen Hoflebens zurückgewinnen, unverrichteterdinge zieht sie sich wieder in ihr Element zurück, eine sehnsüchtige Wasserspur oder eine zornige Flutwoge hinter sich lassend. Ihre „Menschwerdung" ist ebenso unterblieben wie *seine* Krönung zum wirklichen Herrn der kreatürlichen Welt, die er nur vergewaltigen kann, oder fürchten wie den Tod, ein ängstlicher Held, der ihre „Übel" immer wieder zu isolieren und einzeln zu erschlagen sucht, ohne sie wirklich zu erkennen oder das Unheil zu merken, das er dabei anrichtet, nur mehr als Narr und als Lügner wirklich groß.

Siegfried kann nicht mehr erlösen, seit er und Gunther die Naturkraft in Brünhilde angeschwindelt und ihr damit die eigenen Erlösungskräfte geraubt haben, deren gerade ihre Welt aus Ehre und Erz so dringend bedurft hätte. Die Frau kapituliert vor dem modernen Übermenschen und Supermann, der nur mehr nach sozialem Aufstieg und irdischen Gütern trachtet, nicht mehr nach Gemeinsamkeit und Liebe, Aufgehen in ihr und der Natur und kosmischer Zugehörigkeit zu seiner Partnerin, die er unterlegen sieht. Traurig ziehen Eurydike, die Schwanenjungfrau oder Undine ab, die natürlichen Frauen, die nur durch Vertrauen und volle Zustimmung zu gewinnen oder zu erlösen sind, aber dann auch befähigt, den Partner zu erlösen und zum Erlöser zu machen, auf den die Menschen seit jeher religiös und hoffnungsvoll warten. Sicher aber geschieht das, seit sie das Erlösen selbst verlernt haben und ihr philosophisches Du-Erlebnis an Gott und den Himmel allein zu knüpfen suchen, statt es neben sich und auf Erden zu finden wie einst, in anderen, und den unbenannten Urerlebnissen ihrer auch noch kultischen Sexualität, die sich ihnen intuitiv, nicht rational, mit dem Nachschub alles Guten, Fruchtbarkeit und Segen verband.

Diese Fähigkeit ist nun für die meisten preisgegeben und vertan. Undine geht, ihre Wahl ist irrelevant, sie paßt nicht ins Konzept unserer männlichen Welt, die die Entscheidungen alleine fällt und auf echte Partnerschaft verzichten zu können glaubt, deren Vertreter lieber einsam und psychosomatisch oder aus Narzißmus krank werden, dafür aber auf trügerischen Siegesfahrten immer neuer industrieller Zivilisationen zwischen sterbenden Wäldern dahinsegeln, bis das Wasser unter ihnen eine Kloake ist und das Schiff selbst verätzt, bis es ihnen unter den Füßen zerfällt oder sich entzündet — kein Himmels- oder Totenboot der Wiedergeburt mehr. Pan stirbt schon in vorrömischer Kampf- und Heldenzeit mit einem einzigen Schrei, Undine fast lautlos erst in unserem Jahrhundert mit Ingeborg Bachmann, und in Amerika hat es sie laut Giraudoux überhaupt nie gegeben.

Keine Einladungen mehr zu seligen Lebensreisen in Inannas Liebesnachen des kleinen Todes, keine mitleidigen Aufforderungen von geflügelten Sphingen, Seelenträgerinnen, Harpyen, Isis oder Lilith, nur mehr die Eule, die sich tagsüber in hohlen Bäumen verbirgt und nachts ihre Opfer als dämonische Dirne, wie bei den Zigeunern, sexuell bis zum Letzten aussaugt, mit todverheißenden Käuzchenschreien, die nichts mehr mit Richard Strauss' „Falkenschreien der Liebe" zu tun haben. Keine liebende, bewahrende Muttergöttin, sondern nur mehr Schlachtenjungfrauen, geflügelte Niken oder — als islamische Variante des Liebestods — die Witwenverbrennung der Mogulzeit, wie bei den Wikingern, deren Fürsten ihre Geliebten ins Schiffsgrab mitrissen, indem sie sich diese auf die Brust binden ließen — ihr Geschrei beim Erschlagenwerden schon vom Schwertgeklirr der Recken übertönt. [5]

Von den Schildjungfrauen Odins, die die Helden von der Walstatt auflesen und ins Kriegerparadies führen, revoltiert nur mehr eine einzige, Brünhild, seine Tochter, die ihren Erwählten nicht sterben, sondern leben lassen will, gegen den väterlichen Willen — mutterlos wie Athene ist sie, aber nicht so brav. Ihr Gottvater verbannt sie dafür in den Feuerberg der Waberlohe, die nur wieder von dem vorbestimmten Helden, nicht mehr von ihr, durchdringbar, auflösbar ist, und dieser muß sie wie der Prinz in Schneewittchen oder Dornröschen aufwecken.

Aber auch dabei spielen ihr die ritterlichen Männer mit ihren Ehrbegriffen übel mit. Nur die vermögen sich unter Treueschwüren auszuhecken: Wenn es der Verehrer und falsche Bräutigam Gunther eben nicht vermag, sie im sportlichen Wettkampf (wie Atalanta) zu besiegen, wird einfach geschwindelt! Der starke, aber beschränkte Siegfried, der seine Mission längst vergessen hat, wird ins Treffen geführt, sogar in der Hochzeitsnacht! So stehen eben Männer kameradschaftlich füreinander ein, wie im Krieg — wer kümmert sich schon um Gefühle, noch dazu die der Weiber?

Dem Triumphator Siegfried gelingt zwar unschwer die Erweckung und Eroberung der ihm ja vorbestimmten Brünhild aus Flammen und Wettkampf, aber der Schlüssel zu ihrem Herzen bleibt ihm auch! Ohne Gewalt hätte nur *er* sie durch Liebe in freiwillige Unterwerfung zähmen können — aber nicht, um sie an seinen Busenfreund weiterzugeben. Wenn sich dann im Streit an der Kirchentür die Betrügerei herausstellt, ist es nicht Eifersucht und Haß der Frauen aufeinander, was Siegfrieds Tod herbeiführen wird, sondern dieser menschliche Vorwurf der Frau an den strahlenden Helden, der sie so hintergangen und gedemütigt hat. Nicht Kriemhild, seiner Gattin, grollt die Gekränkte, sondern ihm. Sie nimmt später sogar deren Platz ein; nicht mehr Naturwesen, sondern ganz Christin und nur ihm verbunden, verbringt sie ihre Tage in der Gruft des Einziggeliebten zu Xanthen, bei ihm, dem sie sich allein angehörig fühlt — obwohl sie ihn für seinen Verrat hat töten lassen müssen. Die Geschlechter verstehen einander nicht mehr, wie auch Achills und Penthesileas Begegnung statt in die (näherliegende) Liebe in den Tod führt. Aber Gilgamesch und Enkidu, Theseus und Peirithoos fallen einander nach unentschiedenem Kampf in die Arme! *)

Nach dem Tod des gedankenlosen Helden bleibt auch Kriemhild verstört zurück, und merkwürdigerweise (und in voller Solidarität, die man Frauen gern abspricht) rächt auch sie sich nicht an Brünhild, sondern fühlt sich ebenfalls von den Männern hintergangen, wird listig auch als Lieblichste und

*) *Brünhild besteht noch auf ihrer freien Wahl: dem, der ihr Herz eingenommen, ihren Körper gewonnen hat, weil sie es nur ihm gestattete, dem gehört sie auch, wie eine Indianerin, die eine ganz bestimmte der werbenden „courtship-Flöten" ihrer verschiedenen Verehrer aus dem Zelt in die nächtliche Prärie gelockt hat. Die letzte eigentliche Wahl treffen diese Indianerinnen — in wessen doppeltgroße, ornamentierte „courtship-Decke" sie sich einhüllen lassen, um mit ihm offiziell spazieren zu gehen, der ist ihr Mann, ohne jeden äußeren Einfluß, wie in den Fisch- und Vogelritualen, bei denen Nestbau und Prachtkleid und Reviergesang der Männchen das Territorium bereitstellen und verteidigen, so daß die Weibchen nach Gutdünken und unvergewaltigt einfliegen oder einschwimmen können.*

214

Achill tötet Penthesilea auf einer Amphore aus Vulci, athenisch, ca. 540 v. Chr. Das beliebte Motiv des Kampfes zwischen dem strahlenden Helden und der Königin der verpönten Amazonen verrät viel von den unbewußten Ahnungen von Vasenmaler und Betrachtern: daß vielleicht doch etwas nicht stimmt, wenn der männliche Sieger sich erst dann positiv der unterlegenen Frau zuwenden kann, sobald er sie durch Erstechen unschädlich gemacht hat; daß es ihres brechenden Blickes bedarf, damit jener Prozeß Liebe in Gang kommt, auf dem anderswo Familien und nicht — wie in Griechenland — Heere aufgebaut sind.

gegen sie aktiv. Weil sie keine andere Möglichkeit hat, muß sie erst den Rächer heiraten, sich die Werkzeuge und Waffen suchen, die sie zur Rettung ihrer eigenen Ehre braucht — dafür hat der männliche Ehrenkodex sie empfindlich gemacht. Sie muß lange schweigen und die Männer ihrerseits als Mittel zum Zweck verwenden, genau wie diese, wie Gunther es mit Siegfried tat, sie in den Schlingen ihrer Loyalität fangen, durch viele Jahre simulieren. Und im selben Feuer, dem Siegfried einst Brünhild entrissen hat, geht die verlogene, ehrenvolle Männergesellschaft von Burgund, die Blüte des Rittertums zugrunde; verständnislos wie das ganze Abendland vor der Konsequenz einer Frau, die scheinbar unerhört und bis heute schwer begreiflich ist, und doch so lange und sorgfältig tradiert wurde, weil sie etwas sehr Wesentliches zu enthalten schien.

Im Mittelalter war es trotz der hochstilisierten Minne der Oberschicht unter Umständen schon sündhaft für eine Frau, wenn sie nur las oder schrieb oder Geschäfte führte (was alles der Etruskerin oder Ägypterin erlaubt gewesen war!), und für ein Phänomen wie Hildegard von Bingen fehlte überhaupt jede Kategorie. Noch zu Maria Theresias Zeiten fürchtete die katholische Kirche, daß die allgemeine Volksschule die einfachen Menschen für ihre späteren Rollen ungeeignet machen würde, und bekämpfte sie deswegen, wie schon das nichtlateinische Ritual oder das eigenmächtige Bibellesen der Protestanten, das letztlich auch Frauen aus der Unmündigkeit führen konnte. Und die immer besser geschulten Männer schoben ihren Frauen nur das „Gefühlspaket" zu und behielten gleich den Griechen den Verstand für sich allein. Sie huldigten der Fairness, doch alle Dinge, die sie im Alltag ungeduldig machten oder langweilten, alles Überlebensnotwendige, das nicht mit Gewalt zu lösen war, wie Kinder-, Kranken- oder Altenbetreuung, überließen sie, als unter ihrer Würde, den Frauen, indem sie gleichzeitig alle diese Kategorien von Arbeit unterbewerteten, und ließen sie, wie Rilke erkannte, die ganze Arbeit der Liebe für beide Geschlechter leisten.*) Und zur Zeit der Industrialisierung war dann schon so ziemlich alles an Unterschichtsmerkmalen, wie Soziologen feststellten, den Frauen zugeschrieben,[7] egal was diese wollten ("verarmte Sprache", "Gefühlsreichtum", "Dummheit", etc.).

Mit der Kodifizierung des Rechts am Beginn der Neuzeit wurden die Frauen auffällig[8]) (im Strafrecht sind sie reine Geschlechtswesen, nur in Nebenbestimmungen Gesellschaftswesen), ihre ureigenen Kräfte wurden verdächtig. Das paßte zum Charakter, den man ihnen unterstellte, zu den Fähigkeiten, die man ihnen insgeheim zutraute, ob sie nun heilten oder wetterkundig waren. Man projizierte leicht den eigenen, oft schlechten Willen auf sie, und schon waren sie Hexen, besonders wenn sie auch noch durch Fehlgeburten oder rote Haare, Schönheit oder besondere Altershäßlichkeit bemerkenswert waren. Das alles sagte immer viel mehr über die seelische Notlage ihrer Verfolger aus als über sie selber — und in diesen Zeiten von Robotfron und Wirtschaftsdruck wurden Sündenböcke besonders gebraucht.[9])

Jeanne d'Arc mußte auf den Scheiterhaufen, obwohl sie nur *das* unerschrocken durchführte, was jeder im Lande wollte. Sie holte ihrem Land die Kastanien aus dem Feuer und bezahlte dafür mit dem Opfer ihrer Normalität, Weiblichkeit, und mit dem Leben.

In Amerika, der landgewordenen Utopie der Freiheit, machten sich die besonders stark unterdrückten Antriebskräfte im puritanischen Neu-England in Zuckungen, Gelächter oder Veitstanz Luft und es kam (wie z. B. in Salem, Massachusetts) auch zu Hexenprozessen. Von den puritanischen Hexenjagden in der Neuen Welt war es nur mehr ein kleiner Schritt bis zu unserer artigen Gründerzeit, aus der auch wieder die Frauen unwillkürlich ausbrechen mußten, diesmal in die Hysterie, denn man war schon so klug, zu wissen, daß es keine Hexen gibt. Die Frau war jetzt lieblich, abgewertet und gezähmt, sie war ungefährlich, aber der Mann war doch vor ihr gewarnt. Nur konnte er sie jetzt, da er sie mit allem versorgte und kavaliersmäßig bevormundete, auch wieder ins Haus scheuchen, sein Verlangen nach ihr durch Abwertung zügeln und sich von ihrer hirnlos-unschuldigen Sündhaftigkeit distanzieren: Er ging nicht mehr in die Falle der Liebe. Erst in unserem Jahrhundert hat Doris Les-

---

*)"Sie haben immer den vollen Dialog gespielt, beide Teile. Denn der Mann hat nur nachgesprochen und schlecht. Und hat ihnen das Erlernen schwer gemacht mit seiner Zerstreutheit, mit seiner Nachlässigkeit..."[6]

sing endlich erkannt, daß diese Falle natürlich gar nicht ihm, sondern stets den Frauen galt, die sich immer noch scharenweise darin fangen und zu allem gefügig gemacht werden können, ohne zu denken — auch Mafiosi haben Gattinnen.

Nicht nur einst in Griechenland, sondern immer wieder war der Mann sein eigener ärgster Widersacher, zweifelte an sich und verlor die Einheit seines Wesens. Aber nur in bestimmten Epochen — und darin ähnelt die griechische Hochkultur dem späten 19. Jahrhundert — bereitete er sich die Szene so, daß er den Konflikt auf seine Frauen projizieren konnte, sie für seine Schwächen und Sünden strafen und selbst makellos jünglings- und vatergotthaft tugendsam bleiben, und sie ließen es sich gefallen, entweder um versorgt zu werden oder weil auch ihr Verlangen nach ihm ein unstillbares ist.

Die Frauen verstanden die ausgeklügelten männlichen Denksysteme nicht mehr, sie verstanden nur ihr Gefühl, und das sagte ihnen, daß etwas falsch lief und daß nicht sie die Ursache dafür waren. Sie liebten ihre Männer, nicht männlich-loyal, sondern (viel verläßlicher) emotional-weiblich, und taten auch durch zweitausend Jahre Christentum hindurch alles, von dem sie glaubten, daß es die Männer erfreuen und ihnen gewogen sein lassen würde. Aber selbst diese Zeit entfernte die europäischen Männer immer weiter von ihren Frauen, und je mehr sie sich diese und die Erde untertan machten und „alle Schätze der Erde" gewannen, desto mehr nahmen sie „Schaden an ihrer Seele" und wurden „ein tönend Erz und eine klingende Schelle" — ohne die tief dröhnenden Glockentöne der Freude und des Glücks. Und sie hörten auch die unentwegt aufgeregt flüsternden Stimmen ihrer unglücklichen Partnerinnen nicht mehr.

Erst ab der Mitte des 19. Jahrhunderts begannen einige hellhörige Dichter und Wissenschaftler aufmerksam zu werden: Plötzlich erkannten sie die Klemme, in der sich das weibliche Geschlecht befand, das vor lauter Verkennung inzwischen fast schon zu einer eigenen Art geworden war. Sie wurden hellhörig für die leisen, verzweifelten Stimmen der Frauen um sie her: Fontane, Grillparzer, Hebbel, Ibsen, Freud und Schnitzler, Menschen, die sich noch etwas vom Zugang zu den Intuitionen ihrer rechten Hirnhemisphäre, ihres Unbewußten bewahrt hatten, begannen plötzlich, ihren Frauen und Patientinnen wirklich zuzuhören, die sie bisher doch immer um so viel besser verstanden zu haben glaubten als diese sich selbst. Sie nahmen wieder wahr, wogegen sich Odysseus die Ohren verstopft hatte, um sich zu immunisieren, weil es ihm mit dem Tod alles Großen verbunden schien, eine Ablenkung von den selbstgestellten Aufgaben des Heldentums und der Unsterblichkeit, durch die Verstrickung in die Lebenskreisläufe menschlicher Art und Naturgegebenheiten. (Sehr zu Unrecht übrigens, wie klares Denken ihm verraten hätte, denn auf den Tod rast der Mann durch seinen selbstgewählten, kämpferischen Weg ganz allein zu, während die Frauen weiterhin schöpferisch dem Hervorbringen neuen Lebens, der Fortsetzung des Daseins verbunden bleiben.) Sensible Männer hörten nun diese Stimmen, und zwar nicht mehr als gefährliche Sirenenklänge, sondern als neue Wahrheiten, die es zu untersuchen galt.

Die Brünhilden und Aschenputtel, die Dornröschen und Schneewittchen, die auf ihren Prinzen warteten, dem sie dann alles, auch ihre eigene Existenz zu verdanken glaubten, die aber auch jedem das Erwachen, das Leben und Frauwerden verweigerten, der nicht den richtigen Kuß, das passende Gefühl oder Verhalten für ihre Erweckung bereit hatte: das waren die oft frigiden Frauen des Abendlandes, passiv darauf angewiesen, daß derjenige, der kam, auch der Rechte war, und nicht nur der Meistbietende oder Durchschlagskräftigste, weil sie ja keine eigene Wahl mehr besaßen. Wenn er es dann eben doch nicht war, mußten sie ihre ausweglose Ehe schweigend erdulden („Unsre einzige Karriere ist die Ehe, geht sie aber schief, tant pis! Dann wird von uns ein Heldenmut des Entsagens verlangt, wie ihn von tausend Männern nicht einmal einer aufbringt!" formulierte Olga Waissnix, Schnitzlers Informantin), in erzwungenem Heldentum „die Augen schließen und an England denken", wie die witzig-bittere viktorianische Formulierung lautete.

Bis ins 19. Jahrhundert glaubten die Frauen fromm an die Lösung aller ihrer Probleme durch die Ehe, besonders mit dem ersten Kind. Männer hatten die Verantwortung für sie selbst und ihre Versorgung übernommen (die sie ihr zuerst entwunden hatten) und stellten sie jetzt in ungefährlicher Lieblichkeit auf ein Podest, so wie sie einst die „Große Mutter" entmachtet hatten, um sie dann als Jungfrau und unbefleckte, künstlich befruchtete Muttergottes in der menschlichen Verehrung wiedererscheinen zu lassen und in absurden Doktrinen der Mariologie zu feiern — alles lieber, als sich auf ein natürliches Verhältnis und die Auseinandersetzung mit einer normalen Frau einzulassen! Erst wenn sie unschädlich gemacht war, konnte sie der männlichen Wertschätzung sicher sein.

Aber auch die Frau lebt eben nicht vom Brot allein. Im sicheren Wohlstand Englands, der aus der Kolonisierung fremder Länder kam (deren Sozialstrukturen man kaum durchschaute oder keinerlei Bedeutung beimaß), durch Nutzenmaximierung auf Kosten unwissender, weit entfernter Menschen geschaffen, erschmeichelte sie sich erstmals seit den Frauenklöstern des 13. Jahrhunderts wieder Zugang zu Wissen und Bildung (und in England war es auch, wo schon aus der Romantik erste Ansätze der Frauenbewegung entstanden).

218

In der Muße der späteren Jahrzehnte des 19. Jahrhunderts aber kamen die Frauen der Elite zum Denken und zur Mitteilung an aufnahmefähige Partner. Und plötzlich hörte man nun die Klopfzeichen aus dem Bergwerk, in das sie durch Jahrhunderte „verschütt gegangen" waren, Künstler hörten sie, Ärzte und später immer mehr Menschen. Nun hatten die Frauen selbst eine Stimme, um ihre Anliegen vorzutragen, sie waren nicht mehr auf das verzeichnete, schiefe Bild aus Männeraugen angewiesen, das von ihnen entworfen worden war, und sie brauchten auch nicht mehr ihre groben Symptome, die großen hysterischen Anfälle, deren orgiastische Liebesbotschaft so lange nicht verstanden wurde, nicht mehr die archaisch-naive Lähmung, Blindheit, Stummheit oder Taubheit der „Hysterie" ihres Uterus, die so viel ausdrücken wollten in der überschwenglichen Sprache ihrer vergeblich zärtlichen Körper.

Aber obwohl man das jetzt zu verstehen begann, wollte man es noch lange Zeit nicht wahrhaben; zu bedrohlich für die Männer waren die Implikationen. Erstmals nämlich wurde eine emotionelle Schuld von ihnen eingefordert, von jenen „irrelevanten" Untergebenen, die jahrhundertelang Rilkes „ganze Liebe" geleistet hatten, denen man die Gegenleistung aber schuldig geblieben war. Nun erst kamen die Gegenforderungen an die Männer, den vorenthaltenen Preis an Liebe, Achtung und Zuwendung zu bezahlen, anstatt Vermögen zusammenzuraffen oder -zuwuchern, jene vordringlichen „Wichtigkeiten", welche nun an die Stelle obsoleten Heldentums als jenes Alibi getreten waren, auf das sich die Männer so gerne berufen, um sich nicht zu den Partnerinnen bekennen zu müssen, mit deren Gratisenergie sie so gut fahren. Hinter jedem erfolgreichen Mann steckt eben nicht die bewußte „tüchtige" Frau, sondern die äußerlich völlig erfolglose!

Aber welcher Mann will schon auf die Anklagebank und schon gar seine veruntreuten Gefühle herausgeben? Die konnten sie nicht einmal vor sich selbst zugeben, ihre heile Welt war zusammengebrochen. All das schon so lange Ungesagte überwältigte sie so sehr, daß auch sie nun in die Körpersprache, in eine frühkindliche Angst allerdings, auswichen, in physiologische Vorgänge regredierten, wohin die Worte nicht reichten. Ihre Beschwerden sitzen jetzt in der Atmung, im Magen, im Herz, im Darm, in der Haut, als Asthma, Gastritis, Kreislaufstörungen, Colitis und Ekzem. Nun sind sie keine Helden mehr, sondern lauter Leidende, Kranke, Schwache, keine Prinzen mehr, sondern selbst erlösungsbedürftig, inmitten einer selbstgeschaffenen Technikwelt, die tasächlich so kalt ist, wie sie es von sich stets vorgeben zu müssen glaubten. Die „harten" Männer vor allem, die nicht viele Worte zu machen gewohnt waren (und die sie nachahmenden und überbietenden Frauen), fingen sich in den Fallen des Fortschrittsheroismus. Man kann ihre Heimsuchungen genau diagnostizieren und als psychosomatische Umsetzung seelischer Anliegen und Konflikte in Körpersymptome betrachten, als Verdrängungen, zu denen man schon im Wien der Jahrhundertwende mit „Glücklich ist, wer vergißt!" eingeladen hatte. Damals waren es die Frauen gewesen, deren Krankheitsbilder seismographisch auf seelischen Überdruck hingewiesen hatten, als sie sich mit Bewegungsstürmen und Weinkrämpfen lächerlich gemacht hatten und ihre klugen Körper in hysterische Lähmungen oder den großen Anfall geflüchtet waren. Dabei war es doch nur die verhohlene Liebesaufforderung an den Mann gewesen, nicht unberechtigt, weil alles aktive Werben ja nun auf ihn übergegangen war. Hatte doch auch die Frau ihr eigenes Werbeverhalten, und waren nicht alle ihre Wünsche mit dem Wahlrecht abzuspeisen. Ihre Wahl richtet sich auf anderes, vielleicht Essentielleres als das Politische — sie richtet sich auf den Mann, von dem sie glaubt, er könne die Welt so gestalten, wie sie es möchte und wie es für alle gut wäre — nämlich menschlich. Aber er formte sie nur männlich und hielt das fälschlich für dasselbe.

Die Politiker haben ihr diesen Wunsch nicht erfüllt, und sie hat sich resigniert auf das kleine Gärtlein zurückgezogen, in dem Voltaires Pangloss am Ende von „Candide" seine Blumen zum Blühen bringen will. Das ist die Art der Versorgung, mit der sie sich bescheidet, die Versorgung ihrer Seele, die sie dem Mann anvertraute. Zum Unterschied von ihm, der sich nur in materiellen Dingen, wie Nahrung, Wohnung und Kinderaufzucht versorgen läßt, seine großen Taten aber sich selbst vorbehält.

Die Hysterien, jene Alarmzeichen, die manche Frauen in eine satte, selbstzufriedene Welt aussandten, jene sonderbaren neurotischen Erkrankungen, die sich in dieser scheinbar so glücklichen und gesicherten Welt wie Fackeln entzündeten, konnte man bald heilen, weil Frauen beredt waren. Sie konnten sich mitteilen, auch wenn man ihre Neigung und Fähigkeit dazu immer zu Geschwätzigkeit degradiert und ihnen vorgeworfen hatte, sogar Aussagen zu machen über das, was sie eigentlich gar nicht wußten, erst recht in Hypnose, in die perzeptive Ärzte, die auch Künstler waren wie Freud, sie versetzten. Oft genügte schon die liebende Einfühlung von Dichtern. Aber die ersten Analysepatienten waren Frauen. Sie waren zu retten, weil sie die Auskünfte nicht verweigerten wie die Männer, die ihr Imponiergehabe behinderte, oder die keinen Anlaß zum Reden hatten, weil alles für sie gut lief. Frauen hatten lange gewußt, daß etwas Fundamentales nicht in Ordnung war, als noch keiner sie fragte.

Es bedurfte zweier Weltkriege, bis auch die Männer am eigenen Leib spürten, daß etwas nicht stimmte, die Krisenzeichen selbst entdeckten und mit

Phänomenen wie „shell shocks" (Granaten-Lähmung ohne Verletzung) und eigenem „Simulantentum" an der Front konfrontiert wurden, unter Bedingungen, aus denen sie sich nicht mehr mit bloßer Körperkraft heraushauen konnten, aus denen sie nicht entkommen konnten — wie die Frauen schon immer. Nun kam es also auch bei ihnen zu massiven Somatisierungen. Auch ihre bisher sakrosankten Körper reagierten auf ausweglose Situationen, wie heute auf die Vergewaltigung durch eine unbewältigbar gewordene, selbstgeschaffene Welt, die ihnen zu viel wurde.

Die einzige fast rein weibliche psychosomatische Erkrankung, die heute besonders hervortritt, ist die Anorexie oder Magersucht, die, wie im 13. Jahrhundert früher Emanzipationsbestrebungen der „ätherischen Jungfrauen", vor allem jene Mädchen betrifft, welche die Welt auf männliche Art meistern wollen. Diese Erscheinung ist die Ernte von fast zweitausend Jahren abgewerteter Weiblichkeit, eingebracht von jenen, die von ihren eigenen Vätern verleugnet und nicht als Mädchen zur Reife komplimentiert oder wenigstens zugelassen werden, im Grunde nicht erwachsen werden wollen oder sollen, ohne daß die Beteiligten das wissen und daher in „Liebe" gepanzert bleiben können. Diese Mädchen versuchen nur immerfort, verhärtete Herzen zu rühren, an die nicht einmal ihre eigenen Mütter herangekommen waren; so wenig wie Dido oder Kalypso an ihre „Helden". Sie versuchen es auf ihre Weise, durch mannhaften Asketismus, Gegenablehnung und keinerlei Appetit auf das Leben selbst, wie es ihnen in dieser Welt tugendhaft-ruhmreicher Väter vorgeschrieben scheint; nur noch ein wenig enthaltsamer. Sie kehren sich von einer Welt ab, die sie und ihre Mütter, denen sie um keinen Preis nachgeraten wollen, nicht annimmt, ihnen eigenen individuellen Rang verweigert, sie nur als Ideal bedürfnisloser Jungfräulichkeit oder entsagender Mütterlichkeit akzeptieren will — so daß sie nun ihrerseits diese Welt ablehnen und verleugnen müssen, auf ihre Wohltaten und ihre Fülle verzichten, ganz wie die Männer es selbstgerecht und wacker so lange taten. (Unter den jungen Männern gibt es kaum Magersucht, außer bei gestörter Geschlechtsidentität.)

Die Kirche, die mit den Frauen nie viel anfangen konnte, hatte nicht allzuviel gegen solchen Edelmut und sprach manche dieser Weltflüchtigen heilig. Jesus, in dessen Namen man missionierte, kolonisierte, starb, heiratete, geboren oder gefoltert wurde, wollte von Frauen nicht allzuviel wissen, selbst von Maria Magdalena nicht, die ihn liebte und in den Apokryphen als seine Gefährtin auftritt. Aber er verstand sie und war ohne die übliche, aber auch damals seinem Geschlecht nicht voll bewußte Verachtung und zugleich Furcht vor den Frauen. Er kam in einer Männergesellschaft zu Tode, in der Frauen wenig zu reden und keine vergleichbaren Menschenrechte hatten.

Auch in den Machtstrukturen des frühen Christentums wurden die Frauen, die ursprünglich gleichberechtigte Gottesdienstordnerinnen und Amtsträgerinnen gewesen waren, rasch verdrängt. [10]) Überall blieben sie nur so lange gleichwertig, als es um die Durchsetzung von Revolutionen und allgemein menschlichen Belangen ging, in der Französischen Revolution durften sie auf den Barrikaden mitkämpfen, erlangten deswegen aber noch lange nicht jene Menschenrechte, die wohl eher Männerrechte zu nennen waren, wie Olympe de Gouges sehr wohl bemerkte und monierte — wofür man sie hinrichtete. [11]) Und sobald es auch im Urchristentum einmal um die Konkurrenz bezüglich bezahlter Diakonie oder Administration ging, und um Alltagsebenbürtigkeit, war die Frau gleich wieder ausgeschlossen. Es verblieben ihr schließlich (auch aufgrund der im Alten Testament behaupteten kultischen „Unreinheit“) zuletzt nur das „Witwenamt“, und dieses forderte, daß „sie über sechzig war, nur eines Mannes Frau gewesen, daß sie Kinder geboren und Fremde aufgenommen hatte, das Heilige geachtet und jedem guten Werk nachgegangen“. Von welchem Mann könnte man vergleichbare Qualifikationen verlangen, bevor man ihm ein Amt anvertraute?

Ihre kultische „Unreinheit“, die ja nur eine Folge der ursprünglichen Heiligkeit des Blutes als Lebenssaft war, über den Frauen die ehrfürchtig bewunderte Lebensweitergabe eben bewerkstelligten (bis ins Mittelalter durften deswegen Hexen nicht enthauptet, sondern nur gehängt oder verbrannt werden), wurde ihnen dann mancherorts zum Schicksal: Das Blut-Tabu in seiner gleichzeitigen Heiligkeit und Schrecklichkeit kippte in etwas Unreines, zu Vermeidendes um, das Frauen ausgrenzte, sobald man sich ihrer Fertilität in der Ehe bemächtigt hatte. Gewöhnlich wurde von da an die Leibesfrucht mehr beschützt als die Frau. Sie war „unrein“, auf eine diffuse und jedenfalls vom Priesteramt ausschließende Weise. (Daß sie es nach Mädchengeburten länger sein sollte, ist verräterisch und ging parallel zur Patriarchalisierung.)

Das auch von Frauen begehrte Priesteramt, das sie in früheren Kulturen überall innehatten (ihre Redundanz-Talente scheinen sie dafür geeignet zu machen: ihre Neigung zu Kult und Ritual zeigt sich schon in den Kreisspielen kleiner Mädchen), ist ihnen bis heute in der katholischen Kirche verschlossen, aus vorgeblich dogmatischen, in Wahrheit aber archaischen und aus dem Unbewußten stammenden Gründen. [12]) Es erschien den meisten männerbündischen Gruppierungen immer leichter, eine Kultur auf dem Ausschluß der Frauen aufzubauen, wie bei den Freimaurern, oder sie in kirchlichen Institutionen eben schweigen zu lassen: die Welt sieht danach aus.

Wann immer die Frauen ein wenig Eigenleben zu entfalten versuchten, wurden sie verteufelt; als überheblich und anmaßend, als Hure, Hexe, Blaustrumpf, Zigeunerin oder Messalina, als triebhaft, manisch, berechnend oder kalt, als Mannweib oder Emanze, auch wenn sie dabei immer nur „Mensch" nach männlicher Terminologie sein wollten, seinesgleichen sein, was sie ja von Anfang an waren, und dabei nur das tun, was Göttern und Männern immer zustand und einst auch ihnen zugestanden hatte, als alle noch gemeinsam um das Überleben kämpften und es noch keinen Begriff von Mann und Frau gegeben hatte, der gleichbedeutend mit Macht und Ohnmacht, wichtig und unwichtig, interessant oder belanglos gewesen wäre.

Nicht nur die sich laut äußernden Friedensmarschiererinnen und „Grünen", auch die leisen Anorexien protestieren gegen diesen Zustand, durch ihre larvierten Selbstmordversuche mit Appellfunktion, wenn sie ohne Nahrung leben und dabei lächeln. Bis zuletzt, wenn sie nur mehr liegend mit der Welt kommunizieren (und früher daran meist starben) exerzieren sie uns vor, wie man aus den turbulenten Lebenskreisläufen aussteigt, deren Kompliziertheit und Ungerechtigkeit man nicht bewältigt. Wie in Indien (wo der Asketismus aber auf Männer beschränkt bleibt) glauben diese meist besonders intelligenten Mädchen, genau dann die Welt besiegt zu haben, wenn ihre Kräfte zusammenbrechen. Wirklich siegen können sie nur durch den Tod — im Grunde die einzig konsequente Antwort auf das unlösbare Dilemma, das in Europa und in der westlichen Welt den Frauen daraus entstanden ist, daß sie, den Kodizes einer männlichen Welt verpflichtet, in ihr nicht als Mann und mit Gewalt zu Erfolg, Rang und Macht kommen können — und doch auch nicht keinen Erfolg haben dürfen.

Die Zeichen der Verzweiflung, die manche von ihnen mit dieser Nahrungsverweigerung, ja mit der Verweigerung des Lebens selbst, körpersprachlich setzen, sind deutlich und schrecklich; dieses Signal der sensiblen, klugen Mädchen: Wir machen nicht mehr mit, wir wollen nicht in dieser grausam patriarchalisch gewordenen und daran zerbrechenden Welt leben, in der Mütter nur benützt und verachtet werden, wir wollen uns nicht auf deren Schicksal einlassen. Etwas davon klingt auch schon in Antigones Schicksal an, als sie halsstarrig ihren Bruder beerdigt, obwohl sie weiß, daß der Tod darauf steht.

Lieber wollen sie sterben, wenn man sie nicht rettet und ihnen gestattet, richtige Frauen und Menschen zu sein in einer von Männern vergewaltigten Welt. Sie sind zu gescheit und zu empfindsam, um nicht die Abwertung zu spüren, die dem Leben selbst gilt, auch in seiner weichen, warmen Form der blühenden Frau, über die der starke oder listige Rangkämpfer gesetzt wurde und das Idol des zu Tode gemarterten Liebenden am Kreuz. Jeder dieser beiden wollte es mit dem Bösen in der Welt aufnehmen, durch herakleische Ausrottung oder christliche Duldung, aber es scheint ihnen nicht gelungen. Und so antworten die Magersüchtigen nicht mit der Provokation zur Tötung oder mit dem Kampf wie Gilgamesch, sondern damit, daß sie sich langsam vor unseren Augen verzehren. Im Mittelalter wären sie Heilige gewesen, später Hexen oder Irre, nun aber sind sie eine Erinnerung daran, daß das Leben in unserer Zivilisation mörderisch geworden ist, auch wenn viele es nicht wahrhaben wollen. Diese jungen Mädchen verweigern die Weitergabe des Lebens, sie versuchen eine Mimikry des Männerbildes, ideal schlank, unbeteiligt und bedürfnislos, zäh, heiter und aktiv — und dann zeigen sie, wie man mit dieser Haltung stirbt, langsam und deutlich und immer wieder, bis die Botschaft vielleicht einmal verstanden wird.

Die Botschaft lautet: Ihr braucht uns nicht mehr zu verbrennen, wie ihr es einst getan habt, wenn die Frauen in ihrer „Schutzhaft" unruhig wurden, wir töten uns jetzt selbst, aber nicht, weil wir es wollen, sondern um euch das mitzuteilen, was wir immer schon geahnt haben und was man euch auf andere Weise nicht beibringen zu können scheint: Wir wollen in dieser ohne unsere Zustimmung von Männern konstruierten, scheinbar perfekten Welt nicht mehr leben, weil sie lebensfeindlich ist. Das versuchen wir mit unseren Körpern zu morsen, solange wir glauben, daß euch noch etwas an uns liegt. Sobald wir aber eure „Ritterlichkeit" als Täuschungsmanöver durchschaut haben, geben wir auf, dann habt ihr gewonnen, aber den Schaden davon. Dann überlassen wir euch den traurigen Sieg und erfechten unseren eigenen, die Überwindung des Unüberwindlichen, und treten mit passiver Resistenz aus dem Leben aus. Wenn ihr uns nicht zurückhaltet, liebevoll und mit ganzer Seele, aber ohne Gewalt, eure grandiosen Manipulationen der Welt um unseretwillen nicht mäßigt, dann versagen wir uns und damit auch euch die Weiterexistenz.

Nicht immer sind die Botschaften so dramatisch, aber doch deutlich: immer weniger Kinder in den industrialisierten Staaten, Zurückziehen vor der Ausnutzung durch eine Familie, in der alle unangenehmen Arbeiten unhonoriert und unbedankt an der Frau haften bleiben, damit die Männer sich weiter hingebungsvoll und lebensbedrohlich betätigen können. Lieber sucht man sich bezahlte Arbeit außer Haus, auch wenn sie noch so unbefriedigend und streßbeladen ist. Die meisten Frauen allerdings halten lieber aus, als auszubrechen — selbst aus dem Gefängnis. Bei ihnen ist die verzweifelte Ausnahme, was bei Männern die Regel ist: Auch wenn eine Ehe unerträglich zu werden beginnt, werden Frauen weiter trachten, zu harmonisieren, was sie längst als hoffnungslos erkannt haben.

Männer würden das Unerträgliche, auch in der Umwelt, nicht so lange dulden, sondern zu ändern versuchen — wenn sie es nur bemerkten! Selten aber haben sie ein Organ für das, was die Undinen dieser Welt schon lange spüren: Luft- und Wasserverschmutzung, Waldsterben — nichts gibt es ihnen in jeder Minute in Prozentzahlen an, sonst hätten sie wohl schon erfinderischer darauf reagiert. Aber sie hören nicht einmal auf die leisen Stimmen des Wilds, das blind und taub in ihre Dörfer getaumelt kommt, um zu sterben, erklären sich diese schrecklichen Wunder als Zufall oder Folge davon, daß der Raps in dessen Mägen, (von ihnen!) genetisch verändert, plötzlich für schwächere Tiere giftig geworden sei. Aber sie übersehen, daß auch die Gemsen von den Bergen taumeln, die keinen Raps gefressen haben, sondern „nur" im Tschernobyl-Jahr der erhöhten Cäsium-Strahlung besonders ausgesetzt waren. Den Anreicherungen im Fleisch dieser exponierten Tiere, die sich im Frühjahr auf das erste und meistverseuchte Gras gestürzt hatten, begegnete man schlau mit dem vorsichtigen Verzicht auf Wildbret und dachte, damit sei die Sache erledigt. Aber man hat sich verrechnet, wie bei so vielen Kalkulationen in letzter Zeit. Und noch weniger hört der Mann auf das Flüstern des Waldes, der viel leiser stirbt als das Wild. Allenfalls wartet er auf den großen, heroischen Knall der Endzeitkatastrophe und vernimmt nicht das Wimmern zu seinen Füßen, mit dem die Welt schon bei Dylan Thomas zugrundegeht: „not with a bang but a whimper". [13])

Frauen können den Alarm nur signalisieren, sie sind zum Durchstehen langer Anstrengungen, zum Ertragen von Schmerzen eingerichtet, weniger wohl dafür, ob diese Schmerzen (außer bei Geburten) auch dafürstehen. Den Männern liegt die rasche, notwendige Tat, aber die Aufnahmefähigkeit für weibliche Ahnungen scheint ihnen abhanden gekommen zu sein; wir können nur hoffen, daß ihr klarer Verstand, der bis jetzt der Einfühlung der Frauen nachhinkt, eines Tages zu denselben Schlüssen kommt — hoffentlich wird es dann nicht zu spät sein!

Darum, und nicht nur darum, sind die Männer den Frauen unentbehrlich, und darum sind sie auf diese ebenso angewiesen wie die Männer auf sie — mit dem Unterschied, daß *sie* es wohl wissen, die Männer aber nicht so sehr. Hätten diese ihnen nicht arbeitserleichternde Geräte geschaffen, grüben die Frauen wohl noch heute mit dem Grabstock oder beugten sich über die Rumpel am Bach; aber nicht alle ihre Erfindungen haben sich als vorteilhaft erwiesen. Manche rauben der Menschheit den Lebenssinn oder Arbeitsplätze — alles Zeichen männlicher Gespaltenheit. Andere sind etwa seine Wünsche nach einer selbständigen, denkenden Gefährtin — die sie dann doch nicht ertragen, oder der Wunsch nach der Unabhängigkeit der Frauen, die dann nach der Ankunft von Kindern zum Vorwurf wird.

Da die Frauen ihre Probleme meist nicht prinzipiell, sondern als Kompromiß lösen, haben sie eben die Dreifachbelastung von Haushalt, Kinderbetreuung und Beruf auf sich genommen, weil die Männer keine Anstalten trafen, in ihre seit Jahrhunderten abgewertete Arbeitswelt einzudringen, obwohl es sicher das ist, was „das Weib" will. Nur die sehr Hilfreichen helfen — aus Angst, das Lasttier könnte zusammenbrechen. (Laut Statistik sind es in Österreich 15% der Männer von Nichtberufstätigen, bei Berufstätigen ganze 5% mehr, [14]) die die traditionell mit ihrem Status und ihrer „Integrität" vereinbaren Handgriffe des Mülleimerausleerens oder Sicherungtauschens machen, aber auch das nicht spontan, sondern nur, wenn man sie darauf aufmerksam macht oder darum bittet.) Daran soll es auch weiterhin und in umfassenderem Rahmen nicht fehlen, nun, da die Frauen sich zu artikulieren begonnen haben — auch dieses Buch ist vielleicht ein Beitrag dazu.

Was immer sie sagen mögen, Frauen schätzen ihre Männer mehr, als diese auch im Augenblick ahnen — sie sind, wie Freud richtig annahm, das, was sie eigentlich wollen, nur hat man ihnen lange versagt, das anders als neurotisch zu äußern. Sie wollen sie nur ein wenig anders, als diese sich selbst gut vorkommen. Wie, wird sich bald herausstellen, da die Frauen ihre Sprache wiedergefunden haben. Männer müssen es sich allerdings gefallen lassen, aus der weiblichen Sicht von heute beurteilt und beschrieben zu werden. Das ist aber recht und billig, da Frauen durch Jahrtausende kaum anders als von Männern wahrgenommen literarisch existierten und erfuhren, wie sie zu sein hätten, keineswegs, wie sie waren und kaum zu sein wagten. Wahrscheinlich kann man nun gemeinsam und unter ständiger Rückmeldung des anderen Geschlechts zu einem authentischeren Bild von Mann und Frau kommen, das nicht mehr ganz so polarisiert sein muß wie in den Zeiten, da die Welt nur cerebral und männlich gefärbt war.

UND WAS WILL DER MANN?

Natürlich maße ich mir nicht an, zu wissen, was „der Mann" will, aber es stimmt doch nachdenklich, daß seit Jahrtausenden so viele Veränderungen nur immer Vorteile für die Männer gebracht haben; das kann wohl kein Zufall gewesen sein. Einige der Motive dieses Geschlechts lassen sich vielleicht aus den antiken Mythen und Dramen bis in unsere Gegenwart herauslesen, ferner aus jenen literarischen Produkten, die bis vor kurzem ja männliche Domäne waren, und aus den Alltags-Schizophrenien dieser Welt, in denen manche seiner unvereinbarten utopischen Ziele nun endlich offenkundig werden, weil sie so unversöhnlich aufeinanderprallen. Die Beispiele reichen vom griechischen Erbe der sehnlich erwünschten Söhne, die von den Vätern dann doch meist in fast tödliche Konflikte des Heranwachsens gebracht wurden — als sollte immer noch der gefürchtete Vatermord verhindert werden — bis zum Himmelstürmen und zugleich In-Frieden-leben-Wollen, von den stillschweigend abgewerteten Gattinnen und Töchtern, von deren unbedankten Stärken man doch so lange unbemerkt lebte, ganz zu schweigen.

Wir erziehen heute nicht mehr durch Mythen, aber doch immer noch mit Geschichtchen, auch Opern und Theaterstücken, bei denen wir vorsichtig und wachsam sein sollten, denn ihre Prägewirkung ist groß — und diese geht in die Richtung des Patriarchats.

Anfangs waren die meisten unserer Dramen damit befaßt, die immer schwieriger werdenden Beziehungen der Menschen (der zugleich regelsetzenden und weitausgreifenden Männer) zueinander und zu den Göttern rechtfertigend durchzuexerzieren und auch das Verhältnis zu ihren Frauen kathartisch zu entschärfen. Später ging es nicht mehr um ehrgeiziges Erobern und heldenhaftes Rangetablieren, sondern um andere, auch geistige Selbstverwirklichung und -präsentation der Männer, auch unter christlichen Aspekten. Nun wurden die weiblichen Abhängigen zwar nicht mehr für die Erreichung gewisser, oft politischer Zwecke wie selbstverständlich geopfert — und doch wissen die Theater-Gretchen und Käthchen (sächlich!) bis zu Hero und Klara oft keinen anderen Ausweg als Suizid, besonders wenn sie schwanger sind. Dagegen hatte die Kirche weniger als gegen die Abtreibung, sie war mehr für die unbefleckte Empfängnis als für deren Verhütung. Für selbstrespektierende Frauen gab es ja immer die Option des Selbstmords, und nicht vielleicht aus schwärmerischer Verliebtheit (wie sie bei den Männern rührt, die kein Nein entgegenzunehmen bereit sind), sondern weil sie im Stich gelassen wurden, in einen unausweichlichen sozialen Zwang gerieten.

Die Opernliteratur lebt von „Heldinnen" wie Butterfly oder Aida, die sich selbst den Tod geben oder sich psychosomatisch ins Grab husten wie Mimi und Violetta, sofern nicht ihre Liebhaber sie großzügigerweise umbringen, wenn sie sie einmal nicht haben können, wie Carmen. Männer dürfen erwarten, ungestraft ihrer Liebe folgen zu können, tun Frauen das Gleiche, haben sie zugrunde zu gehen. Einzig die emanzipierte Tosca wehrt sich, ersticht Scarpia, der sich ihre Hingabe erpressen will. Das können wir hinnehmen, weil er sein Versprechen, den Geliebten zu befreien, auch nicht gehalten hat: Allerdings muß sie danach von der Kasemattenmauer in den Tod springen. Immer nur Tod für die Frauen, die nicht anderen zu willen sind, sondern auf eigene Faust lieben.

Verdi, der mit seiner Partnerin Giuseppina Strepponi insgeheim mindestens so glücklich war wie Lichtenberg mit seiner Haushälterin Margarethe oder Goethe mit seiner Christiane Vulpius, wußte zumindest, was er in „Traviata" komponierte, aber erlag auch Täuschungen: In „Rigoletto" applaudieren wir, wenn der Herzog „Ach wie so trügerisch sind Weiberherzen" schmettert, während Gilda, die wahre Betrogene, für ihn stirbt. Männer kommen einander aber nicht nur in der Liebhaberrolle, sondern auch als Väter ins Gehege: Bevormundend verbirgt Rigoletto seine Tochter wie in den Mythen vor der Welt und den Männern, aber doch findet sie die Liebe, wie Danaë, Rapunzel oder Dornröschen, die alle heranreifen und sich metaphorisch an ihren jeweiligen Spindeln blutig stechen. Der junge Mann *muß* verführen, sonst achten wir ihn nicht, sogar in der ängstlichen Überzeugung des Alten, der ihm dazu unwissentlich, aber verständnisvoll die Leiter hält: Meinungsverschiedenheiten bestehen nur darüber, wen! Zum ersten *double-bind,* mit dem die Gesellschaft prestigeträchtige, aber üble Erwartungen hegt, gesellt sich das schizophrene Motto: „Verschon mein Haus, zünd andre an!" Gewöhnlich identifiziert sich dabei der Zuhörer oder -schauer nur mit dem männlichen Schicksal, das des Mädchens bleibt Nebenprodukt, bedarf keines Mitleids.

Um in Frieden zu leben, muß eine Frau Privateigentum eines Mannes für immer werden. Aber der denkt womöglich gar nicht daran, seine Kinder mit ihr zusammen aufzuziehen, bedient sich nur dieser ihrer Fähigkeit, um sich anderswo weiterzuamüsieren, ohne viele Gedanken auf seine Nachkommenschaft zu verschwenden, die zwar das Wichtigste ist, aber in ihm vielleicht etwas wie eine biologische Fluchtreaktion auslöste, bevor sie „Besitz" wurde. Aber es sind die Frauen, die dabei immer mitspielen, und darin besteht ihre Verantwortung: sie spielen mit, weil sie die Ruhe zur Aufzucht der Kinder brauchen und weil ihnen kein Preis dafür zu hoch ist. Sie bilden die konservative Ergänzung zu den „sekundärnomadischen" Männern, die immer zur Veränderung, Verbesserung, Manipulation neigen — durch ihren Mangel an Maß können sie ganze Systeme ungerührt zum Zusammenbrechen bringen. Sie haben die ausgefalleneren Ideen, mehr Muskelkraft und räumliche Orientierung — aber nur mit ihrer Unbeschwertheit von Familie konnten sie sich den etwas fragwürdigen Charakter lange leisten, mit dem sie unser Weltbild entscheidend dominierten. Immer wieder fordern sie den selbstgeschaffenen männlichen Gott in Rivalitätskämpfen heraus, wie Prometheus oder Faust, aber wie Ikaros stürzen sie in Realität und Tod zurück.

Was Frauen seit Jahrtausenden gewohnheitsmäßig tun, das Aufziehen der Kinder, Versorgen der Alten und Reparieren beschädigter Männer, tun sie heute wie eh und je, und ohne das alles in etwas ganz anderes entarten zu lassen, wie die Männer es längst getan hätten. Dagegen sind viele der genialsten männlichen Eingebungen längst zu Alpträumen geworden, Flaschengeister, die allen aus der Hand gerieten. Frauen, in die Depression erzogen und realistischer, die sich aus Selbstschutz weniger zutrauen und daher seltener den Boden unter den Füßen verlieren, sollten mehr zur Kontrolle männlicher Genieblitze herangezogen werden, um deren mögliche verderbliche Langzeitfolgen zu beurteilen. Mit ihren „Krämerseelen" könnten sie das vielleicht besser als manches rein männliche „technology assessment", ihre Intuition und ihr Hausverstand sind illusionistischen Höhenflügen gegenüber eher immun. Wahrscheinlich vermöchten sie viele Probleme der Menschheit in regionaler Kleinarbeit durchaus unspektakulär zu lösen, während die Männer immer nur neue babylonische Türme zu entwerfen und dabei die Sprachverwirrung zu besprechen scheinen.

Sie lieben es auch, in die Phantasie zu entweichen: Es mangelt ihnen nie an Einfällen gegen den Tod, von Homunkulus, Pygmalion, Zauberlehrling oder Golem zu Roboter, Computer oder Gen-Eingriff. Leider sind es dann doch Monstren, die daraus entstehen, da bricht die Wahrheit durch: Die Natur hat ja selbst Schwierigkeiten mit ihren Spontanmutationen, die sich meist als Negativvarianten erweisen. Frauen haben weniger derart genialische Bedürfnisse: Ihnen ist ja die Fähigkeit zu potentieller Unsterblichkeit in ihren Kindern gegeben, und diese genügt ihnen mehr als den Männern (die vielleicht nur kompensieren müssen, daß sie diese nicht selber bekommen können).

Das auszeichnende Heldentum hat inzwischen eine Verschiebung ins Verbale mitgemacht: Sprachliche Ruhmestaten übernehmen die Rolle der Wirklichkeit, Imponiergeschichten von Odysseus und Peer Gynt, Háry János, Münchhausen, Paul Bunyan, Don Quijote oder „The Playboy of the Western

World", bis zum ganz gewöhnlichen Angeber aus dem Krieg oder Wilden Westen, ein schmissiges, abenteuerliches Männerbild, großsprecherisch und realitätsverkennend, nicht problemgerecht und hochstaplerisch — aber offenbar braucht „mann" das, dem es schwerfällt, mit der Realität allein lebenswert zu leben. Im Ritual Heiliger Hochzeiten, das auf Komplementarität beruhte, war die umworbene und gefürchtete Große Mutter für ein paar Jahrtausende gleichwertiger Partner, bis er mit ausufernden herrscherlichen Vorstellungen, von Akkad bis Angkor Tom, den Kosmos durch Beischlaf zu meistern, sie in die untergeordnete Position drängte und bald, ohne Maß und weiblichen Gegenpol im Himmel und auf Erde, zur Hybris experimentierender Züchtung und Weltmanipulation tendierte.

Das Gleichgewicht der Welt, falls es noch zu finden ist, wird erst wieder herzustellen sein, wenn auch die Stimme der Frau wieder gehört wird, wenn der Mann sie ermutigt, ihr erzwungenes Schweigen zu brechen. Sie muß ihm gegenüber gleichwertig ihren „common sense" und ihre Intuition geltend machen können, so „unlogisch" diese ihm auch scheinen mögen, denn es gibt Dinge auf dieser Welt, auf die er sonst nicht kommen kann.

Jeder Mensch, ob Mann oder Frau, hat mannigfache Emotionen, und daß heute vielfach auch Männer an ihren unausgelebten Emotionen leiden oder erkranken, ja daran sterben, ist alarmierend. Die Männer ernten nun die Saat, die sie ausgestreut haben, als sie sich von ihrem zweiten Ich trennten, als sie dem, was die Frauen ihnen wirklich sein konnten, eine Absage erteilten. Östliche Denkweisen könnten vielleicht helfen, das Vakuum zu füllen, vielleicht aus einer Gegend, die den Kontakt zur Umwelt noch nicht so völlig verloren hat, wie das in westlichen Zivilisationen im Grunde der Fall ist.

Der Weg der Frau ging überall in den Untergrund, auf verschiedenen Pfaden. Sie wurde so lange von ihrer Unwichtigkeit und Ohnmacht überzeugt, bis sie selbst daran glaubte und sie noch förderte, in ihrem Drang, mit jeder Umgebung, auch der unmenschlichsten, in harmonisches Einvernehmen zu kommen, wie es einst alle taten und es allein ihr geblieben ist. Nur unsere „Steppenmänner" emanzipierten sich im Namen von Kultur und Staatsbildung von der einst als heilig verehrten Natur und machten ihre Revierkämpfe und Partnerwahlen untereinander aus, degradierten Frauen und Untergebene dabei zu bloßen Pfändern im Spiel.

Selbst ein so positives Denksystem guter Werke, wie es das Christentum ist, wahrt dem Mann, in seiner nur männlichen Interpretation der Kircheninstitutionen, weiterhin entscheidende Vorteile, während es die Unterlegenheit der Frau tief und emotional im Unterbewußtsein aller fixierte. Durch ihre sexuelle und personale Enteignung glaubte sie auf eine tief verwurzelte und in jeder

Generation erneuerte Weise an ihre Sündhaftigkeit und Lustabhängigkeit von männlicher Gnade, ohne viel von den Fähigkeiten ihres Körpers und ihrer Seele zu erfahren, so wenig vielleicht, wie er einst wußte, was ihm jene außerweltlichen Erlebnisse verschaffte (die noch als totenähnliche Zustände in den keltischen Mythen geistern!), die er wahrscheinlich auch in der Eiszeit nur auf sie oder auf ein höheres Wesen in ihrer Gestalt beziehen konnte.

Doch liegt die Wahrheit auch hier wie überall in der Mitte: es bedarf zweier Beteiligter für entsprechend große und erlösende Erfahrungen — dann ist die klerikale Hierarchie entbehrlich und Religion könnte sich auf ihr eigentliches Gebiet, als Bindung an Höheres und Verpflichtung zum Gegengeschenk des Guten für so viele Wohltaten und Seligkeiten und auf die unneurotische Nachfolge vorbildlicher Menschen wie Christus oder Franz von Assisi, konzentrieren.

Die einseitige Gewichtung der Sexualität durch die Gesellschaft hatte aber schon eingesetzt, dem Mann ein (auch vergewaltigendes) Recht auf freudige Genitalität einräumend, die der Frau aber unter Tabus, Leiden, Schuld, Scham und Verantwortung verkümmern lassend. Durch lange Zeiträume konnte sie für ihr glühend erwartetes Nachgeben geächtet werden und ihr die volle Verantwortung für ein vielleicht in angstvoll erlebten, flüchtigen Kontakten empfangenes Leben aufgehalst werden; man konnte in perverser Weise etwas einst sehnlichst Erbetenes, ihr nun aber Aufgenötigtes, zu ihrem Privatvergnügen stempeln. Das ist der Individualitäts- und Besitzrausch eines Abendlandes, das versäumt hat, sich zu seinen Kindern zu bekennen, bis immer weniger geboren werden, und es hat viele Frauen zu einer Gretchentragödie verurteilt, die der Fausts vielleicht ebenbürtig ist.

Für den Mann, den es weder Substanz noch Schmerzen kostet, ein Kind zu haben, hat dies noch selten das Schicksal besiegelt wie das einer Frau. Er konnte sich jederzeit — innerhalb und außerhalb der Ehe — davon distanzieren, darüber verfügen, wie er wollte. Er brauchte sich nicht dazu zu bekennen, auch die Mutter des Kindes nicht zu heiraten, wie Odysseus, konnte allen seinen „unehelichen" weiblichen Kontrahentinnen einfach absagen, wie Äneas Dido, Gilgamesch Inanna, Faust seiner Margarete und Anatol/Schnitzler seinen Schauspielerinnen, während die mit der Zeit daraus resultierende Tragödie, die für die Männer nur wie ein flottes Abenteuer aussah, immer den Frauen verblieb, samt der Verachtung der Allgemeinheit. Ob nicht in einem solchen Fall Gretchens Geisteskrankheit das „Normalere" ist als das Darüberhinwegtänzeln mit schönen Worten, wie es in unserer Gesellschaft üblich ist?

Erst als die Macht auf die Männer übergegangen war (und Kinder, nicht mehr in der mütterlichen Verwandtschaft aufgezogen, also vom Vater nichts zu erwarten hatten), hatten sie auch auf ihre Kinder Besitzrechte, ohne ihnen gegenüber aber gleichzeitig Pflichten zu haben. Sie fühlten sich ihnen gefühlsmäßig auch nicht so verbunden wie die Mütter, mußten nur ihr Eigentum schützen (vor ihresgleichen!), damit ihre persönlichen Rechte auf die Gattin (und damit auf persönliche Nachkommen) ungeschmälert blieben. Und das alles, damit der vererbbare Besitz auch wirklich nur den garantiert eigenen Nachkommen zufiel, den Kindern, denen sie intensive väterliche Präsenz dann auch ruhig wieder schuldig bleiben konnten, und die in Wahrheit niemandes Besitz, sondern eher außerweltliche Leihgaben sind.

Wie müssen Männer denken, denen die Kinder eines anderen Menschen aus dem Schoß der eigenen Frau Mischlinge und Bastarde sind, Kreuzungen zwischen einem Fremden und einem Untermenschen? Sind wir nicht alle Mischlinge zwischen irgendwelchen Leuten, die einander zufällig begegneten, sich liebten und fortpflanzten? Noch ist die ganze Menschheit miteinander fruchtbar, und noch sollte das Gewinnendere, Schönere, Begabtere die Möglichkeit haben, sich stärker zu vermehren, wenn es das Angebot dazu bekommt, seine Genkombinationen der Selektion auszusetzen, der wir mit unseren gewaltsamen und besitzgesteuerten Verbindungen kaum mehr, oder ganz falsche, Angriffspunkte geben, so daß die Menschheit anscheinend überhaupt keine andere Wahl mehr hat, als zu degenerieren!

Nicht im Versicherungswesen oder in der nicht ungefährlichen Gentechnologie aber liegt die Lösung, sondern wir selbst müssen wieder viel ungesicherter, viel verletzlicher werden in unserem Bestand, uns wieder weniger berechnend und scheinbar wahllos in unzähligen, einmaligen Kombinationen und Rekombinationen ergehen wie im freien Spiel wirtschaftlicher Kräfte. Gemeinsam sollten wir aber auch die Verantwortung für den Nachwuchs bejahen und die Kosten und Gefahren teilen.

Wenn man bedenkt, daß wir praktisch alle Hochleistungszüchtungen an Haustieren und Pflanzen bereits krankselektioniert und/oder fortpflanzungsunfähig gemacht haben, weil die Zeiträume zum natürlichen Einpendeln fehlen, würde uns Ähnliches auch beim Menschen sicher mißlingen. Nicht einer ist „schuld", wenn eine Genkombination — ein Kind — nicht optimal ausfällt, aus der Generationskette fällt oder stirbt, sondern mindestens zwei; wichtig bleibt nur, ob das ganze Gewebe nachher wieder repariert werden kann. „Schuld" ist ohnehin das falsche Wort, eher „Kollektiv-Verursachung": ein Mitgefangen-Mitgehangen mit der Menschheit, wenn man schon einmal Mensch ist.

Von ihrem Partner kann sich die Frau — theoretisch zumindest — ebenso leicht trennen wie er von ihr, aber von ihren Kindern kann sie sich nicht scheiden lassen, das ist nicht vorgesehen im natürlichen Ablauf der Dinge; patriarchalische Systeme nehmen allerdings darauf nur selten Rücksicht. Für den Mann sind Kinder oft mehr eine Prestigeangelegenheit, je mehr, desto besser, das verlangen sein Trieb, sein Ehrgeiz, und, wie die Soziobiologen behaupten, seine Gene. Für Frauen ist wichtiger, was für das Kind gut ist, und das ist die Dauerbeziehung, welcher Art immer. In dieser Richtung auf Nestbau operieren bei ihr Gene und Antriebe, und auf dieser Diskrepanz ist unsere Kultur begründet. Nur für den Mann, nicht ihretwegen, brauchte man den Erlaß göttlicher Gebote, nicht „das nachbarliche „Weib, Land, Vieh und alles was sein ist" zu begehren. Allein diese biblische Koppelung verrät schon allerlei, denn offenbar hieß, des Nachbarn Weib begehren, nach seinem Besitz trachten; das Weib *war* ein Besitz wie Knecht und Haus (Kinder anderer sind auch dabei nicht gefragt!). Nur der Mann gehörte sich selbst, ihn zu begehren, war ganz ungefährlich, — die alttestamentarische Gesetzgebung ahndete wie die assyrische den Ehebruch nur als Besitzstörung des Mannes. Das Objekt ist damit wertlos geworden und zu steinigen, dem beteiligten Mann aber wird kein Haar gekrümmt, sofern er materiellen Ersatz leistet! Der Besitz Frau war bald auch in Sumer keiner eigenmächtigen Ehebruchsregung mehr fähig, weder als Gattin noch als Tochter; ihr Schutz oblag den Vormündern.

Aber auch Frauen wissen, und oft besser als Männer, was ihre wahre Ergänzung ist, und sei es genetisch, aber ihre Hände waren schon bei ihrer ersten „Wahl" eher gebunden. Früher, und im Grunde auch heute noch, wurde die Geburt eines unehelichen Kindes allein an ihr geahndet, auch wenn es ohne diese Wagnisse weder Theseus noch Sargon, weder Moses noch Jesus gegeben hätte. Und wer weiß, welcher Erlöser oder Reformator aus Potiphars Weib und Josef oder Salome und Johannes geboren worden wäre, wären die männlichen Kontrahenten nicht so voller Angst vor ihrer Männergesellschaft gewesen, während sie doch im Verteilen des Schlachtentodes nie zimperlich waren.

Manche Frauen wissen genau, daß sie mit gewissen Männern zwar nicht leben könnten, daß aber eine „Kreuzung" mit ihnen wahrscheinlich einen genetischen Haupttreffer ergäbe — aber dieser Anteil der Intuition wird ihnen verwehrt. Warum könnte es nicht Teil unserer Moral sein, eine solche „Erbsünde" taktvoll ins Leben zu integrieren, ohne die dabei kurzzeitig scheinbar vergessenen Partner zu entwerten — wofür meist überhaupt kein Grund vorliegt? Da haben uns manche „Primitive" etwas voraus, die zwar keine Ehen in unserem Sinn, aber Dauergemeinschaften kennen, die durchaus für kurze, stürmische Zeiten verlassen werden können, ohne daß viel daraus folgte oder die Verpaarungen sich änderten — man lächelt nicht einmal, sondern sieht darüber hinweg; die Sache ist zu gut und die Kinder zu nett, und wer immer sie aufzieht, wird ja doch automatisch mit starkem Anteil zum Elternteil.

Es gab ja lange Zeiten, in denen man sich kollektiver zu Kindern bekannte, wie alle sozialen Tiere. Damit räumten die Griechen, die so narzißtisch erpicht auf individuelle Vaterschaft waren, aber Kinder eigentlich nicht mochten, gründlich auf. Auch bloß gute Menschen interessierten sie kaum, dagegen stilisierten sie aus übertriebener Geltungssucht gern Kriminelle zu Helden hoch: Prometheus, Pelops, Atreus, Agamemnon, Peleus, Zeus, Hermes, Theseus. Vaterschaft löst selbst bei Asozialen vom Typ Liliom starke zärtliche Gefühle aus — nicht bei den Griechen. Man fragt sich, ob sie die endlich eroberte Vaterschaft überhaupt verdienten, wenn sie so übermütig damit umgingen und sie so gar nicht zu würdigen wußten! Sie war so schwer zu durchschauen, daß kein Tier dahinter kam, Kinder anders als anonym zu erfassen — gerade das aber erschiene als eine einmalige und neue Möglichkeit, einen menschlichen Wert kulturell zu verwirklichen, Generationskonflikte zu mildern und sich als Vater um die selbstgezeugten Kinder auch zu kümmern, nicht nur blindlings und machthungrig Gebärfähigkeit zu usurpieren und mit Freiheitsentzug zu belegen, vielmehr Folgehandlungen zu setzen und seelische Vaterpflichten zu übernehmen!

Aber in der Griechennachfolge hatten Männer lange ein gestörtes Verhältnis zu Tod und Geburt, zu Liebe und Kindern. Sicher können Frauen nicht so gut töten wie sie, noch wollen sie es, müssen aber die männliche Faszination davon offenbar dulden. Wenn Männer ernst machten mit echter Väterlichkeit, zu der sie durchaus imstande sind, stellte sich bei ihnen vielleicht ganz von selbst wieder die verlorene Tötungshemmung anderen Menschen gegenüber ein, die mit den ferngesteuerten Waffen überrundet worden ist. Es ist nämlich sehr schwer, jemanden auszulöschen, den man selbst mit Leib und Seele aufgezogen, in den man investiert hat oder mit dessen Vater man sich aus eigener Erfahrung voll identifizieren kann — aber die muß man auch haben! Nur wenn man alle diese Tätigkeiten immer nur oberflächlich und auf anderweitigen Machtgewinn oder Heldentum ausgerichtet tut oder an den „Untermenschen" Frau delegiert hat, der ja doch sonst zu nichts Ordentlichem taugt, dann spielt es einem freilich weiter keine Rolle, seine Kinder zu opfern oder im Krieg in eine Menge hineinzuknallen.

Wenn Männer nicht mehr ohne ihre fiktiven Jagdspiele wie Fußball oder Krimi sein können und sich dabei auf ihre lange prähistorische Jägervergangenheit berufen, dann ist zu bedenken, daß das nur *eine* der männlichen Möglichkeiten ist, daß sie aber viel länger Sammler waren, ebenso wie ihre Frauen zu allen Zeiten, daß die Gruppe so gut wie immer von der Sammeltätigkeit lebte und die Jagdbeute stets nur das Fest und unverhoffte Zusatzglück war, und daß sie sich auch eine Weile als Wildhüter, Hirten und Heger der Tiere betätigten, die sie dann domestizierten. Dennoch gibt es merkwürdigerweise unter allen, meist die menschliche Evolution nachahmenden Kinder- und Gesellschaftsspielen fast nur solche, die auf Gewinn und Beute gerichtet sind, und sehr wenige (außer den verachteten Puppen der Mädchen) Verantwortlichkeits- oder zärtliche Pflegespiele. Das ist nicht beliebt, das spielt man nicht, das ist gleich ernst, das läßt man „die anderen" machen, vor allem Frauen.

Aber auch das Mogeln, Vernebeln und Betrügen, das vielleicht Teil des Werbeverhaltens ist, ist unseren Männern nach griechisch-armenischem Vorbild und oft in liebenswürdigster Form, aber auch in der Politik, inzwischen so sehr zur zweiten Natur geworden, daß Frauen, immerfort beschäftigt und ohne männliche Muße der „Verteidigungsbereitschaft", dagegen nur treuherzig und taktisch naiv staunend danebenstehen können. *) Nicht nur beim simulierten Gebären versuchten Männer in ihren Mythen zu schwindeln, indem sie Steine hinter sich warfen oder Drachenzähne säten, aus denen Menschen wurden, sie aus Ton, Gold, Blutstropfen oder Faeces formten, auch aus Schweiß und Hautunreinlichkeiten, Beulen oder simplem Schmutz, der vom Körper gerieben wird (in Indianermythen), sich aus dem Schädel schlugen oder aus dem Schenkel schnitten, sondern auch sonst oft!

Der durchschnittliche Mann flieht zwar in der Regel, eingeschüchtert oder degoutiert, das Blut im Zusammenhang mit weiblichen Geburtsvorgängen, läßt sich aber zu militärischem Blutvergießen vergattern und schwelgt symbolisch in der Lebenskraft halbroher Steaks oder Beef tatares. Er vermeidet die Erziehung seiner eigenen Kinder und überläßt die Auseinandersetzung mit ihnen gern immer noch seiner Frau, und wenn sie seinen oft unerfüllbaren, divergierenden oder widersprüchlichen Wünschen dabei nicht genügt, zieht er sie zur Verantwortung. In seiner Umwelt bevorzugt er spektakuläre eingleisige Eingriffe zur Lösung von Problemen, deren Sekundärfolgen er dann nicht Herr wird, statt sie in mühseligen kleinen Schritten einsichtig zu verbessern und die auf jeden Fall falschen groben Maßnahmen wieder zurückzunehmen und weiter durch besseres Verstehen unnötig zu machen. (Schon Gilgamesch bestand darauf: „Was ich gesagt habe, kann nicht mehr ungeschehen gemacht werden", auch wenn es seinen Untergang besiegelt.) Er kommt sel-

*) James Joyce: „I believe in only two things: A woman's love for her child and a man's love of lies!"

235

ten auf den Gedanken, seine auf Geltungsbedürfnis und gegenseitigem Animponieren beruhende, kontraproduktive und weltgefährdende „Friedenssicherungspolitik" durch eine paradoxe, abwiegelnde des Mißtrauensabbaus zu ersetzen, und führt ihn selbst dann nicht aus. Für seine Fehlleistungen setzt er Kommissionen und Gremien ein, aber sie helfen ihm weniger, als ein paar Frauen es würden, die durch keine „Homertà" oder ausufernde Ehrenkodizes und erpreßte Loyalitäten gebunden sind und einfach jene Wahrheiten sagen können, die die Männer aus ehrenrettender gegenseitiger Gefälligkeit nicht auszusprechen oder zu sehen wagen.

Er brauchte sich über vieles in der Welt nicht so abwegig den Kopf zu zerbrechen, wie er es in den immer unmenschlicheren Wissenschaften so erfolgreich und letztlich doch glücklos tut, sondern manchmal nur den „primitiven" Ideen seiner Frau etwas Bedeutung beizumessen, oder seine eigenen Gesetze einzuhalten, statt auch noch *sie* zu ihrer Übertretung aufzufordern.

Was die Griechen aus den unbegrenzten Möglichkeiten des Welterwachens der Antike machten, war bereits eingleisig und neurotisch einseitig: So wie sie einen Teil der Menschheit ausschalteten, die Frauen und Unfreien und Armen, so blendeten sie auch einen ganzen großen Bereich der Wirklichkeit aus, wie in der Naturwissenschaft alle Rand-, Neben- und Rahmenbedingungen ihrer Experimente. Sie wollten das Unwandelbare, das es nicht gibt, wie schon die Ägypter feststellen mußten, die absolute Wahrheit, das abstrahierte Gute und Schöne, das ebenfalls eine Illusion und nur im Konkreten zu suchen ist. Mit verengter Beobachtung, logischem Denken und indogermanischer Penetranz schufen sie die naturwissenschaftlichen Rillen, in denen bisher alles wie geschmiert lief — nur jetzt fängt das Werk zu stocken an. In gemeinsamen Denktraditionen und Zusammenarbeit mit anderen, den arabischen und jüdischen Sekundärnomaden und ihrem verwandten Denken, entstand eine einmalige, mit Scheuklappen für manches versehene und stark aus dem einstigen Gleichgewicht geratene Welt wissenschaftlicher Spitzenleistungen, die aber für Selbstvernichtung programmiert ist, mit Phasen prachtvoller Blüten und fanatischer Selbstzerfleischung.

Die schiziophrenen Spaltungen unserer Gesellschaft sind also zahlreich, aber eines der interessantesten Beispiele ist vielleicht, daß sie sich, trotz Schrumpfung, zwar nicht in Sippenhaftung zu ihren irgendwie zweifelhaften oder sonst unerwünschten Kindern bekennt, wohl aber zu ihren Morden — den abgeleugneten Vaterschaften (auch ihrem im Alimentationswillen bekundeten Niederschlag) steht der freudige Wille gegenüber, mit dem Organisationen, Brigaden und Generäle „die Verantwortung" für Tötungen übernehmen (je terroristischer, desto ehrenhafter). Kann man das überhaupt? Nicht für selbstgeschaffenes Leben, wohl aber für seine Auslöschung? Solange wir jedenfalls alles an den Griechen anbeten, werden wir auch die Gewaltmißbräuche nicht aus unserem System herausbringen, kaum lernen, mit diesem Gewaltvorteil der Männer umzugehen. Wenn Frauen vermittelten, daß sie weniger kämpferische, mit Endlösungen dreinschlagende Partner bevorzugen, besonnenere, die ihre Aggressionen zu beherrschen vermögen und die mit subtilen, behutsamen, angemessenen Auswegen bei der Hand sind, wäre der Selektionsdruck nicht zu unterschätzen — auch Männer könnten wieder „ein gigantisches Züchtungsexperiment der Frauen werden", wenn diese die echte Wahl hätten. Inzwischen werden sich aber noch einige magersüchtige Mädchen verzehren, dahinschmelzen, und andere emanzipativ und lästig lärmen.

Aber vielleicht ertragen wir es, mit etwas weniger Ordnung, Eleganz, Perfektion und unhaltbaren oder zu teuer erkauften Glücksversprechungen und -erwartungen im Leben auszukommen, wenn es dadurch reicher, voller und gewaltärmer werden kann.

STATT EINES NACHWORTS

Wenn wir auf unserer Kulturstufe wieder Anspruch auf Menschlichkeit erheben wollen, werden wir uns wohl oder übel auf die praktische Integration scheinbar unversöhnlicher männlicher und weiblicher Wünsche einigen müssen, was auch einem Ausgleich mit der Natur entspricht. In Theorie und Philosophie aller Arten, sozusagen im geistigen Vakuum, wurde das schon viele Male bewerkstelligt, vom östlichen Yin-Yang bis zu westlichen Sphärenharmonie-Konzepten. Der griechische Weltbewältigungsversuch mit seinem nicht zufälligen Ausschluß der Frauen aus wesentlichen Bereichen wirkt dagegen simpel. Eine „Arbeitsteilung", welche einem Geschlecht die Durchsetzung mit Gewalt und die Dinge vergewaltigender Logik zugesteht, während das andere nur auf Liebe, die dumpfen Gegenstimmen des Theaterchors oder xanthippenhaft-emotionales Argumentieren beschränkt bleibt, ist zu wenig. Man könnte schon weiter gehen und diese über lange Zeiträume eingeübte, wenngleich verachtete Fähigkeit der Frauen, unter Einbeziehung von Gefühlswerten zu überzeugen, diplomatisch einsetzen, aber dafür etwas von der primitiven Aggressionstaktik zurücknehmen. Sie war nur vormenschlichen Stufen angemessen, in denen es differenziertere Argumentation mangels Sprache nicht gab.

Leider verlockte jedoch die inzwischen entwickelte Sprache gerade jene hochdramatischen Naturphilosophen und Dichter der Antike, die unsere Kultur prägten, zu Fehlschlüssen über die Welt, weil sie sich allzu weitgehend der Führung nur einer Hirnhemisphäre und eines Geschlechts überließen. So überzeugend und hinreißend die von ihnen gefundenen Bilder auch waren, sie stimmten nicht mit der ganzen Wirklichkeit überein. Auch wenn wir uns das noch nicht eingestehen können, ahnen wir es doch, und moderne Naturwissenschafter und Literaten sind längst vorher stutzig geworden. Es ist nur sehr schwer, eingeschliffene Sehweisen aufzugeben, besonders, wenn man auch noch als Mann in der professionellen Denkerzunft davon Nachteile hat.

Die Männer werden ihre Privilegien verständlicherweise niemals freiwillig hergeben und durch einen Kampf nur noch verhärten; aber die Jungen könnten, nicht nur aus Gerechtigkeitsgefühl, sondern auch und vor allem aus Liebe für ganz bestimmte einzelne, aus der Masse der anderen für sie herausgehobenen Partnerinnen aus freien Stücken darauf verzichten.

Wenn auch Motive wie Romeo und Julia fast schon als Tragödie in unseren

238

Gehirnen einprogrammiert sind, weil die Griechen und alle Dramatiker nach ihnen so offenkundig folgerichtig und kausal-analytisch dachten und aus allem das ganz große Drama machen mußten, hinter dem die eigenen Leiden kathartisch verblaßten, so ist damit noch lange nicht gesagt, daß sich Gegensätze nur blutig lösen lassen. Einzig die arischen Schulen des Dualismus, die unsere Philosophen bestrickten, dachten so. Nicht einmal die Scholastiker waren sich für eine *coincidentia oppositorum,* ein Zusammenfallen aller Gegensätze, zu gut, und sei es in Gott. Und die Inder wußten schon vor sehr langer Zeit, daß gut und böse verschwistert und nur verschiedene Seiten desselben sind. Auch die Bibel drückt auf ihre Weise aus, daß Sieg und Niederlage miteinander verknüpft sind. Die höchsten und herrlichsten Ideale haben häufig die schrecklichsten Konsequenzen, und die absurdesten, häßlichsten Dinge gehen oft glänzend aus oder führen zu wunderbaren Wendungen, die sie sonst nie genommen hätten! Alle unsere Sprichwörter halten das zögernd für möglich, denn sie stammen wohl meist noch aus Steinzeiten.

Unser auf eine Alles-oder-nichts-Logik dressiertes Denken bewältigt ja die Realität gar nicht so gut, wie wir glaubten, und auch die Hilfskonstruktionen der Götter unserer letzten Jahrtausende nützten uns nicht viel. Wir brauchten sie vor allem, um nicht ganz erwachsen sein zu müssen. Aber vielleicht können wir das auch ohne sie: spielerisch-neugierige, experimentierfreudige Wesen bleiben, die durch innovatives Denken in gewissem Rahmen ihre Evolution auf eigene Faust fortsetzen. Nur wäre es gut, wenn wir dabei langsam nicht nur lernten, uns gegebenenfalls auch zu korrigieren, das heißt, nicht den eigenen Ideologien aufzusitzen, sondern auch, die dabei auftretende Angst allein zu meistern.

Das einst scharf geahndete Brechen von Traditionen wird heute, da sie sich als nicht mehr angepaßt und brüchig, ja bedrohlich erweisen, zur Überlebensnotwendigkeit. Die Angst, die damit gekoppelt schien, gehört vergangenen, langsamerlebigen Zeiten an. Sie muß und kann ertragen werden.

Das Diskriminieren Fremder oder des Unvertrauten, eine andere Seite unseres ererbten extremen Freund-Feind-Verhaltens[1]), ist einer Welt, die am besten so pluralistisch sein sollte, wie es einst unsere Genreservoire sein mußten, um sie zu meistern, nicht mehr nötig. Und die Angst, gegenüber allmächtigen Göttern oder Eltern etwas falsch gemacht zu haben, wird nicht mehr wie früher von weltlichen oder priesterlichen Machtgruppen geschürt, um die dadurch unterworfenen Menschen manipulierbar zu machen. In vielen Teilen der Welt darf man sich bereits relativ ungestraft sein eigenes Bild von den Sachverhalten oder fremden Ländern und Menschen machen, und bedarf keiner Vorurteile und gruppenverdammenden Pauschalurteile mehr.

Wer am weitesten herumkommt, am mobilsten ist, vermischt sich am meisten, und unter Umständen fährt er damit auch am besten, sammelt viele Kulturen auf seinem Weg. Die verschiedenen Genbestände warten ja nur darauf, wieder und immer wieder miteinander vermischt zu werden, weil das in ihrem Konzept liegt, in ihrer „Natur". Nur dadurch wird ja die fortgesetzte Anpassung gewährleistet, die ein Weiterleben auch in veränderter Umgebung gestattet, nur dafür waren zwei Geschlechter überhaupt vonnöten — solange die Umwelt begrenzt und konstant blieb, genügte ein einziges! Es kann lebenserhaltend sein, in wechselnder Umgebung immer wieder in rascher Folge seine Genrepertoires durchzuspielen und auch in gleichbleibender Umgebung nicht steril zu werden. Die Industalzivilisation und andere, bei denen man nicht genau weiß, ob sie überhaupt erobert wurden, sind ja vielleicht nur an ihrer eigenen Trägheit zugrundegegangen. Auch Hochzivilisationen stagnieren in Isolation.

Unsere Chance sind also Mischungen, aber nicht auf der Basis von Krieg und Vergewaltigung wie in der Geschichte so oft, sondern durch größere geistige wie physische Mobilität. Keinesfalls aber genügt das Festhalten an starren Grenzziehungen — das ist genetischer wie realer Selbstmord. Völkergemische sind schöpferisch, Inzuchten versanden. Wer Genmischungen allzu vorsichtig unterbindet, ist an seinem eigenen Untergang schuld. Auch früher geschah nicht alles durch Kriege, sondern manches vollzog sich in aller Ruhe als ein Einströmen proliferierender Mischungen in relativ leere Gegenden oder erlahmende Kulturen (etwa bei den Hethitern, die die angetroffene, viel höhere Kultur selbst dem Namen nach übernahmen). Wenn man Völker nicht als etwas Statisches betrachtet, sich nicht an ihre „Reinheit" klammert, nur um die Dinge besser einteilen und in den Griff bekommen zu können, dann entsprechen solche Kulturblüten wie im perikleischen Griechenland oder im Wien der Jahrhundertwende nicht mehr kleinen Wundern, sondern einfachen Naturerscheinungen, die man in neutraleren Wissenschaften oder in gewöhnlichen Tierzuchterfahrungen längst kennt, bei denen manche Rassengemische eben „luxurieren".

Je weniger eine reiche Kultur sich gegen solche Mischungen sträubt, desto größer werden ihre Aussichten, aus Zusammenstößen auch eigene Werte intakt in die Zukunft zu retten, statt sich aufzureiben. Die Mütter, die auch die Kinder von Eroberern aufzogen, konnten sie entweder zu Helden und Vatermördern machen oder zwischen den Kulturen vermitteln, das Wertvolle bewahren und so in die Heranwachsenden instillieren, daß es zur eigenen Überzeugung wurde, weitergegeben wie Erbgut.

Zu verhindern sind solche natürlichen Ausgleichsbestrebungen zwischen

240

Großgruppen und Völkern nicht, nur wie man damit umgeht, könnte verbessert werden, und für eine rechtzeitige Kanalisierung des sich immer wieder ankündigenden Drucks wäre zu sorgen, damit er sich nicht in Aggression und Angriff entlädt: etwa durch die Förderung des Jugendtourismus. Die in jeder Weise mobile Jugend überwindet am leichtesten, und oft durch Liebe, die Gegensätze solchen Austauschs, und eine gemischte Welt ist sicher eine stabilere. Schließlich ist es eine einzige Welt, welche Einteilungen wir auch treffen, und wir müssen darin miteinander leben. Manche unverzeihlichen Zerstörungen wurden angerichtet (wie wir auch die Natur zerstören, ehe wir sie noch richtig verstehen!), weil Menschen falsch und ängstlich auf Fremde reagierten, weil man einander nicht kannte, nicht richtig einschätzen konnte oder wollte — aber jetzt kennen wir einander und müssen unsere Fehler und Ideologisierungen nicht endlos wiederholen.

Wir haben ja mit unseren auf Binarität eingerichteten Gehirnen eine schwer überschaubare Welt nur deshalb in Gegensatzpaare eingeteilt und etikettiert, um uns besser in ihr zurechtfinden zu können. Aber heute stehen uns ganz andere Informationen zu ihrer Bewältigung zur Verfügung als etwa den Griechen, die uns diese Methode beibrachten und dann anfingen, fester an sie zu glauben als an die so viel komplexere Realität. In manchen Bereichen halten wir auch nur aus Denkfaulheit noch daran fest. Zwar durchschauen wir viele der untereinander vernetzten Zusammenhänge der Welt nicht, und auch mit Methoden der „künstlichen Intelligenz" nur mühselig und unzureichend, doch sind unsere hergebrachten Übervereinfachungen sicher nicht der Weg, ihnen beizukommen. Einzelne Menschen wie Romanciers oder Musiker besitzen schon — oder noch — ein wenig von dieser uns so nötigen, aber nicht evoluierten Fähigkeit, viele Handlungsstränge oder musikalische Themen geordnet miteinander verwirken zu können — zumindest, wenn sie sie erfinden dürfen —, ohne dabei den Kontakt mit Realität und Harmonie zu verlieren. Wir anderen aber stolpern in unserer Eingleisigkeit von einem ökologischen Fehler in den anderen wie weiland Gilgamesch, unser sechstausend Jahre altes Ebenbild, das immer ein Übel ausrottet, um sofort vom nächsten attackiert zu werden; nicht anders wir mit unseren (für uns!) gutgemeinten Naturmanipulationen.

Wir haben den „Tölpelhans" der Märchen lange mißachtet, der sich gegen unsere Denkstereotypien mit seinen scheinbaren Paradoxen, Unsinn und „Abfall" durchsetzt und geradewegs in fröhliche Zufriedenheit (bei Andersen in Königswürden versinnbildlicht) findet, weil er die Dinge anders sieht, als die Konventionen es vorschreiben. Diese Art von Umdenken fehlte uns bislang — vielleicht ist der Tölpelhans mit seiner Einstellungsänderung auf allen

Gebieten schon der Mensch von morgen? Die Volksweisheit vom Tölpelhans ist eine Rangumkehr, wie sie schon die Bergpredigt kannte, und damit auch eine Umkehrung der Werte. Christus besaß ebenfalls einen niedrigen Rang, aber er kümmerte sich nicht um die Rangstufen dieser Welt und konnte die Letzten als die Ersten sehen. Allerdings fehlt er seit seiner Ermordung in unserem Christentum; Rom fuhr fort, ihn in seiner Kirche immer wieder aufs neue unter die Räder eines Machtapparats kommen zu lassen.

Dem Menschen als höchst instinktreichem Lebewesen ist es als einzigem gegeben, aus seinen Instinkten auch heraussteigen zu können wie aus einem Affenfell. Als er mit Freud die Sexualität neu entdeckte, mußte er sie nach allen Richtungen ausprobieren, aber jetzt sieht er doch schon ihre Leistungsgrenzen in Erklärung und Realität und kann sich wieder leichter davon distanzieren. Schwieriger dürfte dies beim Rang- und Revierverhalten sein, das viel tabubelegter und „anrüchiger" ist und nur äußerlich harmloser wirkt als Sex. Vielleicht so sehr, daß sich auch Alfred Adler mit seiner Individualpsychologie, die im Grunde davon handelt, keineswegs so gut durchsetzen konnte wie Freud, dessen zentrales Objekt Sexualität wir insgeheim damals längst bejaht haben müssen — zumindest ein Geschlecht durfte es ja zu Freuds Zeiten schon; das zweite benutzte diesen Tabubruch, um es ebenfalls zu tun (obwohl das in seiner Lehre zunächst gar nicht vorgesehen war).

Die Wichtigkeit von Rangkonflikten und ihren Austragungsverfahren konnte überhaupt erst im Tierreich und in der (von der Kirche ebenso wie die Sexualität lange unterdrückten oder geleugneten) Evolution entdeckt und dann mühselig auf den Menschen übertragen werden. Eigentlich müßte uns noch heute vieles daran weh tun oder vor Scham erröten lassen, wenn wir nur hinzusehen wagten auf alle die Rangobszönitäten. Erkenntnisse haben, bedeutet nicht immer, daß man sie sich auch zuzugeben wagt! Und eigentlich sind die beiden großen Wiener Schulen der Psychoanalyse und der Individualpsychologie noch nicht vollendet, weil sie ohne das Grundwissen der Verhaltensbiologie auskommen mußten, Freud die Brutpflegehandlungen nicht kannte und daher allzu vieles für Sexualität hielt, und Adler Minderwertigkeitskomplex zu sagen gezwungen war, wenn er Rangkonflikte meinte!

Der flexible Mensch kann sich aber auch davon leichter distanzieren, als es das führende Geschlecht wahrhaben will, so wie er sich auch dem triebhaften Ausleben seiner Sexualität zu entziehen vermochte (die zum Teil auch nur das Austragen von Rangstreitigkeiten war). Wenn es uns gelingt, werden wir zwar ebenfalls kaum das Paradies auf Erden haben, aber alles wird ein wenig besser sein — nicht nur Frauen werden nach menschlichem Gesetz leben, während die Männer sich teilweise noch an archaische Primatenordnungen halten; nicht nur Mädchen werden in der Erziehung sozialisiert werden, sondern auch die Jungen! Damit könnten unsere Überlebenschancen paradoxerweise steigen, wie sie auch bei unseren Primatenvorfahren durch soziales Verhalten und Teilenlernen einst gestiegen sind (obwohl Aggression und Egoismus sich für den einzelnen lohnten, schädigten sie ihn rasch in seiner Nachkommenschaft und als Gruppe).

Wenn wir noch lernen, etwas besser zu machen als andere, ohne über sie zu triumphieren (etwas, das Frauen durch Jahrtausende übten) und wirklich zu lieben, ohne zu vergewaltigen (sogar unsere Kinder), erst dann werden wir wirkliche Menschen sein!

Vielleicht beginnt die wahre Geschichte der Menschen erst, wenn nicht nur Erziehung gerecht verteilt wird, sondern auch die Bildungstabus für Frauen überall verschwunden sind, und nicht mehr afrikanische Geheimgesellschaften, Mafiosi, Freimaurer oder andere Establishments unter Ausschluß der Öffentlichkeit darüber befinden, was wirklich geschieht, im Kontrast dazu, was geschehen sollte, aber von „Sachzwängen" immer vereitelt wird – und wie machtlos-unwissend Frauen jeweils zu sein haben.

Denn auch die besten Naturwissenschaftler sind oft nur Männer und im eigenen Bereich betriebsblind. Sie sehen dann nicht, was sie bei Tieren längst erkannt haben (bei denen nämlich in sozialen Verbänden Lebende ihre inneren Ordnungen kräftesparend durch Rang- und Revierauseinandersetzungen herstellen und aufrechterhalten): daß diese Auseinandersetzungen in den völlig patriarchalen Systemen der Menschen bereits entartet sind, indem sie sich auch auf das weibliche Geschlecht erstrecken. Dieses folgt eigentlich anderen Ordnungen, die von eigenen weiblichen Rangplätzen ausgehen, von denen auch die Partnerwahl beeinflußt ist (oder sein sollte), die dann wieder den endgültigen Rang der Frau bestimmt. In unseren Gesellschaften wurden ihr aber selten eigener Rang oder eigene Wahl zugestanden.

Die oft vordergründige und von Äußerlichkeiten bestimmte Wahl der Männer leistete durch lange Zeit einer Selektion in Richtung auf schönere Gesichter, Beine, Busen und ein schmäleres Becken Vorschub. Diesen Trend bewerkstelligten sie zwar, nicht aber eine Intelligenzexplosion oder jene Zunahme schöpferischer Intuitionen, die wir nötig hätten! An der haben eher die Frauen gearbeitet, die im Rahmen ihrer beschränkten Möglichkeiten allerdings eine Schwäche für Interessant-Denkfähige, Phantasiereiche, aber auch Verlogene gezeigt haben müssen, denen sie dann, gezwungen oder freiwillig, alle realen Alltagsprobleme aus dem Weg räumten, um sie ungestört ihren oft lebensbedrohenden und mitunter verantwortungslosen Gedanken und Theorien nachhängen zu lassen. Da hatten sie dann nichts mehr mitzureden.

Es waren Frauen, die den Männern gutmütig bei der vollen Entfaltung und Entwicklung all jener Talente halfen, die bei ihnen selbst nicht vermutet und deren Ausbildung ihnen daher auch nicht zugestanden wurde. Frauen haben durch demütiges Ausharren bei „ihren" Männern diese auch dazu provoziert, ihnen stellvertretend jene Freiheiten und kreativen Glücksmöglichkeiten zu schenken, die ihnen selbst nicht zur Verfügung standen. Das ist ein seelischer Mechanismus, den Anna Freud als „altruistische Abtretung" unter den Formen der Ich-Abwehr beschrieben hat (und der ihr auch selbst nachzusagen ist)[2]. Die Männer mit ihrem Übermut und ihrer Neigung zur Maßlosigkeit haben aber das Angebot der Frauen nicht immer so gut genutzt, wie diese es wohlwollend erwarteten. Sie selektierten ihre „Partnerinnen" häufig nur nach Hübschheit und Aufopferungsfähigkeit, kaum nach selbständigem Denken oder Handeln, ganz wie ein tüchtiger Sklavenhalter das getan hätte: Geist, Individualität, Intelligenz und Spezialbegabungen waren suspekt und mußten von den Frauen, die sie besaßen, oft verborgen werden. Aber wahrscheinlich ist es für Männer ebenso schwer, ihr Dominanzverhalten nicht ebenso auf Frauen auszudehnen, wie es diesen schwerfällt, Unterwerfungsgesten und Demutsreaktionen zu unterdrücken, wenn sie lieben; für jemanden, der keine Wahl hat, ist das Bedürfnis nach Liebe immer noch größer als dasjenige, recht zu behalten. Der Mensch scheint, notwendig für seine Sozialisation und normale Entwicklung, so angelegt, daß er jeden lieben kann und wird,[3] der ihm lange genug am nächsten ist, seien es Eltern oder bei Frauen durch viele Jahrtausende der geliebte Feind Mann.

Erst etwa mit Strindberg begannen die Männer mit den sich ihnen entziehenden Frauen einen Auseinandersetzungsprozeß auf vergleichbarer Basis — und sie lernen so schwer, was Frauen längst können: auch andere leben zu lassen und ihnen den eigenen Standpunkt zu gönnen. Indem sie sie so lange bevormundeten, ihnen Wahl und Werturteile entzogen und alle Entscheidungen sich selbst vorbehielten, parasitierten sie in den strengsten Patriarchaten geradezu auf ihnen, wurde ein Geschlecht nur zum Vehikel des anderen. Alle die Konfliktlösungstugenden der Frauen, das Ausgleichen und Friedenstiften, ihre abwartende Toleranz und Geduld kamen nicht mehr wie vorgesehen allen Menschen, sondern nur mehr ihren einzelnen „Herren" zugute. Die Menschheit behauptete sich zwar auf beispiellose Weise, degenerierte dabei aber auch in gewissem Sinn in ihren subtileren Anpassungsleistungen. All das zählte nicht mehr, ebenso wie die scheinbar ungenauen, „fraulichen" Intuitionen und das Eindrucksdenken ihrer rechten Hirnhälfte; einzig die immer irrealer werdenden Analysen und Abstraktionen der linken Hemisphäre.

Man könnte Frauen auch heute noch und über ganz andere Dinge befragen: Mit ihrem durchgängigeren Hirnbalken und ihren Dryaden- und Melia-den-Seelen brächten sie manches ökologische Ungleichgewicht und manche Friedlosigkeit ins Lot oder ließen sie gar nicht erst entstehen. Aber wer fragt sie schon? Soll man aber wirklich einem so verrückt ehrgeizigen, kategorien-besessenen, über die Folgen seiner Handlungen oft gleichgültigen, athletisch-eitlen und zornig-kompetitiven Geschlecht wie den Männern allein das Schicksal der Menschen anvertrauen? [4])

Obwohl wir schon lange nicht mehr übertriebene männliche Körperkraft ständig so unverzichtbar nötig haben wie einst, weil so vieles leichter gewor-den ist (wodurch viel Aggression ständig verdrängt werden muß und sich nun im unablässigen Drohen und Gegendrohen mit immer schrecklicheren Waf-fen Luft machen muß!), kultivieren wir wenig anderes — nur weil Frauen nicht gelernt haben, daß ihr spezieller Beitrag der Verbindlichkeit und Versöh-nung nicht nur im Augenblick der viel wichtigere wäre, der nicht mehr länger ohne katastrophale Folgen abgewertet werden kann. Vielleicht sind sie über-haupt mit ihrem „faden" Realismus das angepaßtere, brauchbarere Geschlecht geworden, weil sie so lange die praktischen Dinge ordneten, ihren Kindern und den Hilflosen halfen und sich mit ihnen mitleidig identifizierten, wäh-rend die Männer ihre Denksysteme in die Luft bauten und dafür in den Krieg zogen oder über Erlösungswege meditierten?

Aber die Griechen und andere fanden eben bei ihren weitausgreifenden Eroberungen und der Verachtung ihnen fremder Kulturen [5]) und oft besser ausbalancierter Wertsysteme, um die sie sich ebensowenig kümmerten wie um die Frauen und ihre Rangplätze darin, eine hervorragende Methode, bei der territoriale männliche Auseinandersetzung, auch auf (Feind-)Frauen aus-gedehnt, ihrem Ziel günstig war. Den einst bei höheren Tieren sinnvollen Revierkampf um Brutregionen hatten sie dann unter Alexander dem Großen zu kaum mehr bewältigbaren Bodenbesitznahmen umfunktioniert, die stark an den Superaffen von Santiago (s. S. 35) erinnern!

Vergewaltigung als Denkweise und fait accompli sparte dabei Zeit und „Werbekosten" und die Mühe, den Rang des weiblichen Gegenübers zu ergründen oder zu honorieren. Diese eklatant „menschlichen" Übergriffe (die nicht nur der Diebstahl an anderen *Männern* sind, als die viele Kulturen sie ahndeten), ermöglichten es mühelos, die Existenz von weiblichen Rangord-nungen überhaupt zu ignorieren.

Auch Mädchen haben nämlich ihre „Hackordnungen" [6]) und rivalisieren, allerdings individualistischer: Sie wären geradezu ein Demokratiemodell des Pluralismus, so viele Rangskalen und -gruppen können sich bei ihnen neben-einander halten (nicht allein wie bei Jungen durch Raufen bestimmt). Auch sie wollen ihre Kompetenzen, deren Sparten im Laufe der Zeit leider immer mehr eingeengt anstatt erweitert wurden, bei der eigenen Partnerwahl einsetzen. Vergewaltigung, auch als potentielle Gewaltdrohung, die das andere Geschlecht so wenig kümmert, daß es sich bis vor kurzem nur wenig juridische Gedanken darüber machen mochte, bleibt immer noch die einfachste Art, Frauen ihres eigenen Ranges zu berauben und sich vor anderen Formen der Auseinandersetzung, etwa der Argumentation, zu drücken! Bei Vergewaltigung wird nämlich, abgesehen von wenigen, triebhaft-pathologischen Fällen, immer einer der unter den Männern üblichen Dominanzkämpfe, nur mit anderen Mitteln und am falschen Objekt, ausgetragen und durchgesetzt. Ihr demütigender Charakter, den auch Borneman[7] gern bezweifeln möchte, wird Männern gewöhnlich erst klar, wenn sie selbst ihr Opfer werden, etwa in Gefängnissen, unter Homosexuellen (wo schon die Terminologie über die Bewertung Aufschluß gibt), wenn ungarische Hirtenjungen,[8] wie früher geschehen, sie bei Streitfällen praktizierten oder die siegreichen Algerier sie an den geschlagenen Franzosen übten!

Männliches Wahlverhalten war beim im Tierreich oft viel auffallenderen männlichen Geschlecht (das auch aus diesem Grund vermutlich immer dasjenige ist, das *gewählt wird),* unnötig. Sie haben es nicht lernen müssen und können es eigentlich auch nicht. Dennoch tun sie es fast in allen Bereichen! Ein männlicher Frosch etwa koitiert zu bestimmten Zeiten einfach alles, was sich bewegt und seine Aufmerksamkeit erregt.[9] Die schönste Partnerin, die reglos an ihm im Wasser vorbeitriebe, löst keinerlei Reaktionen aus. Wer wählt da, wirbt um wen?

Menschliche Frauen mußten lernen, daß Wählen, Ermutigen des Partners, für sie unstatthaft und peinlich sei, mußten es vergessen — nur in alten Volksliedern oder in Inannas Liebeshymnus ist noch etwas von diesem ursprünglichen Bewußtsein vorhanden. Die realistischeren Frauen können aber außer Männern und Politikern (nicht Parteien!) auch viel zielführender und sachlicher gelassene Strategien des Überlebens wählen, weil weder männliche Rangerwägungen und Imponierverpflichtungen noch ausschweifende Wunscherfüllungsphantasien ihnen dazwischenkämen. Frauen sollte auch, wie bei manchen Naturvölkern üblich, eine echte eigene Wahl des „Anführers" zugestanden werden, wenn vielleicht auch nur in zweiter Instanz. Ihre Zweitwahl könnte aus dem von Männern etablierten Bewerberkontingent immer noch wesentliche Eigenschaften hervorholen, die Männer nie beachten würden und die bei unseren Wahlen, mögen sie auch noch so frei sein, untergehen. In diesen wählen Männer nämlich sozusagen dreimal hintereinander: bei der Erstellung der Kandidaten, bei der offiziellen Wahl und indem sie (zumindest bis vor kurzem) ihre Frauen vor der Stimmabgabe indoktrinierten. Die gingen dann auch um des lieben Friedens willen oft darauf ein. Selbst bei der Wahl von Klassensprechern wäre es bei einigermaßen ausgewogener Geschlechterverteilung eigentlich eine selbstverständliche Vorgabe, einen männlichen und einen weiblichen wählen zu lassen (die einander notfalls ebensogut vertreten könnten wie der übliche Vizesprecher). Daß auch Mädchen zur Wahl männlicher Vertreter neigen, hängt nämlich eher damit zusammen, daß sie bei ihnen mehr Durchsetzungskraft gegenüber Lehrern vermuten, in der sie das eigene Geschlecht für zu ungeübt halten. Dazu sollte es aber erst einmal Gelegenheit bekommen.

Der Mann rechnet gar nicht wirklich damit, mit seiner „Erwählten" und deren Kindern auch wirklich zu leben — die Frau wünscht sich eigentlich nur das, und trachtet jeden Tag danach, seit die Aufzucht des intelligenten Primatenkindes Mensch so langwierig und schwierig geworden ist. Mit der Maskierung ihres Eisprungs (der die Fruchtbarkeit signalisiert) geschah der erste Schritt in Richtung auf das Halten eines individuellen Partners. [10] Ihr Muttertrieb, ohne vergleichbares Gegenstück beim Mann, ist der stärkste überhaupt — aber strategisch entscheidend ist doch das Vergewaltigen. (Beim Freiland-Primaten herrscht diesbezüglich im Gegensatz zum Menschen ja noch Konsens, auch Erpressung fehlt.) Mit dem Ehe-Arrangement wurde ein Doppelstandard [11] institutionalisiert: die Frau ist während ihrer Fruchtbarkeitsphase bei einem Mann festgehalten, unter Kontrolle, für andere tabu, während der Mann weiterhin urtümlichen Primatengesetzen oder vielfältigen bezahlten Aktivitäten und Kompetenzwettbewerben nachgehen kann — sie ist aus dem Rennen geworfen, hat eventuell vorher erworbenen Rang eingebüßt, ist neutralisiert und ohne Möglichkeit, sich nach Laune an der weiteren Menschheitsentwicklung zu beteiligen. Ihr ererbtes Programm, in all ihrer angeborenen größeren Passivität physiologisch aufmerksamkeitserregend zu wirken, ist nun etwas, wofür sie gezüchtigt und in mancherlei Weise bestraft werden kann.

Das Christentum machte einen Versuch, sich ihrer anzunehmen, einigte sich dann aber doch auf den Menschen als schutzbedürftiges Kleinkind und toter Mann, unter dessen Schicksal man sich versöhnt, den Gott als Neugeborenes oder als Ausgegrenzter, Geopferter, Getöteter, Maria schattenhaft-mütterlich immer im Hintergrund. Als lebender, menschlicher Gott liebt er zwar alles, aber auf eine schwer nachvollziehbare Weise, die Rang und Sexualität mehr oder weniger ignoriert, während sie im Alltag doch eine dominierende Rolle spielen. Und erst Franz von Assisi fing an, auch die Tiere in die Liebe miteinzubeziehen, was dem Menschen durchaus zumutbar, ja gemäß ist; die Pflanzen liebt bis heute keiner auf entsprechende Weise. Aber ein solches Verhalten, bei dem unsere Umwelt auf der Strecke bleibt, ist nicht „Menschennatur", sondern entspricht nur unseren Sprach- und Denkstrukturen. Chinesen, Kelten, Indianer oder Etrusker kannten einmal auch andere, mit anderen Begriffen und Werten. Es bedürfte nun wohl einer Art kollektiver, fast religiöser Liebe zum Wald, um ihn noch zu retten.

Der Mensch ist nicht umsonst unspezialisierter, bildbarer, anpassungsfähiger und mit mehr Instinkten ausgestattet als jedes Tier. [12]) Er muß ihnen aber nicht gehorchen, weil ihn keine Reiz-Reaktionsketten dazu zwingen. Seine Möglichkeiten sind die vielfältigsten der gesamten Natur, und das so schwer erlernte Teilen ist seine beste Überlebensstrategie, auch wenn es nie über den Rahmen der Familie oder Kleingruppe hinausging und er es eben wieder zu vergessen scheint. Seine Arbeitsteilungen waren gegenüber Frauen nicht immer gerecht, sind aber innerhalb der Gesellschaften, die man in großer Zahl kennt, beinahe das Flexibelste. Hier ließe sich noch manches korrigieren, das zur weiblichen Wertminderung beigetragen hat, umverteilen wie in Wildbeuterzeiten, da auch die Aggressionen sich noch gegen äußere Gefahren und Hindernisse wandten und nicht innerhalb der Beziehungsverbände oder an den zum Feind umstilisierten Frauen ausgelassen zu werden brauchten.

Der Mensch kann Abstand nehmen von sehr vielem, und dieses Distanzieren ermöglicht ihm auch abwartendes Handeln gegenüber inneren Antrieben. Mit seinen Erbkoordinationen, angeborenen Auslösern, Antriebsmechanismen und Lerndispositionen (die er nun schon in der ganzen Evolution ergründet hat) müßte er auch bei sich selber langsam umgehen lernen. [13]) Sein wohlbekanntes Territorialverhalten, dem er im ersten Impuls durch Land- und Sachbesitz Rechnung trug und für immer mit Gesetzen beigekommen zu sein glaubte, findet er ja auch schon im Interesse des Allgemeinwohls so sehr abgeändert, [14]) daß es sich schon wieder den althergebrachten Naturvolkvorstellungen von der Extraterritorialität einer unbesitzbaren „Mutter Erde" nähert. Änderungen und Rückgriffe sind also prinzipiell trotz des menschlichen Ordnungs- und Endgültigkeitsdranges schon gelungen. Daher könnte man etwa auch, der Revierinstinkte und Individualdistanzen bewußt, langsam aufhören, so „sozial" zu bauen, daß dabei Familien isoliert auf einem Raum zusammengepfercht sind, den kein Mann auf die Dauer aushielte! Gäbe es etwa Frauen in Wohnbaugremien oder in Architekturpreiskommissionen, hätten wir längst schönere und wirklich angemessene Häuser, wie in jenen Zeiten, als das Material ihnen noch erlaubte, mit den Männern gemeinsam, oder manchmal überhaupt allein zu bauen.

Nach Rupert Riedls „Biologie der Erkenntnis" [15]) lernte das Leben langsam und über Jahrmillionen und legte das Erlernte dann in angeborenen, lenkenden Programmen und Instinkten fest. Mit der Sprache und blitzschnellen Verbreitung unüberprüfter neuer Phantasieprodukte des Menschen nahm das Lerntempo rasant zu, wobei die Ratio über den Hausverstand gesetzt und alte Regulative überbaut wurden. Schon durch die Begriffsbildung und noch mehr durch die prachtvollen Bilder, auf die wir unsere Sprache dressieren können, filtern wir aus der Kontinuität des Universums heraus, was uns wichtig und vor allem wünschenswert erscheint. Das tun nicht nur die Mächtigen, sondern manchmal auch die Ohnmächtigen, wenn sie mit Erzähltalent ihre Utopien ausmalen. Im Bann dieser Sprache, ihrer kühnen Möglichkeiten und Metaphern, lassen wir, süchtig auf solche Erzählungen, sie durch ständige Wiederholung zu prägenden Klischees werden, ohne es zu bemerken. Diese stellen dann unsere eigentliche Wirklichkeit dar, die sie in Wahrheit doch nur strukturierten.

„Wir produzieren jeweils ein Milieu sozialer Selbstverständlichkeiten und Tabus, um in ihnen beliebige Blüten des Aberglaubens ungestraft wuchern zu lassen. Hingegen kann in den Weltbild-Programmen keines Tieres der reine Unsinn enthalten sein, sonst wäre es schon untergegangen. Nur an den Grenzen des Milieus, für welches sie selektioniert sind, beginnen sie zu irren." Nach Konrad Lorenz ist „reinen Unsinn zu glauben ein Privileg des Menschen". Sein „ratiomorpher Apparat" sieht Gestalten, wo keine sind, z. B. die Sternbilder am Nachthimmel, oder nimmt Gesetze wahr in seinem Dahinstolpern in der Welt, die er in Mythen formuliert, so flüchtig wie Träume — nur viel folgenreicher. Im Alltag aber wie in Krisen leitet ihn immer noch sein unreflektierter Hausverstand, obwohl der große Mühe hat, den Zufall in Sequenzen von Ereignissen als solchen zu erkennen, und daher zu Vorurteilen neigt.

Der individuelle Unsinn wäre noch belanglos, doch wird er im Bereich des Menschen stets ein Sozialprodukt gegenseitiger Verstärkung, und damit kollektiv. Aus unserem lebensnotwendigen Kausaldenken heraus wird immer nach Schuld und Ursache gesucht, und dabei bleibt es selten bei friedlicher Pluralität. „Der Preis für die Geborgenheit im kollektiven Unsinn ist, nach den Evolutionsgesetzen, allerdings die Kollektivschuld, also für den Unsinn der ganzen Gruppe bezahlen zu müssen." „Wir wollen es uns auch nicht verübeln, daß wir unsere eigenen schlechten Eigenschaften in unsere Nachbarn projizieren, um uns deren Verurteilung zu erleichtern" und „deren ‚Schuld' dann in anderen zu ahnden, indem man sie verbrennt, vergast, köpft oder auch nur herabwürdigt und verachtet".

Wenn unsere „Glaubensgewißheiten" nämlich erst einmal von Machthabern und Ideologen politisch für Menschheitszwecke, Gesellschaftsordnungen und letztlich dazu verwendet werden, Machtansprüche zu untermauern, dann wird ein jeder solcher Irrtum zur Handhabe demagogischer Methoden. „Der Humbug wird zu Betrug, wenn er zur Mobilisierung von Affekten und zur Schaffung von Feindbildern zum Zweck des Herrschens erfolgreich eingesetzt wird." Unsere Vernunft und bewußte Reflexion zur Auslese von Fehlern ist dabei überfordert, unser ererbter Weltbildapparat überfragt. Er war „für ein primitives Wirbeltier, dann für Säuger und Trupps großer Affen selektiert . . . und sucht weiter Gesetzlichkeit, wo keine ist, Gestalt, wo es keine geben kann."

Inzwischen habe sich mit der Sprache bei uns nur die linke Hirnhälfte mit ihrer Verbindung zum Bewußtsein weiterentwickelt. Die alten „synthetischen" Erwartungs- oder Eindrucksteile unseres Erkenntnisvorgangs in der rechten blieben unentwickelt und unbewußt, denn unsere Zivilisation räume, seit den Griechen etwa, den logisch-rationalen Leistungen den höchsten Wert ein — vielleicht sind sie ja auch die einzig schul- und leistungssteigerbaren — und dränge alles Schöpferische, Empfindsame, ganzheitlich Urteilende in die „Nebengegenstände" des Lebens. Die Spezialisten, die den Wald vor lauter Bäumen nicht mehr sehen, haben das Wort, aber Experimente [16]) konnten längst zeigen, daß sie mit ihren analytischen, völlig begründbaren, kleinräumigen Entscheidungen jedes komplexe System in Kürze ruinieren können.

Frauen neigen nicht zu solchen Urteilen oder galten lange Zeit als zu ihnen unfähig — vielleicht haben sich deshalb ihre auf die Mutter-Kind-Beziehung und Intuition gegründeten matrifokalen Gruppierungen erdgeschichtlich so lange gehalten? Das Patriarchat, das sie ausschaltete, indem es sich aus männlich-logischen Phantasien und einseitigem Kollektivglauben anmaßte, den Himmel allein zu tragen und die Geschicke besser lenken zu können, ist überall relativ rasch in die Nähe des Scheiterns gekommen. Dabei wurden die Leistungen des Cortex so potenziert, daß unser Gehirn in die Lage eines alles überwuchernden Organs geriet, an dem Arten auszusterben pflegen. Denn die Biosphäre reguliert sich selbst und ist noch mit allen ausufernden Arten fertiggeworden, indem sie ganze Populationen zusammenbrechen ließ. „Dabei scheint das Wachsen der Reiche in unserer Geschichte, und bis zu jenen Größen, an welchen sie wieder zerfallen, die Folge rationaler Extrapolationen zu sein: das Überleben des einzelnen aber, im Chaos des Zusammenbruchs, die seiner ratiomorphen Leistungen."

Nun, da wir gemeinsam den „kollektiven Unsinn" der Mythen durchreist haben, mit unserem respektlosen „gesunden Menschenverstand", kann man jedenfalls sagen, daß die noch nicht männergeordneten Perioden von allen die harmlosesten waren. Nicht nur kamen in ihren vorwiegend zyklischen, ahistorischen Denkvorgängen viel weniger Menschen zu viel weniger Schaden, sondern es wurde auch weniger irreversibles Unheil gestiftet als in den einseitigen, eingleisig effizienten und logischen der Männer später.

Vom Standpunkt der Erhaltung von „Leben inmitten von anderem Leben, das auch leben will" (A. Schweitzer) waren die Zeiten geschichtslosen, chaotischen Herumtappens und Experimentierens schonender und wohltuender als die kurzen Geschichtsperioden, in denen Männer mit den Schweißbrennern ihres zielgerichteten, scharfen Denkens zwar große Wirkungen hervorbrachten, aber auch verheerende Nebenwirkungen, (um die sich lange kein Mensch Gedanken machte), die sich nun mehr und mehr aufdrängen und uns — fast wie das von den Kelten immer erwartete Himmelsereignis — auf den Kopf zu fallen drohen.

Wir haben in diesen Zeiten wohleingespielte, vielfältige Systeme überklug und mutwillig zerstört, indem wir so lange auf ihnen schmarotzten, bis sie zusammenbrachen, weil wir uns die Konsequenzen unserer Handlungen trotz oder wegen all der Rationalität nie wirklich vollständig ausdachten oder ausdenken konnten; alle Unschuldsbeteuerungen machen das aber nicht mehr wett. Die Erbsünde, die wir auf uns genommen oder vielmehr auf Sündenböcke verteilt haben, hat nie ausgeglichen, was Kronos („der verschlungen Denkende") mit seiner kleinen scharfen Sichel des Verstandes anrichtete, indem er das „Weltei" für immer in Geist und Stoff zerschnitt, welche sich in der bewunderten aristotelischen Philosophie dann zweieinhalb Jahrtausende, unangezweifelt wie Mann und Frau, aktiv und passiv verhielten.

Das alles ist mitzubedenken, wenn man sich von der enthemmten Wissenschaft und anderen Glaubenssätzen unserer Kultur heute noch unhinterfragt und ohne Lächeln imponieren läßt. Lieber das hausbackene ratiomorphe Denken einsetzen und herzlich über die vielen kollektiven Narreteien lachen, die immer dazu gedient haben, die Macht zu zementieren! Es empfiehlt sich, wieder mehr auf die innere Stimme der Intuition und auf das eigene Urteil zu hören. Vielleicht sind Frauen nicht bloß „penetrant" und „nörgelnd" und schwer militärisch auf Vordermann zu bringen, sondern auch begabt für realistische Entscheidungen des Überlebens, wenn auch weniger für kühne Phantasien — genau dieser Realitätssinn und die von Wünschen ungeschönte Überlegung sind nun bitter vonnöten.

Im Grunde geht es ihnen ja, auch wenn dies für Männer schwer vorstellbar ist, weniger um Macht, wenn sie nun wieder die andere Hälfte des Himmels tragen wollen, als viel mehr und vor allem um das Fortkommen ihrer Kinder, das sie nie so tödlich aufs Spiel setzen könnten wie Kronos oder manche Politiker in ihren Bluff- und Drohorgien. Das Männliche konnte mit seinen Kindern, endlich durch Züchterwissen präzise ehelich reklamiert, offenbar nicht viel anfangen. Vielleicht sollte man anstelle der für Primaten, nicht mehr aber für uns ausreichenden gesellschaftsordnenden Gegenspieler Rang und Sexualität eine andere, überparteiische Instanz einsetzen: etwa ein dem Muttertrieb entsprechendes, von vielen Religionen anvisiertes, gütig-väterliches Sorgeverhalten gegenüber Kindern. Ihre durch die brüchig gewordene Familie bedrohte Sozialisation und ihre Glücksansprüche sollten zur Sache aller werden, oder zumindest Priorität in den für ihr Heranwachsen gegründeten Elternhäusern bekommen und rechtlich verankert werden, ihre Schicksale sollten nicht wie jetzt von den Rearrangements ihrer Erzeuger so leicht zu zerstören sein. Kinder müßten mehr als bisher ein Hauptanliegen der Menschheit sein — auch sie sind ein Weg zur besseren Regelung unserer Weltordnung durch stabilere und glücklichere Menschen, wie sie auch Fokus und Kitt „primitiver" Völker waren und sind. [17])

Vereinzelte Frauen in politischen Funktionen erschweren wahrscheinlich eher deren Arbeit und die Politik der Männer, so daß sie nur noch mehr Stoff für negative Vorurteile liefern, ohne sich jemals mit eigenen Meinungen durchsetzen zu können. Wären sie darin in den der Realität entsprechenden Zahlen vorhanden, käme erst das spezifisch Weibliche an ihnen zum Tragen und nicht nur ihre Alibifunktion. Und damit wäre auch der „Himmel", abgestützt auf beide Geschlechter, wieder fester gegründet, so fest, daß er nicht immer über unseren staunenswerten Menschenwerken einzustürzen drohte.

Die begabten Griechen haben das Abendland oder diejenigen in ihm, denen das Denken erlaubt war, mit ihren funkelnden Denkstrukturen und Bildern so lange verführt, bis sie sie, wie sich selber (einander auf unbewußten Kommunikationsebenen eifrig bestätigend, was sie ohnedies gerne glauben wollten), schließlich auch völlig von dessen Realität überzeugt hatten. Das alles wurde zum unhinterfragten Denkhintergrund und der vage konnotative Wert ihrer hinreißenden Metaphern überall für bare Münze genommen: die Weltbilder wurden zur Welt. Aber punktuelle, rein machtinspirierte, tumeszente Träumereien über unsere Welt sind heute nicht mehr genug, seit wir die Erfahrungen der unbeachteten, katastrophalen Spät-, Rand- und Nebenwirkungen puristischer Experimente mit Naturwissenschaft gemacht und dabei in allerlei Abgründe geblickt haben. Wir müssen die Welt wohl oder übel als Ganzes akzeptieren, samt ihren (unseren!) Schattenseiten, die ja doch nur die Nachtaspekte jener Helligkeit und Glorie sind, welche wir uns durch sie in unseren immer mehr von der Realität abgehobenen Denk- und Glaubenssystemen und Landkarten der Wirklichkeit gemacht haben. „The map is not the territory", erkannte Gregory Bateson, der uns auch den schizophrenen „double-bind", das Verlangen nach unvereinbaren Dingen, klarmachte, schon vor über einer Generation. [18])

Das Gute und Ideale ist ohne das Böse nicht zu haben, und die Idylle nicht ohne die Barbarei. Seltsamerweise fällt keinem der darob erregten Diskutanten auf, daß viel „Faschistoides", das sie uns so gern austreiben wollen, schon bei den Griechen bereitliegt, hinter ihren schillernden Bildern, und daß wir aus den klebrigen Spinnennetzen und Dorngestrüppen beim besten Willen nicht herauskönnen, wenn wir nicht ein Gutteil abendländischer Philosophie mit über Bord werfen. Vielleicht sollten wir lieber einige dieser heiligen Kühe der Theorie schlachten, als weiter die Natur morden, die wir uns — gedankenlos oder pflichtbewußt — angeeignet haben. Sie stirbt lautlos, schweigend wie der Wald, dessen religiöse Verehrung eine Art von Wunderkur für ganze Kontinente wäre. In ihm manifestieren sich unsere Abhängigkeiten vom fernsten Nächsten am deutlichsten, auch wenn sie uns noch wenig bewußt sind: Die gerade noch nicht geschlägerten Sumpfwälder der Entwicklungsländer produzieren nun einmal das Wasser, das auch unsere Quellen speist, und die Luft, die wir zum Atmen brauchen. Wir werden wohl beginnen müssen, diese Welt als Totalität zu nehmen, nicht weiter versuchen dürfen, ihre Übel durch Totschlagen auszugrenzen oder uns von ihren subjektiv erlebten Kehrseiten achselzuckend abzuwenden [19]). Wir müssen mit ihnen leben: aber wenn wir auf die eigentlich billigen, heroischen und eitlen Machtblitze und Geltungstriumphe der träumenden Griechen verzichten, die die Probleme kurzschlüssig zu lösen versuchten, werden auch die Drachen und Monstren erträglich und verstehbar.

Die Griechen abstrahierten die Welt nicht erst in ihren säuberlichen „männlichen" Kategorien, sondern schon in den Worthülsen ihrer Sprache und sogar in ihren Spielsteinen — und sie waren leidenschaftliche Spieler, narzißtisch spielende Kinder unserer vergangenen Kindheit. Wir aber sind erwacht und ziemlich erwachsen, wir sind verantwortlich, können uns nicht länger in die alten oder neuen Träume flüchten, müssen uns begnügen, mit unschärferen, „weiblichen" Begriffen und bescheideneren, aber angepaßteren Handlungen auf eine national und machtpolitisch, biologisch und wirtschaftlich unteilbare Welt zu reagieren, deren irritierende Vernetzungen die alten Völker immer schon ahnten, wir aber langsam nun auch rational erlernen müssen.

Anmerkungen

Kapitel I: Etwas Naturgeschichte des Menschen

[1]) Irenäus EIBL-EIBESFELDT: Die Biologie des menschlichen Verhaltens. München 1984
[2]) Robert Mearns YERKES: Chimpanzees. New Haven 1945.
[3]) Jane van LAWICK-GOODALL: Wilde Schimpansen (= In the Shadow of Man). Gütersloh 1973
[4]) Robert ARDREY: Adam kam aus Afrika (= African Genesis). Wien—München—Zürich 1967
[5]) Lionel TIGER — Robin FOX: Das Herrentier (= The Imperial Animal). München—Wien 1973
[6]) Ebenda
[7]) Frans DE WAAL: Unsere haarigen Vettern. München 1983
[8]) Marie E. P. KÖNIG: Die Frau im Kult der Eiszeit. In: Fischer TB 3716, Frankfurt 1980
[9]) Richard E. LEAKEY: Die Suche nach dem Menschen. Frankfurt/Main 1981
[10]) The Scientific American 8/1986
[11]) Helen E. FISHER: The Sex Contract. London 1982
[12]) Adolf PORTMANN: Zoologie und das neue Bild vom Menschen. Hamburg 1956
[13]) FISHER, a. a. O.
[14]) Uwe WESEL: Der Mythos vom Matriarchat. Frankfurt/Main 1980
[15]) Lisbeth N. TRALLORI: Vom Lieben und vom Töten. Zur Geschichte patriarchaler Fortpflanzungskontrolle. Wien 1983
[16]) Hans Peter DUERR: Sedna oder die Liebe zum Leben. Frankfurt ²1985
[17]) KÖNIG, a. a. O.
[18]) Frankfurter Allgemeine Zeitung, 23. 7. 1986
[19]) Jürgen THIMME u. a.: Frühe Randkulturen des Mittelmeerraumes. Baden-Baden 1968
[20]) James MELLAART: The Neolithic of the Near East. London 1981
[21]) Giovanni LILLIU — Hermanfrid SCHUBART: Frühe Randkulturen des Mittelmeerraumes. Baden-Baden 1979
[22]) Gerd BIEGEL (Hrsg.): Das erste Gold der Menschheit. Freiburg 1986
[23]) Emily VERMEULE: Greece in the Bronze Age. In: Sibylle von Cles-Reden, Auf der Spur der ersten Griechen. Köln 1981
[24]) DUERR, a. a. O.
[25]) Man's Place in Evolution. Ausstellung und Katalog im London Museum of Natural History, 1980
[26]) BONSALL — JACKSON — KINNES — WILSON: Man Before Metals. British Museum Publications, London 1979
[27]) DUERR, a. a. O., und: Zeichnung im Londoner Museum of Mankind
[28]) James MELLAART: Earliest Civilizations of the Near East. London 1978
[29]) Aditi. Katalog der India Exhibition London, Faridabad 1982
[30]) James Bennet PRITCHARD (Hrsg.): Ancient Near Eastern Texts. Princeton 1950
[31]) TRALLORI, a. a. O.
[32]) WESEL, a. a. O.
[33]) B. LINKE: Mitteilung am Wittgenstein-Symposium 1986 in Kirchberg am Wechsel. Noch unpubliziert oder in Publikation
[34]) Anneliese FUCHS: Die besseren Zwei. Wien 1987
[35]) EIBL-EIBESFELDT, a. a. O. (Anm. 1)
[36]) Evelyne SULLEROT: Die empanzierte Sklavin. Wien—Köln—Graz 1972
[37]) ARDREY, a. a. O. (Anm. 4)

Kapitel II: Çatal Hüyük — wo die Steinzeit in die Zivilisation mündet

[1]) James MELLAART: Earliest Civilizations in the Near East. London 1978
[2]) Evelyn und Horst KLENGEL: Die Hethiter. Wien—München 1970

254

3) James MELLAART: The Neolithic of the Near East. London 1981
4) Johannes LEHMANN: Die Hethiter. München—Gütersloh—Wien 1975
5) Marie E. P. KÖNIG: Die Frau im Kult der Eiszeit. In: Fischer TB 3716, Frankfurt/Main 1980
6) Aditi. Katalog der India Exhibition London, Faridabad 1982
7) Jürgen THIMME u. a.: Frühe Randkulturen des Mittelmeerraumes. Baden-Baden 1968
8) Beat SITTER (Hrsg.): Menschliches Verhalten. Kolloquium der Schweizerischen Geisteswissenschaftlichen Gesellschaft. Freiburg 1976
9) Irenäus EIBL-EIBESFELDT: Liebe und Haß. München 1970
10) MELLAART, Neolithic, a. a. O.
11) Leonard WOOLLEY: Mesopotamien und Vorderasien. Baden-Baden 1979
12) Ernest BORNEMAN: Das Patriarchat. Frankfurt/Main 1975
13) Doris F. und A. David JONAS: Das erste Wort. Hamburg 1979
14) Irenäus EIBL-EIBESFELDT: Menschenforschung auf neuen Wegen. Wien—München—Zürich 1976
15) Walter DOSTAL: Die geschlechtliche Arbeitsteilung in ethnologischer Sicht. In: Sitter, a. a. O. (Anm. 8)

Kapitel III: Ein kritischer Blick über die Mythenlandschaft

1) Sibylle von CLES-REDEN — Jan G. P. BEST: Auf der Spur der ersten Griechen. Woher kamen die Mykener? Köln 1981
2) Henri A. FRANKFORT: The Intellectual Adventure of Ancient Man. Chicago 1946
3) Heinz SIEGERT: Wo einst Apollo lebte. Das geheimnisvolle Volk der Thraker. Wien—Düsseldorf 1976
4) Jacquetta HAWKES: The Atlas of Ancient Archaeology. London 1974
5) Eva STROMMENGER: Habuba Kabira. Eine Stadt vor 5000 Jahren. Mainz 1980 (Ausstellungskatalog und Ausstellung)
6) Kay KOHLMEYER — Eva STROMMENGER: Land des Baal. Syrien — Forum der Völker und Kulturen. Mainz 1982 (Ausstellungskatalog und Ausstellung)
7) Sumer — Assur — Babylon. Ausstellung im Museum für Vor- und Frühgeschichte der Staatlichen Museen Preußischer Kulturbesitz, Berlin 1978 und Katalog
8) Hans Peter DUERR: Sedna oder die Liebe zum Leben. Frankfurt/Main 1985
9) James MELLAART: Stadt aus der Steinzeit (= Çatal Hüyük). Bergisch Gladbach 1967
10) Sinclair HOOD: The Home of the Heroes. The Aegean before the Greeks. London 1974
11) Frühe Phöniker im Libanon. Ausstellung im Urgeschichtsmuseum Freiburg, 1986, Katalog Mainz 1986
12) Károly KERENYI: Die Mythologie der Griechen. Zürich 1951
13) Herbert GOTTSCHALK: Lexikon der Mythologie der europäischen Völker. Berlin 1973
14) Paul FRISCHAUER: Knaurs Sittengeschichte der Welt. Zürich 1968—70
15) Burchard BRENTJES: Das alte Persien. Wien—München 1978
16) Michael GRANT — John HAZEL: Lexikon der antiken Mythen und Gestalten. München 1980
17) Joachim ILLICH: Die Sache mit dem Apfel. Wien 1977
18) Horst KURNITZKY: Triebstruktur des Geldes. Ein Beitrag zur Theorie der Weiblichkeit. In: Herbert Pietschmann, Das Ende des naturwissenschaftlichen Zeitalters. Berlin 1973
19) Wolf IN DER MAUR: Die Zigeuner. Wien—München—Zürich 1978

Kapitel IV: Weltschöpfungs- und Geburtsphantasien in den verschiedenen Mythenüberlieferungen

1) Uwe WELLER: Gott hat viele Namen. Wien—Heidelberg 1983
2) Hans-Georg BECK: Byzantinisches Erotikon. München 1986

255

³) Hermann MÜLLER-KARPE: Das vorgeschichtliche Europa. Baden-Baden 1979
⁴) Geoffrey Stephen KIRK: Myth, Its Meaning and Functions in Ancient and Other Cultures. Cambridge 1970
⁵) Aditi. Katalog der India Exhibition London, Faridabad 1982
⁶) James Bennet PRITCHARD (Hrsg.): Ancient Near Eastern Texts. Princeton 1950
⁷) Hartmut SCHMÖKEL: Das Land Sumer. Stuttgart 1955
⁸) Wolfgang von EINSIEDEL: Die Literaturen der Welt. Zürich 1964
⁹) Claude LEVI-STRAUSS: Der Weg der Masken. Frankfurt/Main 1977
¹⁰) KIRK, a. a. O.
¹¹) Michael GRANT — John HAZEL: Lexikon der antiken Mythen und Gestalten. München 1980
¹²) Manfred LURKER: Götter und Symbole der alten Ägypter. Bern—München 1981 (nur die englische Originalausgabe enthält Bild und Bildtext)
¹³) Dietrich EVERS: Felszeichnungen in den Alpen. Ausstellung Freiburg 1985
Sibylle von CLES-REDEN: Megalithkulturen. Köln 1972
¹⁴) Richard FESTER u. a.: Weib und Macht. Fünf Millionen Jahre Urgeschichte der Frau. Frankfurt/Main 1980
¹⁵) Wolf IN DER MAUR: Die Zigeuner. Wien 1978
¹⁶) KIRK, a. a. O.
¹⁷) Henri A. FRANKFORT: The Intellectual Adventure of Ancient Man. Chicago 1946
¹⁸) Burchard BRENTJES: Völker an Euphrat und Tigris. Wien—München 1981
¹⁹) Gilgamesch-Nacherzählung. Hanau 1979
²⁰) Das Gilgamesch-Epos. Neu übersetzt und mit Anmerkungen von A. Schott ergänzt und teilweise neu gestaltet von Wolfram von SODEN. Stuttgart 1969
²¹) Richard CONN: Circles of the World. Ausstellung des Denver Art Museum in Wien, Katalog Denver 1982
²²) Vorträge und Mitteilungen des Ethnomediziners Armin PRINZ, Wien, beim Kraftfeld-Symposium Neukirchen 1985
²³) Peter WALCOTT: Hesiod and the Near East. Cardiff 1966
²⁴) Hartmut SCHMÖKEL: Keilschriftforschung und alte Geschichte Vorderasiens (= Handbuch der Orientalistik, Band II). Leiden 1957
²⁵) Karl-Heinz BERNHARDT: Der alte Libanon. Leipzig 1976
²⁶) Evelyn und Horst KLENGEL: Die Hethiter. Geschichte und Umwelt, Wien—München 1970
²⁷) Herbert GOTTSCHALK: Sonnengötter und Vampire. Lexikon der Mythologie, Band II: Außereuropa. Berlin 1978
²⁸) Anton BAMMER: Die Angst der Männer vor den Frauen. In: Hephaistos IV, 1982, und Vorträge
²⁹) Coffin-Text-Übersetzungen in: R. T. RUNDLE CLARK: Myth and Symbol in Ancient Egypt. London 1979
³⁰) Ebenda
³¹) Samuel Henry HOOKE: Middle Eastern Mythology. London 1978
³²) Cyril ALDRED: Egypt to the End of the Old Kingdom. London 1978
³³) Bernhard ROMANT: Life in Egypt in Ancient Times. Genf 1978
³⁴) Richard PATRICK: Ancient Mythology. London 1978
³⁵) Anstelle der irreführenden „Häuptlinge" der „chiefdom-societies". Colin RENFREW: Before Civilization. Harmondsworth 1973
³⁶) Hans Peter DUERR: Sedna oder die Liebe zum Leben. Frankfurt/Main 1985
³⁷) GOTTSCHALK, a. a. O.

Kapitel V: Die systematische Umwertung aller Mythen durch die Griechen in unsere heute geläufige, prägende Form

¹) Uwe WESEL: Der Mythos vom Matriarchat. Frankfurt/Main 1980
²) Robert GRAVES: Greek Gods and Heroes. New York 1960
³) Anton BAMMER: Die Angst der Männer vor den Frauen. In: Hephaistos IV, 1982
⁴) Michael GRANT — John HAZEL: Lexikon der antiken Mythen und Gestalten. München 1980

256

[5]) Renate ROLLE: Die Welt der Skythen. Luzern—Frankfurt/Main 1980

[6]) Ebenda

[7]) Fritz SCHACHERMEYR: Poseidon und die Entstehung des griechischen Götterglaubens. Salzburg 1950

[8]) Helmut SATZINGER: Ägyptische Funde österreichischer Ausgräber im Nildelta seit 1961. Katalog und Ausstellung, Kunsthistorisches Museum Wien 1979

[9]) Tierbilder in der ägyptischen Mythologie. Senckenbergmuseum, Frankfurt

[10]) Emily VERMEULE: Greece in the Bronze Age. In: Sibylle von Cles-Reden, Auf der Spur der ersten Griechen. Köln 1981

[11]) Sinclair HOOD: The Home of the Heroes. The Aegean before the Greeks. London 1974

[12]) Jane van LAWICK-GOODALL: Wilde Schimpansen (= In the Shadow of Man). Gütersloh 1973; Life and Death at Gombe. National Geographic, vol. 1955, 1979

[13]) Ludwig PRELLER: Griechische Mythologie. 1854

[14]) Ernst HOMANN-WEDEKIND: Das archaische Griechenland. Baden-Baden 1979

[15]) Erika SIMON: Die Götter der Griechen. München 1980

[16]) VERMEULE, a. a. O.

[17]) GRANT — HAZEL, a. a. O.

[18]) Irmgard RAAB: Zu den Darstellungen des Parisurteils in der griechischen Kunst. Phil. Diss. Frankfurt/Main 1972; Vortrag anläßlich der Kunsthistorikerinnentagung. Wien 1986

[19]) Der kleine Pauly. München 1976

[20]) Erich FROMM: Siegmund Freuds Psychoanalyse — Größe und Grenzen. Stuttgart 1979

[21]) Eva STROMMENGER: Habuba Kabira. Eine Stadt vor 5000 Jahren. Mainz 1980 (Ausstellungskatalog)

[22]) James DYER: Discovering Archaeology in England and Wales. Shire 1976

Kapitel VI: Griechischer Frauenalltag

[1]) Anton BAMMER: Architektur und Gesellschaft in der Antike. Wien—Köln—Graz 1985

[2]) W. K. LACEY: The Family in Classical Greece. London 1968

[3]) Sarah B. POMEROY: Frauenleben im klassischen Altertum (= Goddesses, Whores, Wives and Slaves). Stuttgart 1985

[4]) Life in Greece in Ancient Times. Genf 1977

[5]) B. F. COOK: Greek and Roman Art in the British Museum. London 1976

[6]) Heide GÖTTNER-ABENDROTH: Die tanzende Göttin. München 1982

[7]) Lectures and Gallery Talks of British Museum Education Staff (Patsy Vanags, Anne Pearson, Ian Jenkins, Margaret Lyttleton etc.)

[8]) Laxenburger Symposium über Verhaltensforschung zum 80. Geburtstag von Konrad Lorenz. 1983

Kapitel VII: Von den Etruskern und ihren Mythen

[1]) Ambros PFIFFIG: Etrusker. In: Linzer archäologische Forschungen, Band 13. Linz 1985

[2]) Sibylle CLES-REDEN: Das versunkene Volk. Innsbruck—Wien 1948

[3]) Mitteilung Prof. E. PASCHINGER, Etruskologin, Univ. Wien

[4]) Boris und Lena NIKITIN: Die Nikitinkinder. Darmstadt 1978

[5]) Horst KLENGEL: Handel und Händler im Alten Orient. Wien—Köln—Graz 1979

[6]) Werner KELLER: Denn sie entzündeten das Licht. München—Zürich 1970

[7]) KLENGEL, a. a. O.

[8]) Guido MANSUELLI: Eturien und die Anfänge Roms. Baden-Baden 1979

[9]) Armin KESSER: Plastik der Etrusker. München 1963

[10]) KELLER, a. a. O.

[11]) Heide GÖTTNER-ABENDROTH: Die Göttin und ihr Heros. München 1980
[12]) Heinrich ZIMMER: Mythen und Symbole in indischer Kunst und Kultur. Zürich 1951
[13]) Jürgen THIMME u. a.: Frühe Randkulturen des Mittelmeerraumes. Baden-Baden 1968
[14]) Edith PORADA: Alt-Iran. Baden-Baden 1962
[15]) Burchard BRENTJES: Das alte Persien. Wien—München 1978
[16]) Walter TORBRUEGGE: Europäische Vorzeit. Baden-Baden 1968
[17]) Horst KLENGEL: Geschichte und Kultur Altsyriens. Wien—München 1980

Kapitel VIII: Die Kelten

[1]) Peter KRÖN: Die Kelten in Mitteleuropa. Salzburg 1980
[2]) Friedrich SCHLETTE: Kelten zwischen Alesia und Pergamon. Leipzig—Jena—Berlin 1979
[3]) René JOFFROY: Die Kelten in Gallien. Ausstellungskatalog, Wien 1968
[4]) Nora CHADWICK: The Celts. Harmondsworth 1970
[5]) Fritz SCHACHERMEYR: Poseidon und die Entstehung des griechischen Götterglaubens. Salzburg 1950
[6]) Paula PHILIPPSON: Untersuchungen über den griechischen Mythos: Zürich 1944
[7]) Gerda WEILER: Der enteignete Mythos. München 1985
[8]) Károly KERENYI: Die Mythologie der Griechen (= The Gods of the Greeks). Zürich 1951
[9]) John SHARKEY: Celtic Mysteries. London 1979
[10]) Heide GÖTTNER-ABENDROTH: Die Göttin und ihr Heros. München 1980
[11]) Jean-Jacques HATT: Eine Interpretation der Bilder und Szenen auf dem Silberkessel von Gundestrup. In: Ausstellungskatalog Die Kelten in Mitteleuropa, Salzburg 1980 und Keltenmuseum Hallein
[12]) Michael GRANT — John HAZEL: Lexikon der antiken Mythen und Gestalten. München 1980
[13]) Stuart PIGGOTT: The Druids. London 1968
[14]) Robert GRAVES: Die weiße Göttin (= The White Goddess). Wien—Berlin 1984
[15]) SHARKEY, a. a. O.
[16]) PIGGOTT, a. a. O.

Kapitel IX: Hellenistische Strömungen

[1]) Uwe WELLER: Gott hat viele Namen. Wien—Heidelberg 1983
[2]) William TARN: Kultur der hellenistischen Welt (= Hellenistic Civilisation). Heidelberg 1966
[3]) Herbert GOTTSCHALK: Sonnengötter und Vampire. Mythen und Legenden aus Ägypten und dem Alten Orient, Berlin 1978
[4]) Johannes LEIPOLDT — Walter GRUNDMANN: Umwelt des Urchristentums, Band I, Berlin 1975
[5]) Lepenski Vir. Menschenbilder einer frühen europäischen Kultur. Ausstellungskatalog des Römisch-Germanischen Museums Köln und der Prähistorischen Staatssammlung München (nach Texten der Archäologischen Abteilung des Nationalmuseums Belgrad), 1981
[6]) Hans-Georg BECK: Byzantinisches Erotikon. München 1986
[7]) Carl SCHNEIDER: Kulturgeschichte des Hellenismus, Band II. München 1969

Kapitel X: Nachspiel der Mythen in den europäischen Märchen

[1]) Annemarie DITTRICH — Claudia SCHAMANEK: Märchen aus der Sicht von Frauen als Übermittlungsform matriarchaler Zeiten. Unpublizierter Vortrag
[2]) L. SCHAFFNER-HEGELS (Hrsg.): Mythos Frau
[3]) Heide GÖTTNER-ABENDROTH: Die Göttin und ihr Heros. München 1980

258

[4] Heide DIENST: Agnes: Herzogin, Markgräfin, Landesmutter. In: Katalog der Niederösterreichischen Landesausstellung 1985. Baden 1985

[5] Walter TORBRUEGGE: Europäische Vorzeit. Baden-Baden 1968

[6] Carl-Heinz MALLET: Das Einhorn bin ich. Hamburg ²1986

[7] Verena KAST: Familienkonflikt im Märchen. Olten 1984

[8] Adolf Ellegard JENSEN: Die getötete Gottheit. Stuttgart—Berlin—Köln—Mainz 1966

[9] Viktor SUCHY: Franz Grillparzers Melusina — stoff- und motivgeschichtliche Interpretation. In: Grillparzer-Jahrbuch, Wien 1967

Kapitel XI: Was aber wollte und will die Frau?

[1] Ernest JONES: Das Leben und Werk Sigmund Freuds. Bern—Stuttgart 1962; Band II, S. 483

[2] Aus den Übersetzungen von S. N. Kramer, 1944—1950; Adam von FALKENSTEIN — Wolfram von SODEN: Sumerische und akkadische Hymnen und Gebete. Zürich—Stuttgart 1953

[3] Samuel N. KRAMER: From the Tablets of Sumer. Colorado 1956

[4] Das Gilgamesch-Epos. Neu übersetzt und mit Anmerkungen von Albert Schott, ergänzt und teilweise neu gestaltet von Wolfram VON SODEN. Stuttgart 1969

[5] Johannes BRØNDSTEN: Die große Zeit der Wikinger. Neumünster 1964

[6] Rainer Maria RILKE: Die Aufzeichnungen des Malte Laurids Brigge. Insel TB 630, Frankfurt/Main 1982, S. 109

[7] Eva CYBA: Referat beim Seminar für Frauenforschung des Instituts für Höhere Studien 1983

[8] Neda BEI: Frau und Strafrecht. Referat bei der Enquete „Frau und Recht", Wien 1981

[9] Helfried VALENTINITSCH (Hrsg.): Hexen und Zauberer. Katalog der Steirischen Landesausstellung 1987

[10] Susanne HEINE: Frauen der frühen Christenheit. Göttingen 1986

[11] Autorinnengruppe der Universität Wien: Das ewige Klischee. Wien 1981

[12] HEINE, a. a. O.

[13] Dylan THOMAS: The Poems. London 1971—1981

[14] Das Rollenbild der österreichischen Frau zu Beginn der 80er Jahre. Studie der Meinungsforschungsinstitute IFES und Dr. Fessel, Wien 1981

Statt eines Nachworts

[1] Irenäus EIBL-EIBESFELDT: Die Biologie des menschlichen Verhaltens. München 1984

[2] Uwe Henrik PETERS: Anna Freud. München 1979

[3] Bernhard HASSENSTEIN: Nichts ist schon dagewesen. In: Beiträge des Konrad-Lorenz-Symposiums 1983, Wien 1984 (und Diskussionsbeiträge)

[4] Unerwartete Schützenhilfe kommt diesbezüglich sogar vom Ökologie- und Wirtschaftskongreß im November 1987 in Wien, bei dem Wissenschaftler wie Martin Jänicke angesichts der ebenso unbiologischen wie unwirtschaftlichen Neigung zu umweltschädigenden und ökonomisch nachteiligen Großtechnologien darüber spekulierten, ob dies nicht „mit anthropologischen Defekten des Mannes zu tun hat, der nicht nur in der Forschung, sondern schon beim Autofahren ständig todesmutige Risken eingeht — nicht leichtfertig, sondern weil es in der männlichen Natur liegt, angreifend statt defensiv zu sein. Man kann sich kaum vorstellen, daß in einer mehrheitlich durch Frauen bestimmten Gesellschaft Kerntechnik oder andere destruktive Monsterunternehmungen eine ähnliche Chance hätten. Eher würden vielleicht kitschige, aber lebensnahe, ungefährliche Formen entstehen, wenn bei den Beschlüssen der Frauenanteil höher, wenn er, wie real, sogar über 50% wäre". Siehe Martin JÄNICKE, „Staatsversagen", München 1987

[5] Jean AMERY: Jenseits von Schuld und Sühne. Stuttgart 1975, S. 32: „Es war die griechische Zivilisation aufgebaut auf Sklaverei und ein athenisches Heer hatte auf Melos gehaust wie die SS in der Ukraine..."

[6] Irenäus EIBL-EIBESFELDT: Der vorprogrammierte Mensch. Wien 1973
[7] Ernest BORNEMAN: Korrespondenz mit der Volkshochschule Hietzing, 1983
[8] Antal FESTETICS — Jerzy KOSINSKY: Der bemalte Vogel (= The Painted Bird). In: Eibl-Eibesfeldt: Der, vorprogrammierte Mensch, a. a. O.
[9] Ebenda
[10] Wolfgang WICKLER — Uta SEIBT: Männlich weiblich. München 1983
[11] Jane van LAWICK-GOODALL: Wilde Schimpansen (= In the Shadow of Man). Gütersloh 1973
[12] Irenäus EIBL-EIBESFELDT: Der vorprogrammierte Mensch, a. a. O.
[13] Irenäus EIBL-EIBESFELDT: Grundriß der vergleichenden Verhaltensforschung. München 1975
[14] Gernot KOCHER: Rechtstheorie und Gesetzgebung. Festschrift für Robert Weimar; ebenso Beiträge zum Kongreß „Mittelalterliche Realienkunde", Krems 1984
[15] Rupert RIEDL: Evolution und Erkenntnis. München 1982
[16] Dietrich DÖRNER: Zerstörung einer Welt. In: Bild der Wissenschaft II, 1975
[17] Irenäus EIBL-EIBESFELDT: Menschenforschung auf neuen Wegen. Wien—Zürich 1976
[18] Gregory BATESON: Ökologie des Geistes (= Steps to an Ecology of Mind). Frankfurt/Main 1981
[19] Felix DE MENDELSSOHN: Das Fremde im Haushalt — Idylle, Barbarei und Gegenkultur. In: Alfred Pritz (Hrsg.), Das schmutzige Paradies, Wien—Köln—Graz 1986

Bildnachweis:

Die Abbildungen auf den angegebenen Seiten stammen aus folgenden Publikationen:

ADITI. Katalog der India-Exhibition. Faridabad 1982: S. 27
Cyril ALDRED: Egypt to the end of the Old Kingdom. London 1965: S. 58 links und rechts, 104
Pierre AMIET: Die Kunst des alten Orients. Freiburg — Basel — Wien 1977: S. 16 Mitte, 24 oben, 43 links und rechts, 44, 64 unten, 87, 92, 97 Mitte und rechts
Marcel BRION: Die frühen Kulturen der Welt. Köln 1964: S. 85 rechts
Hans Peter DUERR: Sedna oder die Liebe zum Leben. Frankfurt/Main 1985: S. 70
Johanna FÜRSTAUER: Eros im alten Orient. Wiesbaden o. J.: S. 107, 122, 131 links
IDOLE. Katalog der Ausstellung Mainz 1985: S. 17 unten, 18 links, 19
Alan JOHNSTON: Das archaische Griechenland. Luzern 1975: S. 25, 115 links und rechts, 152
Günther KEHNSCHERPER: Kreta Mykene Santorin. Leipzig — Jena — Berlin 1980: S. 189
Werner KELLER: Denn sie entzündeten das Licht. München — Zürich 1970: S. 159, 168 links und rechts
André LEROI-GOURHAN: Prähistorische Kunst. Freiburg — Basel — Wien 1971: S. 16 oben und unten, 24 unten rechts
Giovanni LILLIU u. a.: Frühe Randkulturen des Mittelmeerraumes. Baden-Baden 1979: S. 191 rechts
Guido MANSUELLI: Etrurien und die Anfänge Roms. Baden-Baden 1965: S. 157, 212 rechts
James MELLAART: The Neolithic of the Near East. London 1975: S. 17 oben, 39, 40, 45, 63, 64 oben und Mitte
Erich NEUMANN: Die große Mutter. Olten — Freiburg 1985: S. 102 rechts
Winfried ORTHMANN: Der alte Orient = Propyläen Kunstgeschichte Band 14. Berlin 1975: S. 82 rechts, 83 links, 89, 97 links, 124 oben, 203
André PARROT: Sumer. München 1960: S. 21, 22 rechts, 23 oben links, 34 rechts, 77, 82 links, 83 rechts, 85 links, 131 rechts
Richard PATRICK: All Colour Guide to Ancient Mythology. London 1978: S. 46, 101, 102 links, 129
Edith PORADA u. a.: Alt-Iran. Baden-Baden 1977: S. 24 unten links
Sibylle von REDEN: Zypern. Vergangenheit und Gegenwart. Köln 1969: S. 65, 191 links
Sibylle von REDEN — Jan G. P. BEST: Auf der Spur der ersten Griechen. Köln 1981: S. 20 unten, 133
Erika SIMON: Die Götter der Griechen. München 1980: S. 135, 136, 137, 138, 151, 153
Jürgen THIMME u. a.: Frühe Randkulturen des Mittelmeerraumes. Baden-Baden 1980: S. 20 oben, 47, 105, 123 unten
Walter TORBRÜGGE: Prehistoric European Art. New York 1968: S. 18 rechts, 23 oben Mitte und rechts, 123 oben, 180
Peter WARREN: Die ägäischen Kulturen. Luzern 1975: S. 22 links, 34 links

Inhaltsverzeichnis